HEYNE <

Das Buch

Ray Garraty ist einer von 100 Teilnehmern des Todesmarschs – ein jährlicher Wettbewerb um den ultimativen Preis in einer düsteren Zukunftsvision der USA. Der Marsch nach Süden beginnt an der kanadischen Grenze und ist mit dem Tod des vorletzten Gegners zu Ende. Der Sieger erhält bis an sein Lebensende alles, was er sich wünscht. Die Regeln sind einfach: Man darf nicht anhalten und eine bestimmte Mindestgeschwindigkeit nicht unterschreiten. Andernfalls wird man verwarnt, und statt der vierten Verwarnung gibt es die rote Karte – in Form einer tödlichen Kugel …

Der Autor

Stephen King, 1947 in Portland, Maine, geboren, ist einer der erfolgreichsten amerikanischen Schriftsteller. Für sein Werk bekam er zahlreiche Preise, darunter 2003 den Sonderpreis der National Book Foundation für sein Lebenswerk. 2015 ehrte Präsident Barack Obama ihn mit der National Medal of Arts. 2018 erhielt er den PEN America Literary Service Award für sein Wirken, gegen jedwede Art von Unterdrückung aufzubegehren und die hohen Werte der Humanität zu verteidigen.

Im Anhang findet sich ein ausführliches Werkverzeichnis des Autors.

STEPHEN KING

SCHREIBT ALS RICHARD BACHMAN

TODESMARSCH

THE LONG WALK

Roman

Aus dem Amerikanischen
von Nora Jensen und Jochen Stremmel

WILHELM HEYNE VERLAG
MÜNCHEN

Die Originalausgabe
THE LONG WALK
erschien bei Signet, New York.

MIX
Papier | Fördert gute Waldnutzung
FSC® C014496

Penguin Random House Verlagsgruppe FSC® N001967

Vollständige Taschenbuchausgabe 08/2025

in der Penguin Random House Verlagsgruppe GmbH,
Neumarkter Straße 28, 81673 München
produktsicherheit@penguinrandomhouse.de
(Vorstehende Angaben sind zugleich Pflichtinformationen nach GPSR.)

Umschlaggestaltung: Nele Schütz Design unter Verwendung von
The Long Walk © 2025, Artwork & Supplementary
Materials ®, ™ & © 2025 Lions Gate Entertainment Inc.

Satz: Buch-Werkstatt GmbH, Bad Aibling
Druck und Bindung: GGP Media GmbH, Pößneck
Printed in Germany

ISBN: 978-3-453-50415-8

www.heyne.de

Dieses Buch ist Jim Bishop
und Burt Hatlen und Ted Holmes gewidmet.

»Für mich war das ganze Universum leer, ohne Leben, ohne Sinn, ohne Willenskraft, ja, ohne Feindseligkeit; es war eine einzige unermesslich große, todbringende Dampfmaschine, die in ihrer tödlichen Gleichgültigkeit vor sich herstampfte und mich Glied für Glied zermalmte. Ein ödes, düsteres, einsames Golgatha, eine Todesmühle! Warum waren die Lebenden, die dorthin verbannt waren, ohne Gefährten? Warum hatten sie ein Bewusstsein? Warum, wenn es keinen Teufel gibt – oder ist der Teufel etwa euer Gott?«

Thomas Carlyle

»Ich möchte jeden Amerikaner ermuntern, so oft wie möglich zu wandern. Es ist nicht nur gesund; es macht Spaß.«

John F. Kennedy (1962)

»The pump don't work
'Cause the vandals took the handles.«

Bob Dylan

Erster Teil

Der Start

Kapitel 1

»Sagen Sie das Geheimwort und gewinnen
Sie hundert Dollar.
George, wer sind unsere ersten
Kandidaten? George ...?
Bist du da, George?«

Groucho Marx
You Bet Your Life

Der alte, blaue Ford, der am frühen Morgen auf den bewachten Parkplatz fuhr, wirkte wie ein kleiner, erschöpfter Hund nach einer schweren Hetzjagd. Einer der Wächter, ein ausdrucksloser junger Mann in einer Khakiuniform mit einem Sam-Browne-Gürtel, verlangte nach dem blauen Plastikausweis. Der Junge auf dem Rücksitz reichte ihn seiner Mutter. Seine Mutter gab ihn dem Wächter. Der Wächter nahm die Plastikkarte entgegen und steckte sie in einen Computer, der in dieser ländlichen Abgeschiedenheit fremdartig und fehl am Platz wirkte. Der Computer verschluckte die Karte, und auf dem Bildschirm erschien folgende Information:

GARRATY RAYMOND DAVIS
RD 1 POWNAL MAINE
ANDROSCOGGIN COUNTY
ID NUMMER 49-801-89
OK-OK-OK

Der Wächter drückte auf einen Knopf, und die Schrift verschwand. Der leere Bildschirm glänzte wieder glatt und grün. Der Wächter winkte sie durch.

»Bekommst du den Ausweis nicht zurück?«, fragte Mrs. Garraty.

»Nein, Mama«, antwortete Garraty nachsichtig.

»Also, mir gefällt das nicht«, sagte sie und fuhr in eine Parkbucht. Seit sie um zwei Uhr morgens im Dunkeln aufgebrochen waren, hatte sie das immer wieder gesagt. Genauer gesagt, hatte sie es geseufzt.

»Mach dir keine Sorgen«, sagte er, ohne auf seine Worte zu achten. Er war zu sehr mit seinen eigenen Gefühlen beschäftigt, mit seiner Angst und seiner Erwartung. Aufmerksam sah er sich um. Noch bevor der Motor mit einem letzten asthmatischen Keuchen verstummte, stand er schon draußen – ein großer, gut gebauter Junge, der zum Schutz gegen die morgendliche Kühle des Frühlingstags eine verblichene Armeejacke trug.

Seine Mutter war ebenfalls groß, aber zu dünn. Ihre Brüste waren kaum vorhanden: angedeutete Knubbel. Ihre Augen schweiften unsicher umher und wirkten irgendwie erschrocken. Ihr Gesicht war das einer Kranken. Trotz einer komplizierten Anordnung von Spangen hatte ihr eisengraues Haar sich gelöst und stand wirr um ihren Kopf herum. Das Kleid hing ihr lose am Körper, als hätte sie vor Kurzem stark abgenommen.

»Ray«, sagte sie in dem flüsternden Verschwörerton, den er inzwischen fürchtete. »Ray, hör zu …«

Er senkte den Kopf und tat so, als stopfte er sein Hemd in der Hose fest. Einer der Wächter aß seine C-Ration aus einer Dose und las in einem Comicheft. Garraty beobachtete ihn beim Essen und Lesen und dachte zum zehntausendsten Mal: Es ist alles *real.* Und jetzt begann der Gedanke endlich etwas Gewicht zu bekommen.

»Du hast immer noch Zeit, deine Meinung zu ändern.«

»Nein, dazu ist es zu spät«, sagte er. »Der letzte Absagetermin war gestern.«

In dem leisen Verschwörerton, den er hasste, fuhr sie fort: »Sie werden das verstehen, das weiß ich. Der Major würde ...«

»Der Major würde ...«, begann Garraty und sah, wie seine Mutter zusammenzuckte. »Du weißt doch, was der Major tun würde, Mama.«

Ein anderer Wagen hatte das kleine Ritual am Eingangstor hinter sich und fuhr auf den Parkplatz. Ein Junge mit dunklen Haaren stieg aus. Seine Eltern folgten ihm, und die drei berieten sich einen Augenblick lang wie eine Gruppe besorgter Baseballspieler. Wie einige der anderen Jungen hatte auch dieser einen leichten Rucksack bei sich. Garraty fragte sich, ob es nicht ein bisschen blöd von ihm gewesen sei, nicht selbst einen mitzubringen.

»Du wirst deine Meinung nicht ändern?«

Es waren ihre Schuldgefühle, die sich als Besorgnis zeigten. Obwohl er erst sechzehn war, wusste Ray Garraty einiges über Schuldgefühle. Sie machte sich Vorwürfe, dass sie zu müde, zu unaufmerksam und vielleicht auch zu sehr mit ihrem eigenen Kummer beschäftigt gewesen war, um den Irrsinn ihres Sohnes im Keim zu ersticken – um ihn aufzuhalten, bevor die schwerfällige Staatsmaschinerie mit ihren Wächtern in den Khakiuniformen und ihren Computern ihn übernahm und ihn mit jedem vergehenden Tag mehr an ihre gefühllosen Machenschaften band, bis gestern der Deckel endgültig zugeklappt war.

Er legte ihr die Hand auf die Schulter. »Es war meine Idee, Mama. Ich weiß, dass du nichts damit zu tun hast. Ich ...« Er blickte sich kurz um. Niemand schenkte ihnen auch nur die geringste Aufmerksamkeit. »Ich hab dich lieb, aber so ist es am besten. Egal, wie es ausgeht.«

»Nein, das ist es nicht«, sagte sie und kämpfte jetzt mit den Tränen. »Ray, wenn dein Vater hier wäre, würde er der ganzen Geschichte sofort ...«

»Er ist aber nicht hier, oder?« Er war brutal, weil er hoffte, ihre Tränen zu unterbinden. Was wäre, wenn man sie mit Gewalt wegzerren musste? Er hatte gehört, dass das manchmal vorgekommen war. Bei dem Gedanken wurde ihm ganz kalt. In sanfterem Ton sagte er zu ihr: »Lass gut sein, Mama. Okay?« Er zwang sich zu einem Lächeln. »Okay«, antwortete er an ihrer Stelle.

Ihr Kinn zitterte immer noch, aber sie nickte. Es war nicht gut, aber es war zu spät. Man konnte nichts mehr dagegen tun.

Ein leichter Windhauch rauschte durch die Kiefern. Der Himmel war strahlend blau. Die Straße lag vor ihm. Ein einfacher Stein markierte die Grenze zwischen Amerika und Kanada. Auf einmal war seine Erwartung stärker als seine Angst. Er wollte endlich gehen, wollte, dass die Sache endlich begann.

»Ich hab die hier für dich gebacken. Du kannst sie doch mitnehmen, nicht wahr? Sie sind nicht zu schwer, oder?« Sie hielt ihm mit Alufolie umwickelte Plätzchen hin.

»Klar.« Er nahm die Plätzchen und umarmte sie ungeschickt, weil er ihr das geben wollte, was sie brauchte. Er küsste sie auf die Wange. Ihre Haut fühlte sich an wie alte Seide. Einen Augenblick lang hätte er beinah selbst geweint, doch dann dachte er an das schnauzbärtige, lächelnde Gesicht des Majors, trat einen Schritt zurück und stopfte die Plätzchen in die Tasche seiner Armeejacke.

»Wiedersehn, Mama.«

»Wiedersehen, Ray. Sei ein braver Junge.«

Sie blieb noch einen Augenblick lang stehen, und er hatte plötzlich das Gefühl, als wäre sie sehr leicht, als könnte sogar die sanfte Morgenbrise sie erfassen und wie einen

Löwenzahnsamen durch die Luft segeln lassen. Dann stieg sie ins Auto und ließ den Motor an. Garraty stand da. Sie hob eine Hand und winkte ihm zu. Die Tränen flossen jetzt. Er konnte sie sehen. Er winkte zurück, und als der Wagen aus der Parklücke fuhr, stand er einfach da, die Arme an den Seiten, und war sich darüber im Klaren, wie tapfer, brav und einsam er aussehen musste. Doch als der Wagen wieder durch das Tor gefahren war, überfiel ihn ein Gefühl der Verlorenheit, und er war nur ein sechzehnjähriger Junge, der sich ganz allein an einem fremden Ort befand.

Er wandte sich zur Straße um. Der andere Junge, der dunkelhaarige, sah seinen davonfahrenden Eltern nach. Er hatte eine hässliche Narbe auf einer Wange. Garraty ging zu ihm hinüber, um ihn zu begrüßen.

Der dunkelhaarige Junge musterte ihn mit einem kurzen Blick. »Hallo!«

»Ich bin Ray Garraty«, sagte er und fühlte sich ein bisschen wie ein Arschloch.

»Ich bin Peter McVries.«

»Bist du bereit?«, fragte Garraty.

McVries zuckte die Achseln. »Ich bin nervös. Das ist das Schlimmste.«

Garraty nickte.

Sie gingen zusammen zur Straße und zum Grenzstein. Hinter ihnen fuhren weitere Wagen ab. Plötzlich fing eine Frau an zu kreischen. McVries und Garraty rückten unwillkürlich dichter zusammen. Keiner blickte zurück. Vor ihnen lag die breite, schwarze Straße.

»Der Straßenbelag wird um die Mittagszeit ziemlich heiß sein«, sagte McVries unvermittelt. »Ich werde mich an die Seitenstreifen halten.«

Garraty nickte. McVries betrachtete ihn nachdenklich. »Wie viel wiegst du?«

»Zweiundsiebzig Kilo.«

»Ich wiege fünfundsiebzig. Sie sagen, dass die schwereren Typen schneller müde werden, aber ich glaube, ich bin ganz gut in Form.«

Garraty fand, dass Peter McVries besser als nur gut in Form aussah – er sah ungeheuer durchtrainiert aus. Er überlegte, wer *sie* wohl waren, die sagten, dass die schwereren Typen schneller müde würden, fragte fast danach, nahm dann aber Abstand davon. Der Marsch war eines von den Dingen, die aus Legenden, Apokryphen und Talismanen bestanden.

McVries setzte sich zu einer Gruppe von Jungen in den Schatten, und nach einer Weile setzte Garraty sich neben ihn. McVries kümmerte sich nicht mehr um ihn. Garraty blickte auf seine Uhr. Es war fünf Minuten nach acht. Fünfundfünfzig Minuten mussten sie noch warten. Die ungeduldige Erwartung kehrte zurück, und er tat sein Bestes, sie zu unterdrücken. Er nahm sich vor, das Sitzen zu genießen, solang er es noch konnte.

Alle Jungen saßen, manche in Gruppen, manche allein; einer war auf den untersten Ast einer Kiefer geklettert, von dem er die Straße überblicken konnte. Er aß etwas, was wie ein Marmeladenbrot aussah. Er war blond und dünn und hatte eine lilafarbene Hose, ein blaues Hemd und einen alten, grünen Pullover mit Reißverschluss an, der an den Ellbogen durchgescheuert war. Garraty fragte sich, ob die Dünnen wohl länger durchhalten oder sich schneller verausgaben würden.

Die Jungen, zu denen er und Peter McVries sich gesetzt hatten, unterhielten sich miteinander.

»Ich werde mich nicht beeilen«, sagte einer von ihnen. »Warum sollte ich? Und wenn ich eine Verwarnung kriege – na und? Man muss sich nur anpassen, das ist alles. Anpassung ist hier das Schlüsselwort. Denkt dran, wo ihr das zum ersten Mal gehört habt.«

Er sah sich um und entdeckte Garraty und McVries.

»Noch ein paar Lämmer für die Schlachtbank. Hank Olson heiß ich, zu marschieren weiß ich.« Er sagte das ohne einen Anflug von Lächeln.

Garraty stellte sich vor. McVries nannte geistesabwesend seinen Namen und blickte immer noch zur Straße hinüber.

»Ich bin Art Baker«, sagte der andere ruhig. Er hatte einen leichten Südstaatenakzent. Die vier reichten sich die Hände.

Einen Augenblick lang herrschte Schweigen, bis McVries sagte: »Ein bisschen unheimlich hier, nicht wahr?«

Alle nickten, außer Hank Olson, der die Achseln zuckte und grinste. Garraty beobachtete, wie der Junge auf dem Kiefernast sein Marmeladenbrot aufaß, das Einwickelpapier zusammenknüllte und es die leicht abfallende Straßenböschung hinunterwarf. Der wird sich früh verausgaben, dachte er und fühlte sich gleich etwas besser.

»Seht ihr den Fleck gleich neben dem Grenzstein?«, fragte Olson plötzlich.

Sie spähten alle hinüber. Die vom Wind bewegten Zweige warfen lebendige Schatten auf die Straße. Garraty wusste nicht so recht, ob er da etwas sehen konnte oder nicht.

»Der ist noch von dem Marsch im vorletzten Jahr«, sagte Olson mit grimmiger Befriedigung. »Ein Junge hatte solchen Schiss, dass er um Punkt neun Uhr auf der Stelle erstarrt ist.«

Sie malten sich das Entsetzliche in Gedanken aus.

»Konnte sich einfach nicht mehr bewegen. Er kassierte seine drei Verwarnungen, und um 9.02 Uhr haben sie ihn abgeknipst. Direkt da neben dem Grenzstein.«

Garraty fragte sich, ob seine Beine auch erstarren würden. Er glaubte es nicht, aber so etwas wusste man nie mit Sicherheit, bis der Augenblick gekommen war. Es war ein schrecklicher Gedanke. Warum musste Hank Olson ausgerechnet solch ein schreckliches Thema anschneiden?

Art Baker richtete sich plötzlich auf. »Da kommt er.«

Ein graubrauner Jeep fuhr an den Grenzstein und hielt dort. Ihm folgte ein eigenartiges Kettenfahrzeug, das sich wesentlich langsamer bewegte. Vorn und hinten waren zwei spielzeuggroße Radarantennen angebracht, und auf dem Oberdeck lümmelten sich zwei Soldaten. Garraty lief ein kalter Schauer über den Rücken, als er die beiden sah. Sie hatten schwerkalibrige Karabiner bei sich, wie man sie in der Armee trug.

Ein paar Jungen standen auf, aber Garraty blieb sitzen. Auch Olson und Baker standen nicht auf, und McVries schien nach einem ersten Blick wieder in seine Grübeleien versunken zu sein. Der dürre Junge auf der Kiefer ließ müßig seine Füße baumeln.

Der Major stieg aus dem Jeep. Er war ein hochgewachsener, aufrechter Mann, dessen von der Wüstensonne tief gebräunte Haut gut zu seiner schlichten Khakiuniform passte. In seinem Sam-Browne-Gürtel steckte eine Pistole, und er trug eine verspiegelte Sonnenbrille. Es ging das Gerücht um, dass die Augen des Majors extrem lichtempfindlich wären. In der Öffentlichkeit wurde er nie ohne die Sonnenbrille gesehen.

»Setzt euch, Jungs«, sagte er. »Denkt an Hinweis dreizehn.« Hinweis dreizehn lautete: »Kraft sparen, wann immer es möglich ist.«

Diejenigen, die aufgestanden waren, setzten sich. Garraty blickte wieder auf seine Uhr. Sie zeigte 8.16 Uhr an. Dann musste sie eine Minute vorgehen. Der Major war niemals unpünktlich. Er dachte einen Augenblick lang daran, sie zurückzustellen, vergaß es dann aber.

»Ich werde euch keine Rede halten«, begann der Major und streifte sie mit einem Blick durch die verspiegelten

Gläser, die seine Augen bedeckten. »Ich werde dem Sieger aus eurer Gruppe gratulieren und den Verlierern meine Anerkennung für ihre Tapferkeit zollen.«

Er drehte sich zum Jeep um. Eine lebhafte Stille entstand. Garraty atmete die frische Frühlingsluft tief ein. Es würde warm werden. Ein schöner Tag zum Marschieren.

Der Major drehte sich wieder zu ihnen um. Er hielt jetzt eine Schreibunterlage in der Hand. »Wenn ich euren Namen aufrufe, tretet bitte vor und nehmt eure Nummer in Empfang. Dann geht ihr auf eure Plätze zurück und wartet bis zum Start. Ich bitte euch, dies rasch zu erledigen.«

»Ihr seid jetzt in der Armee«, flüsterte Olson und grinste, aber Garraty ignorierte ihn. Man musste den Major einfach bewundern. Bevor er von den Soldaten abgeführt worden war, hatte Garratys Vater den Major gern das seltenste und gefährlichste Ungeheuer genannt, das ein Volk hervorbringen konnte, einen von der Gesellschaft geförderten Soziopathen. Aber er hatte den Major nie persönlich kennengelernt.

»Aaronson.«

Ein kurzer, stämmiger Bauernjunge mit sonnenverbranntem Nacken stapfte, offensichtlich von der Ausstrahlung des Majors eingeschüchtert, auf ihn zu und nahm seine große Plastik-Eins in Empfang. Er befestigte sie mit dem Klebestreifen an seinem Hemd, und der Major gab ihm einen Klaps auf den Rücken.

»Abraham.«

Ein großer Junge mit rötlichen Haaren in Jeans und einem T-Shirt. Er hatte seine Jacke wie ein Schuljunge um die Hüfte gebunden; sie flatterte ihm heftig um die Knie. Olson kicherte höhnisch.

»Baker, Arthur.«

»Das bin ich«, sagte Baker und stand auf. Er bewegte sich mit einer täuschenden Gemächlichkeit, die Garraty nervös machte. Baker war ein zäher Kerl. Er würde lange durchhalten.

Baker kam zurück. Er hatte seine Nummer 3 auf der rechten Brustseite seines Hemdes festgeklebt.

»Hat er was zu dir gesagt?«, wollte Garraty wissen.

»Er hat mich gefragt, ob es zu Hause schon angefangen hätte, heiß zu werden«, sagte Baker schüchtern. »Ja, er ... der Major hat mit mir gesprochen.«

»Kann gar nicht so heiß sein, wie es hier bald werden wird«, witzelte Olson.

»Baker, James«, fuhr der Major fort.

Es dauerte bis 8.40 Uhr, und es stimmte alles. Niemand hatte sich gedrückt. Hinten auf dem Parkplatz wurden Motoren angelassen, und mehrere Wagen fuhren davon – es waren die Jungen von der Reserveliste, die jetzt nach Hause fahren und den Langen Marsch im Fernseher verfolgen würden. Es ist so weit, dachte Garraty, jetzt ist es wirklich so weit.

Als er an die Reihe kam, gab der Major ihm die Nummer 47 und wünschte ihm viel Glück. Aus der Nähe roch er sehr männlich und irgendwie penetrant. Garraty hatte ein fast unstillbares Bedürfnis, das Bein des Mannes zu berühren, um sich davon zu überzeugen, dass er real war.

Peter McVries war Nummer 61. Hank Olson 70. Er stand länger als die anderen beim Major. Der Major lachte über etwas, was Olson gesagt hatte, und schlug ihn auf den Rücken.

»Ich hab ihm geraten, einen Batzen Geld auf Abruf bereitzuhalten«, sagte Olson, als er zurückkam. »Und er hat zu mir gesagt, dass ich euch die Hölle heißmachen soll. Er sagte, er mag Leute, die es nicht erwarten können loszulegen. Mach ihnen die Hölle heiß, Junge, hat er gesagt.«

»Nicht schlecht«, sagte McVries und blinzelte Garraty zu. Garraty wusste nicht so recht, was er von Peters

Zwinkern halten sollte. Machte er sich etwa über Olson lustig?

Der dürre Junge auf der Kiefer hieß Stebbins. Er nahm seine Nummer mit gesenktem Kopf entgegen und sprach kein Wort mit dem Major. Danach setzte er sich wieder unter seinen Baum. Garraty war von ihm irgendwie fasziniert.

Nummer 100 war ein rothaariger Junge mit einer heftigen Akne. Er hieß Zuck. Nachdem er seine Nummer erhalten hatte, saßen sie alle herum und warteten auf das, was als Nächstes passieren würde.

Drei Soldaten aus dem Halbkettenfahrzeug verteilten breite Gürtel mit Taschen, die man mit einem Druckknopf verschließen konnte. Diese Taschen enthielten Tuben mit einer Paste aus energiereichem Nahrungskonzentrat. Dann kamen noch weitere Soldaten und verteilten Feldflaschen mit Wasser. Sie banden sich die Gürtel um und befestigten die Feldflaschen. Olson schlang sich den Gürtel wie ein Revolverheld tief um die Hüfte, fand eine Schokoladentafel und fing sofort an, sie zu essen. »Nicht schlecht«, sagte er lachend. Dann nahm er einen großen Schluck aus seiner Feldflasche, um die Schokolade hinunterzuspülen, und Garraty fragte sich, ob Olson nur eine gute Miene zum bösen Spiel machte oder ob er etwas wusste, was er selbst nicht wusste.

Der Major musterte sie alle ernst. Garratys Armbanduhr zeigte 8.56 Uhr an – wie war es so spät geworden? Sein Magen zog sich schmerzhaft zusammen.

»Also gut, Leute, stellt euch bitte in Zehnerreihen auf. Keine besondere Ordnung. Ihr könnt mit euren Freunden zusammenbleiben, wenn ihr wollt.«

Garraty stand auf; er fühlte sich benommen und wie im Traum. Es war, als gehörte sein Körper nun jemand andres.

»Jetzt geht's also los«, sagte McVries neben ihm. »Ich wünsche euch allen Glück.«

»Dir auch viel Glück«, sagte Garraty überrascht.

»Ich sollte mir meinen beschissenen Kopf untersuchen lassen«, sagte McVries. Er sah plötzlich verschwitzt und blass aus, gar nicht mehr so ungeheuer durchtrainiert wie vorher. Er versuchte zu lächeln und schaffte es nicht. Die Narbe trat wie ein wildes Ausrufungszeichen auf seiner Wange hervor.

Stebbins stand auf und schlenderte zum Schwanz der zehn Mann breiten und zehn Mann tiefen Marschordnung. Olson, Baker, McVries und Garraty standen in der dritten Reihe. Garratys Mund war trocken. Er überlegte, ob er einen Schluck Wasser trinken sollte, entschied sich dann aber dagegen. Noch nie in seinem Leben hatte er seine Füße so sehr gespürt. Er fragte sich, ob er erstarren und gleich hier auf der Startlinie abgeknipst werden würde. Er fragte sich, ob Stebbins früh zusammenklappen würde – Stebbins mit seinem Marmeladenbrot und seiner lila Hose. Er fragte sich, ob er selbst als Erster zusammenklappen würde. Er fragte sich, was für ein Gefühl es wohl wäre, wenn …

Seine Armbanduhr zeigte 8.59 Uhr an.

Der Major blickte auf eine Taschenuhr aus rostfreiem Stahl. Langsam hob er seine Hand, und jetzt hing alles von seinem Zeichen ab. Die hundert Jungen blickten sie aufmerksam an; die Stille war grauenvoll intensiv. Die Stille füllte alles aus.

Garratys Uhr stand schon auf 9.00 Uhr, aber die erhobene Hand fiel nicht.

Nun mach schon! Warum tut er es nicht?

Am liebsten hätte er es laut herausgeschrien.

Dann fiel ihm wieder ein, dass seine Uhr ja eine Minute vorging – er hätte sie nach dem Major stellen können, aber er hatte es nicht getan. Er hatte es vergessen.

Die Hand des Majors senkte sich. »Viel Glück euch allen«, sagte er. Sein Gesicht war ausdruckslos; die verspiegelte Sonnenbrille verbarg seine Augen. Langsam gingen sie los, ohne zu drängeln.

Und Garraty ging mit ihnen. Er war nicht erstarrt. Niemand erstarrte. Seine Füße kamen am Grenzstein vorbei, im Gleichschritt mit McVries an seiner linken und Olson an seiner rechten Seite. Die Schritte klangen sehr laut.

Das ist *es,* das ist *es,* das ist *es.*

Plötzlich packte ihn ein wahnwitziger Drang, stehen zu bleiben. Nur um zu sehen, ob sie es wirklich ernst meinten. Ärgerlich und nicht ganz ohne Angst schob er den Gedanken beiseite.

Sie kamen aus dem Schatten in die warme Frühlingssonne. Das war ein gutes Gefühl. Garraty entspannte sich, steckte die Hände in die Taschen und passte sich McVries' Schritten an. Die Gruppe verteilte sich; jeder fand seinen eigenen Rhythmus und seine eigene Geschwindigkeit. Das Panzerfahrzeug begleitete sie klirrend auf dem weichen Seitenstreifen, wo es eine dünne Staubwolke aufwirbelte. Die kleinen Radarschirme drehten sich geschäftig. Sie zeichneten mithilfe des Computers im Innern des Fahrzeugs die Geschwindigkeit jedes einzelnen Gehers auf. Die unterste Geschwindigkeitsgrenze lag bei genau vier Meilen pro Stunde.

»Warnung! Warnung für Nummer 88!«

Garraty erschrak und blickte zurück. Es war Stebbins. Nummer 88 war Stebbins. Plötzlich war er davon überzeugt, dass Stebbins seine Eintrittskarte in den Himmel gleich hier, noch in Sichtweite des Startpfostens erhalten würde.

»Schlau.« Das war Olson.

»Was?«, fragte Garraty. Er musste sich anstrengen, um seine Zunge zu bewegen.

»Der Typ fängt sich eine Warnung ein, solange er noch frisch ist, und bekommt so einen Eindruck von seinem Spielraum. Er kann sie leicht wieder loswerden – wenn man eine Stunde lang ohne eine neue Warnung geht, verliert man die alte. Das weißt du doch.«

»Klar weiß ich das«, sagte Garraty. Es stand im Regelbuch. Sie gaben einem drei Verwarnungen. Wenn man zum vierten Mal langsamer als vier Meilen pro Stunde wurde, wurde man ... nun ja, dann war man draußen. Wenn man aber drei Verwarnungen hatte und es fertigbrachte, drei Stunden lang ohne neue zu gehen, dann hatte man wieder einen Platz an der Sonne.

»Jetzt weiß er's also«, sagte Olson. »Und um zwei Minuten nach zehn ist er wieder aus dem Schneider.«

Garraty ging mit einem guten Tempo. Er fühlte sich wohl. Sie verloren den Startpfosten aus den Augen, nachdem sie einen Hügel hinaufmarschiert waren und dann in ein langes, mit Kiefern bewaldetes Tal hinabstiegen. Hier und da sahen sie rechteckige, frisch gepflügte Felder.

»Kartoffeln sollen das sein«, sagte McVries.

»Die besten der Welt«, antwortete Garraty automatisch.

»Bist du aus Maine?«, fragte Baker.

»Ja, aus dem Süden.« Er blickte nach vorn. Ein paar Jungen hatten sich von der Hauptgruppe abgesetzt. Sie machten vielleicht sechs Meilen pro Stunde. Zwei von ihnen trugen die gleichen Lederjacken mit einem Adler auf dem Rücken. Es war eine große Versuchung, den Schritt zu beschleunigen, aber Garraty ließ sich nicht hetzen. »Kraft sparen, wann immer es möglich ist« – Hinweis 13.

»Führt die Straße irgendwo in der Nähe deiner Heimatstadt vorbei?«, fragte McVries.

»Etwa sieben Meilen. Ich denke, dass meine Mutter und meine Freundin hinkommen werden, um mich zu sehen.« Er schwieg einen Augenblick lang und fügte dann vorsichtig hinzu: »Natürlich nur wenn ich dann noch dabei bin.«

»Teufel, es werden keine fünfundzwanzig ausgeschieden sein, wenn wir im Süden ankommen«, sagte Olson.

Darauf senkte sich Schweigen über sie herab. Garraty wusste, dass das nicht stimmte, und er vermutete, dass Olson es auch wusste.

Zwei weitere Jungen erhielten eine Verwarnung, und trotz Olsons Erklärung hüpfte Garratys Herz jedes Mal erschrocken in die Höhe. Er drehte sich um und sah nach Stebbins. Er lief immer noch am Ende und aß jetzt sein zweites Marmeladenbrot. Ein drittes steckte in der Tasche seines ausgefransten, grünen Pullovers. Garraty fragte sich, ob seine Mutter ihm die Brote gemacht hatte, und dachte an die Plätzchen, die seine Mutter ihm gegeben – ihm aufgezwungen hatte, so als könnten sie ihn vor bösen Geistern beschützen.

»Warum lassen sie die Leute eigentlich nicht beim Start zusehen?«, fragte Garraty.

»Das würde die Konzentration der Geher stören«, sagte eine scharfe Stimme.

Garraty drehte den Kopf. Er sah einen kleinen, dunkelhaarigen Jungen mit ernstem Blick, der die Nummer 5 an den Kragen seiner Jacke gepresst hatte. Er konnte sich nicht an seinen Namen erinnern. »Konzentration?«, sagte er.

»Ja.« Der Junge kam an seine Seite. »Der Major hat gesagt, es ist sehr wichtig, sich am Anfang eines Langen Marsches voll zu konzentrieren.« Er drückte nachdenklich seinen Daumen an die Nase, die auffallend spitz war. Er hatte dort einen hellroten Pickel. »Ich stimme ihm zu. Die Aufregung, die Menge, das Fernsehen, das kann alles später kommen. Was wir im Augenblick brauchen, ist völlige Konzentration.« Er starrte Garraty unter den schweren Lidern seiner dunkelbraunen Augen hervor an und sagte es noch einmal: »Konzentration.«

»Ich konzentriere mich ausschließlich darauf, sie aufzuheben und wieder auf die Straße zu setzen«, sagte Olson.

Nummer 5 sah ihn beleidigt an. »Du musst deinen

Rhythmus finden. Du musst dich auf dich selbst konzentrieren. Du musst einen Plan haben. Übrigens, ich heiße Gary Barkovitch. Ich komme aus Washington, D. C.«

»Ich bin John Carter«, sagte Olson. »Ich komme aus Barsoom, Mars.«

Barkovitch verzog verächtlich die Lippen und ließ sich wieder zurückfallen.

»Einen Kuckuck gibt's offenbar in jeder Uhr«, sagte Olson.

Doch Garraty fand, dass Barkovitch ziemlich klar dachte – jedenfalls so lange, bis einer der Soldaten »Warnung! Warnung für Nummer 5!«, rief. Das war ungefähr fünf Minuten später.

»Ich habe einen Stein im Schuh!«, keifte Barkovitch giftig.

Der Soldat antwortete ihm nicht. Er stieg vom Panzerfahrzeug und stellte sich Barkovitch gegenüber auf den Seitenstreifen. In der Hand hielt er die gleiche Taschenuhr aus rostfreiem Stahl, wie sie vorhin der Major gehabt hatte. Barkovitch blieb stehen, zog sich den Schuh aus und schüttelte den winzigen Stein heraus. Sein düsteres, olivfarbenes Gesicht glänzte vor Schweiß, aber er beachtete den Soldaten gar nicht, als dieser »Zweite Warnung für Nummer 5!« rief. Stattdessen zog er sich sorgfältig den Strumpf über dem Fußrist glatt.

»Oh, oh«, sagte Olson. Sie hatten sich alle umgedreht und gingen jetzt rückwärts.

Stebbins, immer noch der Letzte, ging an Barkovitch vorbei, ohne ihn eines Blickes zu würdigen. Der saß nun ganz allein ein kleines Stückchen rechts vom weißen Mittelstreifen auf der Straße und band sich seinen Schuh wieder zu.

»Dritte Warnung für Nummer 5! Letzte Warnung!«

Etwas lag wie ein schwerer Klumpen in Garratys Magen. Er wollte nicht hinsehen, aber er konnte auch nicht wegsehen. Er sparte wirklich keine Kraft, wann immer es möglich war, indem er rückwärts ging, aber auch daran konnte er nichts ändern. Er konnte beinah fühlen, wie Barkovitchs Sekunden zu einem Nichts zusammenschrumpften.

»O Mann«, sagte Olson. »Dieser blöde Arsch kriegt gleich seine rote Karte.«

Doch da stand Barkovitch auf. Er nahm sich Zeit, den Straßenstaub von seiner Hose zu klopfen, und trabte los. Bald hatte er die Gruppe eingeholt. Er fiel wieder in seinen normalen Schritt, kam an Stebbins vorbei, der ihn immer noch nicht ansah, und gesellte sich zu Olson.

Er grinste, und seine braunen Augen leuchteten. »Siehst du? Jetzt habe ich mich einen Augenblick lang ausgeruht. Das gehört alles zu meinem Plan.«

»Das glaubst du vielleicht«, antwortete Olson, und seine Stimme klang höher als sonst. »Aber ich sehe nur, dass du drei Warnungen einkassiert hast. Für deine lausigen anderthalb Minuten musst du drei ... beschissene ... *Stunden* gehen. Und wozu zum Teufel hast du eine Pause gebraucht? Wir sind doch gerade erst losgegangen, um Himmels willen!«

Barkovitch wirkte gekränkt. Mit brennendem Blick starrte er Olson an. »Wir werden ja sehen, wer von uns beiden zuerst die rote Karte kriegt«, sagte er. »Du oder ich. Es gehört alles zu meinem Plan.«

»Dein Plan und das Zeug, das aus meinem Arschloch kommt, haben eine verdächtige Ähnlichkeit miteinander«, sagte Olson, und Baker kicherte.

Barkovitch schnaubte und schob sich an ihnen vorbei.

Olson konnte nicht widerstehen, ihm noch einen letzten Stich zu versetzen. »Pass bloß auf, dass du nicht stolperst, Kumpel. Sie werden dich nicht noch mal warnen. Sie werden dich einfach ...«

Aber Barkovitch blickte nicht einmal zurück, und Olson gab empört auf.

Um dreizehn Minuten nach neun auf Garratys Uhr – er hatte sich inzwischen die Mühe gemacht, sie die eine Minute zurückzustellen – kam der Jeep des Majors den Hügel heraufgefahren, den sie gerade hinuntermarschierten. Der Major benutzte den Seitenstreifen, der nicht vom Kettenfahrzeug besetzt war. Als er an ihnen vorbeikam, hob er ein batteriebetriebenes Megafon an den Mund.

»Ich freue mich, euch bekannt zu geben, dass ihr die erste Meile eurer Reise hinter euch habt, Jungs. Ich möchte euch auch daran erinnern, dass die längste Entfernung, die eine vollständige Gehergruppe bis jetzt geschafft hat, siebendreiviertel Meilen betrug. Ich hoffe, dass ihr den Rekord verbessert.«

Der Jeep fuhr weiter. Olson schien diese Nachricht erstaunt, ja beinah verängstigt aufgenommen zu haben. Nicht einmal acht Meilen, dachte Garraty. Es war nicht annähernd so weit, wie er sich vorgestellt hatte. Er hätte nicht erwartet, dass irgendeiner aus der Gruppe – nicht einmal Stebbins – vor dem späten Nachmittag die rote Karte bekommen würde. Doch dann dachte er an Barkovitch. Er brauchte nur einmal während der nächsten Stunde unter die vorgeschriebene Geschwindigkeit zu fallen.

»Ray?« Es war Art Baker. Er hatte seine Jacke ausgezogen und sie über einen Arm geschlungen. »Hattest du einen besonderen Grund, am Marsch teilzunehmen?«

Garraty schnallte seine Feldflasche vom Gürtel und trank schnell einen Schluck Wasser. Es war kühl und schmeckte gut. Ein paar Tropfen blieben auf seiner Oberlippe stehen, und er leckte sie ab. Es tat gut, solche Dinge zu tun.

»Ich weiß es nicht«, sagte er ehrlich.

»Ich auch nicht.« Baker dachte einen Augenblick lang nach. »Warst du in der Schule im Leichtathletikteam oder so was?«

»Nein.«

»Ich auch nicht. Aber das macht jetzt wohl auch nichts mehr aus, nicht wahr?«

»Nein, jetzt wohl nicht mehr«, sagte Garraty.

Die Unterhaltung schlief ein. Sie kamen durch ein kleines Dorf mit einer Tankstelle und einem Kolonialwarenladen. Vor der Tankstelle saßen zwei alte Männer auf Klappstühlen und beobachteten sie mit zusammengekniffenen, reptilienartigen Augen. Auf der Schwelle des kleinen Ladens stand eine junge Frau und hielt ihren winzigen Sohn auf dem Arm, damit er sie sehen konnte. Eine Gruppe von älteren Kindern – Garraty schätzte sie um die zwölf herum – sah ihnen sehnsüchtig nach, bis sie außer Sicht waren.

Einige Jungen fingen an, darüber zu diskutieren, welche Entfernung sie wohl inzwischen zurückgelegt hatten. Von vorn erreichte sie das Gerücht, dass man ein zweites Halbkettenfahrzeug eingesetzt habe, um die Jungen in der Vorhut zu bewachen ... sie waren jetzt nicht mehr zu sehen. Jemand sagte, dass sie sieben Meilen pro Stunde gingen. Jemand anderes behauptete sogar, dass es zehn Meilen wären. Jemand erzählte ihnen entschieden, dass einer der sechs Kerle da vorn nachgelassen habe und schon zweimal verwarnt worden sei. Garraty fragte sich, warum sie ihn nicht langsam einholten, wenn das zutraf.

Olson aß die Tafel Schokolade auf, die er an der Startlinie angebrochen hatte, und trank einen Schluck Wasser. Auch einige andere fingen an zu essen, doch Garraty beschloss zu warten, bis er wirklich hungrig war. Er hatte gehört, dass die Konzentrate ziemlich gut sein sollten. Die Astronauten bekamen sie auf ihre Raumflüge mit.

Kurz nach zehn Uhr kamen sie an einem Straßenschild vorbei: LIMESTONE 10 MEILEN. Garraty dachte an den einzigen Marsch, den sein Vater ihn hatte sehen lassen. Sie waren damals nach Freeport gefahren und hatten zugesehen, wie die Geher durch die Stadt marschiert waren.

Seine Mutter war auch dabei gewesen. Die Geher waren erschöpft und hohläugig gewesen und hatten das Publikum am Straßenrand kaum wahrgenommen, das ihnen beständig zujubelte, mit den selbst gemalten Schildern winkte und besonders seine Lieblinge und diejenigen, auf die es gewettet hatte, aufmunterte. Sein Vater hatte ihm später erzählt, dass die Menge an dem Tag die gesamte Strecke von Bangor an gesäumt hätte. Hier auf dem Land war die Sache nicht so interessant, und die Straßen wurden strikt abgeriegelt – vielleicht um die Läufer nicht in ihrer Konzentration und Ruhe zu stören, wie Barkovitch vorhin behauptet hatte. Aber mit fortschreitender Zeit ging es natürlich immer besser.

Als die Geher in jenem Jahr durch Freeport gekommen waren, hatten sie schon zweiundsiebzig Stunden auf der Straße hinter sich. Garraty war damals von den Eindrücken völlig überwältigt gewesen. Der Major hatte eine Rede ans Volk gehalten, als die Geher noch fünf Meilen von der Stadt entfernt gewesen waren. Er hatte mit »Wettkampf« begonnen, war dann zu »Patriotismus« übergegangen und schließlich bei »Bruttosozialprodukt« gelandet – und Garraty hatte darüber gelacht, denn brutto hatte für ihn so was Ähnliches wie brutal bedeutet. Er hatte sechs Hotdogs gegessen, und als er die Geher endlich kommen sah, hatte er sich in die Hose gepinkelt.

Einer der Jungen hatte geschrien. Das war ihm am lebhaftesten in Erinnerung geblieben. Jedes Mal wenn er einen Fuß aufgesetzt hatte, hatte er geschrien: *Ich kann nicht. ICH KANN NICHT. Ich kann nicht. ICH KANN NICHT.* Aber er war weitergegangen. Alle waren weitergegangen, und ziemlich bald war der letzte von ihnen an L.L. Bean's auf der U.S. 1 vorbeigegangen und ihren Blicken entschwunden. Garraty war ein bisschen enttäuscht gewesen, weil er nicht sehen konnte, wie einer die rote Karte bekam. Danach waren sie nie wieder zu einem Marsch gegangen. Später in der Nacht hatte Garraty gehört, wie sein Vater mit belegter Stimme jemand am Telefon angeschrien hatte, wie er es immer tat, wenn er betrunken war oder politische Diskussionen führte. Im Hintergrund hatte seine Mutter ihn mit ihrer verschwörerischen Flüsterstimme angefleht, damit aufzuhören, bitte aufzuhören, bevor jemand auf dem Gemeinschaftsanschluss mithörte.

Garraty trank noch einen Schluck Wasser und fragte sich, wie Barkovitch zurechtkam.

Sie kamen jetzt an mehreren Häusern vorbei. Die Familien saßen in ihren Vorgärten, winkten ihnen lächelnd zu und tranken Coca-Cola.

»Garraty«, sagte McVries. »Mannomann, sieh mal an, was da auf dich wartet.«

Ein hübsches, etwa sechzehnjähriges Mädchen in weißer Bluse und einer rot karierten, bis zu den Waden reichenden Hose hielt ein großes, mit einem Leuchtstift bemaltes Schild in die Höhe: GO-GO-GARRATY NUMMER 47 Wir lieben dich Ray »Maines Stolz«.

Garraty spürte, wie ihm die Brust schwoll. Plötzlich wusste er, dass er gewinnen würde. Dieses namenlose Mädchen war der Beweis dafür.

Olson pfiff anzüglich und rieb seinen ausgestreckten Zeigefinger schnell in seiner lockeren Faust hin und her. Garraty fand das gottverdammt widerlich.

Zum Teufel mit Hinweis 13. Garraty rannte an den Straßenrand. Das Mädchen erkannte seine Nummer und kreischte. Sie warf sich ihm an den Hals und küsste ihn heftig. Er spürte plötzlich eine warme Erregung und küsste sie ebenso heftig zurück. Zweimal fuhr ihm ihre köstliche Zunge in den Mund. Er war sich kaum bewusst, was er tat, als er eine Hand auf eine runde Pobacke legte und sie sanft knetete.

»Warnung! Warnung für Nummer 47!«

Garraty trat einen Schritt zurück und grinste: »Vielen Dank.«

»Oh ... oh ... oh, klar!« Ihre Augen strahlten.

Er überlegte, was er ihr noch sagen könnte, doch dann bemerkte er, dass der Soldat den Mund öffnete, um ihm die zweite Verwarnung zu erteilen. Immer noch grinsend und ein bisschen außer Atem trabte er an seinen Platz zurück. Trotzdem hatte er ein schlechtes Gewissen wegen Hinweis 13.

Olson grinste ihn an. »Dafür hätte ich drei Warnungen in Kauf genommen.«

Garraty antwortete nicht, sondern drehte sich um, lief ein Stück rückwärts und winkte dem Mädchen. Als sie nicht mehr zu sehen war, drehte er sich wieder nach vorn und ging mit festem Schritt weiter. Eine ganze Stunde, bis er die Warnung abgegolten haben würde. Er musste darauf achten, sich nicht noch eine weitere zu holen. Aber er fühlte sich gut. Er fühlte sich durchtrainiert. Er hätte den ganzen Weg bis nach Florida gehen können. Er beschleunigte seinen Schritt.

»Ray.« McVries lächelte immer noch. »Wozu die Eile?«

Yeah, er hatte recht. Hinweis 7: Langsam und locker ist die Devise. »Vielen Dank.«

McVries lächelte weiter. »Danke mir nicht zu sehr. Ich will auch gewinnen.«

Garraty sah ihn beunruhigt an.

»Ich meine, wir sollten hier nicht die drei Musketiere spielen. Ich mag dich, und es ist offensichtlich, dass du bei den hübschen Mädchen einen großen Stein im Brett hast, aber wenn du hinfallen solltest, werde ich dir nicht aufhelfen.«

»Yeah.« Er lächelte ebenfalls, aber sein Lächeln fühlte sich wenig überzeugend an.

»Aber andererseits sitzen wir alle im gleichen Boot«, sagte Baker schleppend. »Also können wir uns ebenso gut gemeinsam die Zeit vertreiben.«

McVries lächelte. »Warum nicht?«

Sie kamen wieder an einen Anstieg und sparten die Luft zum Gehen. Auf halber Höhe zog Garraty seine Jacke aus und warf sie über die Schulter. Ein paar Minuten später fanden sie einen Pullover auf der Straße. Den wird jemand heute Nacht schwer vermissen, dachte Garraty. Vorn kamen ein paar Geher aus der Vorhut in Sicht, die an Boden verloren hatten.

Garraty konzentrierte sich auf seine Füße. Hochheben, auf die Straße setzen. Er fühlte sich immer noch wohl. Er fühlte sich stark.

Kapitel 2

»Jetzt haben Sie das Geld, Ellen, und
es gehört Ihnen. Es sei denn, Sie wollen es gegen
das tauschen, was sich hinter dem Vorhang
befindet.«

Monty Hall
Let's Make a Deal

»Mein Name ist Harkness. Nummer 49. Du bist Garraty. Nummer 47. Stimmt's?«

Garraty sah Harkness an, der eine Brille trug und einen Bürstenhaarschnitt hatte. Sein Gesicht war rot und verschwitzt. »Ja, richtig.«

Harkness hatte ein Notizbuch bei sich, in das er Garratys Namen und Nummer eintrug. Seine Schrift war eine Krakelei, weil der Stift beim Gehen auf und ab rutschte. Er lief gegen einen Jungen namens Collie Parker, der ihm sagte, er solle aufpassen, wohin er gehe, verdammte Scheiße. Garraty unterdrückte ein Lächeln.

»Ich schreibe mir von jedem den Namen und die Nummer auf«, sagte Harkness. Die Vormittagssonne funkelte auf seinen Brillengläsern, als er aufblickte, und Garraty musste die Augen zusammenkneifen, um ihm ins Gesicht zu sehen. Es war halb elf, sie befanden sich acht Meilen vor Limestone und mussten nur noch eindreiviertel Meilen hinter sich bringen, um den Rekord zu brechen, den eine vollständige Gruppe von Gehern bisher geschafft hatte.

»Ich nehme an, du fragst dich, warum ich mir den Namen und die Nummer von jedem Teilnehmer aufschreibe«, sagte Harkness.

»Du gehörst zur Überwachungstruppe«, witzelte Olson über seine Schulter zurück.

»Nein, ich werde ein Buch schreiben«, sagte Harkness freundlich. »Wenn das alles hier vorbei ist, werde ich ein Buch darüber schreiben.«

Garraty grinste. »Du meinst, wenn du gewinnst, wirst du ein Buch darüber schreiben.«

Harkness zuckte die Achseln. »Tja, vermutlich. Aber sieh es mal so: ein Buch über den Marsch aus der Sicht eines Teilnehmers wird mich zu einem reichen Mann machen.«

McVries brach in lautes Lachen aus. »Wenn du gewinnst, wirst du kein Buch mehr brauchen, um ein reicher Mann zu werden, oder?«

Harkness runzelte die Stirn. »Nun ja ... vermutlich nicht. Aber ich glaube, es wird trotzdem ein verflixt interessantes Buch werden.«

Sie gingen weiter, und Harkness fuhr fort, sich die Namen und Nummern aufzuschreiben. Die meisten gaben sie ihm bereitwillig und zogen ihn mit seinem großartigen Buch auf.

Nun hatten sie sechs Meilen geschafft. Es ging das Gerücht, dass sie gute Aussichten hätten, den Rekord zu brechen. Garraty dachte einen Augenblick lang darüber nach, warum sie das überhaupt tun sollten. Je eher die Konkurrenz ausschied, desto besser standen die Aussichten für die Zurückbleibenden. Es war wohl eine Sache des Stolzes. Kurz darauf erreichte sie die Nachricht, dass für den Nachmittag ein Gewitter angekündigt sei – jemand musste ein Transistorradio bei sich haben, nahm Garraty an. Wenn das stimmte, war es eine schlechte Nachricht. Anfang Mai waren die Gewitter noch nicht sehr warm.

Sie gingen weiter.

McVries ging mit kräftigen Schritten, hielt den Kopf hoch und ließ die Arme locker an den Seiten baumeln. Er hatte es auf dem Seitenstreifen versucht, den Kampf mit dem lockeren Boden aber bald wieder aufgegeben. Er war noch nicht verwarnt worden, und wenn der Rucksack ihn drückte oder scheuerte, so ließ er sich nichts davon anmerken. Seine Augen suchten ständig den Horizont ab. Wenn sie an den kleinen Zuschauergruppen vorbeikamen, winkte er ihnen zu und verzog seine dünnen Lippen zu einem Lächeln. Er zeigte noch keine Anzeichen von Müdigkeit.

Baker schlenderte die Straße entlang. Er hatte eine Art Schlurfgang mit gebeugten Knien entwickelt und schien die Entfernungen ohne jede Anstrengung zurückzulegen. Er schlenkerte seine Jacke durch die Luft, lächelte den Zuschauern zu und pfiff ab und zu leise ein paar Takte der einen oder andern Melodie vor sich hin. Garraty fand, er sah aus, als könnte er ewig so weitergehen.

Olson redete jetzt nicht mehr so viel und beugte alle paar Minuten rasch das eine Knie. Garraty konnte es jedes Mal im Gelenk knacken hören. Olson wurde ein bisschen steif, dachte er, die sechs Meilen Gehen machten sich allmählich bei ihm bemerkbar. Seine Feldflasche musste fast leer sein. Olson würde wohl bald pinkeln müssen.

Barkovitch hatte seinen sprunghaften Rhythmus beibehalten; einmal lief er dem Pulk voraus, als ob er die Vorhut einholen wollte, dann fiel er wieder zu Stebbins' Position am Ende zurück. Er hatte eine seiner drei Verwarnungen verloren, sie aber fünf Minuten später zurückerhalten. Garraty nahm an, dass es ihm so nahe am Abgrund gefallen musste.

Stebbins marschierte immer noch ganz allein vor sich hin. Garraty hatte ihn noch mit niemand sprechen sehen. Er fragte sich, ob Stebbins sich einsam oder müde fühlte. Immer noch glaubte er, dass Stebbins sehr früh – vielleicht sogar als Erster – zusammenbrechen würde, ohne eigentlich zu wissen, warum er das dachte. Stebbins hatte seinen alten, grünen Pullover ausgezogen und hielt sein letztes Marmeladenbrot in der Hand. Er sah niemand an. Sein Gesicht war eine Maske.

Sie gingen und gingen.

Dann erreichten sie eine Kreuzung, die von der Polizei abgeriegelt wurde, damit die Geher sie ungestört überqueren konnten. Die Polizisten grüßten jeden Einzelnen von ihnen, und einige der Jungs zogen ihnen, geschützt durch ihre Immunität, eine lange Nase. Garraty fand das nicht gut. Er nickte den Beamten lächelnd zu, um ihren Gruß zu erwidern, und fragte sich im Stillen, ob sie sie wohl alle für verrückt hielten.

Die Autos hupten, und dann schrie eine Frau nach ihrem Sohn. Sie hatte ihren Wagen neben der Straße geparkt und offenbar auf die Gehergruppe gewartet, um zu sehen, ob ihr Junge noch mit dabei wäre.

»Percy! *Percy!*«

Percy war Nummer 31. Er wurde rot, winkte ihr verlegen zu und eilte mit leicht gesenktem Kopf weiter. Die Frau versuchte, auf die Straße zu rennen. Die Wachen auf dem Panzerfahrzeug richteten sich steif auf, aber einer der Polizisten hielt sie am Arm fest und zog sie freundlich zurück. Dann machte die Straße eine Biegung, und sie verloren die Kreuzung aus den Augen.

Sie kamen über eine aus Holzplanken zusammengefügte Brücke, die über einen kleinen, gurgelnden Bach führte. Garraty ging nahe am Geländer entlang und blickte hinunter. Für einen Augenblick konnte er auf der Wasseroberfläche sein verzerrtes Gesicht sehen.

Kurz darauf kamen sie an einem Hinweisschild vorbei: LIMESTONE 7 MEILEN, und dann gingen sie unter einem im Wind wogenden Transparent hindurch: LIMESTONE

IST STOLZ DARAUF, DIE TEILNEHMER DES MARSCHES ZU BEGRÜSSEN. Garraty schätzte, dass sie jetzt weniger als eine Meile davon entfernt waren, den Rekord zu brechen.

Dann erreichte sie eine neue Nachricht von vorn; sie befasste sich diesmal mit einem Jungen namens Curley, Nummer 7. Curley hatte einen Wadenkrampf und schon seine erste Warnung erhalten. Garraty ging etwas schneller, um McVries und Olson einzuholen. »Wo ist er?«

Olson deutete mit dem Daumen auf einen schlaksigen, mageren Jungen in Bluejeans. Curley hatte versucht, sich einen Backenbart wachsen zu lassen, aber es war ihm nicht gelungen. Sein hageres, ernstes Gesicht war jetzt in unwahrscheinlicher Konzentration angespannt, und er blickte starr auf sein rechtes Bein hinunter. Er schonte es. Er verlor gegenüber den anderen an Boden, und es war ihm am Gesicht abzulesen.

»Warnung! Warnung für Nummer 7!«

Curley zwang sich, schneller zu gehen. Er keuchte ein wenig. Wohl ebenso sehr aus Angst wie vor Anstrengung, dachte Garraty. Er hatte jegliches Zeitgefühl verloren. Er vergaß alles um sich herum außer Curley. Er beobachtete seinen Kampf und war sich dumpf bewusst, dass dies sein eigener Kampf sein könnte. Vielleicht in einer Stunde, vielleicht erst am nächsten Tag.

Es war das Faszinierendste, was er je gesehen hatte.

Curley fiel immer mehr zurück, und es mussten erst mehrere Verwarnungen an die anderen ergehen, bevor die Gruppe merkte, dass sie sich aus Faszination seiner Geschwindigkeit angepasst hatte. Das bedeutete, dass Curley sich sehr nahe am Abgrund befand.

»Warnung! Warnung für Nummer 7! Dritte Warnung für 7!«

»Ich habe einen Wadenkrampf!«, rief Curley heiser. »Das

ist nicht fair! Das ist nicht fair, wenn man einen Wadenkrampf hat!«

Er befand sich jetzt fast auf gleicher Höhe mit Garraty. Garraty konnte seinen Adamsapfel auf und ab hüpfen sehen. Er massierte sich verzweifelt das rechte Bein. Und Garraty konnte die Panik riechen, die in Wellen von ihm ausging, und es roch wie eine reife, frisch aufgeschnittene Zitrone.

Garraty zog langsam an ihm vorbei, und im nächsten Moment hörte er, wie Curley erleichtert ausrief: »Gott sei Dank! Er löst sich!«

Keiner sagte etwas. Garraty empfand eine widerwillige Enttäuschung. Das war gemein und unsportlich, aber er hätte es zu gern gesehen, dass jemand vor ihm die rote Karte bekam. Wer wollte schon als Erster erledigt werden?

Auf Garratys Uhr war es jetzt fünf Minuten nach elf. Inzwischen mussten sie den Rekord wohl gebrochen haben, wenn man davon ausging, dass sie in zwei Stunden acht Meilen geschafft hatten. Bald würden sie in Limestone sein. Er sah, dass Olson erst das eine und dann das andere Knie beugte. Neugierig versuchte er es selbst einmal. Seine Gelenke knackten hörbar, und er war erstaunt, wie steif sie sich inzwischen anfühlten. Aber seine Füße taten immer noch nicht weh. Das war doch schon etwas.

In einem kleinen Feldweg parkte ein Milchtankwagen. Der Milchmann saß auf der Motorhaube und winkte ihnen gutmütig zu. »Haltet euch ran, Jungs!«

Garraty wurde plötzlich wütend. Am liebsten hätte er ihn angeschrien: *Warum setzt du nicht deinen fetten Arsch in Bewegung und gehst mit uns?* Aber der Milchmann war schon über achtzehn. Er sah sogar weit älter als dreißig aus. Er war alt.

»Also gut, Jungs, fünf Minuten Pause«, witzelte Olson unvermittelt und erntete Gelächter.

Dann war der Milchwagen nicht mehr zu sehen. Sie kamen jetzt über mehrere Kreuzungen, sahen mehr Polizisten, die die Straßen abriegelten, und mehr Zuschauer, die hupten und ihnen zuwinkten. Jemand warf Konfetti. Garraty fing an, sich wichtig zu fühlen. Schließlich war er »Maines Stolz«.

Plötzlich schrie Curley auf. Garraty blickte über die Schulter zurück. Curley lief tief vornübergebeugt, hielt sich das rechte Bein und schrie. Trotzdem lief er – es war unglaublich – immer noch weiter. Aber sehr, sehr langsam. Viel zu langsam.

Auf einmal wurde alles sehr langsam, als ob die Geschehnisse sich Curley anpassen wollten. Die Soldaten auf dem kriechenden Panzerwagen hoben ihre Gewehre. Die Zuschauermenge hielt überrascht den Atem an, so, als hätte sie nicht gewusst, dass die Sache nun einmal so lief, und die Geher hielten den Atem an, als hätten sie es nicht gewusst, und Garraty schnappte mit ihnen nach Luft, aber natürlich hatte er es gewusst. Sie alle wussten es. Es war ganz einfach. Curley kriegte jetzt seine rote Karte.

Die Gewehre knackten, als sie entsichert wurden. Die Jungen wichen entsetzt vor Curley zurück. Plötzlich befand er sich ganz allein auf der sonnenüberfluteten Straße.

»Das ist nicht fair!«, schrie er. »Es ist einfach nicht *fair!*«

Die weitermarschierenden Jungen erreichten eine von Bäumen beschattete Stelle. Einige von ihnen blickten zurück, andere sahen stur geradeaus, als hätten sie Angst hinzusehen. Garraty gehörte zu denen, die zurücksahen. Er konnte nicht anders. Die vereinzelt winkenden Zuschauer waren plötzlich still, als ob jemand sie einfach abgeschaltet hätte.

»Das ist nicht ...«

Vier Karabiner feuerten los. Sie waren sehr laut. Der Krach rollte in die Ferne wie das Geräusch von Bowlingkugeln, traf auf die Hügel und kam wieder zurück. Curleys knochiges, pickeliges Gesicht verschwand in einem Brei aus Blut, Hirn und herumfliegenden Teilen von Schädelknochen. Der Rest von ihm fiel vornüber auf den weißen Mittelstreifen wie ein Postsack.

Nur noch 99, dachte Garraty, und ihm wurde schlecht. 99 Bierflaschen stehen auf der Mauer, und wenn eine von ihnen runterfällt ... o Herr im Himmel ... o Herr im Himmel ...

Stebbins schritt über die Leiche hinweg. Sein Fuß rutschte ein wenig im Blut aus, und sein nächster Schritt hinterließ einen blutigen Abdruck auf der Straße, wie eine Fotografie in einer Ausgabe des Magazins *Official Detective*. Stebbins sah den auf der Straße liegenden Körper nicht an; sein Gesichtsausdruck veränderte sich nicht. Stebbins, du Mistkerl, dachte Garraty, du solltest doch deine rote Karte als Erster kriegen, wusstest du das nicht? Dann blickte er nicht mehr hin. Er wollte nicht, dass ihm schlecht wurde. Er wollte sich nicht übergeben.

Eine Frau neben einem VW-Bus verbarg ihr Gesicht in beiden Händen und stöhnte leise. Garraty stellte fest, dass er ihr unter das Kleid bis zu ihrer Unterhose sehen konnte. Ihrer blauen Unterhose. Unerklärlicherweise fühlte er sich wieder erregt. Ein fetter Mann mit Glatze starrte auf Curleys Leiche und rieb heftig an einer Warze neben dem Ohr. Er leckte sich kurz über die großen, dicken Lippen und hörte nicht auf, Curley anzustarren und sich die Warze zu reiben. Als Garraty an ihm vorbeiging, tat er es immer noch.

Sie gingen weiter. Garraty fand sich in der alten Gruppe mit Baker, McVries und Olson wieder. Sie hatten sich wie Schutz suchend zueinander gesellt und blickten stur geradeaus, sorgsam darauf bedacht, sich nichts anmerken zu lassen. Das Echo der Gewehrschüsse schien immer noch in der Luft zu hängen. Garraty musste unablässig an den blutigen Fußabdruck denken, den Stebbins' Tennisschuh auf der Straße hinterlassen hatte. Er hätte gern gewusst, ob die Spur immer noch rot war, und hätte sich fast umgedreht, um nachzusehen, doch dann sagte er sich, dass er sich nicht wie ein Narr benehmen sollte. Dennoch konnte er nicht aufhören, sich Fragen zu stellen. Ob Curley wohl Schmerzen gespürt hatte? Ob er gemerkt hatte, wie die Geschosse ihr Ziel fanden, oder ob er einfach in der einen Sekunde noch am Leben und in der nächsten tot gewesen war?

Aber natürlich hatte es ihm wehgetan, und zwar vorher und in der schlimmsten, aufwühlendsten Weise. In dem Augenblick, in dem er gewusst hatte, dass es ihn nun nicht mehr geben und dass das Universum sich trotzdem ungerührt und ungestört weiterdrehen würde.

Von vorn kam die Nachricht, dass sie beinah neun Meilen geschafft hätten, bevor Curley ausgeschieden war. Man erzählte sich, dass der Major sich darüber wie ein Schneekönig freue. Garraty fragte sich, woher überhaupt jemand wissen wollte, wo der Major sich aufhielt.

Er blickte plötzlich nach hinten, um nachzusehen, was mit Curleys Leiche gemacht wurde, aber sie waren schon wieder um eine Kurve gebogen. Von Curley war nichts mehr zu sehen.

»Was hast du da in deinem Rucksack?«, wollte Baker auf einmal von McVries wissen. Er bemühte sich um einen leichten Unterhaltungston, doch seine Stimme klang hoch und durchdringend und war kurz davor überzuschnappen.

»Ein sauberes Hemd«, sagte McVries. »Und etwas rohes Hackfleisch.«

»Rohes Hackfleisch …« Olson verzog angeekelt das Gesicht.

»Da steckt viel Kraft und Energie drin«, sagte McVries.

»Du musst nicht ganz bei Trost sein. Du wirst dich fürchterlich übergeben.«

McVries lächelte bloß.

Garraty wünschte sich insgeheim, dass er selbst rohes Hackfleisch mitgenommen hätte. Er hatte keine Ahnung von der Kraft und Energie, aber er mochte es sehr gern. Es stellte die Schokoladentafeln und Nahrungskonzentrate weit in den Schatten. Plötzlich dachte er an seine Plätzchen, doch nach dem Vorfall mit Curley war er eigentlich nicht hungrig. Hatte er nach Curleys Tod tatsächlich daran denken können, rohes Hackfleisch zu essen?

Dann kam die Nachricht, dass einer der Geher, der zum dritten Mal verwarnt worden war, durch die Zuschauerreihen gerannt sei und dass die Menge daraufhin noch lauter gejubelt hätte. Sie hörten den dünnen Applaus, der wie aufgehendes Popcorn knisterte. Garraty fragte sich, ob es peinlich wäre, vor den Zuschauern erschossen zu werden, doch wenn man erst so weit war, kümmerte einen das sicher einen Dreck. Curley hatte ganz gewiss nicht so ausgesehen, als ob ihn das noch interessierte. Aber sich vor der Menge erleichtern zu müssen, das würde unangenehm werden. Garraty beschloss, nicht weiter darüber nachzudenken.

Die Zeiger seiner Uhr standen auf Punkt zwölf. Sie überquerten eine rostige Eisenbrücke, die über eine tiefe, ausgetrocknete Schlucht führte, und fanden ein großes Schild auf der anderen Seite: STADTGRENZE VON LIMESTONE – HERZLICH WILLKOMMEN, GEHER!

Ein paar Jungen jubelten, aber Garraty sparte seinen Atem.

Die Straße wurde etwas breiter, und die Geher verteilten sich in bequemem Abstand; die festen Gruppen lösten sich auf. Schließlich lag Curley jetzt schon drei Meilen hinter ihnen.

Garraty holte seine Plätzchen heraus und drehte das in Folie eingeschlagene Päckchen einen Augenblick lang in den Händen. Er hatte Heimweh nach seiner Mutter, aber schnell schob er den Gedanken an sie beiseite. Er würde seine Mutter und Jan ja in Freeport sehen. Sie hatten es versprochen. Er aß ein Plätzchen und fühlte sich gleich etwas wohler.

»Soll ich dir mal was sagen?«, fragte McVries.

Garraty nickte. Er trank einen Schluck Wasser aus seiner Feldflasche und winkte einem älteren Paar zu, das mit einem kleinen GARRATY-Pappschild am Straßenrand saß.

»Ich habe keine Ahnung, was ich haben will, wenn ich das hier gewinne«, sagte McVries. »Es gibt nichts, was ich dringend brauche. Ich meine, ich habe keine alte, kranke Mutter, die allein zu Hause herumsitzt, oder einen Vater, der an eine künstliche Niere angeschlossen ist oder so was. Ich habe nicht einmal einen kleinen Bruder, der tapfer an Leukämie stirbt.« Er lachte und schnallte seine Feldflasche los.

»Ich sehe, worauf du hinauswillst«, sagte Garraty zu ihm.

»Du meinst, du siehst, worauf ich *nicht* hinauswill. Die ganze Sache ist sinnlos.«

»Das meinst du nicht im Ernst«, sagte Garraty zuversichtlich. »Wenn du das Ganze noch mal machen müsstest ...«

»Yeah, yeah, dann würde ich es trotzdem tun, aber ...«

»He!« Der Junge vor ihnen, Pearson, zeigte auf die Straße. »Bürgersteige!«

Sie kamen endlich in die Stadt. Hübsche, von der Straße zurückgesetzte Häuser blickten von leicht ansteigenden Rasenflächen auf sie herab. In den Vorgärten standen Leute, die winkten und jubelten. Garraty hatte den Eindruck, dass sie fast alle saßen. Auf dem Boden saßen, auf Klappstühlen saßen, wie die beiden alten Männer vorhin an der Tankstelle, auf Picknicktischen saßen. Einige saßen sogar auf Garten- und Hollywood-Schaukeln. Plötzlich spürte er einen Anflug von Neid und Zorn.

Nur zu, winkt, bis ihr nicht mehr könnt. Ich will verdammt sein, wenn ich noch mal zurückwinke. Hinweis 13. Kraft sparen, wann immer es möglich ist.

Doch schließlich entschied er, dass das albern wäre. Die Leute könnten den Eindruck gewinnen, dass er hochnäsig sei. Schließlich war er »Maines Stolz«. Er beschloss, allen Leuten mit einem GARRATY-Schild zuzuwinken. Und allen hübschen Mädchen.

Nebenstraßen und Kreuzungen folgten jetzt in regelmäßigem Abstand. Sycamore Street, Clark Avenue, Exchange Street und Juniper Lane. Sie kamen an einem kleinen Lebensmittelladen an einer Straßenecke vorbei, der eine Narragansett-Bierreklame im Fenster hatte, und an einem billigen Supermarkt, der mit Bildern vom Major bepflastert war.

Auf den Bürgersteigen standen Zuschauer, aber die Reihen waren eher dünn. Alles in allem war Garraty enttäuscht. Er wusste zwar, dass die richtigen Mengen sich erst später einstellen würden, aber trotzdem hatte Limestone etwas von einem feuchten Feuerwerkskörper. Und der arme alte Curley hatte sogar das hier verpasst.

Der Jeep des Majors tauchte plötzlich aus einer Seitenstraße auf und fuhr langsam neben der Hauptgruppe her. Die Vorhut war immer noch weit voraus.

Ein ungeheurer Jubel brach aus, und der Major nickte lächelnd und winkend der Menge zu. Dann neigte er den Kopf elegant nach links und begrüßte die Jungen. Garraty lief ein Schauer über den Rücken. Die Sonnenbrille des Majors blitzte in der Mittagssonne auf.

Der Major hob das batteriebetriebene Megafon an den Mund: »Ich bin stolz auf euch, Jungs. Stolz!«

Irgendwo hinter Garraty sagte eine Stimme leise, aber deutlich: »Hühnerkacke!«

Garraty drehte sich um, aber hinter ihm gingen nur vier

oder fünf Jungen, die den Major aufmerksam ansahen (einer von ihnen merkte, dass er salutierte, und ließ die Hand verlegen wieder fallen), und Stebbins. Stebbins schien den Major nicht einmal anzusehen.

Der Jeep raste mit aufheulendem Motor weiter. Im nächsten Augenblick war der Major wieder verschwunden.

Gegen halb eins erreichten sie die Innenstadt, und Garraty war immer noch enttäuscht. Limestone war eigentlich ein Nest. Ein Geschäftsviertel, drei Gebrauchtwagenhandlungen, ein McDonald's und ein Burger King und ein Pizza Hut und ein Industriegelände, und das war Limestone.

»Es ist nicht sehr groß, nicht wahr?«, sagte Baker.

Olson lachte.

»Es ist wahrscheinlich ein netter Ort zum Wohnen«, sagte Garraty entschuldigend.

»Gott bewahre mich vor netten Orten zum Wohnen«, sagte McVries, aber er lächelte dabei.

»Nun ja, jedem das Seine«, sagte Garraty lahm.

Um ein Uhr war Limestone nur noch eine Erinnerung. Ein kleiner großspuriger Junge in einem geflickten Jeansoverall ging fast eine Meile mit ihnen. Dann setzte er sich an den Straßenrand und beobachtete, wie sie vorbeigingen.

Die Gegend wurde hügeliger. Garraty fing zum ersten Mal an diesem Tag richtig zu schwitzen an. Sein Hemd klebte ihm am Rücken. Zu seiner Rechten am Horizont bildeten sich Gewitterwolken, aber sie waren noch weit entfernt. Eine leichte, zirkulierende Brise kam auf, und das half ein wenig.

»Was ist die nächste große Stadt, Garraty?«, fragte McVries.

»Ich glaube, Caribou.« Er fragte sich, ob Stebbins schon sein letztes Sandwich gegessen hatte. Stebbins hatte sich in seine Gedanken eingeschlichen wie ein paar Takte Popmusik, die einem ständig im Kopf herumschwirrten, bis man glaubt, davon verrückt zu werden. Es war halb zwei. Die Geher hatten achtzehn Meilen hinter sich gebracht.

»Wie weit ist das?« Garraty überlegte, wie hoch wohl der Meilenrekord einer Gruppe wäre, die erst einen Teilnehmer verloren hatte. Achtzehn Meilen kamen ihm ziemlich gut vor. Achtzehn Meilen waren eine Strecke, auf die man stolz sein konnte. Ich bin achtzehn Meilen gelaufen. Achtzehn.

»Ich habe gefragt ...«, begann McVries geduldig.

»Vielleicht dreißig Meilen ab jetzt.«

»Dreißig«, sagte Pearson. »O Gott!«

»Es ist eine größere Stadt als Limestone«, sagte Garraty. Er hatte immer noch das Gefühl, seinen Staat verteidigen zu müssen, Gott mochte wissen, warum. Vielleicht, weil so viele Jungen hier sterben würden – vermutlich sogar alle. Wahrscheinlich würden sie alle hier sterben. In der bisherigen Geschichte hatten nur sechs Märsche hinter der Staatsgrenze von New Hampshire geendet, und nur einer war bis nach Massachusetts gekommen. Die Experten behaupteten, dass diese außerordentliche Leistung so etwas wäre wie die siebenhundertdreißig Homeruns von Hank Aaron oder wie viel auch immer es waren ... ein Rekord, der nie wieder eingestellt werden konnte. Vielleicht würde auch er hier sterben. Ja, vielleicht. Aber das war etwas anderes. Heimatboden. Er konnte sich vorstellen, dass das dem Major gefallen würde. »Er starb auf seinem Heimatboden.«

Er hob seine Feldflasche hoch und stellte fest, dass sie leer war. »Feldflasche!«, rief er. »Nummer 47 ruft nach einer Feldflasche!«

Ein Soldat sprang von dem Halbkettenfahrzeug und brachte ihm eine neue Feldflasche. Als er wieder wegging, berührte Garraty den Karabiner, den er auf dem Rücken trug. Er tat es heimlich, doch McVries hatte es trotzdem gesehen.

»Warum hast du das gemacht?«

Garraty grinste und kam sich ertappt vor. »Ich weiß nicht. Vielleicht so was wie auf Holz klopfen.«

»Du bist ein Herzchen, Ray«, sagte McVries und legte etwas an Geschwindigkeit zu und schloss sich Olson an. Garraty blieb allein zurück und fühlte sich verlegener als zuvor.

Nummer 93 – Garraty wusste nicht, wie er hieß – ging rechts an ihm vorbei. Er starrte auf seine Füße hinunter, und seine Lippen bewegten sich, während er lautlos seine Schritte zählte. Er schwankte ein bisschen.

»Hallo«, sagte Garraty.

Der Junge zuckte zusammen. Seine Augen blickten ins Leere. Sie waren ebenso ausdruckslos wie Curleys Augen, als er dabei war, den Kampf mit dem Wadenkrampf zu verlieren. Er ist müde, dachte Garraty. Er weiß es, und er hat Angst. Sein Magen verkrampfte sich plötzlich und entspannte sich nur ganz langsam wieder.

Ihre Schatten liefen jetzt neben ihnen her. Es war Viertel vor zwei. Neun Uhr vormittags, die Kühle, das Sitzen im Gras und im Schatten, das alles lag einen Monat zurück.

Kurz vor zwei kam wieder eine Nachricht. Garraty erhielt eine erstklassige Lektion über die Psychologie der Gerüchteküche. Jemand fand irgendetwas heraus, und sofort hatte die Nachricht sich überall verbreitet. Gerüchte entstanden wie durch Mund-zu-Mund-Beatmung. Es sieht nach Regen aus. Das Barometer steht auf Regen. Es wird ziemlich bald regnen. Der Kerl mit dem Transistorradio sagt, es wird gleich wie aus Kübeln gießen. Aber es war schon komisch, wie oft die Gerüchte stimmten. Und wenn die Nachricht lautete, dass jemand langsamer wurde, dass jemand sich ernstlich in Schwierigkeiten befand, dann entsprachen sie immer der Wahrheit.

Diesmal ging es um Nummer 9, Ewing. Er hatte sich Blasen gelaufen und war schon zweimal verwarnt worden. Viele Jungen waren inzwischen verwarnt worden, aber das war normal. Das Gerücht lautete, dass es für Ewing schlecht aussah.

Er gab die Nachricht an Baker weiter, und Baker blickte überrascht hoch. »Der Schwarze?«, fragte er. »So schwarz, dass es schon ein bisschen blau wirkt?«

Garraty sagte, er wüsste nicht, ob Ewing schwarz oder weiß wäre.

»Yeah, er ist schwarz«, sagte Pearson und zeigte auf Ewing. Garraty konnte auf Ewings Stirn winzige Schweißperlen sehen. Mit einer Art Entsetzen stellte Garraty fest, dass Ewing Turnschuhe anhatte.

Hinweis 3: Auf keinen Fall, ich wiederhole, *auf keinen Fall* Turnschuhe tragen. Nichts verursacht auf einer langen Wanderung so schnell Blasen wie Turnschuhe.

»Er ist mit uns hergefahren«, sagte Baker. »Er kommt aus Texas.«

Baker ging etwas schneller, bis er mit Ewing auf gleicher Höhe war, und unterhielt sich eine Weile mit ihm. Dann ließ er sich langsam zurückfallen, damit er sich nicht selbst eine Warnung zuzog. Sein Gesicht war ausdruckslos. »Es hat schon zwei Meilen nach dem Start angefangen. In Limestone sind die Blasen dann aufgebrochen. Jetzt läuft er im Eiter von den aufgescheuerten Blasen.«

Alle hörten schweigend zu. Garraty musste schon wieder an Stebbins denken. Stebbins hatte Tennisschuhe an. Vielleicht hatte er auch schon mit Blasen zu kämpfen.

»Warnung! Warnung für Nummer 9! Das ist Ihre dritte Warnung, 9!«

Die Soldaten beobachteten Ewing jetzt sehr aufmerksam. Die Geher ebenfalls. Er war ins Scheinwerferlicht geraten. Auf dem Rücken seines weißen T-Shirts, das sich strahlend von seiner schwarzen Haut abhob, zeichnete sich in der Mitte ein grauer, nasser Schweißstreifen ab. Garraty konnte seine kräftigen Rückenmuskeln sehen, während er ging. Die Muskeln wirkten so stark, als ob er tagelang damit gehen könnte, und nun hatte Baker ihnen gesagt, dass er in Eiter laufen musste. Blasen und Wadenkrämpfe. Garraty erschauerte. Der plötzliche Tod. All diese Muskeln und das ganze Training konnten nicht verhindern, dass man Blasen oder Wadenkrämpfe bekam. Was hatte Ewing sich bloß dabei gedacht, als er Turnschuhe angezogen hatte?

Barkovitch gesellte sich zu ihnen. Auch er blickte zu Ewing hinüber. »Blasen!« Es klang so verächtlich, als ob Ewings Mutter eine Hure wäre. »Was zum Teufel kann man schon von einem dämlichen Nigger erwarten? Das frag ich euch.«

»Geh weg«, sagte Baker gelassen. »Oder ich hau dir eins aufs Maul.«

»Das ist gegen die Vorschriften«, sagte Barkovitch mit einem süffisanten Lächeln. »Vergiss das nicht, Großmaul.« Aber er ging weg, und es war, als ob er eine kleine Giftwolke mit sich nähme.

Aus zwei Uhr wurde halb drei. Ihre Schatten wurden länger. Sie stiegen einen lang gezogenen Hügel hinauf, und als sie auf der Kuppe angekommen waren, entdeckte Garraty in weiter Ferne die Berge, verschwommen und blau. Die näher kommenden Gewitterwolken im Westen waren dunkler geworden, und die kleine Brise war steifer geworden. Garraty bekam eine Gänsehaut, als sein Schweiß trocknete.

Eine Gruppe von Männern scharte sich um einen Ford-Pick-up mit Wohnwagenaufsatz und brüllte ihnen jubelnd entgegen. Die Männer waren alle sehr betrunken, aber die Jungen winkten zurück, selbst Ewing. Es waren ihre ersten Zuschauer seit dem kleinen Angeber in seinem geflickten Overall.

Garraty öffnete eine Konzentrattube, ohne die Aufschrift zu lesen, und aß den Inhalt. Es schmeckte leicht nach Schweinefleisch. Er dachte an McVries' Hackfleisch. Er dachte an eine große, fette Schokoladentorte mit einer Kirsche in der Mitte. Er dachte an Pfannkuchen. Aus irgendeinem verrückten Grund wollte er einen kalten Pfannkuchen voller Apfelmarmelade haben. Der kalte Lunch, den seine Mutter immer gemacht hatte, wenn er mit seinem Vater im November auf die Jagd gegangen war.

Etwa zehn Minuten später wurde Ewing ausgeschaltet.

Als er zum letzten Mal unter die Geschwindigkeitsgrenze fiel, hatte er sich mitten in einer Gruppe von Jungen befunden. Vielleicht dachte er, die Jungen würden ihn beschützen. Die Soldaten machten ihre Sache gut. Sie waren Experten. Sie stießen die anderen Jungen zur Seite und zogen Ewing an den Straßenrand. Er versuchte, sich zu wehren, aber nur schwach. Einer der Soldaten klemmte ihm die Arme auf den Rücken, während der andere ihm das Gewehr gegen die Schläfe hielt und schoss. Ein Bein zuckte konvulsivisch.

»Sein Blut hat die gleiche Farbe wie das von allen anderen«, sagte McVries plötzlich. In der Stille nach dem einen Schuss klang es sehr laut. Sein Adamsapfel tanzte, und in seiner Kehle knackte irgendetwas.

Zwei von ihnen waren jetzt draußen. Die Chancen für die Übriggebliebenen stiegen geringfügig. Eine gedämpfte Unterhaltung setzte ein, und Garraty fragte sich wieder einmal, was sie mit den Leichen machten.

Verdammt noch mal, du fragst dich einfach zu viel!, schrie er sich plötzlich an.

Und merkte, dass er müde war.

Zweiter Teil

Auf der Straße

Kapitel 3

»Sie haben dreißig Sekunden Zeit, und denken Sie bitte daran, dass Ihre Antwort die Form einer Frage haben muss.«

Art Fleming
Jeopardy

Nachmittags um drei fielen die ersten Regentropfen auf die Straße, groß und dunkel und rund. Der Himmel über ihnen war zerfleddert und schwarz, wild und faszinierend. Der Donner klatschte irgendwo oberhalb der Wolken in die Hände. Am Horizont fuhr ein blauer, gezackter Blitz zur Erde.

Garraty hatte seine Jacke, kurz nachdem Ewing die rote Karte bekommen hatte, wieder angezogen, und jetzt zog er den Reißverschluss zu und schlug den Kragen hoch. Harkness, der potenzielle Autor, hatte sein Notizbuch in einer Plastiktasche verstaut, und Barkovitch trug plötzlich eine gelbe Regenkappe aus Vinyl auf dem Kopf. Sie bewirkte eine seltsame Veränderung in seinem Gesicht, aber es war schwer zu sagen, worin sie eigentlich bestand. Er spähte wie ein trotziger Leuchtturmwärter unter ihrem Schirm hervor.

Ein ungeheurer Donnerschlag. »Jetzt geht's los!«, rief Olson.

Der Regen prasselte herunter. Einige Sekunden war er so stark, dass Garraty sich völlig isoliert hinter einem rauschenden Wasservorhang fand. Sofort war er nass bis auf die Haut, und sein Haar klebte triefend an seinem Kopf. Grinsend hob er das Gesicht gegen den Himmel. Er fragte sich, ob die Soldaten sie jetzt noch sehen könnten. Er fragte sich, ob jemand vielleicht …

Doch während er noch darüber nachdachte, war der erste heftige Guss vorüber, und er konnte wieder etwas sehen. Er blickte über die Schulter zu Stebbins zurück, der tief vornübergebeugt lief und sich die Hände vor den Bauch hielt. Zuerst glaubte er, Stebbins hätte einen Krampf. Einen Augenblick lang durchzuckte Garraty ein heftiges panikartiges Gefühl, ganz anders, als es bei Curley und Ewing gewesen war. Er wollte jetzt nicht mehr, dass Stebbins früh zusammenklappte.

Dann merkte er, dass Stebbins nur seine letzte Marmeladenbrothälfte vor dem Regen schützte, und erleichtert blickte er wieder nach vorn. Stebbins' Mutter musste ziemlich beschränkt sein, dachte er, ihm nicht einmal seine gottverdammten Brote für den Fall eines Regens in Alufolie einzupacken.

Der Donner krachte dröhnend über ihnen – eine Artillerieübung am Himmel. Garraty fühlte sich erfrischt. Seine Müdigkeit schien mit dem Schweiß von seinem Körper abgewaschen zu sein. Es folgte noch ein harter, prasselnder Schauer, dann ging der Regen in gleichmäßiges Nieseln über. Die Wolken lösten sich allmählich wieder auf.

Pearson ging jetzt neben ihm und zog sich seine Hose hoch. Da die Jeans zu groß für ihn waren, geschah das öfter. Er trug eine Hornbrille auf der Nase, deren Gläser so dick wie der Boden einer Colaflasche waren, und jetzt nahm er sie ab und fing an, sie mit einem Zipfel seines T-Shirts sauber zu wischen. In der kurzsichtigen, schutzlosen Art von Leuten, die sehr schlechte Augen haben, aber gerade keine Brille aufhaben, blinzelte er ihn an. »Na, hast du die Dusche genossen, Garraty?«

Garraty nickte. Weiter vorn sah er McVries pinkeln. Er ging rückwärts am Seitenstreifen entlang und drehte sich rücksichtsvoll von den anderen weg.

Dann blickte Garraty zu den Soldaten hinüber. Natürlich waren auch sie klatschnass, aber sollte ihnen das unangenehm sein, ließen sie es sich nicht anmerken. Ihre Gesichter waren völlig hölzern. Ich frage mich, was für ein Gefühl es ist, jemand niederzuschießen, dachte er. Ich frage mich, ob sie sich dabei mächtig vorkommen? Er musste an das Mädchen mit dem Schild denken, wie er sie geküsst und ihren Arsch befühlt hatte. Wie er ihren glatten Schlüpfer unter der halblangen Hose gespürt hatte. Das hatte ihm ein Gefühl von Macht verliehen.

»Der Kerl da hinten redet bestimmt nicht viel, oder?«, sagte Baker auf einmal. Er zeigte mit dem Daumen auf Stebbins. Stebbins' lila Hose war durch die Nässe fast schwarz geworden.

»Nein. Nein, das tut er nicht.«

McVries zog sich eine Verwarnung zu, weil er beim Schließen seines Hosenstalls zu langsam geworden war. Sie gesellten sich zu ihm, und Baker wiederholte, was er gerade über Stebbins gesagt hatte.

»Er ist eben ein Einzelgänger.« McVries zuckte die Achseln. »Ich glaube ...«

»He!«, unterbrach Olson ihn. Es war das Erste, was er seit langer Zeit sagte, und seine Stimme klang merkwürdig. »Meine Beine fühlen sich ganz komisch an.«

Garraty sah ihn aufmerksam an und entdeckte die wachsende Angst in seinen Augen. Der tollkühne Blick war verschwunden. »Wie komisch?«, fragte er.

»So, als ob die Muskeln alle ... ausgeleiert wären.«

»Keine Sorge«, sagte McVries. »Das ist mir vor zwei Stunden auch schon passiert. Es geht vorüber.«

Erleichterung trat in Olsons Blick. »Wirklich?«

»Yeah, wirklich.«

Olson sagte nichts mehr, aber seine Lippen bewegten sich immer noch. Garraty glaubte einen Moment lang, dass er betete, doch dann begriff er, dass Olson nur seine Schritte zählte.

Zwei Schüsse zerrissen die Luft. Dann, ein Schrei und noch ein weiterer Schuss.

Sie blickten hoch und sahen einen Jungen in einem dunkelblauen Pullover und schmutzig weißer Hose, der mit dem Gesicht nach unten in einer Pfütze lag. Er hatte einen Schuh verloren, und Garraty sah, dass er weiße Sportsocken anhatte. Hinweis 12 empfahl sie für den Marsch.

Garraty stieg über ihn hinüber und sah nicht allzu genau nach den Einschusslöchern. Die Nachricht lautete, dass dieser Junge hatte sterben müssen, weil er zu langsam geworden war. Keine Blasen, kein Krampf, er war nur einmal zu oft zu langsam geworden und hatte die rote Karte bekommen.

Garraty kannte weder seine Nummer noch seinen Namen, aber er nahm an, dass diese Information bald nachgeliefert würde. Doch das geschah nicht. Vielleicht wusste es niemand. Vielleicht war er wie Stebbins ein Einzelgänger gewesen.

Fünfundzwanzig Meilen auf der Straße lagen jetzt hinter ihnen. Die Landschaft war in ein kontinuierliches Wandgemälde von Feldern und Wäldern übergegangen, das gelegentlich von Häusern und Kreuzungen unterbrochen wurde. Trotz des Regens standen Leute draußen, um zu winken und ihnen zuzujubeln. Eine alte Dame stand unbeweglich unter ihrem schwarzen Regenschirm. Sie winkte nicht, sagte nichts und lächelte nicht, sondern musterte sie nur mit Luchsaugen. Es gab kein Lebenszeichen an ihr, wenn man von dem Saum ihres schwarzen Kleides absah, an dem der Wind zerrte. Sie trug einen großen Ring mit einem purpurfarbenen Stein an der rechten Hand und eine angelaufene Kamee am Kragen.

Sie überquerten eine alte Bahnlinie, die schon vor Jahren stillgelegt worden war. Die Gleise waren verrostet, und zwischen den Schottersteinen wuchsen Gras und Unkraut. Jemand stolperte und fiel hin, wurde verwarnt und ging mit blutendem Knie weiter.

Nur noch neunzehn Meilen bis Caribou, aber die Dunkelheit würde schon vorher hereinbrechen. Keine Rast für die Gottlosen, dachte Garraty, und das kam ihm komisch vor. Er lachte.

McVries betrachtete ihn aufmerksam. »Wirst du müde?«

»Nein«, sagte Garraty. »Ich bin schon seit einiger Zeit müde.« Er musterte McVries ein bisschen feindselig. »Willst du etwa sagen, dass du nicht müde bist?«

»Tanz nur mit mir in alle Ewigkeit so weiter, Garraty«, sagte McVries. »Und ich werde niemals müde. Wir werden uns unsere Schuhe an den Sternen abputzen und kopfüber vom Mond herunterhängen.«

Damit warf er ihm eine Kusshand zu und marschierte weiter nach vorn.

Garraty sah ihm nach. Er wurde aus McVries einfach nicht schlau.

Um Viertel vor vier war der Himmel wieder klar, und im Westen, wo die Sonne sich hinter goldumrandeten Wolken zum Horizont neigte, strahlte ein Regenbogen. Die schrägen Sonnenstrahlen betonten die Schwärze der frisch gepflügten Felder, sodass sie auf den langen, leicht ansteigenden Hügeln leuchteten.

Das ruhige Summen des Panzerfahrzeugs wirkte einschläfernd. Garraty ließ den Kopf nach vorn fallen und döste vor sich hin, während er weiterging. Irgendwo da vorn lag Freeport, aber heute Nacht würden sie nicht dorthin kommen, und morgen auch nicht. Noch eine ganze

Menge Schritte bis Freeport. Ein weiter Weg. Er hatte immer noch zu viele Fragen und nicht genug Antworten darauf. Der ganze Marsch war für ihn nichts als ein riesiges, sich vor ihm auftürmendes Fragezeichen. Er sagte sich, dass eine solche Sache einen tieferen Sinn haben müsse. Bestimmt hatte sie das. Sie würde ihm eine Antwort auf alle Fragen geben. Jetzt ging es nur darum, den Fuß immer auf dem Gaspedal zu halten. Wenn er doch bloß …

Er trat in eine tiefe Pfütze und war mit einem Schlag wieder wach. Pearson sah ihn fragend an und schob sich die Brille auf der Nase hoch. »Erinnerst du dich an den Typ, der auf den Bahngleisen ausgerutscht ist und sich das Knie aufgeschlagen hat?«

»Yeah. Das war Zuck, nicht wahr?«

»Yeah. Ich hab gerade gehört, dass sein Knie immer noch blutet.«

»Wie weit ist es noch bis Caribou, du Irrer?«, fragte ihn jemand von hinten. Garraty drehte sich um. Es war Barkovitch. Er hatte seine gelbe Regenkappe in seine Gesäßtasche gestopft, wo sie obszön auf und ab wippte.

»Woher zum Teufel soll ich das wissen?«

»Du kommst doch von hier, oder?«

»Es sind noch ungefähr siebzehn Meilen«, sagte McVries zu ihm. »Und jetzt kümmere dich um deinen eigenen Kram, kleiner Mann.«

Barkovitch setzte wieder sein beleidigtes Gesicht auf und ging weg.

»Das ist vielleicht ein schräger Vogel«, sagte Garraty.

»Mach dir nicht so viel aus ihm«, erwiderte McVries ihm. »Konzentrier dich einfach darauf, ihn in Grund und Boden zu laufen.«

»Wird gemacht, Trainer.«

McVries klopfte ihm auf die Schulter. »Dieses Spiel wirst du für den Gipper gewinnen, mein Junge.«

»Es kommt einem so vor, als würden wir schon eine Ewigkeit gehen, nicht wahr?«

»Yeah.«

Garraty leckte sich über die Lippen. Er hätte gern seine Empfindungen ausgedrückt, aber er wusste nicht, wie. »Hast du schon davon gehört, dass ein Ertrinkender vor seinem Tod sein ganzes Leben noch einmal vor sich ablaufen sieht?«

»Ich glaube, ich hab es einmal gelesen. Oder ich hab es jemand in einem Film sagen hören.«

»Hast du schon mal daran gedacht, dass uns das passieren könnte? Bei dem Marsch?«

McVries tat so, als schauderte er. »Herrgott, ich hoffe nicht.«

Garraty schwieg einen Augenblick lang. Dann sagte er: »Glaubst du ... Ach, Quatsch, zum Teufel damit!«

»Nein, sprich weiter. Was soll ich glauben?«

»Glaubst du, dass wir den Rest unseres Lebens hier auf der Straße erleben könnten? Ich meine, den Teil des Lebens, den wir gehabt hätten, wenn wir ... Du weißt schon.«

McVries wühlte in seinem Rucksack und holte eine Schachtel Mellow-Zigaretten heraus. »Rauchst du?«

»Nein.«

»Ich auch nicht«, sagte McVries und steckte sich eine Zigarette in den Mund. Er fand ein Streichholzheft mit einem Rezept für eine Tomatensauce, zündete die Zigarette an, sog den Rauch ein und hustete ihn aus. Garraty dachte an Hinweis 10: Sparen Sie Ihren Atem. Sollten Sie Raucher sein, versuchen Sie, es auf dem Marsch zu lassen.

»Ich dachte, ich würde es lernen«, sagte McVries trotzig.

»Das ist Blödsinn, oder?«, sagte Garraty traurig.

McVries sah ihn überrascht an und warf dann die Zigarette weg. »Yeah, ich denke schon.«

Um vier Uhr war der Regenbogen nicht mehr da. Davidson, die Nummer 8, ließ sich zurückfallen, um ein Stück mit ihnen zu gehen. Er war, abgesehen von der Akne auf seiner Stirn, ein gut aussehender Junge. »Zuck hat starke Schmerzen«, sagte er. Als Garraty ihn das letzte Mal gesehen hatte, hatte Davidson noch einen Rucksack auf dem Rücken gehabt. Er musste ihn irgendwo abgeworfen haben.

»Blutet er immer noch?«, fragte McVries.

»Wie ein abgestochenes Schwein.« Davidson schüttelte den Kopf. »Es ist schon komisch, wie die Dinge manchmal laufen. Normalerweise holt man sich eine kleine Schramme, wenn man hinfällt. Er müsste eigentlich genäht werden.« Er zeigte auf die Straße. »Seht euch das an.«

Garraty entdeckte kleine, dunkle Punkte auf dem trocknenden Asphalt. »Blut?«

»Es ist jedenfalls kein Zuckersirup«, antwortete Davidson grimmig.

»Hat er Angst?«, fragte Olson heiser.

»Er sagt, es kümmere ihn einen Dreck. Aber ich habe Angst.« Davidsons Augen waren groß und grau. »Ich habe Angst um uns alle.«

Sie gingen weiter. Baker deutete auf ein weiteres GARRATY-Schild.

»Tolle Geschichte«, sagte Garraty, ohne aufzublicken. Er verfolgte Zucks Blutspur wie Daniel Boone die eines verwundeten Indianers. Sie schlängelte sich rechts und links am weißen Mittelstreifen entlang.

»McVries«, sagte Olson. Seine Stimme war im Lauf der letzten beiden Stunden immer gedämpfter geworden. Garraty stellte plötzlich fest, dass er Olson trotz seiner nach außen hin großspurigen Art mochte. Er sah es nicht gern, dass Olson Angst hatte, aber es bestand kein Zweifel daran, dass es so war.

»Was ist?«, gab McVries zurück.

»Es geht nicht weg. Dieses komische Gefühl, von dem ich dir vorhin erzählt habe – es geht nicht weg.«

McVries sagte nichts. Die Narbe auf seiner Wange leuchtete weiß im Licht der untergehenden Sonne.

»Es ist ein Gefühl, als würden die Beine gleich unter mir zusammenbrechen. Ich spüre den Boden nicht mehr unter den Füßen. Das wird doch nicht passieren, oder? Nicht wahr, es passiert nicht?« Olsons Stimme war schrill geworden.

McVries sagte immer noch nichts.

»Könnte ich eine Zigarette haben?«, fragte Olson. Seine Stimme war wieder leise.

»Klar. Du kannst die Packung behalten.«

Olson zündete sich mit geübter Geste, das brennende Streichholz in der hohlen Hand haltend, eine von den Mellows an und zog einem der Soldaten, die ihn vom Panzerwagen aus beobachteten, eine lange Nase. »Die lassen mich schon seit rund einer Stunde nicht mehr aus den Augen. Die haben einen sechsten Sinn für so was.« Dann rief er mit erhobener Stimme: »Das gefällt euch wohl, was, Jungs? Das gefällt euch, stimmt's? Gottverdammt, das stimmt, nicht wahr?«

Mehrere Jungen drehten sich nach ihm um und blickten schnell wieder weg. Auch Garraty hätte am liebsten weggesehen. In Olsons Stimme lag Hysterie. Die Soldaten musterten ihn gelassen. Garraty fragte sich, ob sich nun bald die Nachricht über Olson verbreiten würde, und er konnte einen Schauder nicht unterdrücken.

Um halb fünf hatten sie dreißig Meilen hinter sich. Die Sonne war jetzt zur Hälfte untergegangen und färbte den Horizont blutrot. Die Gewitterwolken hatten sich nach Osten verzogen, und der Himmel über ihnen strahlte wieder dunkelblau. Garraty dachte wieder an seinen hypothetischen Ertrinkenden. So hypothetisch war er gar nicht.

Die hereinbrechende Nacht würde sie bald wie Wasser bedecken.

Ein panikartiges Gefühl schnürte ihm die Kehle zu. Er war sich auf einmal völlig sicher, dass dies das letzte Tageslicht war, das er zu sehen bekam. Er wollte, dass es niemals wegginge, dass die Dämmerung sich ausdehnte und noch stundenlang anhielte.

»Warnung! Warnung für Nummer 100! Ihre dritte Warnung, 100!«

Zuck drehte sich um, einen benommenen, verständnislosen Blick in den Augen. Sein rechtes Hosenbein war blutverkrustet. Und dann fing er plötzlich an zu rennen. Er schlängelte sich durch die Geher wie ein Footballspieler, der mit dem Ball auf die Endzone zuläuft. Er rannte mit dem gleichen benommenen Ausdruck auf dem Gesicht.

Das Halbkettenfahrzeug beschleunigte seine Fahrt. Zuck hörte es näher kommen und lief noch schneller. Es war ein komisches, latschendes, humpelndes Rennen. Die Wunde am Knie brach erneut auf, und als er aus der Hauptgruppe ins Freie stolperte, sah Garraty, wie die frischen Blutstropfen vom Aufschlag seiner Hose wegflogen. Zuck rannte die nächste Anhöhe hinauf und bildete einen Augenblick lang eine harte Silhouette gegen den roten Himmel, einen zuckenden schwarzen Umriss, mitten im Schritt erstarrt wie eine Vogelscheuche auf der Flucht. Dann war er verschwunden und der Panzerwagen mit ihm. Die beiden Soldaten, die vorher abgesprungen waren, trotteten mit ausdruckslosen Gesichtern neben ihnen her.

Niemand sagte ein Wort. Sie lauschten nur. Lange Zeit war kein Ton zu hören. Eine unglaublich, unerhört lange Zeit. Nur das Zwitschern eines Vogels und das Zirpen einiger verfrühter Grillen und irgendwo hinter ihnen das leise Dröhnen eines Flugzeugs.

Dann ein einziger, scharfer Knall, eine Pause, dann ein zweiter.

»Sie gehen auf Nummer sicher«, sagte jemand niedergeschlagen.

Als sie über die Hügelkuppe kamen, stand der Panzerwagen etwa eine halbe Meile von ihnen entfernt und wartete. Den beiden Auspuffrohren entstieg blauer Rauch. Von Zuck war nichts mehr zu sehen. Überhaupt nichts.

»Wo ist der Major?«, schrie jemand. Die schrille Stimme befand sich am Rand der Panik. Sie gehörte einem rundköpfigen Jungen namens Gribble, Nummer 48. »Verdammt noch mal, ich will sofort den Major sehen! Wo ist er?«

Die Soldaten liefen auf dem Seitenstreifen, ohne zu antworten. Niemand antwortete ihm.

»Hält er wieder irgendwo eine Rede? Ist es das, womit er gerade beschäftigt ist? Jedenfalls ist er ein *Mörder!* Ja, genau das ist er, ein *Mörder!*« Gribble wütete unaufhaltsam weiter. »Ich ... ich werd's ihm sagen! Ihr glaubt mir nicht? Oho, ich werd's ihm ins Gesicht sagen! *Direkt ins Gesicht!*« In seiner Aufregung war er immer langsamer geworden, bis er beinah stehen blieb. Erst jetzt wurden die Soldaten auf ihn aufmerksam.

»Warnung! Warnung für Nummer 48!«

Gribble stolperte und stand einen Augenblick lang still. Doch sofort lief er wieder los und nahm seine alte Geschwindigkeit auf. Im Weitergehen blickte er jetzt auf seine Füße hinunter. Sie hatten das Panzerfahrzeug bald erreicht, und es kroch wieder langsam neben ihnen her.

Um Viertel vor fünf aß Garraty sein Abendessen – eine Tube Thunfischkonzentrat, ein paar Käsecracker und eine Menge Wasser. Dann zwang er sich aufzuhören – man konnte zwar jederzeit frisches Wasser erhalten, aber es würde erst am nächsten Vormittag um neun wieder etwas zu essen geben. Es könnte ja sein, dass er sich um Mitternacht einen kleinen Imbiss wünschte. Teufel, vielleicht *brauchte* er einen Mitternachtsimbiss!

»Es mag ja eine Sache auf Leben und Tod sein«, sagte Baker amüsiert. »Aber es hat dir bestimmt nicht den Appetit verdorben.«

»Kann ich mir nicht leisten«, antwortete Garraty. »Ich habe keine Lust, morgens um zwei in Ohnmacht zu fallen.«

Eine äußerst unangenehme Vorstellung. Man würde wahrscheinlich nichts davon merken, nichts dabei fühlen. Man würde einfach in der Ewigkeit wieder aufwachen.

»Macht einen nachdenklich, nicht wahr?«, sagte Baker leise.

Garraty sah ihn an. Im nachlassenden Tageslicht wirkte Bakers Gesicht sanft, jung und schön. »Ja. In letzter Zeit habe ich über verdammt viele Dinge nachgedacht.«

»Zum Beispiel?«

»Über ihn, zum Beispiel«, sagte Garraty und riss den Kopf nach hinten in Stebbins' Richtung. Stebbins trottete immer noch in demselben stetigen Tempo hinter ihnen her, mit dem er angefangen hatte. Seine Hose trocknete langsam; sein Gesicht war schattenhaft. Er sparte sich immer noch die letzte Hälfte seines Marmeladenbrotes auf.

»Was ist mit ihm?«

»Ich frage mich, warum er hier ist, warum er nichts sagt und ob er leben oder sterben wird.«

»Garraty, wir werden alle sterben.«

»Aber hoffentlich nicht heute Nacht«, sagte Garraty. Er sagte es leichthin, aber es lief ihm dabei ein Schauer über den Rücken. Er wusste nicht, ob Baker es bemerkt hatte. Seine Nieren zogen sich zusammen. Er drehte sich um, zog den Reißverschluss seiner Hose auf und fing an, rückwärts zu gehen.

»Und was denkst du über den Preis?«, fragte Baker.

»Ich finde, es hat nicht viel Sinn, darüber nachzudenken«, sagte Garraty und begann zu urinieren. Als er fertig war, zog er den Reißverschluss zu, drehte sich um und ging weiter, befriedigt darüber, dass er die Operation ausgeführt hatte, ohne sich eine Warnung zuzuziehen.

»Ich denke darüber nach«, sagte Baker verträumt. »Nicht so sehr über den Preis wie über das Geld. All das viele Geld.«

»Reiche kommen nicht in das Reich Gottes«, sagte Garraty. Er betrachtete seine Füße, die einzigen Dinge, die ihn davon abhielten, herauszufinden, ob es wirklich ein Reich Gottes gab oder nicht.

»Halleluja«, sagte Olson. »Nach der Versammlung werden Erfrischungen gereicht.«

»Bist du religiös?«, fragte Baker.

»Nein, nicht besonders«, antwortete Garraty. »Aber ich bin auch nicht so scharf aufs Geld.«

»Du wärst es vielleicht, wenn du mit Grünkohl und Kartoffelsuppe aufgewachsen wärst«, sagte Baker. »Fleischbeilage nur, wenn dein Vater sich die Munition für die Jagd leisten konnte.«

»Das könnte etwas ausmachen«, gab Garraty zu und überlegte einen Augenblick lang, ob er noch etwas dazu sagen sollte. »Aber es ist nie wirklich die Hauptsache.« Er bemerkte, dass Baker ihn verständnislos und ein wenig verächtlich ansah.

»Du kannst es nicht mit dir nehmen. Das ist dein nächster Spruch«, sagte McVries.

Garraty blickte zu ihm hinüber. McVries hatte wieder sein schiefes, irritierendes Lächeln aufgesetzt. »Es stimmt doch, oder?«, sagte er. »Wir bringen nichts mit auf diese Welt, und wir werden ganz bestimmt nichts von hier mitnehmen.«

»Sicher, aber die Zeit zwischen diesen beiden Ereignissen ist wesentlich angenehmer, wenn man sie im Wohlstand verbringt«, sagte McVries. »Findest du nicht?«

»Ach, Wohlstand, scheiße«, sagte Garraty. »Wenn einer

von diesen Idioten da oben auf dem übergroßen Spielzeugpanzer dich erschießt, wird kein Arzt der Welt dich mit Zwanzig- oder Fünfzigdollartransfusionen wieder zum Leben erwecken.«

»Ich bin nicht tot«, sagte Baker leise.

»Yeah, aber du könntest es sein.« Garraty fand es auf einmal sehr wichtig, seine Meinung an den Mann zu bringen. »Und wenn du gewinnst? Und wenn du die nächsten sechs Wochen damit verbringst, dir auszudenken, was du mit all dem Geld machen wirst – reden wir nicht vom Preis, sondern nur vom Geld – und wenn du nun auf die Straße gehst, um irgendwas zu kaufen, und von einem Taxi totgefahren wirst? Was dann?«

Harkness war herübergekommen und lief jetzt neben Olson. »Ich nicht, Baby«, sagte er. »Ich würde mir als Erstes einen ganzen Fuhrpark von Taxis zulegen. Wenn ich diese Sache gewinne, werd ich wohl nie wieder zu Fuß gehen.«

»Du verstehst mich nicht.« Garraty war ärgerlicher denn je. »Kartoffelsuppe oder Sirloinsteak, armselige Hütte oder Palast – wenn du erst mal tot bist, war's das. Sie werden dich genau wie Zuck und Ewing in eine Kiste stecken, und das war's. Ich will damit sagen, dass es besser ist, jeden einzelnen Tag zu erleben. Würden die Leute jeden Tag für sich erleben, wären sie viel glücklicher.«

»Oh, was für ein Haufen vergoldeter Blödsinn«, sagte McVries.

»Findest du?«, rief Garraty. »Was planst du denn gerade für die Zukunft?«

»Na ja, im Augenblick habe ich meine Erwartungen der Situation angepasst, das stimmt schon …«

»Na also«, sagte Garraty grimmig. »Der einzige Unterschied ist bloß, dass wir im Augenblick mit dem Sterben zu tun haben.«

Darauf folgte totale Stille. Harkness nahm seine Brille

ab und putzte sie. Olson war eine Nuance blasser geworden. Garraty wünschte, dass er das nicht gesagt hätte; er war zu weit gegangen.

Dann hörten sie laut und vernehmlich eine Stimme von hinten: »Hört, hört!«

Garraty drehte sich um. Er war sich sicher, dass es Stebbins gewesen war, obwohl er dessen Stimme noch nie gehört hatte. Doch Stebbins blickte weiter vor sich auf die Straße hinunter und ließ sich nichts anmerken.

»Ich glaube, ich habe mich ein bisschen weit forttragen lassen«, murmelte Garraty, obwohl er nicht derjenige war, den man fortgetragen hatte. Das war Zuck gewesen. »Möchte jemand ein Plätzchen?«

Er ließ die Plätzchen seiner Mutter herumgehen. Inzwischen war es fünf Uhr geworden, und die Sonne hing halb über dem Horizont. Man hätte glauben können, die Erde hätte aufgehört, sich zu drehen. Die drei oder vier Übereifrigen, die dem Großteil der anderen immer noch voraus waren, hatten sich zurückfallen lassen, bis sie nur noch knapp fünfzig Meter vor der Hauptgruppe liefen.

Garraty bekam langsam das Gefühl, dass die Straße ein ausgeklügeltes System von Steigungen ohne korrespondierende Gefällestrecken geworden wäre. Er dachte gerade, wenn das stimmte, würde es nicht mehr lange dauern, bis sie alle durch Sauerstoffmasken atmen müssten, als er mit dem Fuß gegen einen Gürtel mit Nahrungsmittelkonzentrat stieß. Überrascht blickte er hoch. Der Gürtel gehörte Olson. Olsons Hände fummelten an seiner Hüfte herum, und er runzelte überrascht die Stirn.

»Ich hab ihn fallen lassen«, sagte er und runzelte die Stirn. »Ich wollte etwas essen, und da hab ich ihn fallen lassen.« Er lachte, als wollte er damit zeigen, wie dämlich er die ganze Angelegenheit fände. Das Lachen hörte abrupt auf. »Ich habe Hunger«, sagte er.

Niemand reagierte. Mittlerweile waren alle an dem Gürtel vorbeigegangen, und es gab keine Möglichkeit mehr, ihn aufzuheben. Garraty blickte noch einmal zurück und sah ihn verlassen quer über dem unterbrochenen weißen Mittelstreifen liegen.

»Ich habe Hunger«, wiederholte Olson geduldig.

Der Major mag Leute, die es nicht erwarten können loszulegen. Hatte Olson das nicht gesagt, als er mit seiner Nummer zurückgekehrt war? Im Augenblick sah er jedenfalls nicht so aus, als ob er es nicht erwarten könnte loszulegen. Garraty durchsuchte die Taschen seines Gürtels und fand noch drei Tuben, die Cracker und den Käse. Der Käse war allerdings ziemlich quarkartig.

»Hier«, sagte er und gab Olson den Käse.

Olson sagte nichts, aber er aß ihn auf.

»Musketier«, sagte McVries mit dem gleichen schiefen Lächeln.

Um halb sechs breitete sich dunstiges Zwielicht aus. Ein paar verfrühte Glühwürmchen schwirrten durch die Luft, und in den Gräben und Niederungen der Felder kräuselte sich milchig weißer Bodennebel. Jemand weiter vorn fragte, was geschehe, wenn der Nebel so dicht würde, dass man aus Versehen von der Straße abkäme.

»Na, was glaubst du wohl, Dumbo!«, antwortete Barkovitch mit seiner unverkennbaren Stimme schnell und gehässig.

Vier Leute ausgeschieden, dachte Garraty. Achteinhalb Stunden auf der Straße, und erst vier Leute ausgeschieden. Er spürte einen Stich in der Magengegend. Ich werde niemals alle überleben. Nicht *alle.* Aber andererseits – warum eigentlich nicht? Jemand musste der Letzte sein.

Mit dem Tageslicht schlief auch die Unterhaltung ein. Die einsetzende Stille hatte etwas Bedrückendes. Die hereinbrechende Dunkelheit, der Nebel, der sich in den Bodensenken sammelte – auf einmal erschien ihm das alles als völlig real und gleichzeitig als völlig übernatürlich. Er sehnte sich nach Jan oder seiner Mutter, überhaupt nach einer Frau, und fragte sich, was er, in Gottes Namen, hier zu suchen oder wieso er sich überhaupt auf diese Sache eingelassen hatte. Er konnte sich nicht einmal vormachen, dass er das alles nicht gewusst hätte. Er hatte genau gewusst, was hier auf ihn zukam. Aber er war ja nicht der Einzige. Derzeit waren hier noch fünfundneunzig weitere Narren mit von der Partie.

Er hatte wieder einen dicken Kloß im Hals, der ihm das Schlucken erschwerte. Vor ihm weinte jemand leise vor sich hin. Er hatte nicht gehört, wann das angefangen hatte, und es hatte ihn auch niemand darauf aufmerksam gemacht. Es war, als wäre es schon immer da gewesen.

Noch zehn Meilen bis Caribou, und dort würden wenigstens Straßenlichter sein. Der Gedanke munterte ihn ein bisschen auf. Im Grunde war doch alles gut. Er lebte, und es war völlig überflüssig, an die Zeit zu denken, in der er nicht mehr sein würde. McVries hatte schon recht, man musste seine Erwartungen an die Situation anpassen.

Um Viertel vor sechs machte die Nachricht über einen Jungen namens Travin die Runde. Travin hatte zu der frühen Vorhut gehört und fiel jetzt langsam durch die Hauptgruppe zurück. Er hatte Durchfall. Garraty konnte das kaum glauben, als er es hörte, doch dann sah er Travin und musste sich selbst davon überzeugen. Der Junge hielt sich im Gehen die offene Hose hoch und erhielt jedes Mal, wenn er sich hinhockte, eine Verwarnung. Garraty fragte sich bedrückt, warum er es nicht einfach an den Beinen hinunterlaufen ließ. Immer noch besser, sich schmutzig zu machen, als zu sterben.

Travin lief tief vornübergebeugt wie Stebbins vorhin mit seinem Marmeladenbrot, und wenn ihn ein Zittern überlief, wusste Garraty, dass er jetzt wieder von einem Magenkrampf gepeinigt wurde. Garraty fühlte sich davon abgestoßen. Es war weder faszinierend noch geheimnisvoll, sondern das war einfach nur ein Junge mit Bauchschmerzen, und er fand es unmöglich, dabei etwas anderes als Ekel und eine gewisse animalische Angst zu empfinden. Sein eigener Magen fing unangenehm zu grollen an.

Die Soldaten beobachteten Travin sehr aufmerksam. Sie beobachteten ihn und warteten. Schließlich fiel er fast hin, als er sich wieder hinhocken wollte, und die Soldaten erschossen ihn mit heruntergelassener Hose. Er rollte auf den Rücken, und sein zu einer hässlichen, kläglichen Grimasse verzogenes Gesicht starrte in den Himmel. Jemand übergab sich geräuschvoll und wurde verwarnt. Es hörte sich für Garraty so an, als ob er gleich den ganzen Magen ausspucken wollte.

»Der geht als Nächster«, sagte Harkness in einem sachlichen Ton.

»Halt den Mund!«, sagte Garraty mit erstickter Stimme. »Kannst du nicht einfach den Mund halten?«

Niemand sagte etwas, Harkness war verlegen und fing wieder an, seine Brille zu putzen. Der Junge, der sich übergeben hatte, wurde nicht erschossen.

Sie kamen an einer Gruppe von jubelnden Teenagern vorbei, die auf einer Decke saßen und Coca-Cola tranken. Als sie Garraty entdeckten, standen sie auf und spendeten ihm Beifall. Das war ihm unangenehm. Eines der Mädchen hatte sehr große Brüste. Sie wackelten, während sie auf und ab hüpfte, und ihr Freund konnte die Augen nicht davon lassen. Garraty fand, dass er langsam eine Sexmanie entwickelte.

»Seht euch bloß mal diese Bibbertitten an!«, sagte Pearson. »Mannomann!«

Garraty fragte sich, ob sie noch Jungfrau war wie er selbst.

Dann sahen sie einen ruhigen, beinah vollkommen runden Teich, über den dünne Nebelschwaden zogen. Er sah wie ein verzauberter Spiegel aus, und in den geheimnisvollen Schlingpflanzen, die an seinem Ufer wuchsen, quakte heiser ein Ochsenfrosch. Für Garraty war dieser Teich eines der schönsten Dinge, die er je gesehen hatte.

»Das ist ein verdammt großer Staat«, sagte Barkovitch irgendwo weiter vorn.

»Dieser Kerl fällt mir richtig auf den Wecker«, sagte McVries feierlich. »Im Augenblick habe ich nur noch ein großes Ziel: ihn zu überleben.«

Olson betete ein Ave-Maria.

Garraty blickte besorgt zu ihm hinüber.

»Wie viele Warnungen hat er schon?«, fragte Pearson.

»Soweit ich weiß, keine«, sagte Baker.

»Yeah, aber er sieht nicht gut aus.«

»Im Moment sieht niemand von uns gut aus«, sagte McVries.

Wieder versanken sie in Schweigen. Garraty spürte zum ersten Mal, dass ihm die Füße wehtaten. Nicht nur die Beine, die machten ihm schon seit einiger Zeit Schwierigkeiten, sondern jetzt auch die Füße. Ihm fiel auf, dass er schon seit Längerem unbewusst auf den Außenkanten der Sohlen ging, aber wenn er dann und wann mit dem ganzen Fuß auftrat, zuckte er vor Schmerz zusammen. Er zog den Reißverschluss seiner Jacke ganz nach oben und schlug den Kragen hoch. Die Abendluft war feucht und kühl.

»He, seht mal, dort drüben!«, sagte McVries fröhlich.

Garraty hob wie die anderen den Kopf und entdeckte zu seiner Linken einen Friedhof, der oben auf einem kleinen Grashang lag. Er war von einer Feldsteinmauer umgeben, und um die schrägen Grabsteine wallte der Nebel. Ein Engel mit einem gebrochenen Flügel starrte aus leeren

Augenhöhlen auf sie herab, und auf einer verrosteten Fahnenstange, die wohl noch von irgendeinem patriotischen Feiertag dort geblieben war, hockte ein Kleiber und blickte mit kecker Miene über sie hinweg.

»Unser erster Friedhof«, sagte McVries. »Er ist auf deiner Seite, Ray, also verlierst du alle deine Punkte. Kannst du dich noch an das Spiel erinnern?«

»Verdammt noch mal, du redest zu viel«, sagte Olson plötzlich.

»Was hast du gegen Friedhöfe, Henry, alter Kumpel? Ein Grab ist ein schöner und persönlicher Ort, wie der Dichter sagt. Ein netter, wasserdichter Sarg …«

»Halt einfach den Mund!«

»Oh, hoppla«, sagte McVries. Seine Narbe leuchtete sehr weiß im vergehenden Abendlicht. »Du hast doch nichts gegen den Gedanken zu sterben, nicht wahr, Olson? Wie der Dichter ebenfalls sagt: es ist nicht das Sterben an sich, es ist die Vorstellung, so lange im Grab liegen zu müssen. Ist es das, was dir Kummer macht, du Tropf?« Dann fing er an zu trompeten. »Nun, freu dich, Charlie! Auf dich wartet ein hellerer Tag und …«

»Lass ihn in Ruhe«, sagte Baker ruhig.

»Warum sollte ich? Er redet sich die ganze Zeit ein, dass er jeden Augenblick kneifen könnte, wenn ihm danach ist. Er bildet sich ein, dass Sterben nicht so schlimm ist, wie alle Welt behauptet. Man legt sich einfach hin, und es ist vorbei. Aber so leicht kommt er mir nicht davon.«

»Wenn er nicht stirbt, stirbst du«, sagte Garraty.

»Yeah, ich erinnere mich«, sagte McVries. Wieder warf er Garraty dieses eigenartige, schiefe Lächeln zu … nur lag diesmal keine Spur von Humor mehr darin. Auf einmal sah McVries wütend aus, und Garraty bekam fast Angst vor ihm. »Er ist derjenige, der es immer wieder vergisst. Dieser Trottel hier.«

»Ich will es nicht mehr tun«, sagte Olson dumpf. »Ich habe das Ganze satt.«

»Er kann es nicht erwarten loszulegen«, sagte McVries und griff Olson an. »Hast du das nicht gesagt? Na, dann scheiß drauf! Warum fällst du dann nicht einfach um und stirbst?«

»Lass ihn in Ruhe!«, sagte Garraty.

»Hör mal, Ray ...«

»Nein, du hörst mir jetzt zu. Ein Barkovitch ist genug. Lass es ihn auf seine Art tun. Keine Musketiere, hast du das vergessen?«

McVries lächelte wieder. »Na gut, Garraty, du hast gewonnen.«

Olson sagte nichts mehr, sondern konzentrierte sich nur noch darauf, sie hochzuheben und wieder auf die Straße zu setzen.

Um halb sieben war es endgültig dunkel geworden. Die Lichter von Caribou, das nur noch sechs Meilen vor ihnen lag, warfen einen gedämpften Schein an den Horizont. Nur wenige Menschen standen am Straßenrand, um sie in die Stadt hineinmarschieren zu sehen. Sie schienen alle zum Abendessen nach Hause gegangen zu sein. Der Nebel wallte kühl um Garratys Füße und hing in gespenstischen Schwaden über den Hügeln. Aber am klaren Himmel waren die Sterne zu sehen. Die Venus strahlte wie immer, und der große Wagen stand an seinem gewohnten Platz. Garraty hatte sich in den Sternbildern schon immer gut ausgekannt und zeigte Pearson, der es mit einem Knurren zur Kenntnis nahm, die Kassiopeia.

Er dachte an seine Freundin Jan und hatte plötzlich ein schlechtes Gewissen, weil er das fremde Mädchen geküsst hatte. Er konnte sich schon nicht mehr daran erinnern, wie es ausgesehen hatte, aber er erinnerte sich an seine Erregung. Ihr die Hand auf den Arsch zu legen hatte ihn erregt – was wäre wohl geschehen, wenn er versucht hätte, ihr die Hand zwischen die Beine zu schieben? Ein federnder Druck entstand in seiner Leistengegend, und er verzog das Gesicht ein bisschen, während er weiterging.

Jan hatte langes Haar, das ihr fast bis zur Hüfte reichte. Sie war sechzehn, und ihre Brüste waren kleiner als die des Mädchens, das er geküsst hatte. Er hatte oft mit ihnen gespielt. Das trieb ihn zum Wahnsinn. Sie hatte ihm nie erlaubt, mit ihr zu schlafen, und er hatte nicht gewusst, wie er sie dazu bringen sollte. Sie wollte es tun, aber sie tat es nicht. Garraty wusste, dass manche Jungen es konnten, ein Mädchen dazu bringen konnten, aber er schien dafür nicht genug Persönlichkeit – oder vielleicht nicht genug Willenskraft – zu besitzen, sie davon zu überzeugen. Er fragte sich, wie viele der anderen Jungen hier noch Jungfrau waren. Gribble hatte den Major einen Mörder genannt. Er fragte sich, ob Gribble noch Jungfrau war. Wahrscheinlich schon.

Sie überschritten die Stadtgrenze von Caribou. Dort wartete eine riesige Menschenmenge und ein Übertragungswagen von einem der Fernsehsender auf sie. Eine Batterie von Scheinwerfern tauchte die Straße in weißes Licht. Es war, als wateten sie plötzlich durch einen warmen Lichtteich.

Ein dicker Zeitungsreporter in einem Dreiteiler lief neben ihnen her und hielt den einzelnen Gehern ein langes Außenmikrofon vor die Nase. Zwei Techniker ließen hinter ihm eifrig ein langes Kabel abrollen.

»Wie fühlst du dich?«

»Okay. Ich fühle mich okay, glaube ich.«

»Bist du müde?«

»Yeah, na klar, Sie wissen schon. Yeah. Aber ich bin immer noch okay.«

»Wie schätzt du im Augenblick deine Chancen ein?«

»Ich weiß nicht … okay, glaube ich. Ich fühle mich noch ziemlich stark.«

Der Reporter fragte einen großen, bulligen Kerl namens Scramm, was er vom Marsch halte. Scramm grinste und sagte, es sei die beschissen größte Sache, die er je erlebt habe. Der Reporter drehte sich zu seinen Technikern um und machte mit den Fingern eine Schneidebewegung. Ein Techniker nickte gelangweilt.

Kurz darauf lief das Kabel aus, und der Reporter bahnte sich einen Weg zum Übertragungswagen zurück, wobei er darauf achtete, nicht über die Schlingen des Kabels zu stolpern. Die Zuschauermenge, die vom Fernsehen ebenso hergelockt worden war wie von den Gehern selbst, applaudierte begeistert. Poster vom Major, die an so frisch geschnittenen Stöcken befestigt waren, dass sie noch Harz vergossen, wurden rhythmisch in die Höhe gehoben und wieder gesenkt. Als die Kamera über die Zuschauer strich, jubelten sie enthusiastischer denn je und winkten Tante Betty und Onkel Fred zu.

Hinter der nächsten Kurve befand sich ein kleiner Laden, vor dem der Besitzer, ein kleiner Mann in einer fleckigen weißen Schürze, einen Getränkekühlautomaten aufgestellt hatte. Auf einem Schild darüber stand zu lesen: FÜR DIE GEHER AUF KOSTEN DES HAUSES! FREUNDLICHERWEISE ZUR VERFÜGUNG GESTELLT VON »EV'S« GETRÄNKEMARKT! Daneben parkte ein Polizeiwagen, und die beiden Beamten erklärten Ev geduldig – wie sie es zweifellos jedes Jahr machten –, dass es den Zuschauern verboten sei, den Gehern irgendeine Art von Hilfe zukommen zu lassen – einschließlich Erfrischungsgetränken.

Sie kamen an der Caribou Paper Mills, Inc., vorbei, einem riesigen, rußgeschwärzten Gebäude, das am Ufer eines verdreckten Flusses lag. Die Arbeiter hatten sich am Wellblechzaun aufgereiht und winkten ihnen wohlwollend zu. Als der letzte Geher – Stebbins – vorbeigegangen war, ertönte eine schrille Pfeife, und Garraty sah über seine Schulter zurückblickend, dass sie wieder in die Fabrik zurückströmten.

»Hat er dich was gefragt?«, wollte eine durchdringende Stimme von Garraty wissen. Er blickte mit einem Gefühl ungeheurer Müdigkeit auf Gary Barkovitch hinunter.

»Wer soll mich was gefragt haben?«

»Na, der Reporter, Dumbo. Hat er dich gefragt, wie du dich fühlst?«

»Nein, er ist nicht bis zu mir vorgedrungen.« Garraty wünschte, Barkovitch würde weggehen. Er wünschte sich, die pochenden Schmerzen in den Fußsohlen würden weggehen.

»Aber mich haben sie gefragt«, sagte Barkovitch. »Weißt du, was ich ihnen erzählt habe?«

»N-nh.«

»Ich hab ihnen gesagt, dass ich mich großartig fühle«, sagte Barkovitch aggressiv. Die gelbe Regenkappe wippte immer noch in seiner Gesäßtasche. »Ich hab ihnen gesagt, dass ich mich stark fühle. Ich hab ihnen gesagt, dass ich ewig so weitergehen kann. Und weißt du, was ich ihnen noch gesagt habe?«

»Ach, halt den Mund«, sagte Pearson.

»Wer hat dich gefragt, du hässliche, lange Bohnenstange?«, fragte Barkovitch.

»Geh weg«, sagte McVries. »Neben dir kriege ich Kopfschmerzen.«

Wieder einmal beleidigt, marschierte Barkovitch eine Reihe nach vorn und schnappte sich Collie Parker. »Hat er dich gefragt, ob du ...«

»Sieh zu, dass du Land gewinnst, bevor ich dir deine beschissene Nase abreiße und in den Mund stopfe«, knurrte Collie Parker. Barkovitch ging rasch weiter. Über Collie Parker hieß es, dass er ein gemeiner Schweinehund sei.

»Dieser Kerl bringt mich auf die Palme«, sagte Pearson.

»Er wäre froh, das zu hören«, sagte McVries. »So was gefällt ihm. Er hat dem Reporter auch noch gesagt, dass er vorhat, auf einer Menge Gräber zu tanzen. Und das meint er ernst. Das versorgt ihn mit Treibstoff.«

»Wenn er das nächste Mal hier vorbeikommt, stelle ich ihm ein Bein«, sagte Olson. Seine Stimme klang stumpf und ausgelaugt.

»Na, na«, sagte McVries. »Regel 8: Keine Behinderung anderer Teilnehmer.«

»Du weißt, was du mit deiner Regel 8 machen kannst«, sagte Olson mit einem blassen Lächeln.

»Pass bloß auf!« McVries grinste. »Du hörst dich schon wieder ziemlich munter an.«

Gegen sieben Uhr wurde ihr Tempo, das sich seit längerer Zeit knapp über der unteren Grenze gehalten hatte, wieder ein bisschen schneller. Es war kalt geworden, und wenn man schneller ging, wurde einem wärmer. Sie gingen unter einer Autobahn hindurch. Hinter den Glaswänden eines kleinen Restaurants am Fuß der Auffahrtsrampe saßen ein paar Gäste, die ihnen mit Mündern voller Dun-kin' Donuts zujubelten.

»Wir werden auch irgendwann auf die Autobahn kommen, nicht wahr?«, fragte Baker.

»In Oldtown«, sagte Garraty. »In ungefähr hundertzwanzig Meilen.«

Harkness pfiff leise durch die Zähne.

Bald darauf erreichten sie die Innenstadt von Caribou. Sie waren vierundvierzig Meilen von ihrem Ausgangspunkt entfernt.

Kapitel 4

»Die ultimative Gameshow wäre eine, bei der der Verlierer getötet wird.«

Chuck Barris
Gameshow-Entwickler
Showmaster der Gong Show

Alle waren von Caribou enttäuscht.

Es war genau wie Limestone.

Hier standen zwar mehr Zuschauer an der Straße, aber im Übrigen war es nur eine weitere Fabrik- und Dienstleistungsstadt mit ein paar vereinzelten Läden und Tankstellen, einem Einkaufszentrum, das den vielen Reklameschildern nach zu urteilen gerade UNSERE JÄHRLICHE EINKAUFSAKTION MIT GÜNSTIGEN SCHNÄPPCHEN! veranstaltete, und einem Park mit einem Kriegerdenkmal in der Mitte. Eine kleine, übel klingende Highschool-Band stimmte die Nationalhymne an, dann ein Potpourri von Sousa-Märschen und dann – was einen Geschmack verriet, den man nur als grauenhaft bezeichnen konnte – *Marching to Pretoria.*

Die Frau, die schon an der weit zurückliegenden Straßenkreuzung für Wirbel gesorgt hatte, tauchte wieder auf und suchte immer noch nach Percy. Diesmal gelang es ihr, den Polizeikordon zu durchbrechen und auf die Straße zu rennen. Sie drängelte sich durch die Jungen und brachte einen unabsichtlich ins Stolpern. Sie schrie, dass Percy jetzt nach

Hause kommen solle. Die Soldaten hoben ihre Gewehre, und einen Augenblick lang sah es so aus, als würde Percys Mama für ihre Behinderung eine rote Karte bekommen. Aber ein Cop trat auf sie zu, drehte ihr den Arm auf den Rücken und zog sie mit sich fort. Ein kleiner Junge, der mit einem Hotdog auf einer HALTET-MAINE-SAUBER-Mülltonne saß, guckte interessiert zu, wie sie von den Cops in den Streifenwagen geschoben wurde. Percys Mutter war der Höhepunkt auf dem Marsch durch Caribou.

»Was kommt nach Oldtown, Ray?«, fragte McVries nach einer Weile.

»Ich bin keine wandelnde Landkarte«, sagte Garraty gereizt. »Bangor, glaube ich. Danach Augusta. Dann Kittery und die Staatsgrenze. Das sind rund dreihundertdreißig Meilen von hier. Mehr oder weniger. Okay? Mehr weiß ich auch nicht.«

Jemand pfiff leise durch die Zähne. »Dreihundertdreißig Meilen!«

»Das ist unglaublich«, sagte Harkness niedergeschlagen.

»Die ganze verdammte Sache hier ist unglaublich«, sagte McVries. »Ich möchte bloß wissen, wo der Major ist.«

»Bei seiner Freundin in Augusta«, sagte Olson.

Sie grinsten alle, und Garraty dachte darüber nach, wie seltsam die Sache mit dem Major doch war, der sich innerhalb von zehn Stunden von Gott in Mammon verwandelt hatte.

Fünfundneunzig waren übrig. Aber das war nicht mehr das Schlimmste. Das Schlimmste war es, sich vorzustellen, dass es McVries oder Baker erwischte. Oder Harkness mit seiner albernen Buchidee. Sein Verstand scheute vor einem solchen Gedanken zurück.

Nachdem sie Caribou hinter sich gelassen hatten, lag die Straße einsam und verlassen vor ihnen. Eine Kreuzung wurde von einer einzelnen Straßenlampe beleuchtet, die wie ein Spotlight auf sie hinunterstrahlte und scharfe schwarze Schatten von ihnen machte, als sie durch den grellen Lichtkegel gingen. In weiter Ferne hörten sie das Pfeifen einer Lokomotive. Der Mond warf ein ungewisses Licht auf den Bodennebel, sodass er wie perlmuttfarbene Schleier auf den Feldern schimmerte.

Garraty trank einen Schluck Wasser.

»Warnung! Warnung für Nummer 12! Dies ist Ihre letzte Warnung, 12!«

12 war ein Junge namens Fenter, der ein Souvenir-T-Shirt mit dem Aufdruck ICH BIN MIT DER MT.-WASHINGTON-ZAHNRADBAHN GEFAHREN trug. Er leckte sich nervös über die Lippen. Die Nachricht über Fenter lautete, dass einer seiner Füße völlig steif geworden sei. Als er zehn Minuten später erschossen wurde, empfand Garraty nicht viel dabei. Er war einfach zu müde. Er ging um Fenter herum und sah, als er einen Blick nach unten warf, etwas Silbernes in seiner Hand aufblitzen. Es war ein Sankt-Christophorus-Medaillon.

»Wisst ihr, was ich tun werde, wenn ich hier wieder herauskomme?«, sagte McVries unvermittelt.

»Was denn?«, fragte Baker.

»Vögeln, bis mein Schwanz blau wird. Ich bin noch nie so geil gewesen wie in diesem Augenblick, um Viertel vor acht am ersten Mai.«

»Meinst du das ernst?«, fragte Garraty.

»Allerdings«, versicherte McVries. »Ich könnte sogar auf dich geil werden, Ray, wenn du nicht eine Rasur nötig hättest.«

Garraty lachte.

»Ich bin der Märchenprinz«, sagte McVries und berührte mit der Hand die weiße Narbe auf seiner Wange. »Jetzt brauche ich nur noch ein Dornröschen. Ich würde es mit einem dicken, schmatzenden Kuss aufwecken, und dann würden wir beide in den Sonnenuntergang reiten. Oder wenigstens bis zum nächsten Holiday Inn.«

»Gehen«, sagte Olson teilnahmslos.

»Hä?«

»In den Sonnenuntergang gehen.«

»Dann eben in den Sonnenuntergang gehen«, sagte McVries. »Auf jeden Fall wäre es die wahre Liebe. Glaubst du an die wahre Liebe, Hank, mein Lieber?«

»Ich glaube an einen guten Fick«, sagte Olson, und Art Baker brach laut in Lachen aus.

»Ich glaube an die wahre Liebe«, sagte Garraty, und dann tat es ihm leid, dass er das gesagt hatte. Es klang naiv.

»Wollt ihr wissen, warum ich es nicht tue?«, fragte Olson und blickte Garraty mit einem verstohlenen Lächeln an. »Fragt Fenter. Fragt Zuck. Die wissen es.«

»Das ist eine irre Einstellung«, sagte Pearson, der plötzlich aus der Dunkelheit erschienen war, um wieder ein Stück mit ihnen zu gehen. Er humpelte. Nicht schlimm, aber es war doch zu sehen.

»Nein, ist es nicht«, sagte McVries und fügte nach einer kurzen Pause rätselhaft hinzu: »Niemand liebt einen Toten.«

»Edgar Allan Poe schon«, sagte Baker. »Ich hab in der Schule mal ein Referat über ihn gehalten. Es heißt, er soll ne…, nekro…«

»Nekrophil«, sagte Garraty.

»Ja, genau. Er soll nekrophil gewesen sein.«

»Was ist das denn?«, fragte Pearson.

»Es bedeutet, dass man den Drang hat, mit einer toten Frau zu schlafen«, sagte Baker. »Oder mit einem toten Mann, wenn du eine Frau bist.«

»Oder wenn du schwul bist«, warf McVries ein.

»Wie sind wir bloß auf dieses Scheißthema gekommen?«,

krächzte Olson. »Wie zum Teufel sind wir darauf gekommen, über das Vögeln von Toten zu sprechen? Das ist ja ekelhaft.«

»Warum denn nicht?«, sagte eine tiefe, traurige Stimme. Es war Abraham, Nummer 2, ein groß gewachsener, tollpatschiger Junge, der mit gleichmäßigen Schritten dahinschlurfte. »Ich finde, wir alle sollten uns vielleicht ein oder zwei Minuten Zeit nehmen und uns Gedanken darüber machen, wie das Sexualleben in der nächsten Welt aussehen könnte.«

»Ich kriege Marilyn Monroe«, sagte McVries trocken. »Du kannst von mir aus Eleanor Roosevelt haben, Abe, alter Kumpel.«

Abraham zeigte ihm den Mittelfinger. Weiter vorn teilte einer der Soldaten mit monotoner Stimme eine Verwarnung aus.

»Jetzt wartet aber mal einen Moment. Nur einen verdammten Scheißmoment.« Olson sprach langsam, als ringe er mit einem ungeheuren Problem, sich richtig auszudrücken. »Ihr liegt alle völlig daneben. Völlig daneben.«

»Die transzendentale Qualität der Liebe«, sagte McVries. »Ein Vortrag des berühmten Philosophen und äthiopischen Gefängnisstürmers Henry Olson, Autor von *Ein Pfirsich ohne Stein ist kein Pfirsich* und weiteren bahnbrechenden Werken zum ...«

»Moment!«, rief Olson. Seine Stimme war so schrill wie zerbrechendes Glas. »Warte doch mal einen verdammten Moment! Das mit der Liebe ist pure Verarschung! Sie ist nichts! Ein dickes, fettes Nichts! Hast du kapiert?«

Niemand antwortete ihm. Garraty blickte nach vorn, wo die pechschwarzen Hügel in die sternenübersäte Dunkelheit des Himmels ragten. Er konnte nicht so recht feststellen, ob er schon die ersten Stiche eines Krampfes in seinem linken Fuß spürte oder nicht. Ich will mich hinsetzen, dachte er verärgert. Verdammt noch mal, ich will mich hinsetzen.

»Liebe ist ein Betrug«, plärrte Olson. »Es gibt nur drei große Wahrheiten auf dieser Welt, und das sind: ein gutes Essen, ein guter Fick und ein guter Schiss, und das ist *alles!* Und wenn man erst so weit ist wie Zuck und Fenter …«

»Halt den Mund«, sagte eine gelangweilte Stimme, und Garraty wusste, dass sie von Stebbins kam. Stebbins blickte immer noch unbeteiligt auf die Straße hinunter und lief jetzt nah am linken Seitenstreifen entlang.

Ein Düsenjet flog über ihre Köpfe hinweg, schleppte den Lärm seiner Triebwerke hinter sich her und zog einen hellen Kreidestrich über den Nachthimmel. Er flog so tief, dass sie die Positionslichter abwechselnd gelb und grün aufblinken sahen. Baker pfiff wieder leise vor sich hin. Garraty ließ die Augenlider fast ganz zufallen und die Füße von allein weitergehen.

Sein halb schlafendes Bewusstsein entzog sich allmählich seiner Kontrolle, und willkürliche Gedanken jagten einander träge durch seinen Kopf. Er erinnerte sich daran, dass seine Mutter ihm, als er noch sehr klein gewesen war, ein irisches Wiegenlied vorgesungen hatte … etwas über Herzmuscheln und Miesmuscheln, die lebendig waren, so lebendig. Und ihr Gesicht, so groß und schön wie das einer Filmschauspielerin auf der Leinwand. Er wollte sie küssen und für alle Zeiten in sie verliebt sein. Wenn er einmal groß war, würde er sie heiraten.

Dann trat Jans gut gelauntes polnisches Gesicht an dessen Stelle, und er sah ihr dunkles, fast bis zur Hüfte hinabfließendes Haar. Sie trug einen Bikini unter einem kurzen Strandkleid, denn sie waren auf dem Weg zum Reid Beach. Garraty hatte seine ausgefransten kurzen Jeans und seine Ledersandalen an.

Jan war verschwunden. Ihr Gesicht wurde durch das von

Jimmy Owens ersetzt. Jimmy hatte im selben Häuserblock gewohnt. Er war fünf gewesen, und Jimmy war fünf gewesen, und Jimmys Mutter hatte sie beim Doktorspielen im Sandkasten hinter Jimmys Haus erwischt. Sie hatten beide Ständer gehabt. So hatten sie das damals genannt – Ständer. Jimmys Mutter hatte seine Mutter angerufen, und seine Mutter hatte ihn nach Hause geholt, in ihrem Schlafzimmer abgesetzt und ihn gefragt, wie es ihm gefallen würde, wenn sie ihn ohne Kleider die Straße hinuntergehen ließe. Sein schlummernder Körper zog sich in Erinnerung an die Peinlichkeit, an die tiefe Scham zusammen. Er hatte geheult und gebettelt, dass sie ihn nicht ohne Kleider auf die Straße schicken möge ... und dass sie seinem Vater nichts davon erzählte.

Jetzt sind sie sieben Jahre alt. Er und Jimmy spähen durch die schmierigen Scheiben des Büros von Burr's Building Materials auf den Kalender mit den nackten Mädchen. Sie wissen, worauf sie da schauen, aber so richtig wissen sie es nicht, fühlen irgendwie einen kriechenden beschämenden erregenden Stich. Irgendwie. Auf einem Blatt ist eine Frau mit einem blauen Seidentuch quer über den Hüften zu sehen, und sie streiten darüber, was sich wohl unter diesem Tuch befinden mag. Jimmy sagt, er hätte seine Mutter nackt gesehen. Jimmy sagt, er wüsste Bescheid. Jimmy sagt, es wäre haarig und aufgeschlitzt. Er weigert sich, Jimmy zu glauben, weil das, was Jimmy gesagt hat, ekelhaft ist.

Trotzdem ist er sich sicher, dass sich da unten bei Frauen etwas anderes befinden muss als bei Männern. Sie verbringen einen langen purpurfarbenen Sommerabend damit, das Thema zu diskutieren, während sie Moskitos totschlagen und das improvisierte Baseballspiel beobachten, das auf dem Parkplatz einer Umzugsfirma stattfindet, die dem Baubüro gegenüberliegt. In seinem Tagtraum konnte er immer noch den harten Rinnstein unter seinem kleinen Hintern spüren, regelrecht *spüren.*

Im darauffolgenden Jahr hatte er Jimmy Owens beim Cowboyspielen mit dem Lauf seines Luftgewehrs auf den Mund geschlagen, und Jimmys Oberlippe musste mit vier Stichen genäht werden. Ein Jahr danach waren sie dann weggezogen. Er hatte Jimmy nicht mit Absicht geschlagen. Es war ein Unfall gewesen. Da war er sich ziemlich sicher, obwohl er inzwischen wusste, dass Jimmy recht gehabt hatte, denn auch er hatte seine Mutter inzwischen nackt gesehen (er hatte nicht vorgehabt, sie nackt zu sehen – es war ein Zufall gewesen). Sie waren haarig da unten. Haarig und aufgeschlitzt.

Pscht, das ist kein Tiger, mein Liebling, nur dein Teddybär, siehst du? … Herzmuscheln und Miesmuscheln, lebendig, so lebendig … Mutter hat ihren Jungen ganz lieb … Pscht … Schlaf wieder ein …

»Warnung! Warnung für 47!«

Ein Ellbogen stieß ihn grob in die Rippen. »Du bist gemeint, mein Junge. Wach auf.« McVries grinste ihn an.

»Wie spät ist es?«, fragte Garraty mit belegter Stimme.

»Fünf nach halb neun.«

»Aber ich hab doch …«

»… stundenlang geschlafen«, sagte McVries. »Ich kenne das Gefühl.«

»Na ja, so kam es mir jedenfalls vor.«

»Es ist dein Bewusstsein«, sagte McVries. »Es benutzt den guten alten Fluchtmechanismus. Wünschtest du nicht, dass deine Füße das auch könnten?«

»Ich nehme die gute Dial-Seife«, sagte Pearson und verzog das Gesicht zu einer idiotischen Grimasse. »Wünschtet ihr nicht, dass alle das täten?«

Garraty dachte, dass Erinnerungen Ähnlichkeit mit in den Sand gezogenen Linien hätten. Je weiter man zurücksah, desto verschwommener und undeutlicher wurden sie, bis zum Schluss nur der glatte Sand übrig blieb und das Nichts, das schwarze Loch, aus dem man gekommen war. In gewisser Weise waren die Erinnerungen wie diese Straße. Hier unter seinen Füßen war sie real und hart und greifbar, aber die Straße am Anfang, die Neun-Uhr-vormittags-Straße, lag weit zurück und war bedeutungslos geworden.

Jetzt hatten sie fast fünfzig Meilen hinter sich. Von vorn erreichte sie die Nachricht, dass der Major am Fünfzigmeilenpunkt mit seinem Jeep vorbeikommen würde, um nach ihnen zu sehen und eine kleine Ansprache zu halten. Garraty vermutete, dass es sich dabei höchstwahrscheinlich um Pferdescheiße handelte.

Sie stiegen eine lange, steile Anhöhe hinauf, und Garraty war versucht, seine Jacke wieder auszuziehen. Er tat es aber nicht, sondern öffnete nur den Reißverschluss und drehte sich um, um eine Minute lang rückwärts zu gehen. Die Lichter von Caribou schimmerten am Horizont, und er musste an Lots Weib denken, das zur Salzsäule erstarrt war, weil es sich umgedreht hatte.

»Warnung! Warnung für Nummer 47! Ihre zweite Warnung, 47!«

Er brauchte eine Weile, um sich darüber klar zu werden, dass er gemeint war. Die zweite Warnung innerhalb von zehn Minuten. Allmählich bekam er wieder Angst. Wie war das mit dem namenlosen Jungen, der sterben musste, weil er einmal zu oft zu langsam geworden war? Machte er jetzt etwa das Gleiche?

Er sah sich um. McVries, Harkness, Baker und Olson starrten ihn an. Olson musterte ihn besonders unverhohlen. Trotz der Dunkelheit konnte er die intensive Spannung auf seinem Gesicht erkennen. Olson hatte schon sechs Geher überdauert. Er wollte Garraty zum glücklichen Siebten machen. Er wollte, dass Garraty starb.

»Habe ich eine grüne Nase?«, fragte Garraty ihn gereizt.

»Nein«, sagte Olson und senkte die Augen. »Natürlich nicht.«

Garraty ging jetzt forscher und ließ die Arme aggressiv an den Seiten schwingen. Jetzt war es zwanzig vor neun; um zwanzig vor elf – also acht Meilen weiter – würde er seine Verwarnungen abgegolten haben. Er spürte einen hysterischen Drang, laut zu proklamieren, dass er es schon schaffen würde, sie brauchten nicht über ihn zu tuscheln, sie würden es nicht erleben, dass er vor ihren Augen die rote Karte bekäme – jedenfalls jetzt noch nicht.

Der Bodennebel breitete sich in dünnen Schwaden, die wie Rauchfäden wirkten, über der Straße aus. Die dunklen Gestalten der Jungen bewegten sich wie im Meer treibende Inseln durch ihn hindurch. Am Fünfzigmeilenpunkt stand eine kleine, verlassene Autowerkstatt mit einer verrosteten Zapfsäule davor, eine Unheil verkündende, schiefe Gestalt im Nebel. Das kalte, nüchterne Neonlicht einer Telefonzelle warf den einzigen Lichtschein auf diesen Ort. Der Major war nicht gekommen. Niemand kam.

Die Straße bog um eine sanfte Kurve, und weiter vorn entdeckten sie ein gelbes Straßenschild. Die Information kam schnell nach hinten, aber Garraty hatte das Schild schon gelesen, bevor sie ihn erreichte:

STARKE STEIGUNG
LASTWAGEN BITTE HERUNTERSCHALTEN

Seufzer und Stöhnen. Weiter vorn rief Barkovitch fröhlich: »Auf geht's, Brüder! Wer will mit mir bis zum Gipfel um die Wette rennen?«

»Halt dein gottverdammtes Maul, du kleiner Spinner«, sagte jemand ruhig.

»Bring mich dazu, Dumbo!«, kreischte Barkovitch. »Komm doch her und versuch's!«

»Er dreht durch«, sagte Baker.

»Nein«, erwiderte McVries. »Er dehnt sich nur. Kerle wie er sind schrecklich elastisch.«

Olsons Stimme war von einer tödlichen Ruhe. »Ich glaube nicht, dass ich diesen Hügel hinaufkomme. Nicht mit vier Meilen pro Stunde.«

Die Anhöhe dehnte sich vor ihnen aus; sie hatten den Fuß fast erreicht. Durch den Nebel war es unmöglich, bis zur Spitze zu sehen. Garraty dachte, so weit wir das von hier aus sehen können, kann das ewig nach oben gehen.

Sie fingen an zu steigen.

Es war gar nicht so schlimm, stellte Garraty fest, wenn man nur auf die Füße starrte, während man ging, und sich ein wenig vorbeugte. Wenn man nur auf das kleine Stückchen Asphalt zwischen den Füßen starrte, gewann man den Eindruck, dass man sich auf ebener Erde befand. Natürlich konnte man sich nicht vormachen, dass die Lunge und der Atem in der Kehle nicht wärmer wurden, weil es ja so war.

Irgendwie arbeitete die Gerüchteküche weiter – einige Leute hatten offenbar noch Luft übrig. Der Hügel sei eine Viertelmeile lang, hieß es. Der Hügel sei zwei Meilen lang, hieß es. Auf diesem Hügel habe noch nie ein Geher die rote Karte bekommen, hieß es. Drei Jungen hätten allein im letzten Jahr hier die rote Karte bekommen, hieß es. Und danach stellte die Gerüchteküche die Arbeit ein.

»Ich kann es nicht«, sagte Olson immer wieder mit monotoner Stimme. »Ich kann es nicht mehr.« Er hechelte wie ein Hund, aber er ging weiter. Das taten sie alle. Man hörte ihr leises Stöhnen und ihre keuchenden, stoßenden Atemzüge. Die einzigen anderen Geräusche waren Olsons Sprechgesang, das Schlurfen der vielen Füße und das knatternde, knirschende Summen des Panzerfahrzeugs, das auf dem Seitenstreifen entlangtuckerte.

Garratys Angst und Verwirrung wuchsen wieder; er spürte es in seinem Magen. Hier konnte er tatsächlich sterben. Das war gar nicht so schwer. Er hatte Mist gebaut und nun schon zwei Verwarnungen auf seinem Konto. Und im Augenblick konnte er sich nicht weit über dem Minimaltempo befinden. Er brauchte seinen Schritt nur noch ein bisschen zu verlangsamen, und schon hatte er Nummer drei – die letzte Warnung. Und dann …

»Warnung! Warnung für Nummer 70!«

»Jetzt spielen sie dein Lied, Olson«, sagte McVries zwischen zwei Atemzügen. »Los, heb die Beine, mein Junge! Ich möchte dich wie Fred Astaire diesen Hügel hinauf tanzen sehen.«

»Was geht dich das an?«, fragte Olson wütend.

McVries antwortete nicht. Olson fand tatsächlich die Kraft, schneller zu gehen. Garraty fragte sich in einer makabren Laune, ob die Kraftanstrengung, zu der Olson sich aufgerafft hatte, seine letzte Reserve war. Er musste auch wieder an Stebbins am hinteren Ende der Gruppe denken. Wie geht es dir, Stebbins? Wirst du langsam müde?

Weiter vorn setzte sich Larson, Nummer 60, einfach auf die Straße. Er bekam eine Warnung. Die Jungen trennten sich und gingen um ihn herum wie das Rote Meer um die Kinder Israels.

»Ich ruhe mich nur ein bisschen aus, okay?«, sagte Larson und blickte mit einem zugleich verstörten und vertrauensvollen Lächeln zu ihnen auf. »Ich kann nur einen Augenblick lang nicht mehr weitergehen, okay?« Sein Lächeln wurde breiter, und er strahlte damit den Soldaten an, der mit der Stoppuhr in der einen und dem Gewehr in der anderen Hand vom Panzerwagen abgesprungen war.

»Warnung für Nummer 60«, sagte der Soldat. »Das ist Ihre zweite Warnung.«

»Hören Sie, ich hole das wieder auf«, versicherte Larson ihm eilig. »Ich ruhe mich nur ein wenig aus. Man kann doch nicht die ganze Zeit gehen. Nicht die *ganze* Zeit. Nicht wahr, Jungs? Nicht die ganze Zeit.« Olson seufzte leise, als er an Larson vorbeiging, und wich vor ihm zurück, als dieser versuchte, ihn am Hosenbein zu berühren.

Garraty spürte, wie sein Puls warm an seiner Schläfe pochte. Er hörte, wie Larson zum dritten Mal verwarnt wurde, und dachte: Jetzt wird er's kapieren. Jetzt wird er aufstehen und anfangen Gas zu geben.

Am Ende kapierte Larson offenbar wirklich. Die Realität brach wieder über ihn herein. »He!«, sagte er hinter ihnen mit hoher, besorgter Stimme. »He, Moment mal, tun Sie das nicht, ich steh ja schon auf. Tun Sie das ni…«

Der Schuss. Sie gingen weiter den Hügel hinauf.

»Da waren's nur noch dreiundneunzig Flaschen«, sagte McVries leise.

Garraty antwortete nicht. Er starrte auf seine Füße und ging und konzentrierte sich weiter darauf, die Hügelkuppe ohne eine dritte Verwarnung zu erreichen. Es konnte nicht sehr viel höher sein, dieses Monstrum von Hügel. Bestimmt nicht.

Vorn stieß jemand einen hohen, kollernden Schrei aus, und dann krachten die Gewehre einstimmig los.

»Barkovitch«, sagte Baker heiser. »Ich bin mir sicher, das war Barkovitch.«

»Falsch, du Redneck!«, rief Barkovitch aus der Dunkelheit. »Einhundert Prozent total falsch!«

Den Jungen, der nach Larson erschossen worden war, sahen sie nicht mehr. Er hatte zur Vorhut gehört und war, noch bevor sie die Stelle erreichten, von der Straße geschleift worden. Garraty wagte einen Blick nach vorn, aber er bedauerte es sofort. Die Hügelkuppe war zwar verschwommen zu sehen, aber sie war mindestens noch die Länge eines Footballfeldes von ihnen entfernt. Es kam ihm so vor, als wären es hundert Meilen. Niemand sprach. Jeder von ihnen hatte sich in seine eigene kleine Welt von Anstrengung und Schmerz zurückgezogen. Die Sekunden dehnten sich zu Stunden.

Kurz vor der Hügelkuppe zweigte ein zerfurchter Feldweg von der Hauptstraße ab. Dort stand ein Farmer mit seiner Familie und beobachtete, wie sie vorbeigingen. Ein alter Mann mit tief gefurchter Stirn, eine Frau mit einem hageren, scharf geschnittenen Gesicht in einem unförmigen Mantel und drei Teenager, die alle schwachsinnig aussahen.

»Der braucht nur noch ... eine Heugabel«, sagte McVries außer Atem zu Garraty. »Und ... Grant Wood ... Um ihn zu malen.« Der Schweiß lief ihm in Strömen übers Gesicht.

Jemand rief: »Hallo, Alter!«

Der Farmer und die Frau des Farmers und die Kinder des Farmers sagten nichts. Der Käse steht allein, dachte Garraty aufgekratzt. *Hi-ho, the dairy-o, the cheese stands alone.* Der Farmer und seine Familie lächelten nicht. Sie runzelten nicht die Stirn. Sie hielten keine Schilder hoch. Sie winkten auch nicht. Sie guckten bloß. Garraty erinnerte das an die alten Wildwestfilme, die er an all den Samstagnachmittagen seiner Kindheit gesehen hatte. Der Held wurde allein in der Wüste zurückgelassen, um zu sterben, und bald kreisten die Geier über ihm. Sie blieben zurück, und Garraty war froh. Er nahm an, dass der Farmer und seine Frau und die drei schwachsinnigen Kinder am nächsten ersten Mai um neun Uhr abends wieder an derselben Stelle stehen würden ... und am nächsten ... und am nächsten. Wie viele Jungen waren vor ihren Augen erschossen worden? Ein Dutzend? Zwei Dutzend? Garraty dachte lieber nicht darüber nach. Mit einem Schluck Wasser aus der

Feldflasche spülte er sich den Mund, um den trockenen Speichel aufzulösen, und spuckte ihn aus.

Der Anstieg zog sich immer weiter in die Länge. Weiter vorn fiel Toland in Ohnmacht und wurde erschossen, nachdem der Soldat, der neben ihn getreten war, seinen bewusstlosen Körper dreimal verwarnt hatte. Garraty hatte das Gefühl, nun schon einen Monat lang zu steigen. Ja, es musste mindestens ein Monat sein, und das war noch eine zurückhaltende Schätzung, denn sie befanden sich jetzt bestimmt schon drei Jahre auf ihrem Marsch. Er kicherte leise, spülte sich noch einmal den Mund aus und schluckte das Wasser diesmal hinunter. Nur keine Krämpfe jetzt. Ein Krampf wäre im Augenblick das Ende. Aber es könnte passieren. Es könnte sogar gleich losgehen, denn irgendjemand hatte seine Schuhe, als er nicht hinsah, in flüssiges Blei getaucht.

Neun Leute ausgeschieden, und drei davon hatte es hier auf dem Hügel erwischt. Hatte der Major nicht zu Olson gesagt, er solle ihnen die Hölle heißmachen? Na, wenn das hier nicht die Hölle war, dann war es eine verdammt gute Nachahmung. Eine verdammt gute …

O *Mann …*

Garraty merkte plötzlich, dass ihm ganz schwindlig war, als würde er gleich selbst in Ohnmacht fallen. Er hob eine Hand und schlug sich rechts und links ins Gesicht, immer härter.

»Alles in Ordnung?«, fragte McVries.

»Mir ist schwindlig.«

»Gieß dir …« Schnelles, pfeifendes Atmen. »… die Feldflasche über den Kopf.«

Garraty befolgte seinen Rat. Ich taufe dich auf den Namen Raymond Davis Garraty, pax vobiscum. Das Wasser war kalt, aber das Schwindelgefühl hörte auf. Die Tropfen rannen ihm in kleinen Bächen unter das Hemd. »Feldflasche für Nummer 47!«, rief er laut, aber die Anstrengung erschöpfte ihn gleich wieder. Er wünschte, er hätte noch einen Augenblick lang damit gewartet.

Einer der Soldaten trabte auf ihn zu und brachte ihm die neue Flasche. Garraty spürte in der Dunkelheit, dass die ausdruckslosen, marmornen Augen des Mannes ihn musterten. »Hau ab«, sagte er grob, als er die Feldflasche entgegennahm. »Du wirst dafür bezahlt, mich zu erschießen, nicht dafür, mich anzusehen.«

Der Soldat ging, ohne seinen Gesichtsausdruck zu ändern, wieder weg. Garraty zwang sich, etwas schneller zu gehen.

Sie stiegen weiter, und keinen erwischte es mehr, und dann hatten sie es endlich geschafft. Es war neun Uhr. Seit genau zwölf Stunden befanden sie sich jetzt auf der Straße. Für Garraty bedeutete das fast nichts mehr. Das Einzige, was im Augenblick für ihn Bedeutung hatte, war die frische, kühle Brise, die über die Hügelkuppe wehte. Und das Zwitschern eines Vogels. Und das Gefühl des feuchten Hemdes auf seiner Haut. Und die Erinnerungen in seinem Kopf. Diese Dinge zählten, und Garraty klammerte sich mit verzweifelter Wachsamkeit an sie. Sie waren sein Eigentum, und er verfügte immer noch über sie.

»Pete?«

»Yeah?«

»Mann, bin ich froh, dass ich lebe.«

McVries schwieg. Jetzt ging es wieder abwärts, und das Gehen fiel leichter.

»Ich werde mir große Mühe geben, am Leben zu bleiben«, fuhr Garraty beinah entschuldigend fort.

Die Straße wand sich in sanften Kurven nach unten. Noch waren sie hundertfünfzehn Meilen von Oldtown und damit von der relativ ebenen Beschaffenheit der Autobahn entfernt.

»Darum geht es hier doch im Grunde, nicht wahr?«, fragte McVries schließlich, und seine Stimme klang brüchig und wie mit Spinnweben überzogen, als wäre sie aus einem verstaubten Keller gekommen.

Eine Zeit lang schwiegen sie beide, und auch sonst sprach niemand. Baker schlenderte stetig, die Hände in den Hosentaschen, weiter, und sein Kopf nickte leicht im plattfüßigen Rhythmus seiner Schritte. Er hatte noch keine Warnung erhalten. Olson war zu seinem »Gegrüßet seist du, Maria, voller Gnaden« zurückgekehrt. Sein Gesicht hing wie ein heller Klecks in der Dunkelheit. Harkness war am Essen.

»Garraty«, sagte McVries.

»Hier.«

»Hast du schon mal das Ende eines Langen Marsches gesehen?«

»Nein. Du?«

»Himmel, nein. Ich dachte nur, weil du doch hier in der Nähe wohnst und ...«

»Mein Vater hat diese Wettbewerbe gehasst. Er hat mich einmal mitgenommen, aber das war wohl als Lektion gedacht. Es ist nur ein einziges Mal gewesen.«

»Ich habe es gesehen.«

Garraty erschrak beim Klang dieser Stimme. Es war Stebbins. Er hatte sich unbemerkt zu ihnen gesellt und ging immer noch mit vorgeneigtem Kopf neben ihnen her. Sein blondes Haar wehte wie ein verblasster Heiligenschein um seinen Kopf.

»Wie war das?«, fragte McVries. Seine Stimme klang irgendwie jünger.

»Das willst du nicht wissen«, sagte Stebbins.

»Ich hab danach gefragt, oder?«

Stebbins gab keine Antwort. Garraty war neugieriger denn je, was Stebbins betraf. Er war nicht zusammengebrochen. Er zeigte nicht einmal eine Spur von Müdigkeit. Er ging immer weiter, ohne sich zu beklagen, und war seit dem Start kein einziges Mal mehr verwarnt worden.

»Yeah, wie sieht es aus?«, hörte er sich fragen.

»Ich hab das Ende vor vier Jahren gesehen«, sagte Stebbins. »Da war ich dreizehn. Der Marsch hörte etwa sechzehn Meilen hinter der Grenze von New Hampshire auf. Sie hatten die Nationalgarde und sechzehn Einheiten von der Bundespolizei geholt, um die State Police zu verstärken. Das war auch nötig, denn die Zuschauer standen gut fünfzig Meilen weit in Sechzigerreihen an beiden Straßenseiten. Bevor alles vorbei war, waren über zwanzig Menschen totgetrampelt worden. Das geschah vor allem, weil die Leute versuchten, mit den Gehern mitzulaufen, um das Ende nicht zu verpassen. Ich hatte einen Sitzplatz in der ersten Reihe. Mein Dad hatte ihn mir besorgt.«

»Was ist dein Vater von Beruf?«, fragte Garraty.

»Er gehört zur Bundespolizei. Er hatte den Platz genau richtig gewählt. Ich brauchte mich nicht einmal zu bewegen. Der Marsch endete praktisch vor meiner Nase.«

»Was ist passiert?«, fragte Olson leise.

»Ich hörte sie schon kommen, lange bevor ich sie sehen konnte. Das ging uns allen so. Ihnen lief eine riesige Klangwolke voraus, die näher und näher kam. Aber es dauerte noch eine Stunde, bis sie so nahe waren, dass wir sie sehen konnten. Sie kümmerten sich nicht um die Menge, die beiden, die noch übrig geblieben waren. Sie schienen sie nicht einmal zu bemerken. Sie blickten nur auf die Straße. Beide humpelten. So als wären sie gekreuzigt und danach wieder vom Kreuz abgenommen worden, um mit den Nägeln in den Füßen weiterzugehen.«

Alle hörten jetzt Stebbins zu. Entsetztes Schweigen hatte sich wie eine Gummidecke über sie gebreitet.

»Die Menge jubelte ihnen zu, als ob sie sie noch hören

könnten. Eine Gruppe rief den Namen des einen Gehers, die anderen brüllten nach dem anderen, aber das Einzige, was wirklich durchdrang, war das rhythmische *Geh ... Geh. Geh ...* Ich wurde wie ein Sitzsack herumgeschoben, und der Kerl neben mir bepisste sich oder ihm ging einer ab, genau war das nicht zu erkennen.

Sie kamen direkt an mir vorbei. Der eine war ein großer Blonder mit offenem Hemd. Eine seiner Schuhsohlen hatte sich gelöst und klapperte bei jedem Schritt auf die Straße. Der andere hatte nicht einmal mehr Schuhe an. Er ging in Socken. Seine Socken hörten an den Knöcheln auf. Der Rest ... nun, den wird er wohl abgelaufen haben, nicht wahr? Seine Füße waren purpurfarben. Die geplatzten Adern waren deutlich zu erkennen. Ich glaube nicht, dass er noch irgendetwas gespürt hat. Vielleicht hat man später noch was mit seinen Füßen machen können, das weiß ich nicht. Vielleicht schon.«

»Hör auf! Um Gottes willen, hör auf!« Das war McVries. Er klang benommen und krank.

»Du wolltest es wissen«, sagte Stebbins beinah freundlich. »Hast du das nicht gesagt?«

Keine Antwort. Das Panzerfahrzeug beschleunigte heulend das Tempo, und irgendwo weiter vorn wurde jemand verwarnt.

»Der große Blonde hat verloren. Ich hab alles genau gesehen. Sie waren nur ein kleines Stück an mir vorbei. Er warf beide Arme hoch, als wäre er Superman. Doch anstatt zu fliegen, fiel er einfach vornüber aufs Gesicht, und dreißig Sekunden später bekam er die rote Karte, denn er hatte schon drei Warnungen auf dem Konto. Beide hatten schon drei Verwarnungen.

Dann fingen die Zuschauer an zu jubeln. Sie schrien und schrien, und dann konnten sie sehen, dass der Junge, der gewonnen hatte, etwas sagen wollte. Also hielten sie den

Mund. Er war auf die Knie gefallen, als ob er beten wollte, aber er weinte bloß. Und dann kroch er auf den Toten zu und verbarg sein Gesicht in dessen Hemd. Er fing an zu sprechen, sagte wohl alles, was er loswerden musste, aber wir konnten ihn nicht hören, weil er nur in das Hemd des Toten sprach. Er erzählte es dem toten Jungen. Dann eilten die Soldaten auf ihn zu und sagten ihm, dass er den Preis gewonnen hätte, und fragten ihn, was er jetzt haben wolle.«

»Was hat er gesagt?«, fragte Garraty. Es kam ihm so vor, als liege das ganze Gewicht seines Lebens in dieser Frage.

»Zu ihnen hat er nichts gesagt«, sagte Stebbins. »Da noch nicht. Er redete mit dem toten Jungen. Er erzählte dem toten Jungen irgendetwas, aber wir konnten es nicht hören.«

»Was passierte dann?«, fragte Pearson weiter.

»Ich weiß es nicht mehr«, sagte Stebbins wie aus weiter Ferne.

Niemand sagte etwas. Garraty hatte ein panikartiges, klaustrophobisches Gefühl, als hätte ihn jemand in ein unterirdisches Kanalrohr gestopft, das zu eng war, um sich daraus befreien zu können. Vorn wurde eine dritte Verwarnung ausgeteilt, ein Junge stieß einen krächzenden, verzweifelten Schrei aus wie eine sterbende Krähe. Bitte, lieber Gott, lass sie jetzt niemand erschießen, dachte Garraty. Wenn ich jetzt die Gewehre hören müsste, würde ich verrückt werden. Bitte, lieber Gott, bitte.

Wenige Minuten später krachten die tödlichen Schüsse durch die Nacht. Diesmal war es ein kleiner Junge in einem weiten, rot-weißen Footballtrikot. Garraty glaubte für einen Augenblick, dass Percys Mama sich ab jetzt keine Sorgen mehr zu machen brauchte, aber es war nicht Percy – es war ein Junge namens Quentin oder Quincy oder so ähnlich.

Garraty wurde nicht verrückt. Er drehte sich um, um ein

paar zornige Worte an Stebbins zu richten – ihn vielleicht zu fragen, wie man sich dabei fühle, wenn man die letzten Minuten eines Jungen mit einem solchen Schrecken erfüllt hätte, aber Stebbins hatte sich auf seine alte Position zurückfallen lassen, und Garraty war wieder allein.

Sie gingen weiter, alle neunzig.

Kapitel 5

»Sie haben nicht die Wahrheit gesagt, und deshalb müssen Sie die Konsequenzen dafür tragen.«

Bob Barker
Truth or Consequences

Um zwanzig Minuten vor zehn an diesem nicht enden wollenden ersten Mai hatte Garraty eine von seinen zwei Verwarnungen abgegolten. Seit dem Jungen in dem Footballhemd waren noch zwei weitere erschossen worden, aber er hatte es kaum wahrgenommen. Er war damit beschäftigt, eine gründliche Inventur an sich selbst durchzuführen.

Ein Kopf, ein bisschen verwirrt und aufgekratzt, aber grundsätzlich in Ordnung. Zwei Augen, mit Lidern wie Sandpapier. Ein Hals, ziemlich steif. Zwei Arme, keine Probleme damit. Ein Oberkörper, abgesehen von einem nagenden Gefühl in den Eingeweiden, das auch die Nahrungskonzentrate nicht befriedigen konnten, ganz in Ordnung. Zwei verdammt müde Beine. Schmerzen in den Muskeln. Er fragte sich, wie lange diese Beine ihn noch von allein weitertragen würden – wie lange noch, bis das Gehirn das Kommando übernahm und sie zu strapazieren begann, sie weit über jede vernünftige Grenze hinaus arbeiten lassen würde, um zu verhindern, dass eine Kugel seine eigene knochige Wiege zerschmetterte? Wie lange noch, bis seine Beine protestierten, zu stolpern und zu zucken anfingen, sich schließlich versteiften und ganz zu laufen aufhörten?

Seine Beine waren müde, aber soweit er es beurteilen konnte, noch ganz gut zu gebrauchen.

Und zwei Füße. Schmerzende Füße. Es hatte keinen Zweck, es zu leugnen: Sie waren wund. Er war ein großer Junge. Seine Füße mussten immerhin zweiundsiebzig Kilo über die Straße bewegen. Die Fußsohlen taten weh. Ab und zu durchzuckten sie seltsame, schmerzhafte Stiche. Sein linker großer Zeh hatte sich durch die Socke gebohrt und rieb sich unangenehm am Oberleder. Er musste an Stebbins' Geschichte denken, und ihn befiel ein schleichendes Entsetzen. Aber seine Füße funktionierten noch. Sie hatten keine Blase, und er fand, dass sie alles in allem auch noch ganz gut zu gebrauchen waren.

Garraty, sagte er, um sich selbst aufzubauen, du bist in einer guten Verfassung. Zwölf Jungs sind inzwischen tot, und gut doppelt so viele haben inzwischen schlimme Schmerzen auszustehen, aber dir geht's ganz gut. Du läufst gut. Du bist prima. Du bist am Leben.

Die Unterhaltung, die am Ende von Stebbins' Geschichte abrupt abgebrochen worden war, setzte allmählich wieder ein. Reden war nun einmal das, was lebende Menschen taten. Yannick, Nummer 98, diskutierte mit seinem Nachbarn Wyman, Nummer 97, mit überlauter Stimme die Ahnenreihe der Soldaten auf dem Panzerwagen. Sie waren sich darin einig, dass sie gemischt, farbenfroh, stark behaart und voller Bastarde gewesen sein müsste.

Dann fragte Pearson Garraty. plötzlich: »Hast du schon mal ein Klistier gekriegt?«

»Ein Klistier?«, wiederholte Garraty verwundert und dachte darüber nach. »Nein, ich glaube nicht.«

»Einer von euch vielleicht, Jungs?«, fragte Pearson. »Jetzt seid mal ehrlich.«

»Ich hab mal eins bekommen«, sagte Harkness und kicherte. »Meine Mutter hat mir mal eins nach Halloween verpasst, als ich noch klein war. Ich hatte fast eine ganze Einkaufstüte voller Bonbons aufgegessen.«

»Hat es dir gefallen?«, drängte Pearson ihn.

»Zum Teufel, nein! Wem zum *Teufel* würde es wohl gefallen, einen halben Liter warme Seifenlauge in den ...«

»Meinem kleinen Bruder«, sagte Pearson traurig. »Ich hab die kleine Rotznase gefragt, ob es ihm leidtäte, dass ich wegginge, und er hat nein gesagt, weil Mama ihm eine Klistierspritze versprochen hatte, wenn er brav wäre und nicht weinen würde. Er liebt diese Dinger.«

»Das ist ja ekelhaft«, sagte Harkness laut.

Pearson blickte niedergeschlagen vor sich hin. »Das fand ich auch.«

Ein paar Minuten später gesellte Davidson sich zu ihnen und erzählte, wie er sich einmal auf dem Jahrmarkt von Steubenville betrunken hätte und ins Hurenzelt hineingekrochen wäre und wie ihm dort eine dicke, fette Mama, die nichts als einen Minislip angehabt hätte, eins über den Schädel gezogen hätte. Als Davidson ihr sagte (behauptete er), dass er betrunken wäre und geglaubt hätte, er wäre in das Tätowierungszelt gekrochen, hatte die geile, dicke, fette Mama ihn eine Weile an sich herumfummeln lassen (behauptete er). Er hatte ihr erzählt, dass er sich die Konföderiertenflagge auf den Bauch tätowieren lassen wollte.

Art Baker berichtete von einem Wettbewerb, den sie zu Hause veranstaltet hätten, um herauszufinden, wer von ihnen den größten Furz anzünden könnte, und dieser Typ Davey Popham mit seinem haarigen Arsch hätte es doch tatsächlich geschafft, sich fast die gesamte Haarpracht auf seinem Arsch und unten am Rücken abzuflämmen. Hätte gestunken wie ein Steppenbrand, sagte Baker. Harkness musste darüber so fürchterlich lachen, dass er sich eine Verwarnung einhandelte.

Danach gab es kein Halten mehr. Eine Lügengeschichte

folgte der anderen, bis das ganze Kartenhaus wieder einstürzte. Es wurde noch jemand verwarnt, und nicht lange danach wurde der andere Baker (James) erschossen. Die gute Laune war wie weggeblasen. Einige Jungen fingen an, über ihre Freundinnen zu reden, und die Unterhaltung wurde stockend und rührselig. Garraty erzählte nichts von Jan, aber als es langsam auf zehn Uhr zuging und die Dunkelheit sie wie ein schwarzer, nebelbefleckter Kohlensack einhüllte, dachte er, dass sie doch das Beste sei, was ihm im Leben widerfahren war.

Sie marschierten unter einer kurzen Kette von Straßenlampen durch eine schlafende Stadt mit geschlossenen Fensterläden. Alle waren jetzt in gedrückter Stimmung, und das Gespräch war nur noch ein vereinzeltes, gedämpftes Murmeln. Vor einem Supermarkt auf dem Platz, zu dem die Straße sich verbreitert hatte, saß ein schlafendes Pärchen mit aneinander gelehnten Köpfen auf einer Bank. Zwischen ihnen baumelte ein Schild, das man nicht lesen konnte. Das Mädchen war noch sehr jung – sie sah nicht älter als vierzehn aus –, und ihr Freund trug ein Sporthemd, das zu oft gewaschen worden war, um noch sportlich auszusehen. Ihre Körper bildeten einen zusammenfließenden Schatten auf der Straße, über den die Geher still hinwegstiegen.

Garraty blickte über die Schulter zurück, weil er glaubte, dass die beiden vom Brummen des Panzerwagens aufgewacht sein müssten, aber sie schliefen immer noch. Das Ereignis war eingetreten und unbemerkt an ihnen vorbeigezogen. Er fragte sich, ob das Mädchen von ihrem Vater was hinter die Ohren bekommen würde. Sie sah schrecklich jung aus. Ob es wohl sein Name gewesen war, den sie da auf das Schild geschrieben hatten? Geh-geh-Garraty, »Maines Stolz«? Irgendwie hoffte er es nicht. Irgendwie hatte der Gedanke etwas Abstoßendes.

Er aß den Rest seiner Konzentrate auf und fühlte sich wieder etwas wohler. Jetzt gab es nichts mehr, was Olson von ihm abstauben konnte. Die Sache mit Olson war schon seltsam. Vor sechs Stunden hätte Garraty gewettet, dass Olson ziemlich am Ende war. Aber er lief immer weiter und das jetzt wieder ohne Verwarnungen. Ein Mensch konnte eine Menge Sachen tun, nahm Garraty an, wenn sein Leben auf dem Spiel stand. Sie waren jetzt vierundfünfzig Meilen unterwegs.

In der namenlosen Stadt erstarb auch der Rest ihrer Unterhaltung. Sie gingen gut eine Stunde lang schweigend weiter, und die Kälte schlich sich in Garratys Glieder. Er aß auch noch seine letzten Plätzchen auf, knüllte die Alufolie zusammen und warf sie ins Gebüsch am Straßenrand. Wieder ein kleiner Schmutzfink auf der großen Plantage des Lebens.

McVries hatte ausgerechnet eine Zahnbürste aus seinem Rucksack hervorgekramt und fing an, sich trocken die Zähne zu putzen. Es geht eben alles seinen Gang, dachte Garraty erstaunt. Man rülpst und entschuldigt sich. Man winkt den Leuten am Straßenrand zu, weil die Höflichkeit es erfordert. Niemand streitet sich übermäßig mit den anderen – abgesehen vielleicht von Barkovitch –, weil auch das die Höflichkeit gebietet. Es geht alles weiter.

Oder nicht? Er musste daran denken, wie McVries Stebbins vorhin gebeten hatte, den Mund zu halten. Und an Olson, der mit der Unterwürfigkeit eines geprügelten Hundes das Stück Käse von ihm entgegengenommen hatte. Das alles hatte wohl doch eine höhere Intensität als das Normale, der Kontrast von Licht und Schatten und die Farben waren deutlicher.

Um elf Uhr geschahen mehrere Dinge fast gleichzeitig. Zunächst machte eine Nachricht die Runde. Es hieß, dass eine kleine Holzbrücke weiter vorn von den schweren Regenfällen am Nachmittag weggespült worden sei. Ohne Brücke musste der Marsch kurzfristig angehalten werden. Ein schwacher Jubel ging durch die erschöpften Reihen, und Olson presste ein »Gott sei Dank!« durch seine zusammengebissenen Zähne.

Einen Augenblick später ließ Barkovitch eine Flut von Schimpfwörtern gegen den Jungen neben ihm los, einen hässlichen, untersetzten Jungen mit dem unseligen Namen Rank. Rank schlug nach ihm – etwas, was ausdrücklich verboten war – und erhielt dafür eine Verwarnung. Barkovitch war nicht einmal aus dem Tritt gekommen. Er duckte bei dem Schlag einfach den Kopf weg und hörte nicht auf zu schreien.

»Na los, du Scheißer! Ich werde auf deinem gottverdammten Grab tanzen. Nun heb schon die Füße hoch, Dumbo! Mach es mir doch nicht so verdammt leicht!«

Rank schlug erneut nach ihm. Barkovitch tänzelte leichtfüßig zur Seite und stolperte gegen den Jungen, der neben ihm lief. Beide wurden von den Soldaten verwarnt, die die Entwicklung nun aufmerksam und mit unbeweglichen Gesichtern beobachteten – wie Männer, die zwei Ameisen dabei beobachten, wie sie sich um eine Brotrinde streiten, dachte Garraty bitter.

Rank begann schneller zu gehen, ohne Barkovitch anzusehen. Doch Barkovitch war jetzt wütend über die Warnung – der Junge, den er angerempelt hatte, war Gribble, der dem Major sagen wollte, dass er ein Mörder war –, und er rief hinter ihm her: »Deine Mutter lutscht auf der Zweiundvierzigsten Straße den Männern die Schwänze, Rank!«

Bei diesen Worten drehte Rank sich plötzlich um und ging auf Barkovitch los.

Rufe wie »Hört doch auf damit!« oder »Lasst den Scheiß!« ertönten, aber Rank achtete nicht darauf. Er rannte brüllend und mit gesenktem Kopf auf Barkovitch los.

Barkovitch trat zur Seite, und Rank stürzte ins Leere, stolperte, rutschte auf dem weichen Sand des Seitenstreifens aus und fiel mit ausgestreckten Beinen auf den Hintern. Er erhielt seine dritte Verwarnung.

»Na los, Dumbo!«, stichelte Barkovitch. »Steh auf!«

Rank kam auf die Füße. Dann rutschte er irgendwie aus und fiel voll auf den Rücken. Er schien benommen und schwindlig zu sein.

Das Dritte, was sich gegen elf Uhr ereignete, war Ranks Tod. Als die Karabiner ihr Ziel anvisierten, herrschte einen Augenblick Stille, und dann rief Baker laut und vernehmlich: »Na also, Barkovitch! Jetzt bist du nicht mehr nur eine Plage. Jetzt bist du ein Mörder!«

Die Gewehre krachten. Ranks Körper wurde durch die Wucht der Kugeln in die Luft gewirbelt. Dann blieb er mit verdrehten Gliedern, einen Arm auf der Straße, liegen.

»Es war seine eigene Schuld!«, schrie Barkovitch. »Ihr habt es gesehen, er hat mich zuerst geschlagen! Hinweis acht! Hinweis acht!«

Niemand sagte etwas.

»Leckt mich am Arsch! Ihr alle!«

Da sagte McVries gelassen: »Geh doch zurück und tanz ein bisschen auf ihm, Barkovitch! Na los, unterhalte uns ein bisschen! Tanz ein bisschen Boogie auf ihm, Barkovitch!«

»Deine Mutter lutscht auch Schwänze auf der Zweiundvierzigsten Straße, Narbengesicht!«, sagte Barkovitch heiser.

»Ich kann es gar nicht erwarten, dein Gehirn quer über die Straße verspritzt zu sehen!«, sagte McVries ruhig. Seine Hand war zur Narbe hinaufgewandert und rieb sie ununterbrochen. »Ich werde jubeln, wenn das passiert, du kleiner, mörderischer Scheißkerl!«

Barkovitch murmelte etwas vor sich hin. Die anderen

waren alle von ihm gewichen, als hätte er eine ansteckende Krankheit, sodass er jetzt ganz allein lief.

Um zehn nach elf hatten sie sechzig Meilen erreicht, und weit und breit war keine Brücke zu sehen. Garraty glaubte schon, dass die Gerüchteküche diesmal falsch gelegen hätte, als sie über eine Hügelkuppe gingen und unter sich einen hellen Lichtschein erblickten, in dem sich eifrig hantierende Männer bewegten.

Das Licht kam von den Scheinwerfern mehrerer Lkws, die auf eine kleine Holzbrücke gerichtet waren, welche über einen rasch fließenden Bach führte. »Ehrlich, Leute, ich liebe diese Brücke«, sagte Olson und zündete sich eine von McVries' Zigaretten an. »Ehrlich.«

Doch als sie näher kamen, stieß Olson einen kleinen, hässlichen Seufzer aus und warf die Zigarette in die Büsche. Einer der Brückenträger und zwei von den Kopfplanken waren weggerissen worden, aber die Männer hatten saubere und schnelle Arbeit geleistet. Sie hatten einen abgesägten Telefonmast ins Bachbett gerammt und ihn in einem Zementblock verankert. Natürlich hatten sie keine Zeit gehabt, die Planken zu ersetzen, aber sie hatten die hintere Ladeklappe eines Lkws an deren Stelle gelegt. Ein Notbehelf, aber es ging.

»Die Brücke von San Loois Ray«, sagte Abraham. »Vielleicht bricht sie wieder zusammen, wenn die Kerle da vorn ein bisschen mit den Füßen stampfen.«

»Keine große Chance«, sagte Pearson und fügte dann mit weinerlicher Stimme hinzu: »Ach, *scheiße!*«

Die Vorhut, inzwischen auf drei oder vier Jungen geschrumpft, betrat jetzt die Behelfsbrücke. Ihre Schritte holperten hohl, als sie hinübergingen. Dann waren sie schon auf der anderen Seite und gingen weiter, ohne sich nochmals umzusehen. Der Panzerwagen hielt vor der Brücke. Zwei Soldaten sprangen ab und liefen neben den Jungen her. Am anderen Ufer gesellten sich zwei weitere Soldaten zur Vorhut. Die Bretter rumpelten jetzt beständig.

Zwei Männer in Cordmänteln und hohen, grünen Gummistiefeln lehnten sich an einen teerbefleckten Laster mit der Aufschrift AUTOBAHNREPARATUR. Sie rauchten und beobachteten die Jungen, die an ihnen vorbeigingen. Als Davidson, McVries, Olson, Pearson, Harkness, Baker und Garraty in loser Formation an ihnen vorbeikamen, schnippte der eine seinen Zigarettenstummel in den Bach und sagte: »Der da. Das ist Garraty.«

»Weiter so, mein Junge!«, rief der andere. »Ich habe zehn Dollar auf dich gewettet. Zwölf zu eins!«

Garraty sah das andere, mit Sägemehl bedeckte Ende des Telefonmastes auf der hinteren Ladefläche des Lasters. Das waren also die Leute, die dafür gesorgt hatten, dass er immer weitergehen musste, ob es ihm nun gefiel oder nicht. Er hob kurz die eine Hand und lief über die Brücke. Die Ladeklappe polterte kurz unter seinen Schuhen, und dann lag die Brücke hinter ihm. Sie kamen um eine Kurve, und die einzige Erinnerung an die Ruhepause, die sie fast gehabt hätten, blieb der keilförmige Lichtschein auf den Bäumen am Straßenrand. Bald darauf war auch der verschwunden.

»Ist ein Marsch eigentlich schon einmal aus irgendeinem Grund angehalten worden?«, fragte Harkness.

»Nicht dass ich wüsste«, sagte Garraty. »Sammelst du noch Material für dein Buch?«

»Nein«, sagte Harkness. Er klang müde. »Nur persönliche Neugier.«

»Er hält jedes Jahr an«, sagte Stebbins hinter ihnen. »Einmal.«

Darauf antwortete niemand.

Eine gute halbe Stunde später gesellte McVries sich zu Garraty und lief eine Weile schweigend neben ihm her.

Dann fragte er ihn ganz ruhig: »Glaubst du, dass du gewinnen wirst, Ray?«

Garraty dachte lange, lange über die Antwort nach.

»Nein«, sagte er schließlich. »Nein, ich … Nein.«

Dieses schlichte Eingeständnis beängstigte ihn. Wieder dachte er daran, eine rote Karte zu bekommen, nein, eine *Kugel* zu bekommen. Die starre, letzte halbe Sekunde des vollkommenen Wissens. Der Anblick der bodenlosen Löcher der Gewehrmündungen, die auf ihn zielten. Erstarrte Beine. Verkrampfte, zuckende Eingeweide. Muskeln, Geschlechtsteile, Gehirn, alle scheuten sie entsetzt vor dem Nichtsein zurück, von dem sie nur noch ein Herzschlag trennte.

Er schluckte trocken. »Und was ist mit dir?«

»Ich glaube nicht«, sagte McVries. »Ich habe heute Abend gegen neun aufgehört zu glauben, dass ich noch eine Chance hätte. Siehst du, ich …« Er räusperte sich. »Es ist schwer zu sagen, aber … Ich bin mit offenen Augen in die Sache hier hineingelaufen, weißt du?« Er zeigte mit einer umfassenden Geste auf die anderen Jungen. »Bei vielen von diesen Kerlen hier war das nicht so. Ich habe die Bedingungen gekannt, aber ich habe nicht mit den *Menschen* gerechnet. Ich glaube, ich habe mir nie die brutale Wirklichkeit klargemacht, bin mir nie bewusst geworden, was das hier eigentlich bedeutet. Ich hab mir wohl vorgestellt, wenn der Erste mal so weit wäre, dass er nicht mehr weiterkönne, würden sie mit den Gewehren auf ihn zielen und den Abzug durchziehen, und kleine Stücke Papier mit dem Wort *Peng* darauf würden aus der Mündung … würden … und dann würde der Major April, April rufen, und wir könnten alle wieder nach Hause gehen. Verstehst du überhaupt, was ich damit sagen will?«

Garraty dachte an seinen eigenen erschütterten Schock, als er Curleys Kopf in einem Brei aus Blut und Gehirnmasse auf der Straße gesehen hatte. »Ja«, sagte er. »Ich verstehe, was du meinst.«

»Es hat eine Weile gedauert, bis ich mir das klargemacht habe, aber nachdem ich diese Blockade im Gehirn einmal überwunden hatte, ging es ganz schnell. Gehen oder sterben, das ist die Moral von dieser Geschichte. So einfach ist das. Es geht hier nicht um das Überleben des physisch Stärksten, das war mein Denkfehler, als ich mich hierauf eingelassen habe. Wenn es nämlich darum ginge, hätte ich eine faire Chance. Aber es gibt schwache Männer, die einen Wagen hochheben können, wenn ihre Frau darunter eingeklemmt liegt. Es ist das Gehirn, Garraty!« McVries' Stimme war zu einem heiseren Flüstern gesunken. »Es ist nicht Mensch oder Gott oder so was. Es ist etwas ... im Gehirn.«

Ein Ziegenmelker schrie einmal in der Dunkelheit. Der Bodennebel hob sich allmählich.

»Einige von diesen Kerlen werden noch weiterlaufen, wenn alle Gesetze der Biochemie und der körperlichen Belastung schon längst ad absurdum geführt worden sind. Letztes Jahr ist einer dabei gewesen, der zwei Meilen in einem Tempo von vier Meilen pro Stunde auf der Straße gekrochen ist, weil er gleichzeitig in beiden Füßen einen Krampf hatte. Hast du das gelesen? Sieh dir Olson an. Er ist völlig fertig, aber er läuft weiter. Dieser gottverdammte Barkovitch, der auf einer hohen Oktanzahl von Hass läuft. Er läuft immer weiter und sieht so frisch aus wie eine Butterblume. Ich glaube nicht, dass ich das bringe. Ich bin nicht müde – noch nicht. Aber ich werde es sein.« Die Narbe leuchtete weiß in seinem hageren Gesicht, als er düster vor sich hin in die Dunkelheit starrte. »Und ich glaube ... wenn ich müde genug bin ... ich glaube, dann setze ich mich einfach auf die Straße.«

Garraty schwieg, aber er war beunruhigt. Sehr beunruhigt.

»Diesen Barkovitch werde ich allerdings überleben«, sagte McVries, mehr zu sich gewandt. »Bei Gott, das werde ich noch schaffen!«

Garraty warf einen Blick auf seine Uhr und sah, dass es halb zwölf war. Sie überquerten eine verlassene Kreuzung, an der ein verschlafener Constable in einem Polizeiwagen wartete. Der Verkehr, den er hier abriegeln sollte, war nicht vorhanden. Als sie aus dem hellen Lichtkreis der Straßenlampe traten, fiel die Dunkelheit wieder wie ein schwarzer Kohlensack über sie.

»Wir könnten uns jetzt in den Wald schleichen, und sie würden uns niemals finden«, sagte Garraty nachdenklich.

»Versuch's mal«, sagte Olson. »Die haben Infrarotgläser und gut vierzig Arten von anderen Aufzeichnungsgeräten einschließlich hoch empfindlicher Mikrofone. Sie hören alles, was wir hier sagen, und können sogar deinen Herzschlag aufnehmen. Sie können dich sehen, als stündest du im vollen Tageslicht, Ray!«

Als ob er bestätigt werden sollte, wurde ein Junge hinter ihnen zum zweiten Mal verwarnt.

»Du kannst einem den ganzen Spaß am Leben verderben«, sagte Baker leise. Sein schwacher Südstaatenakzent wirkte in Garratys Ohren fremdartig und fehl am Platz.

McVries war weggegangen. Die Dunkelheit schien sie alle voneinander zu isolieren, und Garraty empfand ein intensives Gefühl der Einsamkeit. Jedes Mal wenn im Unterholz des Waldes, durch den sie gerade gingen, Zweige knackten, hörte er kurze, erschreckte Rufe und scharfe Atemzüge. Amüsiert stellte er fest, dass eine Nachtwanderung durch die Wälder von Maine für die Stadtjungen wohl kein Zuckerschlecken sei. Zu ihrer Linken stieß eine Nachteule ihren unheimlichen Schrei aus. Auf der anderen Seite raschelte etwas, blieb einen Moment lang still, raschelte wieder, blieb nochmals still und brach dann krachend durchs Unterholz zu einem weniger bevölkerten Teil des Waldes. Und wieder hörte er einen nervösen Ruf: »Was war das?«

Makrelenförmige Frühlingswolken jagten launisch über den Nachthimmel. Sie versprachen mehr Regen. Garraty schlug den Kragen seiner Jacke hoch und lauschte auf den Klang seiner Schritte auf dem Asphalt. Es gab da einen Trick, eine subtile mentale Anpassung, so wie man im Dunkeln besser sehen konnte, wenn man sich eine Weile darin aufgehalten hatte. Am Vormittag hatte er das Geräusch seiner eigenen Schritte noch nicht heraushören können; es war im Getrappel von neunundneunzig anderen Fußpaaren untergegangen, vom Brummen des Panzerfahrzeugs ganz zu schweigen. Aber jetzt hörte er es ohne Schwierigkeiten. Seinen eigenen, ganz besonderen Schritt und die Art, wie sein linker Fuß ab und zu über den Boden schleifte. Er hallte fast so laut in seinen Ohren wie sein Herzschlag. Ein vitaler Klang von Leben und Tod.

Seine Augen fühlten sich rau und trocken an und lagen wie eingesperrt in ihren Höhlen. Die Lider waren schwer. Seine Energie schien durch einen Abfluss in seiner Körpermitte abzulaufen. Mit gleichmäßiger Monotonie wurden immer wieder Warnungen ausgeteilt, aber niemand wurde erschossen. Barkovitch hielt endlich seine Klappe, und Stebbins war wieder zu einem Gespenst geworden. Er war da hinten am Ende der Gruppe nicht mal mehr zu sehen.

Die Zeiger seiner Uhr wanderten auf zwanzig vor zwölf.

Auf zur Geisterstunde, dachte er, wenn die Gräber sich gähnend öffnen und ihre modernden Toten herauslassen. Wenn alle braven kleinen Jungen schon längst im Bett liegen und schlafen, wenn Männer und Frauen ihre fleischliche Kissenschlacht für diese Nacht aufgegeben haben. Wenn die Fahrgäste unbequem im Greyhound nach New York vor sich hin dösen. Wenn Glenn Miller ununterbrochen im Radio dudelt und die Barkeeper allmählich daran denken, die Stühle auf die Tische zu stellen und –

Jans Gesicht tauchte wieder vor ihm auf. Er dachte daran, wie er sie vor fast einem halben Jahr zu Weihnachten geküsst hatte, unter dem Mistelzweig aus Plastik, den seine Mutter jedes Jahr an der dicken Kugel der Küchenlampe aufhängte. Blöder Kinderkram. Sieh mal, wo du gerade stehst. Ihre Lippen waren überrascht und weich gewesen, leisteten keinen Widerstand. Ein netter Kuss. Einer, von dem man träumen konnte. Sein erster echter Kuss. Er hatte es noch einmal versucht, als er sie nach Hause brachte. Sie hatten in ihrer Auffahrt gestanden, im grauen, sanft fallenden Weihnachtsschnee. Das war mehr als ein netter Kuss gewesen. Seine Arme um ihre Taille. Ihre Arme um seinen Hals verschränkt, die Augen geschlossen (er hatte verstohlen geguckt), der weiche Druck ihrer Brüste – natürlich in den Mantel eingehüllt – an seinen Rippen. Damals hätte er ihr fast gesagt, dass er sie liebe, aber nein ... das wäre übereilt gewesen.

Danach hatten sie sich gegenseitig unterrichtet. Sie brachte ihm bei, dass Bücher manchmal nur gelesen und weggelegt, nicht unbedingt studiert werden mussten (er war eine Art Streber, was Jan amüsierte, und darüber ärgerte er sich zuerst, sah dann aber bald selbst das Komische daran). Er brachte ihr bei, wie man strickte. Das war eine seltsame Sache in seiner Familie. Ausgerechnet sein Vater hatte ihm das Stricken beigebracht ... bevor die Soldaten ihn geholt hatten. Und sein Vater hatte es wiederum von seinem Großvater gelernt. Es war so eine Art männliche Tradition im Garraty-Klan. Jan war von den Mustern durch das Zunehmen und Abnehmen ganz begeistert gewesen, hatte ihn mit seinen mühsam angefertigten Schals und Handschuhen ziemlich bald überflügelt und war schnell zu Pullovern mit Zopfmustern und schließlich sogar zum Häkeln und Sticken von Spitzendeckchen aufgestiegen, aber das hatte sie, sobald sie die Kunst einmal beherrschte, als lächerlich wieder fallen lassen.

Er hatte ihr auch das Tanzen beigebracht, Rumba und Cha-Cha-Cha, Fähigkeiten, die er sich an den endlosen Samstagvormittagen in Mrs. Amelia Dorgens' Schule für moderne Tänze erworben hatte ... das war eine Idee seiner Mutter gewesen, und er hatte sich selten so heftig gegen etwas widersetzt. Gott sei Dank hatte sie nicht nachgegeben.

Er dachte an das Spiel von Licht und Schatten auf Jans ovalem, nahezu vollkommenem Gesicht, an ihren beschwingten Gang, den melodiösen Klang ihrer Stimme, den begehrenswerten leichten Schwung ihrer Hüften, und plötzlich fragte er sich erschrocken, was er eigentlich hier machte, warum er bloß diese entsetzlich dunkle Straße entlanglief. Er wollte bei ihr sein, wollte alles noch einmal von vorn machen, aber diesmal anders. Als er sich jetzt das tief gebräunte Gesicht des Majors vorstellte, den grau melierten Schnurrbart und die verspiegelten Gläser seiner Sonnenbrille, erfüllte ihn ein so tiefer Schrecken, dass seine Beine auf einmal gummiweich und schwach wurden. Warum bin ich hier?, fragte er sich verzweifelt, und da keine Antwort kam, fragte er es gleich noch einmal: Warum bin –

Die Gewehre krachten in der Dunkelheit, und gleich darauf hörte er das unverkennbare, postsackartige Plumpsen, mit dem ein lebloser Körper auf den Beton fiel. Wieder packte ihn die furchtbare, die Kehle zuschnürende Angst, die ihn beinah dazu trieb, blind loszurennen, im Gebüsch unterzutauchen und so lange zu laufen, bis er Jan gefunden hatte und sich bei ihr in Sicherheit wusste.

McVries hatte Barkovitch, der ihn am Laufen hielt. Er würde sich auf Jan konzentrieren. Er würde zu Jan gehen. Sie reservierten Plätze in den ersten Reihen für die Verwandten und Freunde der Geher. Er würde sie sehen.

Er dachte an das andere Mädchen, das er geküsst hatte, und er schämte sich.

Woher willst du wissen, dass du es schaffen wirst? Ein Krampf ... Blasen ... ein böser Riss oder ein Nasenbluten, das einfach nicht aufhören will ... ein Berg, der einfach zu lang und zu hoch war. Woher willst du wissen, dass du es schaffen wirst?

Ich werde es schaffen. Ich werde es schaffen.

»Ich gratuliere«, sagte McVries an seiner Schulter, und er fuhr erschrocken zusammen.

»Was?«

»Es ist Mitternacht. Wir leben, um einen neuen Tag in Angriff zu nehmen, Garraty!«

»Und noch viele weitere«, fügte Abraham hinzu. »Ich jedenfalls. Nicht dass ich es euch missgönne, versteht mich richtig.«

»Noch einhundertfünf Meilen bis Oldtown, falls das jemand interessiert«, warf Olson müde ein.

»Wen kümmert Oldtown denn einen Scheiß?«, wollte McVries wissen. »Schon mal da gewesen, Garraty?«

»Nein.«

»Und was ist mit Augusta? Himmel, ich dachte immer, das liegt irgendwo in Georgia.«

»Yeah, in Augusta bin ich gewesen. Es ist die Hauptstadt des Staates ...«

»Kleinstadt«, sagte Abraham.

»Und es gibt dort die Gouverneursvilla, den einen oder andern Kreisverkehr, ein paar Kinos ...«

»So was gibt's in Maine?«, fragte McVries.

»Na ja, es ist eben eine kleine Hauptstadt, okay?«, sagte Garraty lächelnd.

»Wartet nur, bis wir nach Boston kommen«, sagte McVries.

Einige stöhnten.

Vorn ertönten Schreie, Jubelrufe und Pfiffe. Garraty war beunruhigt, weil er hörte, dass man seinen Namen rief. Eine halbe Meile weiter stand ein halb verfallenes Bauernhaus, aber man hatte irgendwo einen ramponierten Scheinwerfer angeschlossen, und ein großes Schild an der Hausfront, dessen Buchstaben aus Kiefernzweigen geformt waren, verkündete:

GARRATY IST UNSER MANN!!!
Aroostook County Elternbeirat

»He, Garraty, wo sind die Eltern?«, rief jemand.

»Zu Hause und machen Kinder«, sagte Garraty verlegen. Es bestand kein Zweifel, in Maine genoss er einen Heimvorteil, aber er empfand die Schilder und das Gejubel und die Sticheleien der andern langsam als etwas peinlich. Innerhalb der letzten fünfzehn Stunden war ihm – unter anderem – klar geworden, dass er gar nicht so scharf darauf war, im Rampenlicht zu stehen. Im Gegenteil: der Gedanke, dass ihm Millionen Menschen die Daumen drückten und Wetten auf ihn abschlossen (zwölf zu eins hatte der Straßenbauarbeiter gesagt ... war das hoch oder niedrig), jagte ihm ein wenig Angst ein.

»Man sollte doch annehmen, dass sie ein paar dicke, saftige Eltern hier irgendwo liegen gelassen haben«, sagte Davidson.

»Muschis vom Lehrer-Eltern-Ausschuss?«, fragte Abraham.

Die Neckerei war halbherzig und dauerte nicht lange. Die Straße würgte bald jede Art von Scherzen ab. Sie überquerten eine Brücke aus Zement, die einen breiten Fluss überspannte. Das Wasser floss wie schwarze Seide unter ihnen dahin. Ein paar Grillen zirpten verhalten, und um Viertel nach zwölf setzte ein kühler, leichter Regen ein.

Weiter vorn fing jemand an, auf seiner Mundharmonika zu spielen. Es dauerte nicht lange (Hinweis 6: Atem sparen), aber für den Augenblick, den es anhielt, war es sehr schön. Es klang ein bisschen wie *Old Black Joe,* dachte Garraty. *Down in de corn-fiel', hear dat mournful soun': All de darkeys am a-weeping, Ewing's in de cole, cole groun'.*

Nein, das war nicht *Old Black Joe,* diese Melodie war ein anderer rassistischer Klassiker von Stephen Foster. Guter alter Stephen Foster. Hat sich tot gesoffen. Poe ebenfalls, wie man so hörte. Poe, der Nekrophile, der seine vierzehn Jahre alte Kusine geheiratet hatte. Das machte ihn auch noch zum Pädophilen. Durch und durch verkommene Subjekte, die beiden. Wenn sie nur lange genug gelebt hätten, um den Marsch zu sehen! Sie hätten zusammen das erste morbide Musical der Welt schreiben können. *Massa's on de Cold, Cold Road* oder *The Tell-Tale Stride* oder ...

Vorn fing jemand laut zu schreien an, und Garraty gerann das Blut in den Adern. Es war eine sehr junge Stimme. Sie schrie keine Worte. Sie schrie einfach nur. Eine dunkle Gestalt löste sich aus der Gruppe, eilte direkt vor dem Panzerwagen quer über den Seitenstreifen (Garraty konnte sich nicht daran erinnern, wann das Fahrzeug sich ihnen nach der Behelfsbrücke wieder angeschlossen hatte) und rannte auf den Wald zu. Die Gewehre brüllten los. Es gab ein reißendes Knacken, als der tote Körper durch die Wacholderbüsche und das Unterholz fiel. Ein Soldat sprang vom Panzer und zog die leblose Figur an den Armen hoch. Garraty betrachtete die Szene apathisch und dachte, dass sich sogar das Entsetzen abnutzte. Sogar vom Tod konnte es ein Übermaß geben.

Der Mundharmonikaspieler spielte satirisch ein paar Takte von *Taps,* und jemand – dem Klang der Stimme nach Collie Parker – fuhr ihn an, er solle mit der Scheißmusik aufhören. Stebbins lachte. Garraty wurde plötzlich wütend auf Stebbins und hätte ihn am liebsten gefragt, ob es ihm gefallen würde, wenn andere über seinen Tod lachten. Das war etwas, was man eher von Barkovitch erwartete. Barkovitch hatte ja verkündet, dass er auf ihren Gräbern tanzen wollte, und sechzehn gab es jetzt schon, auf denen er das tun konnte.

Ich bezweifle, dass von seinen Füßen dann noch genug zum Tanzen übrig sein wird, dachte Garraty. Ein scharfer Stich fuhr durch den Rist seines rechten Fußes. Seine Muskeln verkrampften sich, und einen Augenblick lang blieb ihm das Herz stehen. Dann löste der Krampf sich wieder. Garraty wartete mit klopfendem Herzen, dass es wieder passieren würde. Beim zweiten Mal würde es sicher schlimmer werden. Es würde seinen Fuß in einen nutzlosen Holzklotz verwandeln. Aber es passierte nicht noch einmal.

»Ich kann nicht viel weiter gehen«, krächzte Olson. Sein Gesicht war ein undeutlicher heller Klecks in der Dunkelheit. Niemand antwortete ihm.

Die Dunkelheit. Diese gottverdammte Dunkelheit. Garraty hatte das Gefühl, als wären sie alle lebendig darin begraben. Eingemauert. Die Morgendämmerung lag noch hundert Jahre entfernt. Viele würden sie nicht mehr zu sehen bekommen. Die Sonne auch nicht. Sie lagen zwei Meter tief in dieser Dunkelheit begraben. Es fehlte nur noch der monotone Sprechgesang des Priesters, der durch die frisch aufgeschüttete, dicke Schicht gedämpft zu ihnen durchdrang, auf der die Trauernden standen. Die Trauernden wussten nicht einmal, dass sie *hier* waren, dass sie *am Leben* waren und schrien und verzweifelt gegen die geschlossenen Sargdeckel klopften und kratzten, dass die Luft hier drinnen immer dicker wurde und sich allmählich in Giftgas verwandelte, dass die Hoffnung schwächer wurde, bis die Hoffnung selbst eine Dunkelheit war. Und über alledem die unbeteiligte Andachtsglocken-Stimme des

Priesters und das ungeduldige Füßescharren der Trauergäste, die es kaum erwarten konnten, wieder in die warme Maisonne entlassen zu werden. Und dann plötzlich ein schmatzendes Seufzen, ein scharrender Chor der Maden und Käfer, die sich durch das Erdreich gruben, um rechtzeitig zum Festschmaus zu kommen.

Ich könnte verrückt werden, dachte Garraty. Ich könnte auf der Stelle durchdrehen.

Eine leichte Brise strich durch die Kiefern.

Garraty drehte sich um und pinkelte. Stebbins wich ein bisschen zur Seite aus, und Harkness machte ein hustendes, schnarchendes Geräusch. Er ging im Halbschlaf.

Garraty hörte all die kleinen Geräusche des Lebens auf einmal ganz deutlich: Jemand räusperte sich und spuckte aus, jemand anderes nieste, und links vorn kaute jemand geräuschvoll auf etwas herum. Jemand fragte jemand andres leise, wie er sich fühle. Es gab eine gemurmelte Antwort. Yannick sang flüsternd eine kleine Melodie, leise und ziemlich falsch.

Bewusstsein. Es war alles eine Funktion des Bewusstseins. Aber es währte nicht ewig.

»Warum habe ich mich bloß darauf eingelassen?«, fragte Olson plötzlich hoffnungslos, ein Echo der Gedanken, die Garraty vor wenigen Minuten durch den Kopf gegangen waren. »Wie konnte ich mich nur auf so was einlassen?«

Niemand antwortete ihm. Niemand hatte ihm jetzt seit einer langen Zeit geantwortet. Garraty kam es so vor, als ob Olson schon tot wäre.

Wieder fiel ein leichter Regenschauer. Sie kamen an einem weiteren uralten Friedhof vorbei, neben dem eine Kapelle stand. Dann folgte eine winzige Ladenzeile und ein kleines neuenglisches Dorf, das aus lauter sauberen, netten Häuschen bestand. Die Straße führte über den Marktplatz, auf dem sich vielleicht ein Dutzend Leute versammelt hatten, um sie vorübermarschieren zu sehen. Sie jubelten, aber mit gedämpften Stimmen, als ob sie ihre Nachbarn nicht im Schlaf stören wollten. Garraty sah, dass keiner von ihnen jung war. Der Jüngste war ein etwa fünfunddreißigjähriger Mann mit ernst blickenden Augen. Er trug eine randlose Brille und ein schäbiges Sportjackett, das er fest um sich gezogen hatte, um sich vor der Kälte zu schützen. Sein Haar stand vom Kragen ab, und Garraty bemerkte amüsiert, dass der Reißverschluss seiner Hose halb offen stand.

»Geh! Großartig! Geh! Geh! Oh, großartig!«, sang er leise und winkte unaufhörlich mit einer weichen, fleischigen Hand. Seine Augen streiften jeden einzelnen Jungen mit brennendem Blick, als sie vorbeigingen.

Am anderen Ende des Dorfes hielt ein schläfriger Polizist einen brummenden Lastwagen zurück, bis sie vorbei waren. Es kamen noch vier Straßenlampen und ein verlassenes, eingefallenes Gebäude mit einer Art Scheunentor, auf dem EUREKA BAUERNHOF NR. 81 geschrieben stand, und schon lag das Dorf wieder hinter ihnen. Aus keinem Grund, den er hätte angeben können, hatte Garraty das Gefühl, als wäre er soeben durch eine Kurzgeschichte von Shirley Jackson gewandert.

McVries stupste ihn an: »Sieh mal, der Typ da.«

»Der Typ da« war ein hochgeschossener Junge in einem lächerlichen lodengrünen Trenchcoat, der ihm um die Knie flatterte. Er ging mit um den Kopf geschlungenen Armen, die wie ein riesiger Verband aussahen. Er wiegte sich schwankend vor und zurück. Garraty beobachtete ihn aufmerksam mit einer Art akademischem Interesse. Er konnte sich nicht erinnern, diesen besonderen Geher vorher schon einmal gesehen zu haben … aber die Dunkelheit veränderte natürlich Gesichter.

Der Junge stolperte über seine eigenen Füße und wäre beinah hingefallen, aber er konnte weitergehen. Garraty und McVries beobachteten ihn gut zehn Minuten lang fasziniert und vergaßen darüber ihre eigene Müdigkeit und ihre Schmerzen. Der Junge im Trenchcoat gab keinen Laut, keinen Seufzer, kein Stöhnen von sich.

Schließlich fiel er doch hin und wurde verwarnt. Garraty hätte nicht geglaubt, dass er noch die Kraft besitzen würde, wieder aufzustehen, doch er kam wieder auf die Füße. Nun lief er fast neben Garraty und den Jungen um ihn herum. Er war ausgesprochen hässlich, und an seinem Trenchcoat hing die Nummer 45.

»Was ist los mit dir?«, flüsterte Olson ihm zu, aber der Junge schien ihn nicht zu hören. Garraty war schon aufgefallen, dass sie so wurden. Völliger Rückzug von allem und jedem um sie herum. Von allem bis auf die Straße. Alle starrten mit fasziniertem Entsetzen auf die Straße hinunter, als wäre sie ein Seil über einem endlosen, bodenlosen Abgrund, den sie überqueren mussten.

»Wie heißt du?«, fragte er den Jungen, erhielt aber ebenfalls keine Antwort. Und plötzlich wurde er aufgeregt und spuckte dem armen Kerl die Frage wieder und wieder ins Gesicht – eine idiotische Litanei, als wäre sie ein Mittel, das ihn vor dem unbekannten Schicksal, das wie eine schwarze Lokomotive aus der Dunkelheit auf ihn zugeschossen kam, retten könnte. »He, wie heißt du? Wie heißt du, wie heißt du, wie …«

»Ray.« McVries zupfte ihn am Ärmel.

»Er will es mir nicht sagen, Pete. Sag ihm, er soll mir seinen Namen sagen, er …«

»Lass ihn in Ruhe«, sagte McVries. »Er stirbt. Stör ihn nicht dabei.«

Der Junge mit der Nummer 45 an seinem Trenchcoat fiel wieder hin, diesmal auf das Gesicht. Als er aufstand, hatte er sich die Stirn aufgeschlagen, und aus der Wunde sickerten große Bluttropfen. Er befand sich jetzt ein Stück hinter Garratys Gruppe, aber sie hörten es, als er zum letzten Mal verwarnt wurde.

Sie kamen in ein hohles Loch von noch intensiverer Dunkelheit, bei dem es sich um eine Eisenbahnunterführung handelte. Regen tropfte, ein unheimlicher, hohler Klang in diesem Steinschlund. Die Luft war sehr feucht. Als sie wieder herausstiegen, entdeckte Garraty dankbar, dass sich vor ihnen ein langes, gerades Stück Flachland erstreckte.

Nummer 45 fiel wieder hin. Sie hörten schnellere Schritte, als die anderen Jungen ihm auswichen. Kurz darauf knallten die Gewehre.

Garraty kam zu dem Schluss, dass der Name des Jungen ohnehin nicht von Bedeutung gewesen war.

Kapitel 6

»Unsere Kandidaten befinden sich jetzt
in ihren schalldichten Kabinen.«

Jack Berry
Twenty-One

Dreißig Minuten nach drei Uhr morgens.

Ray Garraty kam es so vor, als wäre dies die längste Minute in der längsten Nacht seines Lebens. Es war Niedrigwasser, Ebbe auf dem tiefsten Stand, tote Ebbe. Das Meer war zurückgewichen und hatte die weite, mit verschlungenem Seegras bedeckte Schlickfläche freigespült, auf der rostige Bierdosen, halb verrottete Präservative, zerbrochene Flaschen, eingedrückte Bojen und moosgrüne Skelette in zerfetzten Badeanzügen lagen. Es war die Stunde des Todes.

Seit dem Jungen in dem Trenchcoat hatte es sieben weitere Tote gegeben. Einmal, gegen zwei Uhr morgens, waren drei Jungen fast gleichzeitig umgefallen wie trockene Getreidegarben beim ersten kräftigen Windstoß des Herbstes. Sie waren fünfundsiebzig Meilen gegangen, und vierundzwanzig waren ausgeschieden.

Aber das war alles unwichtig. Das Einzige, was ihn jetzt beschäftigte, war die tote Ebbe. Halb vier und die tote Ebbe. Er hörte eine weitere Verwarnung und kurz darauf das Krachen der Gewehre. Diesmal war es ein vertrautes Gesicht, Davidson, Nummer 8, der behauptet hatte, dass er auf dem Jahrmarkt von Steubenville betrunken in das Hurenzelt gekrochen wäre.

Garraty blickte nur einen kurzen Moment in Davidsons weißes, blutüberströmtes Gesicht, dann sah er sofort wieder auf die Straße. In letzter Zeit blickte er fast nur noch auf die Straße hinunter. Die weiße Linie war manchmal durchgehend, dann wieder unterbrochen, und manchmal war sie auch doppelt wie Straßenbahnschienen. Er konnte nicht begreifen, dass die Menschen an all den anderen Tagen des Jahres über diese Straße fuhren und das Muster von Leben und Tod, das die weiße Linie ihnen erzählte, nicht sahen. Oder sahen sie es doch?

Die Asphaltdecke faszinierte ihn. Wie schön, wie herrlich müsste es sein, auf ihr zu sitzen. Es würde damit beginnen, dass du langsam in die Knie gingst, und deine steifen Gelenke knackten wie Spielzeugpistolen. Dann legtest du erwartungsvoll die Hände auf die kühle, körnige Oberfläche und ließest dich anschließend ganz sanft auf die Pobacken nieder. Und sofort spürtest du, wie das mörderische Gewicht von zweiundsiebzig Kilo endlich deine Füße verließ ... und dann dich hinzulegen, einfach nach hinten zu fallen und dazuliegen, mit ausgestreckten Armen und Beinen und zu fühlen, wie die übermüdete Wirbelsäule sich entspannte ... hoch in die Baumkronen ringsumher und das majestätische Rad der Sterne zu schauen ... die Warnungen nicht hören, einfach den Himmel beobachten und warten ... warten ...

Yeah.

Das Getrappel der Füße zu hören, wenn die anderen aus der Schusslinie eilten und ihn wie eine Opfergabe allein zurückließen. Ihr Getuschel zu vernehmen: das ist Garraty, he, Garraty kriegt die rote Karte! Vielleicht hätte er sogar Zeit genug, Barkovitchs hämisches Lachen zu hören, wenn er sich wieder einmal seine metaphorischen Tanzschuhe überstreifte. Und dann würde er in die Gewehrmündungen blicken, die auf ihn zuschwenkten, und dann ...

Er zwang sich gewaltsam, die Augen von der Straße zu heben, und blinzelte verschlafen auf die sich bewegenden Schatten um ihn herum. Dann suchte er den Horizont nach ein bisschen Helligkeit ab, aber da war natürlich nichts. Die Nacht war noch dunkel.

Sie waren durch zwei oder drei weitere dunkle und schlafende Kleinstädte gekommen, und seit Mitternacht waren sie an vielleicht drei Dutzend übernächtigten Zuschauern vorbeigegangen. Die gehörten zu den Hartgesottenen, die an jedem 31. Dezember grimmig das neue Jahr erwarten, komme, was da wolle. Der Rest der letzten dreieinhalb Stunden war eine Traummontage gewesen, der wache Albdruck eines im Halbschlaf vor sich hindösenden Schlaflosen.

Garraty betrachtete die Gesichter der ihn umgebenden Jungen genauer, fand aber kein vertrautes darunter. Plötzlich erfasste ihn eine unsinnige Panik. Er tippte dem Geher vor ihm auf die Schulter. »Pete? Bist du das, Pete?«

Die Gestalt wich ihm mit einem ärgerlichen Grunzen aus und drehte sich nicht einmal um. Vorhin war Olson noch an seiner linken Seite gelaufen und Baker an seiner rechten, aber auf seiner linken Seite war jetzt niemand mehr, und der Junge, der rechts neben ihm ging, war viel stämmiger als Art Baker.

Irgendwie musste er von der Straße abgekommen und in eine Gruppe von Pfadfindern auf einer Nachtwanderung geraten sein. Sie suchten ihn schon. Sie jagten ihn mit ihren Hunden und Gewehren und Infrarotgläsern und mit ihrem Radar und ...

Erleichterung überkam ihn. Das war Abraham, etwas weiter vorn und ein wenig nach rechts. Er brauchte nur den Kopf ein bisschen zu drehen. Die schlaksige Figur war unverkennbar.

»Abraham?«, flüsterte er leise. »Abraham, bist du wach?«

Abraham murmelte etwas.

»Ich habe gefragt, ob du wach bist.«

»Ja gottverdammich Garraty lass mich 'n Ruh!«

Wenigstens war er noch unter ihnen. Das Gefühl der völligen Orientierungslosigkeit war verschwunden.

Weiter vorn erhielt jemand eine dritte Verwarnung, und Garraty dachte: Ich hab keine! Ich könnte mich anderthalb Minuten hinsetzen. Ich könnte ...

Aber er würde nie wieder hochkommen.

Doch, das würd ich!, antwortete er sich selbst. Klar würd ich das. Ich würd einfach ...

Einfach sterben. Er erinnerte sich daran, dass er seiner Mutter versprochen hatte, Jan und sie in Freeport zu sehen. Er hatte dieses Versprechen leichtherzig, beinah sorglos gegeben. Gestern Vormittag um neun war seine Ankunft in Freeport noch eine von vornherein feststehende Tatsache gewesen. Aber jetzt war es kein Spiel mehr, es war eine dreidimensionale Wirklichkeit. Und die Möglichkeit, auf blutenden Stümpfen nach Freeport hineinzuhumpeln, schien eine entsetzlich wahrscheinliche Wahrscheinlichkeit.

Wieder wurde jemand niedergeschossen ... hinter ihm. Der Soldat hatte schlecht gezielt, und der unglückliche Junge brüllte heiser. Es schien sehr lange zu dauern, bis eine zweite Kugel das Gebrüll endlich abschnitt. Aus keinem ersichtlichen Grund musste Garraty plötzlich an gebratenen Speck denken, und sein Mund zog sich säuerlich zusammen. Er bekam fast keine Luft mehr. Er fragte sich, ob sechsundzwanzig Tote nach fünfundsiebzig Meilen eine ungewöhnlich hohe oder eine ungewöhnlich niedrige Zahl wäre.

Sein Kopf sank wieder langsam zwischen seine Schultern, und seine Füße trugen ihn von allein weiter. Er dachte an eine Beerdigung, an der er als kleiner Junge teilgenommen hatte. Es war die Beerdigung von Freaky D'Allessio gewesen. Sein richtiger Name war natürlich nicht Freaky, sein richtiger Name war George gewesen, aber die Jungen aus der Nachbarschaft nannten ihn alle Freaky, weil seine Augen nicht ganz in die gleiche Richtung sahen …

Er konnte sich noch gut daran erinnern, wie es war, wenn Freaky darauf wartete, für ihre Baseballspiele ausgesucht zu werden. Er kam grundsätzlich als Letzter dran, und seine unregelmäßigen Augen wanderten erwartungsvoll von einem Mannschaftskapitän zum anderen, als wäre er ein Zuschauer bei einem Tennismatch. Er spielte immer weit hinten im Mittelfeld, wohin nur wenige Bälle geschlagen wurden und wo er nur wenig Schaden anrichten konnte. Da er auf einem Auge fast blind war, konnte er nicht räumlich sehen, um die Bälle, die in seine Nähe geschlagen wurden, richtig einzuschätzen. Als doch einmal so ein Ball auf ihn zuflog, griff er mit dem Handschuh ins Leere, und der Ball landete mit einem hörbaren *Bonk!* auf seiner Stirn, als schlüge jemand mit einem Messergriff gegen eine Wassermelone. Noch eine Woche später trug er den Abdruck der Nähte des Balls wie ein Brandzeichen mitten auf der Stirn.

Freaky war auf der U.S. 1 außerhalb von Freeport von einem Auto überfahren worden. Einer von Garratys Freunden, Eddie Klipstein, hatte gesehen, wie es passiert war. Sechs Wochen lang hatte Eddie Klipstein die Kinder in Atem gehalten, indem er ihnen erzählte, wie der Wagen Freaky D'Allessios Fahrrad erfasst hatte und wie Freaky über den Lenker geflogen war, durch den Zusammenstoß direkt aus seinen Stiefeln gehauen, wie er beide Beine in verkrüppelter Pracht hinter sich herzog, während sein Körper seinen kurzen, flügellosen Flug vom Sattel seines Schwinn-Fahrrads bis zu einer Mauer absolvierte, gegen die Freaky prallte und seinen Kopf wie einen frischen Tropfen Klebstoff auf den Steinen ausbreitete.

Er war zu Freakys Beerdigung gegangen, und bevor sie dort ankamen, hätte er fast sein Mittagessen verloren, weil er sich mit der Frage beschäftigt hatte, ob Freakys Kopf im Sarg wie ein platt gedrückter Klumpen Klebstoff aussehen würde. Doch Freaky war völlig heil und sah in seinem Jackett mit Krawatte und Pfadfinderanstecknadel und allem Drum und Dran richtig gut aus – bereit, sofort wieder aufzustehen, sobald nur jemand Baseball sagte. Seine schielenden Augen waren geschlossen, und alles in allem war Garraty ziemlich erleichtert gewesen.

Das war der einzige Tote, den er gesehen hatte, bevor das alles hier passierte. Es war ein sauberer, schön anzusehender Toter gewesen, ganz anders als Ewing oder der Junge im grünen Trenchcoat oder Davidson mit dem Blut in seinem blassen, müden Gesicht.

Das hier ist pervers, dachte Garraty trostlos. Es ist einfach pervers.

Um Viertel vor vier erhielt er seine erste Warnung, und er schlug sich zweimal hart ins Gesicht, um wieder wach zu werden. Sein Körper war ziemlich unterkühlt, und seine Blase drückte etwas, aber zugleich hatte er den Eindruck, dass er noch nicht richtig pinkeln müsste. Vielleicht war es nur Einbildung, aber die Sterne wirkten im Osten schon etwas blasser. Verblüfft musste er plötzlich daran denken, dass er gestern noch um dieselbe Zeit auf dem Rücksitz im Auto gelegen und geschlafen hatte, während sie zum Markierungsstein an der Grenze gefahren waren. Er konnte sich beinah selbst auf diesem Rücksitz liegen sehen, *entspannt* und ohne sich auch nur zu *bewegen*. Er spürte ein sehnsüchtiges Verlangen danach, wieder dort zu sein. Einfach wieder gestern Morgen zurückbringen.

Zehn vor vier.

Er blickte sich wieder um und empfand ein einsames, aber auch dankbares Überlegenheitsgefühl, weil er einer der ganz wenigen war, die wach und bei vollem Bewusstsein waren. Außerdem war es jetzt wirklich heller geworden. Hell genug, um an den wankenden Schatten vertraute Gesichtszüge zu erkennen. Da vorn lief Baker – er konnte Art an seinem wehenden, rot gestreiften Oberhemd erkennen –, und auch McVries war ganz in seiner Nähe. Und zu seiner Linken entdeckte er Olson, der neben dem Panzerwagen herlief. Das überraschte ihn. Er war sich ziemlich sicher gewesen, dass Olson einer von denen gewesen war, die in den frühen Morgenstunden die rote Karte bekommen hatten. Er war ganz froh gewesen, nicht mit ansehen zu müssen, wie Hank sie verließ. Es war immer noch zu dunkel, um festzustellen, wie es Olson ging, aber sein Kopf wackelte bei jedem Schritt wie der Kopf einer Stoffpuppe.

Percy, dessen Mutter immer wieder auftauchte, lief jetzt hinten neben Stebbins. Er hatte einen schiefen Seemannsgang wie ein Matrose, der nach langer Fahrt auf See zum ersten Mal wieder an Land war. Er erkannte auch Gribble, Harkness, Wyman und Collie Parker. Die meisten Leute, die er kannte, waren noch dabei.

Um vier Uhr bildete sich endlich ein heller werdender Streifen am Horizont, und Garraty spürte, wie seine Lebensgeister erwachten. Mit Entsetzen blickte er in den endlosen Tunnel der Nacht zurück und fragte sich, wie er es geschafft hatte, ihn zu überleben.

Er legte ein bisschen Tempo zu und holte McVries ein, der mit dem Kinn auf der Brust einherging, die halb geschlossenen Augen leer und glasig, mehr schlafend als wach. Ein dünner, zarter Speichelfaden hing von seinem Mundwinkel herab und spiegelte die erste zitternde Berührung des Morgenlichts mit perlmuttfarbener, wunderschöner Treue wider. Garraty betrachtete dieses seltsame Phänomen fasziniert. Er wollte McVries nicht aus seinem Schlummer wecken. Für den Augenblick reichte es, sich in der Nähe eines Menschen zu befinden, den man mochte. Noch jemand, der diese Nacht überlebt hatte.

Sie liefen an einer steinigen, steil am Abhang gelegenen Wiese vorbei. Fünf Kühe standen ernst an einem Zaun aus geschälten Holzpfählen und starrten sie nachdenklich kauend an. Ein kleiner Hund schoss aus einer Hofeinfahrt hervor und kläffte heiser. Die Soldaten hoben die Gewehre, um das Tier zu erschießen, sobald es die Geher stören sollte, aber der Hund sprang nur aufgeregt auf dem Seitenstreifen vor und zurück und verteidigte sein Revier tapfer aus seinem Sicherheitsabstand. Jemand rief ihm mit belegter Stimme zu, er solle, gottverdammt noch mal, das Maul halten.

Garraty war von der kommenden Morgenröte völlig verzückt. Er beobachtete, wie der Himmel und das Land ganz allmählich heller wurden. Das weiße Band am Horizont färbte sich zartrosa, wurde dann rot und erstrahlte plötzlich golden. Die Gewehre krachten noch einmal, bevor der letzte Rest der Nacht verbannt wurde, aber Garraty hörte es kaum. Der erste rote Bogen der Sonne spähte über den Horizont, wurde noch einmal von einem Federwölkchen verdeckt, und dann ging sie auf, bereit, den Tag zu beginnen. Es würde ein herrlicher Tag werden, und Garraty begrüßte ihn – nicht ganz logisch – mit dem Gedanken: Gott sei Dank, ich kann bei Tageslicht sterben.

Ein Vogel zwitscherte verschlafen. Sie kamen an einem weiteren Bauernhof vorbei, wo ein bärtiger Mann seine Schubkarre voller Setzlinge, Harke und Schaufel abstellte und ihnen zuwinkte.

Eine Krähe krächzte heiser im schattigen Wald. Die erste Wärme des Tages berührte Garratys Gesicht sanft, und er hieß sie willkommen. Dann grinste er und rief laut nach einer Feldflasche.

McVries zuckte merkwürdig mit dem Kopf wie ein Hund, der aus einem Katzenjagdtraum geweckt wird, und sah sich mit trüben Augen um. »Mein Gott, Tageslicht. Tageslicht, Garraty! Wie spät ist es?«

Garraty sah auf seine Uhr und stellte erstaunt fest, dass es Viertel vor fünf war. Er zeigte McVries das Zifferblatt.

»Wie viele Meilen? Hast du eine Ahnung?«

»Um die achtzig, nehme ich an. Und siebenundzwanzig sind ausgeschieden. Wir haben ein Viertel des Heimwegs geschafft, Pete!«

»Yeah.« McVries lächelte. »Das ist richtig, nicht wahr?«

»Verdammt richtig.« Nach einer Weile fragte Garraty: »Fühlst du dich jetzt besser?«

»Etwa tausend Prozent.«

»Ich auch. Das liegt wohl am Licht.«

»Mein Gott. Ich wette, wir werden heute eine Menge Leute zu sehen kriegen. Hast du den Artikel in *World's Week* über den Langen Marsch gelesen?«

»Überflogen«, sagte Garraty. »Hauptsächlich, um meinen Namen gedruckt zu sehen.«

»Da stand, dass jedes Jahr über zwei Milliarden Dollar auf die Geher gewettet werden. Zwei *Milliarden!*«

Baker war ebenfalls aus seinem Schlummer erwacht und hatte sich zu ihnen gesellt. »In der Highschool hatten wir unseren eigenen Wetttopf«, erzählte er. »Jeder musste einen Vierteldollar hineinwerfen, und dann zogen wir alle eine dreistellige Zahl aus einem Hut. Derjenige, dessen Zahl der letzten Meile des Marsches am nächsten war, hat den ganzen Topf gewonnen.«

»He, Olson!«, rief McVries fröhlich. »Denk doch bloß mal an das ganze Geld, das man auf dich gewettet hat, mein Junge! Denk an all die Leute, deren Hoffnungen auf deinem mageren Arsch ruhen!«

Olson sagte ihm mit seiner erschöpften, ausgelaugten Stimme, dass all die Leute, deren Hoffnungen auf seinem mageren Arsch ruhten, von ihm aus zwei unanständige Handlungen an sich vollführen könnten, wobei die zweite direkt aus der ersten hervorging. McVries, Baker und Garraty lachten.

»Heute werden eine Menge hübscher Mädchen am Straßenrand stehen«, sagte Baker und blinzelte Garraty spitzbübisch zu.

»Das hab ich schon alles hinter mir«, sagte Garraty. »Ich hab ein Mädchen, das da vorn auf mich wartet. Von jetzt an werde ich ein braver Junge sein.«

»Ohne Sünde in Gedanken, Worten und Taten«, sagte McVries salbungsvoll.

Garraty zuckte die Achseln. »Das kannst du sehen, wie du willst.«

»Die Chancen stehen hundert zu eins dagegen, dass du je eine Chance hast, mehr mit ihr zu machen, als ihr zuzuwinken«, sagte McVries nüchtern.

»Dreiundsiebzig zu eins im Moment.«

»Immer noch ziemlich hoch.«

Aber Garratys gute Laune war nicht zu erschüttern. »Ich habe das Gefühl, als könnte ich ewig so weitergehen«, sagte er freundlich. Zwei der Geher in seiner Nähe verzogen die Gesichter.

Sie kamen an einer durchgehend geöffneten Tankstelle vorbei, und der Tankwart trat heraus, um ihnen zu winken. Fast alle winkten zurück. Der Tankwart feuerte besonders Wayne, Nummer 94, an.

»Garraty«, sagte McVries ruhig.

»Was ist?«

»Ich hab nicht alle mitgekriegt, die es erwischt hat. Du vielleicht?«

»Nein.«

»Barkovitch?«

»Nein, der ist da vorn. Direkt vor Scramm, siehst du ihn?«

McVries blickte hoch. »Oh. Yeah, ich glaube, ich sehe ihn.«

»Und Stebbins ist immer noch da hinten.«

»Überrascht mich nicht. Komischer Kerl, nicht wahr?«

»Yeah.«

Einen Augenblick lang blieben sie still. McVries seufzte tief, nahm seinen Rucksack vom Rücken und holte ein paar Makronen heraus. Er bot sie Garraty an, der sich eine nahm.

»Ich wünschte, es wär schon vorbei«, sagte McVries. »Egal, ob es nun so oder so ausgeht.«

Sie aßen ihre Makronen schweigend.

»Wir müssten jetzt auf halbem Weg nach Oldtown sein, was meinst du?«, fragte McVries. »Achtzig Meilen geschafft und achtzig noch vor uns?«

»So ungefähr«, sagte Garraty.

»Dann werden wir nicht vor heute Nacht dort sein.«

Bei dem Wort Nacht bekam Garraty eine Gänsehaut. »Nein«, sagte er. Dann fragte er ganz unvermittelt: »Wo hast du eigentlich die Narbe her, Pete?«

McVries' Hand wanderte unbewusst an die Wange und streichelte die Narbe. »Das ist eine lange Geschichte«, sagte er knapp.

Garraty musterte ihn genauer. Seine Haare waren zerzaust und vor Staub und Schweiß verklebt. Seine Kleider hingen schlaff und faltig an ihm herunter, und sein Gesicht war sehr blass. Die Augen waren gerötet und lagen tief in ihren Höhlen, die von dunklen Ringen umgeben waren.

»Du siehst beschissen aus«, sagte er und brach in Lachen aus.

McVries grinste. »Du siehst auch nicht gerade wie eine Deoreklame aus, Ray.«

Dann lachten sie beide lang und hysterisch, umarmten sich und versuchten, gleichzeitig weiterzugehen. Es war eine gute Art, diese Nacht ein für alle Mal zu beenden. Das ging so lange, bis sie beide verwarnt wurden. Da hörten sie auf zu lachen und Quatsch zu machen und gingen zur Tagesordnung über.

Nachdenken, dachte Garraty. Auf der heutigen Tagesordnung steht nachdenken. Nachdenken und Isolation, denn es ist egal, ob du den Tag in Gemeinschaft mit den anderen oder allein verbringst; am Ende bist du doch ganz auf dich selbst gestellt. Er hatte das Gefühl, mindestens ebenso viele Meilen in seinem Gehirn wie auf der Straße zurückgelegt zu haben. Die Gedanken kamen einfach, man konnte sie nicht verdrängen. Es ging so weit, dass man sich fragte, was Sokrates wohl gedacht haben mochte, kurz nachdem er seinen Schierlingscocktail hinuntergekippt hatte.

Um kurz nach fünf trafen sie die erste Gruppe treuer Zuschauer an der Straße. Vier kleine Jungen, die wie Indianer mit untergeschlagenen Beinen vor einem Zelt auf der taubedeckten Wiese saßen. Einer war noch in seinen Schlafsack eingemummelt, so ernst wie ein Eskimo. Ihre Hände winkten mit der Gleichmäßigkeit aufeinander abgestimmter Metronome. Keiner der Jungen lächelte.

Kurz darauf mündete die Straße in eine breitere, mit einer glatten Asphaltdecke und drei Fahrspuren ein. Sie kamen an einem Fernfahrerrestaurant vorbei, und alle pfiffen und winkten den drei jungen Kellnerinnen zu, die auf der Treppe davor saßen, nur um ihnen zu zeigen, dass sie es noch draufhatten. Der Einzige, bei dem es halbwegs ernst klang, war Collie Parker.

»Freitagabend«, rief er laut zu ihnen hinüber. »Nicht vergessen, ihr und ich, Freitagabend!«

Garraty fand, dass sie sich alle ein bisschen unreif benahmen, aber auch er winkte aus Höflichkeit, und den Kellnerinnen schien es nichts auszumachen. Die Geher verteilten sich auf der breiteren Straße, nachdem sie von der warmen

Sonne des zweiten Maimorgens vollends aufgeweckt worden waren. Garratys Blick fiel wieder einmal auf Barkovitch, und er fragte sich im Stillen, ob dieser Junge nicht im Grunde zu den Schlauen gehörte. Ohne Freunde musste man niemand betrauern.

Wenige Minuten später erreichte ihn wieder eine Nachricht. Diesmal war es ein Klopf-klopf-Witz. Bruce Pastor, der gerade vor ihm ging, drehte sich zu ihm um und sagte: »Klopf, klopf, Garraty.«

»Wer ist da?«

»Der Major.«

»Welcher Major?«

»Der Major, der seine Mutter vor dem Frühstück in den Arsch fickt«, sagte Pastor und lachte schallend. Garraty schmunzelte und gab den Witz an McVries weiter, der ihn gleich darauf Olson erzählte. Als der Witz zum zweiten Mal herumging, fickte der Major seine Großmutter vor dem Frühstück in den Arsch, und beim dritten Mal war es Sheila, der Bedlington-Terrier, mit dem er sich häufig in der Presse abbilden ließ.

Garraty lachte noch darüber, als er bemerkte, dass McVries allmählich aufgehört hatte zu lachen. Er starrte mit einem eigenartigen Gesichtsausdruck in die hölzernen Gesichter der Soldaten auf dem Panzerfahrzeug. Sie blickten ungerührt zurück.

»Findet ihr das etwa *komisch?«*, brüllte er plötzlich. Der Ruf schnitt das Gelächter der anderen ab, und auf einmal war es ganz still. McVries' Gesicht wurde dunkelrot, als ihm das Blut in den Kopf stieg. Die Narbe trat in völligem Kontrast weiß hervor und wirkte wie ein gezacktes Ausrufungszeichen. Einen angsterfüllten Augenblick lang fürchtete Garraty, dass McVries einen Schlaganfall bekäme.

»Der Major fickt sich *selber* in den Arsch, wenn ihr meine Meinung hören wollt!«, brüllte McVries heiser. »Und ihr

Typen fickt euch wahrscheinlich gegenseitig. Ziemlich komisch, was? Ziemlich komisch, ihr Arschficker, stimmt's! Ziemlich gottverdammt *KOMISCH, hab ich recht?«*

Andere Geher starrten McVries beklommen an und wichen dann zur Seite.

Plötzlich rannte er auf den Panzerwagen los. Zwei Soldaten hoben ihre Gewehre, zum Schuss bereit, doch McVries blieb abrupt stehen und erhob die Fäuste gegen sie, schüttelte sie wie ein verrückter Dirigent über dem Kopf.

»Kommt runter! Legt eure Gewehre weg, und kommt runter zu mir! Ich werde euch zeigen, was komisch ist!«

»Warnung«, sagte einer der Soldaten mit völlig neutraler Stimme. »Warnung für 61. Ihre zweite Warnung.«

O mein Gott, dachte Garraty bedrückt. Es wird ihn erwischen, und er steht so nahe ... so nahe bei ihnen ... er wird durch die Luft fliegen wie Freaky D'Allessio.

McVries rannte wieder los, holte den Panzerwagen ein, blieb stehen und spuckte verächtlich gegen die Seite des Fahrzeugs. Die Spucke zog eine saubere Spur auf dem staubigen Metall.

»Na los doch!«, brüllte er weiter. *»Kommt endlich herunter! Jedes Mal einer oder alle auf einmal, das ist mir scheißegal!«*

»Warnung! Dritte Warnung für 61! Ihre letzte Warnung!«

»Ich scheiß auf eure Warnungen!«

Plötzlich, ohne zu wissen, was er tat, drehte Garraty sich um und rannte zurück, wofür er selbst eine Warnung erhielt, aber das bekam er nur halbwegs mit. Die Soldaten zielten jetzt auf McVries, und Garraty fasste ihn am Arm: »Komm mit!«

»Hau ab, Ray! Ich werde mit ihnen kämpfen!«

Garraty streckte beide Hände aus und gab ihm einen kräftigen Schubs. »Du wirst gleich erschossen, du Arschloch!«

Stebbins ging an ihnen vorbei.

McVries sah Garraty an und schien ihn erst jetzt zu erkennen. Eine Sekunde später bekam Garraty seine dritte Warnung, und er dachte gehetzt, dass McVries nur noch Sekunden von seiner roten Karte entfernt sein konnte.

»Fahrt zur Hölle!«, sagte McVries mit tonloser, erschöpfter Stimme. Er fing wieder an zu gehen.

Garraty ging mit ihm. »Ich dachte, dass es dich gleich erwischen würde«, sagte er. »Das war alles.«

»Aber es hat mich nicht erwischt«, sagte McVries mürrisch. »Dank diesem Musketier hier.« Seine Hand fuhr zu der Narbe. »Scheiße, es wird uns alle erwischen!«

»Einer wird gewinnen. Es könnte einer von uns sein.«

»Das ist doch Schwindel«, sagte McVries mit bebender Stimme. »Es gibt keinen Sieger und auch keinen Preis. Sie ziehen den letzten Kerl irgendwo hinter eine Scheune und erschießen auch ihn.«

»Sei doch nicht so verdammt blöd!«, schrie Garraty aufgebracht. »Du hast nicht die geringste Ahnung, was du da quas…«

»Jeder verliert«, sagte McVries. Seine Augen lauerten in ihren tiefen Höhlen wie bösartige Tiere. Die beiden gingen jetzt ganz allein. Die anderen Geher hielten auf Abstand, zumindest vorläufig. McVries hatte die Fassung verloren, und in gewisser Weise war Garraty dasselbe passiert – indem er zu McVries zurückrannte, hatte er gegen sein eigenes Interesse gehandelt. Mit größter Wahrscheinlichkeit hatte er McVries davor bewahrt, Nummer 28 zu werden.

»Jeder verliert«, wiederholte McVries. »Das kannst du mir glauben.«

Sie überquerten eine Bahnlinie. Sie gingen unter einer Brücke hindurch. Hinter der Brücke stand ein mit Brettern vernagelter Dairy-Queen-Imbiss mit einem Schild: WIR ÖFFNEN WIEDER AM 5. JUNI.

Olson erhielt eine Verwarnung.

Garraty spürte, dass ihm jemand auf die Schulter tippte, und er drehte sich um. Es war Stebbins. Er sah nicht besser oder schlechter aus als am Abend vorher. »Dein Freund da ist ganz schön sauer auf den Major, was?«, sagte er.

McVries gab nicht zu erkennen, ob er ihn gehört hatte.

»Scheint so«, sagte Garraty. »Aber ich bin selbst über den Punkt hinaus, wo ich ihn gern nach Hause zum Tee einladen würde.«

»Sieh dich mal um.«

Garraty blickte zurück. Ein zweites Panzerfahrzeug war hinter ihnen auf die Straße gefahren, und noch während er zurücksah, rollte ein drittes aus einem Nebenweg.

»Der Major kommt«, sagte Stebbins. »Und alle werden ihm zujubeln.« Er lächelte, und sein Lächeln hatte etwas merkwürdig Eidechsenartiges. »Sie hassen ihn noch nicht wirklich. Noch nicht. Sie glauben es nur. Sie glauben, sie hätten die Hölle durchgemacht. Aber warte mal bis heute Nacht. Warte bis *morgen.*«

Garraty blickte Stebbins beklommen an. »Und wenn sie ihn nun ausbuhen und pfeifen und ihre Feldflaschen nach ihm werfen oder so was?«

»Wirst du buhen und pfeifen und deine Feldflasche nach ihm werfen?«

»Nein.«

»Die anderen werden es auch nicht tun, du wirst es erleben.«

»Stebbins?«

Stebbins zog eine Augenbraue hoch.

»Du glaubst, dass du gewinnen wirst, nicht wahr?«

»Ja«, sagte Stebbins ruhig. »Ich bin mir ziemlich sicher.« Damit ließ er sich wieder nach hinten auf seinen gewohnten Platz zurückfallen.

Um 5.25 bekam Yannick die rote Karte. Und um 5.30

Uhr, genau wie Stebbins es vorausgesagt hatte, kam der Major.

Zuerst hörten sie ein anschwellendes Jaulen, als der Jeep hinter ihnen über eine Hügelkuppe schoss, dann donnerte er auf dem Seitenstreifen an ihnen vorbei. Der Major stand wie immer aufrecht im Wagen, die Hand an der Mütze und die Augen nach rechts gerichtet, um die Jungen zu grüßen. Garraty lief vor Stolz ein kühler Schauer über den Rücken.

Nicht alle grüßten zurück. Collie Parker spuckte auf den Boden. Barkovitch rümpfte die Nase, und Peter McVries sah ihn nur böse an, wobei seine Lippen sich lautlos bewegten. Olson schien nicht einmal bemerkt zu haben, dass der Major gekommen war; er blickte wieder angestrengt auf seine Füße hinunter.

Garraty rief hurra, und das Gleiche taten Percy Soundso, Harkness, der ein Buch schreiben wollte, und Wyman und Art Baker und Abraham und Sledge, der gerade seine zweite Warnung erhalten hatte.

Der Major war schnell wieder verschwunden, und Garraty schämte sich ein bisschen. Schließlich hatte er Energie verschwendet.

Kurz darauf kamen sie am Parkplatz eines Gebrauchtwagenhändlers vorbei, wo sie mit einem Salut von zwanzig Autohupen empfangen wurden. Eine plärrende Lautsprecherstimme tönte aus einer doppelten Reihe von bunten, im Wind flatternden Plastikwimpeln hervor und informierte die Geher – und auch die Zuschauer –, dass niemand bessere Gebrauchtwagen verkaufe als *McLaren's Dodge*. Garraty fand das alles ein bisschen entmutigend.

»Geht es dir jetzt etwas besser?«, fragte er McVries zögernd.

»Klar«, sagte McVries. »Großartig. Ich werde einfach immer weitergehen und zusehen, wie sie alle um mich herum umkippen. Das wird ein Spaß! Ich hab gerade nachgerechnet – Mathe war nämlich mein bestes Fach in der Schule –, und ich nehme an, wenn wir in diesem Tempo weitergehen, sollten wir mindestens dreihundertzwanzig Meilen schaffen, und das ist noch nicht mal eine Rekordstrecke.«

»Geh doch woanders hin und kotz dich da aus, wenn du solche Reden führen musst, Pete!« Baker klang zum ersten Mal genervt.

»Tut mir leid, Mama«, sagte McVries mürrisch, aber er hielt den Mund.

Es wurde wärmer. Garraty zog sich die Jacke aus und hängte sie sich über die Schulter. Die Straße blieb eine lange Strecke eben und führte an vereinzelten Häusern, kleinen Geschäften und Farmen vorbei. Der Kiefernwald, durch den sie in der vergangenen Nacht gewandert waren, war Dairy Queens, Tankstellen und kleinen Bungalows gewichen. Eine große Zahl der Bungalows stand ZUM VERKAUF. In zwei Fenstern entdeckte Garraty die vertrauten Schilder: MEIN SOHN LIESS SEIN LEBEN BEI DEN SOLDATEN.

»He, wo ist das Meer, Garraty?«, fragte Collie Parker. »Kommt mir so vor, als war ich wieder in Illy-noy.«

»Geh einfach immer weiter«, sagte Garraty. Er dachte wieder an Jan und Freeport. Freeport lag am Meer. »Es ist da vorn, rund hundertacht Meilen südlich von hier.«

»Scheiße«, sagte Collie Parker. »Was für ein beschissener Staat das ist.«

Parker war ein blonder, muskulöser Junge in einem Polohemd und mit einem unverschämten Blick, den nicht einmal eine Nacht auf der Straße hatte ausradieren können. »Überall diese bescheuerten Bäume! Gibt es denn keine richtige Stadt in diesem verdammten Staat?«

»Wir sind eigenartige Menschen hier oben«, sagte Garraty. »Wir finden es schön, richtige Luft zu atmen und keinen Smog.«

»Es gibt keinen Smog in Joliet, du beschissener Hinterwäldler«, sagte Collie Parker wütend. »Was willst du mir hier erzählen?«

»Vielleicht keinen Smog, aber eine Menge heiße Luft«, sagte Garraty. Er war sauer.

»Wenn wir jetzt zu Hause wären, würde ich dir dafür einen Tritt in die Eier geben!«

»Aber, aber, Jungs«, sagte McVries. Er hatte sich erholt und war wieder der alte Ironiker. »Warum erledigt ihr die Sache nicht wie Gentlemen? Der Erste, der den Kopf abgeschossen kriegt, muss dem anderen ein Bier ausgeben.«

»Ich mag kein Bier«, sagte Garraty automatisch.

Parker lachte meckernd. »Du verdammter Bauerntölpel«, sagte er und ging weg.

»Er ist ein bisschen verstört«, sagte McVries. »Wir sind heute Morgen alle ein bisschen verstört, sogar ich. Dabei ist es so ein herrlicher Tag, findest du nicht auch, Olson?«

Olson sagte nichts.

»Olson ist auch verstört«, vertraute McVries Garraty an. »Olson! He, Hank!«

»Warum lässt du ihn nicht in Ruhe?«, fragte Baker.

»He, *Hank!*«, rief McVries, ohne auf Baker zu achten. »Sollen wir einen Spaziergang machen?«

»Fahr zur Hölle!«, murmelte Olson.

»Wie bitte?«, rief McVries fröhlich und hielt sich die Hand ans Ohr. »Was hast du gesagt, mein Junge?«

»Hölle, Hölle!«, schrie Olson. »Fahr zur Hölle!«

»Ach, *das* hast du gesagt.« McVries nickte befriedigt.

Olson sah wieder auf seine Füße hinunter, und McVries verlor die Lust, ihn weiter zu ärgern ... wenn er das überhaupt versucht hatte.

Garraty dachte darüber nach, was Parker gesagt hatte. Parker war ein Scheißkerl. Ein großspuriger Westentaschencowboy und am Samstagabend ein toller Hecht.

Parker war ein Lederjackenheld. Was wusste er schon von Maine? Er selbst hatte immerhin sein ganzes Leben in Maine verbracht, in Porterville, einer kleinen Stadt westlich von Freeport. 970 Einwohner und nicht einmal eine Verkehrsampel, und überhaupt, was war denn so verdammt Besonderes an diesem Joliet, Illy-noy?

Sein Vater hatte immer gesagt, Porterville sei die einzige Stadt in der ganzen Region mit mehr Grabstellen als Menschen. Aber es war ein sauberes Städtchen. Die Arbeitslosigkeit war hoch, die Autos rosteten, und die Leute gammelten den ganzen Tag herum, aber es war ein sauberes Städtchen. Die einzige Action war das Mittwochs-Bingo in der Genossenschaftshalle (im letzten Spiel ging's um einen zwanzigpfündigen Truthahn und einen Zwanzigdollarschein), aber es war sauber. Und es war ruhig. Was war daran verkehrt?

Er sah wütend auf Collie Parkers Rücken. Du bist zu kurz gekommen, Kumpel, das ist alles. Nimm dein Joliet und das Rattenpack aus dem Bonbonladen und die Fabriken und steck sie dir sonst wohin. Meinetwegen auch kreuzweise, wenn sie reinpassen.

Er dachte wieder an Jan. Er brauchte sie. Ich liebe dich, Jan, dachte er. Er war nicht dumm, und er wusste, dass sie wichtiger für ihn geworden war, als sie es eigentlich verdiente. Sie war ein Lebenssymbol geworden. Eine Abschirmung gegen den plötzlichen Tod, der vom Panzerwagen drohte. Mehr und mehr wollte er sie, weil sie für die Zeit stand, in der er ein Mädchen abknutschen konnte – sein eigenes.

Es war Viertel vor sechs. Er beobachtete eine Gruppe von Hausfrauen, die in der Nähe einer Kreuzung, das kleine Nervenzentrum eines unbekannten Dorfs, zusammengedrängt standen und winkten. Eine von ihnen hatte enge Hosen und einen noch engeren Pullover an. Ihr Gesicht war ziemlich nichtssagend. An ihrem rechten Handgelenk trug sie drei goldene Armreife, die beim Winken klirrten. Garraty konnte sie klirren hören. Er winkte zurück, ohne richtig darüber nachzudenken. Er dachte an Jan, die von Connecticut nach Norden gekommen war, die so cool und selbstsicher wirkte mit ihrem langen, blonden Haar und ihren flachen Schuhen. Sie trug fast immer flache Schuhe, weil sie so groß war. Er hatte sie in der Schule kennengelernt. Zu Anfang war es sehr langsam gegangen, doch dann hatte es zwischen ihnen gefunkt. Mein Gott, hatte es da gefunkt.

»Garraty?«

»Ja?«

Es war Harkness. Er machte ein besorgtes Gesicht. »Du, ich habe einen Krampf im Fuß. Ich weiß nicht, ob ich damit weitergehen kann.« Seine Augen schienen Garraty anzuflehen, etwas zu unternehmen.

Garraty wusste nicht, was er sagen sollte. Jans Stimme, ihr Lachen, ihr goldbrauner Pullover und ihre preiselbeerrote Hose, wie sie mal den Schlitten seines kleinen Bruders genommen hatten und in einer Schneewehe gelandet waren, wo sie angefangen hatten zu knutschen (bis sie ihm Schnee hinten in den Parka steckte) ... diese Dinge waren Leben. Harkness war Tod. Garraty konnte es inzwischen riechen.

»Ich kann dir nicht helfen«, sagte er. »Das musst du selbst durchstehen.«

Harkness sah ihn bestürzt an, Panik im Blick, und dann nahm sein Gesicht einen grimmigen Ausdruck an, und er nickte. Er blieb stehen, kniete sich auf die Straße und fummelte an seinem Schuh herum.

»Warnung! Warnung für Nummer 49!«

Er massierte sich inzwischen den Fuß. Garraty hatte sich umgedreht und lief rückwärts, um zu sehen, was mit ihm passierte. Zwei kleine Jungen in Baseballhemden standen mit offenen Mündern am Straßenrand und beobachteten ihn ebenfalls. Ihre Baseballhandschuhe hingen an den Lenkstangen ihrer Fahrräder.

»Warnung! Zweite Warnung für 49!«

Harkness stand auf und humpelte mit einem Fuß ohne Schuh weiter. Sein gesundes Bein knickte ab und zu unter der zusätzlichen Last ein. Er verlor den Schuh aus der Hand, angelte danach, balancierte ihn zwischen zwei Fingern und ließ ihn wieder fallen. Er blieb stehen, um ihn aufzuheben, und erhielt seine dritte Warnung.

Sein normalerweise gerötetes Gesicht war jetzt feuerrot. Sein Mund stand offen und bildete ein feuchtes, schlaffes O. Garraty merkte, dass er Harkness die Daumen drückte. Na los, dachte er, los, hol auf. Harkness, du kannst es schaffen.

Harkness humpelte schneller. Die beiden Baseballjungen traten in ihre Pedale und ließen ihn nicht aus den Augen. Garraty drehte sich wieder nach vorn, er hatte nicht mehr das Bedürfnis, Harkness weiter zuzusehen. Er blickte starr geradeaus und versuchte sich daran zu erinnern, wie es sich anfühlte, Jan zu küssen und die Wölbung ihrer Brüste zu berühren.

Auf der rechten Seite tauchte eine Shell-Tankstelle auf. Daneben parkte ein staubiger Pick-up mit eingebeulten Kotflügeln, und zwei Männer in schwarz-rot karierten Jagdhemden saßen auf der Ladeklappe und tranken Bier. Am Ende einer ungepflasterten Zufahrt mit Fahrspuren stand ein Briefkasten, dessen Klappe offen hing wie ein Mund. Ein Hund bellte irgendwo heiser und ununterbrochen.

Die Karabiner senkten sich langsam und nahmen Harkness aufs Korn.

Ein langer, furchtbarer Moment der Stille setzte ein, und dann gingen die Gewehre wieder nach oben. Alles nach den

Regeln, alles nach Vorschrift. Kurz darauf wanderten sie wieder nach unten. Garraty konnte Harkness gehetzt und keuchend atmen hören.

Die Karabiner hoben sich langsam, sanken ebenso langsam wieder nach unten, und wurden schließlich doch wieder gehoben.

Die beiden Baseballjungen blieben mit Harkness auf gleicher Höhe. »Verschwindet hier!«, sagte Baker plötzlich heiser. »Das wollt ihr nicht sehen. Verzieht euch!«

Die beiden starrten Baker mit ausdruckslosen, neugierigen Gesichtern an und behielten ihr Tempo bei. Sie hatten Baker angesehen, als wäre er ein seltener Fisch. Einer von ihnen, ein kleiner Kerl mit einem Kugelkopf, Wuschelhaaren und tellergroßen Augen, drückte auf die Hupe an seinem Lenker und grinste. Er trug Zahnspangen, die im Sonnenlicht bösartig metallisch aufblitzten.

Die Karabiner sanken wieder nach unten. Inzwischen war es zu einer Art Tanzbewegung, zu einem Ritual geworden. Harkness balancierte nahe am Abgrund. Ob er in letzter Zeit irgendwelche guten Bücher gelesen hatte, dachte Garraty idiotischerweise. Diesmal würden sie ihn erschießen. Nur noch einen Schritt zu langsam …

Ewigkeit.

Alles erstarrt.

Dann hoben sich die Gewehre wieder.

Garraty sah auf die Uhr. Der Sekundenzeiger wanderte ein-, zwei-, dreimal herum. Harkness holte ihn ein und ging an ihm vorbei. Sein Gesicht war starr und gefasst. Seine Augen blickten geradeaus. Die Pupillen hatten sich zu winzigen Punkten zusammengezogen. Seine Lippen hatten eine leicht bläuliche Farbe angenommen, und die Wangen, die vorhin noch feuerrot gewesen waren, waren jetzt käsebleich bis auf zwei grelle Punkte auf dem Jochbein. Aber er schonte den kranken Fuß nicht mehr, der Krampf hatte sich offenbar gelöst. Sein bestrumpfter Fuß klatschte bei jedem Schritt auf die Straße. Wie lange man wohl so ohne Schuh gehen konnte, fragte Garraty sich.

Trotzdem spürte er ein erlösendes Gefühl in der Brust, und er hörte, dass Baker den Atem ausstieß. Es war dumm, so zu fühlen. Je eher Harkness aufhörte zu gehen, desto eher könnte er aufhören zu gehen. Das war die einfache Wahrheit. Das war logisch. Aber es gab etwas, was tiefer ging, eine wahrere, beängstigendere Logik. Harkness war ein Teil der Gruppe, von der auch Garraty ein Teil war, ein Segment seines Subklans. Teil eines magischen Kreises, zu dem Garraty gehörte. Und wenn ein Teil dieses Kreises durchbrochen werden konnte, konnte jeder Teil von ihm durchbrochen werden.

Die beiden Baseballjungen folgten ihnen noch zwei Meilen auf ihren Rädern, dann verloren sie das Interesse und kehrten um. Es war besser so, dachte Garraty. Es machte nichts aus, dass sie Baker wie ein Tier im Zoo angestarrt hatten. Aber es war wichtig, dass sie um diesen Tod betrogen worden waren. Er sah ihnen nach, bis sie außer Sichtweite waren.

Harkness hatte weiter vorn eine neue Einmannvorhut gebildet, er ging sehr schnell, fast rannte er. Er blickte weder nach links noch nach rechts. Garraty fragte sich, was er jetzt dachte.

Kapitel 7

»Ich halte mich für einen ziemlich sympathischen Kerl, ehrlich. Die Leute, die ich kennenlerne, halten mich nur deshalb für schizophren, weil ich mich vor den Kameras völlig anders benehme als sonst.«

Nicholas Parsons
Sale of the Century
(Britische Version)

Scramm, Nummer 85, faszinierte Garraty nicht wegen seiner auffälligen Intelligenz, denn Scramm war nicht besonders klug. Er faszinierte ihn auch nicht wegen seines Mondgesichts, seines Bürstenhaarschnitts oder seines Körperbaus, der etwas von einem Elch hatte. Er faszinierte Garraty, weil er verheiratet war.

»Wirklich?«, fragte Garraty ihn zum dritten Mal, denn er war sich nicht ganz sicher, ob Scramm ihn nicht auf den Arm nehmen wollte. »Bist du wirklich verheiratet?«

»Ja.« Scramm blickte voll Freude in die frühe Morgensonne. »Mit vierzehn bin ich von der Schule abgegangen. Es hatte keinen Zweck mehr – nicht für mich. Ich war kein Störenfried, aber ich konnte einfach keine anständigen Noten kriegen. Und unser Geschichtslehrer hat uns einen Artikel über die überfüllten Schulen vorgelesen, und da dachte ich mir, ich mache meinen Platz lieber für jemand frei, der etwas lernen kann, und komme gleich zur Sache. Ich wollte Cathy sowieso heiraten.«

»Und wie alt warst du da?«, fragte Garraty, noch faszinierter als zuvor. Sie marschierten wieder durch eine kleine Stadt, und die Bürgersteige waren gesäumt mit Schildern und Zuschauern, doch Garraty nahm sie kaum zur Kenntnis. Für ihn befanden die Zuschauer sich schon in einer anderen Welt, zu der er keinen Bezug mehr hatte. Sie hätten ebenso gut hinter einer dicken Panzerglasscheibe stehen können.

»Fünfzehn«, antwortete Scramm und kratzte sich am Kinn, das einen bläulichen Schatten von Bartstoppeln aufwies.

»Hat denn niemand versucht, dir das auszureden?«

»Doch, ein Vertrauenslehrer an der Schule. Er hat mir eine Menge Scheiße erzählt, dass es doch viel besser sei, an der Schule zu bleiben, als irgendwo Gräben auszuheben, aber er hatte Wichtigeres zu tun, als mich an der Schule zu halten. Man könnte sagen, er hat es nur auf die sanfte Tour versucht. Außerdem, irgendjemand muss ja schließlich die Gräben ausheben, nicht wahr?«

Er winkte begeistert einer Gruppe von kleinen Mädchen zu, die gerade mit fliegenden Faltenröckchen und verschorften Knien eine spastische Cheerleadergymnastik absolvierten.

»Na ja, ich hab nie einen Graben ausgehoben, hab in meiner ganzen Laufbahn nie einen Spaten in die Hand genommen. Bin gleich in eine Bettwäschefabrik in Phoenix gegangen, für drei Dollar die Stunde. Wir sind glücklich, ich und Cathy.« Scramm lächelte versonnen. »Manchmal, wenn wir zusammen vor dem Fernseher sitzen, dann fasst Cathy mich plötzlich am Arm und sagt: ›Du, wir sind glückliche Leute, Liebling.‹ Sie ist einfach klasse.«

»Habt ihr Kinder?«, fragte Garraty und bekam immer mehr das Gefühl, dass es sich hier um eine schwachsinnige Unterhaltung handelte.

»Cathy ist schwanger. Sie wollte, dass wir so lange warten, bis wir genug Geld auf der Bank hätten, um die Entbindung zu bezahlen. Als wir siebenhundert zusammengespart hatten, sagte sie okay, und los ging's. Sie ist in null Komma nix schwanger geworden.« Scramm warf Garraty einen ernsthaften Blick zu. »Mein Junge wird aufs College gehen. Es heißt zwar, dass solche Dummköpfe wie ich keine intelligenten Kinder kriegen, aber Cathy hat Grips genug für uns beide. Sie hat die Schule fertig gemacht, dafür hab ich gesorgt. Vier Abendkurse, und dann hat sie ihre Abschlussprüfung gemacht. Mein Junge wird so lange aufs College gehen, wie es ihm gefällt.«

Garraty sagte nichts dazu, ihm fiel einfach nichts ein. McVries hatte sich auf die Seite geschlagen und unterhielt sich angeregt mit Olson. Baker und Abraham spielten ein Wortspiel, das Geist hieß. Er fragte sich, wo Harkness war. Jedenfalls war er außer Sicht. Und das war Scramm auch. Definitiv außer Sicht. He, Scramm, ich glaube, du hast da einen groben Fehler gemacht. Deine Frau ist zwar *schwanger,* Scramm, aber das verschafft dir hier keine Extrawurst. Siebenhundert auf der Bank? Man buchstabiert *schwanger* nicht nur mit drei Ziffern, Scramm. Und keine Versicherung der Welt würde einen Teilnehmer des Marsches auch nur angucken.

Garraty starrte durch einen alten Mann in einem Hahnentrittjackett hindurch, der ekstatisch einen Strohhut mit ausgefranstem Rand schwenkte.

»Scramm, was passiert, wenn du nun dabei draufgehst?«, fragte er vorsichtig.

Scramm lächelte nachsichtig. »Ich nicht. Ich hab das Gefühl, als könnte ich ewig so weitergehen. Ich wünsche mir schon, an dem Marsch teilnehmen zu dürfen, seit ich alt genug bin, mir überhaupt etwas zu wünschen. Erst vor zwei Wochen bin ich achtzig Meilen marschiert, kein Problem.«

»Aber nehmen wir mal an, irgendwas passiert …«

Aber Scramm kicherte nur.

»Wie alt ist Cathy?«

»Gut ein Jahr älter als ich. Beinahe achtzehn. Ihre Familie ist jetzt bei ihr in Phoenix.«

Garraty kam es so vor, als wüsste Cathys Familie etwas, was Scramm selbst nicht wusste.

»Du musst sie unheimlich lieben«, sagte er ein bisschen wehmütig.

Scramm lächelte und zeigte die letzten hartnäckigen Überreste seiner Zähne. »Ich habe kein anderes Mädchen angeguckt, seit wir verheiratet sind. Cathy ist klasse.«

»Und dann machst du so was!«

Scramm lachte. »Macht es denn keinen Spaß?«

»Harkness bestimmt nicht«, sagte Garraty heftig. »Frag ihn doch mal, ob es ihm Spaß macht!«

»Du hast keine Vorstellung von den Folgen«, sagte Pearson und schob sich zwischen Scramm und Garraty. »Du *könntest* verlieren. Du musst wenigstens zugeben, dass du verlieren *könntest*.«

»Die Kurse in Vegas haben mich, kurz bevor der Marsch gestartet ist, zum Favoriten erklärt«, sagte Scramm. »Ganz klar.«

»Sicher«, sagte Pearson niedergeschlagen. »Und du bist gut in Form, wie jeder sehen kann.« Pearson selbst sah nach der langen Nacht auf der Straße blass und verhärmt aus. Er warf einen uninteressierten Blick auf die Menschenmenge, die sich auf dem Parkplatz eines Supermarktes versammelt hatte, an dem sie gerade vorbeikamen. »Jeder, der nicht in Form war, ist inzwischen tot oder wenigstens halb tot. Aber wir sind immerhin noch zweiundsiebzig.«

»Yeah, aber …« Die breite Stirn über Scramms Mondgesicht legte sich in Falten, und Garraty konnte die Maschine da oben drin fast arbeiten hören: langsam, bedächtig, aber am Ende so sicher wie der Tod und so unumgänglich wie die Steuer. Es war irgendwie Ehrfurcht gebietend.

»Ich will euch Jungs nicht verärgern«, sagte Scramm. »Ihr seid nette Kerls. Aber ihr habt euch nicht auf diesen Marsch eingelassen, um zu gewinnen und euch den Preis zu holen. Die meisten hier wissen nicht, warum sie mitgehen. Seht euch diesen Barkovitch an. Er ist nicht dabei, um den Preis zu gewinnen. Er läuft nur mit, um andere Leute sterben zu sehen. Davon lebt er. Sobald jemand die rote Karte bekommt, bekommt er ein bisschen mehr Kraft zum Gehen. Aber das reicht nicht. Er wird vertrocknen wie ein Blatt am Baum.«

»Und ich?«, fragte Garraty.

Scramm machte einen beunruhigten Eindruck. »Ach, Teufel ...«

»Doch, sag's mir.«

»Na ja, so wie ich das sehe, weißt du auch nicht, warum du hier bist. Es ist genau das Gleiche. Du gehst im Augenblick weiter, weil du Angst hast, aber ... das ist nicht genug. Das verschleißt sich.« Scramm blickte auf die Straße hinunter und rieb die Hände gegeneinander. »Und wenn es sich verschlissen hat, dann wirst du genau wie alle anderen auch die rote Karte bekommen, Ray.«

Garraty dachte an das, was McVries gesagt hatte: *Und ich glaube ... wenn ich müde genug bin ... ich glaube, dann setze ich mich einfach auf die Straße.*

»Du wirst noch eine lange Zeit gehen müssen, um mich unterzukriegen«, sagte Garraty, doch Scramms schlichte Einschätzung der Situation hatte ihm mächtige Angst eingejagt.

»Ich bin bereit, eine lange Zeit zu gehen«, sagte Scramm.

Ihre Füße hoben sich und fielen wieder auf den Asphalt zurück. Sie trugen sie durch die nächste Kurve, in eine Talsenke und über Bahngleise, die zwei metallische Furchen durch den Asphalt gruben, vorbei an einer geschlossenen Muschelbude. Dann waren sie wieder auf dem offenen Land.

»Ich glaube, ich weiß, was es heißt zu sterben«, sagte Pearson unvermittelt. »Inzwischen weiß ich's ohnehin. Ich meine nicht den Tod selbst – den begreife ich immer noch nicht. Aber das Sterben. Wenn ich zu gehen aufhöre, dann bin ich einfach am Ende.« Er schluckte, und seine Kehle gab ein klickendes Geräusch von sich. »So wie eine Schallplatte nach der letzten Rille.« Er sah Scramm ernst an. »Vielleicht ist es so, wie du sagst. Vielleicht reicht das nicht. Aber ich ... ich will nicht sterben.«

Scramm sah beinah verächtlich auf ihn herab. »Du glaubst also, das Wissen um den Tod wird dich davor bewahren zu sterben?«

Auf Pearsons Gesicht breitete sich ein komisches, kränkliches Lächeln aus. Er wirkte wie ein Geschäftsmann, der auf einem stampfenden Boot versucht, sein Abendessen bei sich zu behalten. »Im Augenblick ist das alles, was mich bei der Stange hält.« Und Garraty empfand eine Woge von Dankbarkeit, dass seine Schutzmechanismen noch nicht auf dieses Minimum reduziert waren. Zumindest noch nicht.

Weiter vorn brach ganz plötzlich, als wollte er das Thema illustrieren, das sie gerade diskutierten, ein Junge in einem schwarzen Rollkragenpullover in zuckenden Krämpfen zusammen. Er fiel auf die Straße und zappelte und krümmte sich heftig, seine Glieder zuckten und flogen um seinen Körper, und er machte ein komisches gurgelndes Geräusch in seiner Kehle, *aaa-aaa-aaa,* ein Laut wie ein Schaf, der völlig sinnlos war. Als Garraty an ihm vorbeiging, kam eine der flatternden Hände gegen seinen Schuh, und ihn überkam ein heftiger Ekel. Die Augen des Jungen waren so verdreht, dass nur noch das Weiße zu sehen war, und er hatte Schaumflocken auf den Lippen und dem Kinn. Er wurde zum zweiten Mal verwarnt, war aber viel zu weit weggetreten, um noch etwas zu hören. Als seine zwei Minuten um waren, wurde er wie ein Hund erschossen.

Kurz darauf erreichten sie den Grat einer leichten Anhöhe und blickten über das unbewohnte grüne Land unter ihnen hinweg. Garraty empfing dankbar eine kühle Morgenbrise, die über seinen verschwitzten Körper strich.

»Das ist vielleicht eine Aussicht«, sagte Scramm.

Man konnte die Straße gut zwölf Meilen weit überblicken. Wie ein Kohlestrich auf grünem Krepppapier führte sie den Abhang hinab und schlängelte sich in sanften Zickzackkurven durch den Wald. Weit hinten fing sie wieder an zu steigen und verschwand im rosa Schimmer des frühen Morgenlichts.

»Das könnte der Hainesville-Wald sein«, sagte Garraty nicht ganz sicher. »Ein Lastwagenfriedhof. Im Winter ist er die Hölle.«

»So was hab ich noch nie gesehen«, sagte Scramm ehrfurchtsvoll. »So viel Grün haben wir im ganzen Staat Arizona nicht.«

»Dann genieße es, solange du noch kannst«, sagte Baker, der sich der Gruppe anschloss. »Das wird eine Bullenhitze da unten. Es ist jetzt schon heiß, dabei ist es erst halb sieben.«

»Ich dachte, da, wo du herkommst, gewöhnt man sich daran«, sagte Pearson fast vorwurfsvoll.

»Daran gewöhnt man sich nie«, sagte Baker und legte sich seine leichte Jacke über den Arm. »Man lernt nur, damit zu leben.«

»Hier oben würde ich mir gern ein Haus hinbauen«, sagte Scramm. Er nieste zweimal herzhaft. Er klang wie ein brünstiger Bulle. »Genau hierher würde ich es bauen mit meinen eigenen Händen, und dann würden wir jeden Morgen diese Aussicht betrachten, ich und Cathy. Vielleicht tue ich das eines Tages, wenn das alles hier vorbei ist.«

Niemand antwortete ihm.

Um 6.45 hatten sie die Anhöhe hinter sich, die Brise war fast abgeschnitten, und die Hitze ging bereits mit ihnen. Garraty zog sich die Jacke aus, rollte sie zusammen und band sie um seine Hüfte. Im Wald war die Straße nicht mehr verlassen. Einige Frühaufsteher hatten ihre Wagen in den Waldwegen geparkt und standen oder saßen in Gruppen zusammen, winkten, riefen und schwenkten ihre Schilder.

In einer Talsenke standen zwei Mädchen neben einem ramponierten MG. Sie trugen enge Sommershorts, Blusen mit Matrosenkragen und Sandalen. Die Geher begrüßten sie mit Rufen und Pfiffen. Die Gesichter der Mädchen waren erhitzt und gerötet und wirkten auf eine uralte, hingebungsvolle Art erotisch, die Garraty fast zum Wahnsinn trieb. Er spürte eine animalische Lust in sich aufsteigen, ein aggressives Verlangen, das seinen Körper wie im Fieber schüttelte.

Es war Gribble, der Radikale unter ihnen, der plötzlich auf sie zurannte und mit seinen Füßen Staubwolken auf dem Seitenstreifen aufwirbelte. Eins der Mädchen lehnte sich auf die Motorhaube des MG zurück, spreizte leicht die Beine und hob ihm ihre Hüften entgegen. Gribble legte ihr die Hände auf die Brüste, und sie machte keine Anstalten, ihn daran zu hindern. Er wurde verwarnt, zögerte kurz und warf sich dann gegen sie, eine rasende, drängende, frustrierte, wütende, ängstliche Gestalt in einem verschwitzten, weißen Oberhemd und einer Cordhose. Das Mädchen verhakte die Knöchel hinter Gribbles Waden und legte die Arme um seinen Hals. Sie küssten sich.

Gribble erhielt seine zweite Verwarnung, dann die dritte, und dann stolperte er – mit vielleicht noch fünfzehn Sekunden Gnadenfrist – von ihr fort und verfiel in einen hektischen Galopp. Er stürzte, rappelte sich wieder hoch, griff sich an den Schritt und taumelte auf die Straße zurück. Sein schmales Gesicht war fiebrig gerötet.

»Konnte nicht«, schluchzte er. »Zu wenig Zeit, und sie wollte mich und ich konnte nicht … ich …« Er heulte und schwankte über die Straße, während er die Hände immer noch gegen seinen Schritt presste. Seine Worte waren wenig mehr als ein undeutliches Gejammer.

»Na und?«, sagte Barkovitch. »Jetzt hast du ihnen doch ihre kleine Aufregung beschert. Etwas, worüber sie morgen in der Schule plaudern können.«

»Halt's Maul!«, brüllte Gribble und krümmte sich mit den Händen am Unterleib zusammen. »Es tut weh. Ich habe einen Krampf …«

»Blaue Eier«, sagte Pearson. »Das hat er davon gekriegt.«

Gribble warf ihm durch die verklebten, schwarzen Haarsträhnen, die ihm über die Augen gefallen waren, einen Blick zu. Er sah wie ein verblüfftes Wiesel aus. »Es tut weh!«, stieß er noch einmal hervor und sank langsam in die Knie. Die Hände gegen den Unterleib gepresst, den Kopf gesenkt, den Rücken gebeugt, saß er da, zitterte und schniefte, und Garraty konnte die feinen Schweißperlen auf seinem Hals sehen. Einige hatten sich in den winzigen Nackenhärchen verfangen, die sein Vater immer Entenflaum genannt hatte.

Einen Augenblick später war Gribble tot.

Garraty wandte den Kopf und blickte zu den Mädchen zurück, aber die hatten sich schon in ihren MG zurückgezogen. Sie waren nur noch zwei Schattenfiguren.

Er versuchte angestrengt, sie aus seinen Gedanken zu vertreiben, doch sie schlichen sich immer wieder ein. Was mochte es für ein Gefühl gewesen sein, diesen warmen, bereitwilligen Körper an sich zu drücken? Ihre Schenkel hatten gezuckt, mein Gott, sie hatten *gezuckt!* Wie in einem Krampf oder einem Orgasmus, o Gott, dieser unbezwingbare Drang, zuzudrücken und zu liebkosen ... und vor allem die Hitze zu spüren ... *diese Hitze* ...

Er spürte, wie ihm einer abging. Ein warmer konvulsivischer Strahl, der ihn wärmte. Ihn nass machte. O Herrgott, es wird durch seine Hose zu sehen sein, jemand wird es bemerken. Es bemerken und mit dem Finger auf ihn zeigen und ihn fragen, wie es ihm gefiele, ohne Kleider auf die Straße geschickt zu werden, nackt durch die Straßen zu gehen, gehen ... und gehen ... und gehen ...

O Jan ich liebe dich wirklich ich liebe dich, dachte er, aber es war verworren, mit etwas anderem völlig vermischt.

Er rollte seine Jacke auseinander, band sie wieder um die Hüfte und ging weiter wie bisher, und die Erinnerung wurde sehr schnell stumpf und braun wie ein Polaroid-Negativ, das in der Sonne liegen geblieben war.

Ihr Tempo wurde schneller. Sie befanden sich auf einem Stück mit starkem Gefälle, und es war schwierig, langsam zu gehen. Ihre Muskeln arbeiteten und rieben sich aneinander, der Schweiß lief in Strömen. Es war unglaublich, aber Garraty ertappte sich dabei, dass er sich die Nacht zurückwünschte. Neugierig sah er zu Olson hinüber und fragte sich, wie der mit der Hitze zurechtkäme.

Olson starrte wieder auf seine Füße hinunter. Die Sehnen in seinem Hals traten verkrampft unter der Haut hervor. Seine Lippen waren zu einem starren Grinsen zurückgezogen.

»Er ist bald so weit«, sagte McVries so dicht neben seinem Ellbogen, dass er zusammenfuhr. »Wenn sie halbwegs zu hoffen anfangen, dass sie erschossen werden, damit ihre Füße ausruhen können, dann ist das Ende nicht mehr weit.«

»Ach, wirklich?«, fragte Garraty verärgert. »Wie kommt

es, dass jeder andere hier so viel mehr darüber weiß als ich?«

»Weil du so süß bist«, sagte McVries zärtlich und ging, seine Füße dem Sog des Abhangs überlassend, an ihm vorbei.

Stebbins. Er hatte schon lange nicht mehr an Stebbins gedacht. Er wandte den Kopf und sah sich nach ihm um. Stebbins war da. Da die Gruppe sich in die Länge gezogen hatte, lag er jetzt gut eine halbe Meile zurück, aber die lila Hose und das Flanellhemd waren unverkennbar. Er bildete immer noch den Schwanz der Gruppe, ein magerer Geier, der nur darauf wartete, dass sie umfielen –

Garraty empfand plötzlich eine heftige Wut. Er hatte das Verlangen, zurückzurennen und Stebbins zu erwürgen. Es hatte weder Sinn noch Verstand, aber er musste diesen Drang massiv unterdrücken.

Als sie den Abstieg geschafft hatten, waren Garratys Beine gummiweich und zitterten. Der Zustand dumpfer Müdigkeit, der sich in seinem Körper mehr oder weniger eingependelt hatte, wurde von unerwarteten Stopfnadelstichen in seinen Beinen und Füßen unterbrochen, die seine Muskeln zu verkrampfen drohten. Mein Gott, warum auch nicht, dachte er. Schließlich befanden sie sich jetzt seit zweiundzwanzig Stunden auf der Straße. Zweiundzwanzig Stunden ununterbrochen auf den Beinen, das war unglaublich.

»Wie geht es dir jetzt?«, fragte er Scramm, als ob er ihn zum letzten Mal vor zwölf Stunden gefragt hätte.

»Prima, prima«, sagte Scramm und wischte sich mit dem Handrücken die Nase ab, räusperte sich und spuckte aus. »So prima wie nur möglich.«

»Es klingt so, als würdest du eine Erkältung kriegen.«

»Nein, das sind die Pollen. Das passiert mir jedes Frühjahr. Heuschnupfen. Kriege ich sogar in Arizona. Aber ich bin nie erkältet.«

Garraty öffnete den Mund, um etwas zu erwidern, als ein hohles *Bumm-bumm* von weiter vorn ertönte. Gewehrschüsse. Die Nachricht verbreitete sich schnell. Harkness war ausgebrannt.

Garraty spürte ein unangenehmes, fahrstuhlartiges Gefühl im Magen, als er die Nachricht nach hinten weitergab. Der magische Kreis war durchbrochen. Harkness würde nie sein Buch über den Langen Marsch schreiben. Er wurde jetzt irgendwo da vorn wie ein Mehlsack über die Straße geschleift oder auf einen Lastwagen geworfen und fest in einen Leichensack aus Segeltuch eingewickelt. Für Harkness war der Lange Marsch vorbei.

»Harkness«, sagte McVries. »Der alte Harkness hat sich eine Eintrittskarte gekauft, um die Farm zu besichtigen.«

»Schreib doch ein Gedicht auf ihn«, rief Barkovitch herüber.

»Halt's Maul, Killer!«, sagte McVries abwesend und schüttelte den Kopf. »Der alte Harkness, verdammte Scheiße.«

»Ich bin kein Killer!«, schrie Barkovitch. »Ich werde auf deinem Grab tanzen, Narbengesicht! Ich werde …«

Ein Chor von ärgerlichen Rufen brachte ihn zum Schweigen. Vor sich hin murmelnd funkelte er McVries an und trollte sich, ohne sich noch einmal umzusehen.

»Wisst ihr, was mein Onkel gemacht hat?«, fragte Baker plötzlich. Sie gingen unter einem schattigen Blätterdach von überhängenden Zweigen hindurch, und Garraty versuchte, Harkness und Gribble zu vergessen und nur noch an die angenehme Kühle zu denken.

»Was?«, fragte Abraham.

»Er war Bestattungsunternehmer«, sagte Baker.

»Gutes Geschäft«, sagte Abraham gelangweilt.

»Als ich noch ein Kind war, hab ich mich immer gefragt …« Baker ließ den Satz unbestimmt in der Luft hängen und schien in seine Gedanken zu versinken. Dann warf er einen Blick auf Garraty und lächelte. Es war ein seltsames Lächeln. »Wer ihn einbalsamieren würde, meine ich. So, wie man sich fragt, wer dem Friseur die Haare schneidet oder dem Arzt die Gallensteine rausoperiert, versteht ihr?«

»Na und? Wer ist dem Ruf gefolgt, als es so weit war?«, wollte Abraham wissen.

»Ja«, sagte Scramm. »Wer war das?«

Baker schaute in die hohen, verschlungenen Zweige hoch, unter denen sie hindurchgingen, und Garraty fiel auf, wie erschöpft er aussah. Als ob wir nicht alle so aussähen, fügte er im Stillen hinzu.

»Nun mach schon«, sagte McVries. »Lass uns nicht so in der Luft hängen. Wer hat ihn begraben?«

»Das ist der älteste Witz der Welt«, sagte Abraham. »Gleich sagt Baker, wieso glaubt ihr eigentlich, dass er tot ist?«

»Doch, doch, er ist tot«, sagte Baker. »Vor sechs Jahren an Lungenkrebs.«

»Hat er geraucht?«, fragte Abraham und winkte einer vierköpfigen Familie mit einer Katze zu. Die Katze war an einer Leine. Es war eine Persianerkatze. Sie sah gemein und stinksauer aus.

»Nein, nicht mal eine Pfeife«, sagte Baker. »Er hatte Angst, dass er davon Krebs kriegen würde.«

»Oh, um Himmels willen«, sagte McVries. »Wer hat ihn *begraben?* Sag es uns endlich, damit wir weiter über die Weltprobleme oder Baseball oder Geburtenkontrolle oder so was diskutieren können.«

»Ich finde, Geburtenkontrolle ist wirklich ein Weltproblem«, sagte Garraty ernst. »Meine Freundin ist katholisch und …«

»Na los!«, brüllte McVries. »Wer zum Teufel hat deinen Großvater begraben, Baker?«

»Meinen Onkel. Es war mein Onkel. Mein Großvater war Anwalt in Shreveport. Er …«

»Es ist mir scheißegal«, sagte McVries. »Es ist mir scheißegal, ob der alte Herr drei Schwänze gehabt hat. Ich will bloß wissen, wer ihn beerdigt hat, damit wir *weitermachen* können.«

»Eigentlich wurde er gar nicht beerdigt. Er wollte verbrannt werden.«

»Ach, du heiliger Strohsack!«, sagte Abraham und lachte ein bisschen.

»Meine Tante bewahrt seine Asche in einer Urne auf. In ihrem Haus in Baton Rouge. Sie hat versucht, das Geschäft allein weiterzuführen – das Bestattungsinstitut –, aber es scheint, dass niemand so recht Vertrauen zu einem weiblichen Leichenbestatter hat.«

»Ich bezweifle, dass das der Grund war«, sagte McVries.

»Nein?«

»Nein, ich glaube, dein Onkel hat sie verhext.«

»Wie meinst du das?«, fragte Baker interessiert.

»Na ja, du musst schon zugeben, dass das keine gute Reklame fürs Geschäft war.«

»Was? Dass er gestorben ist?«

»Nein«, sagte McVries. »Dass er sich hat verbrennen lassen.«

Scramm kicherte durch seine verstopfte Nase. »Na, da hat er dich erwischt, Kumpel.«

»Da hab ich mit gerechnet«, sagte Baker. Er und McVries strahlten sich an.

»Dein Onkel langweilt mich zu Tode«, sagte Abraham schwerfällig. »Und darf ich außerdem noch hinzufügen, dass er …«

In dem Augenblick fing Olson an, einen der Soldaten anzubetteln, sie möchten ihn doch einen Moment lang ausruhen lassen.

Er blieb nicht stehen, wurde nicht einmal so langsam, dass er verwarnt wurde, aber seine Stimme hob und senkte sich flehend und in so sehnsuchtsvoller, monotoner Weise, dass Garraty vor Scham in sich zusammenkroch. Ihre Unterhaltung geriet ins Stocken. Die Zuschauer beobachteten Olson mit fasziniertem Entsetzen. Garraty hoffte, Olson würde den Mund halten, bevor er sie alle in Verruf brachte. Er wollte ja auch nicht sterben, aber wenn es sein musste, wollte er es hinter sich bringen, ohne von den Leuten für einen Feigling gehalten zu werden. Die Soldaten blickten mit unbewegten Gesichtern über Olson hinweg, an ihm vorbei, durch ihn hindurch, als wären sie taub und stumm. Gelegentlich ließen sie eine beiläufige Verwarnung fallen, sodass Garraty sich korrigierte. Stumm konnte man sie wohl nicht nennen.

Es wurde Viertel vor acht, und die Nachricht verbreitete sich, dass sie nur noch sechs Meilen vor sich hätten, um hundert vollzumachen. Garraty erinnerte sich, irgendwo einmal gelesen zu haben, dass die bisher größte Gruppe, die hundert Meilen erreicht hatte, aus dreiundsechzig Teilnehmern bestanden hätte. Es sah ganz so aus, als würden sie auch diesen Rekord brechen, sie waren immerhin noch neunundsechzig. Nicht dass das irgendeine Rolle spielte.

Olsons Bitten wurden zu einer konstanten, gekrächzten Litanei zu seiner Linken, die den Tag noch heißer und unerträglicher machte, als er ohnehin schon war. Mehrere Geher hatten ihn schon angeschnauzt, aber er schien sie entweder nicht zu hören, oder es war ihm egal.

Sie gingen über eine überdachte Holzbrücke, deren Planken unter ihren Füßen rumpelten. Garraty hörte den geheimnisvollen Hügelschlag und den Sturzflug der Schwalben, die ihre Nester zwischen die Dachsparren gebaut hatten. Hier drinnen war es erfrischend kühl, und die Sonne schien noch heißer auf sie hinunterzustechen, als sie auf der anderen Seite wieder hinaustraten. Wenn du jetzt schon glaubst, es sei heiß, dann warte bis nachher, sagte er sich. Warte, bis du wieder aufs flache, offene Land kommst. Jungejunge …

Er rief nach einer neuen Feldflasche, und ein Soldat trabte auf ihn zu. Wortlos gab er ihm die Flasche und trabte zurück. Garratys Magen knurrte. Um neun Uhr, dachte er. Bis dahin muss ich noch laufen. Ich will verdammt sein, wenn ich mit leerem Magen sterbe.

Baker lief plötzlich an ihm vorbei, sah sich nach Zuschauern um, entdeckte keine, ließ seine Hose herunter und hockte sich hin. Er wurde verwarnt. Als Garraty an ihm vorbeikam, hörte er, wie er zum zweiten Mal verwarnt wurde. Zwanzig Sekunden später holte er McVries und Garraty wieder ein. Völlig außer Atem schnallte er sich den Hosengürtel zu.

»Die kürzeste Sitzung, die ich je hatte!«, sagte er atemlos.

»Du hättest dir einen Katalog mitnehmen sollen«, sagte McVries.

»Ich könnte nie sehr lange gehen, ohne zu scheißen«, sagte Baker. »Es gibt Leute, Teufel, die müssen nur einmal pro Woche scheißen. Ich bin ein Einmal-pro-Tag-Mann. Wenn ich nicht einmal täglich scheiße, nehme ich ein Abführmittel.«

»Abführmittel ruinieren dir den Darm«, sagte Pearson.

»Ach, scheiße«, spottete Baker.

McVries warf den Kopf zurück und lachte.

Abraham drehte den Kopf nach hinten, um an der Unterhaltung teilzunehmen. »Mein Großvater hat nie ein Abführmittel genommen, und dabei ist er immerhin …«

»Ich nehme an, du hast darüber Buch geführt«, sagte Pearson.

»Du wirst doch nicht das Wort meines Großvaters anzweifeln, oder?«

»Da sei Gott vor!« Pearson verdrehte die Augen.

»Also gut, mein Großvater ...«

»Seht mal«, sagte Garraty leise. Da ihn der Streit über die Abführmittel nicht interessiert hatte, hatte er seinen Blick müßig über die Gruppe schweifen lassen und Percy Soundso beobachtet. Jetzt nahm er ihn genauer aufs Korn und traute seinen Augen kaum. Percy hatte sich allmählich dem Seitenstreifen genähert und lief jetzt auf dem sandigen Boden. Ab und zu warf er den Soldaten oben auf dem Panzerwagen einen angespannten, ängstlichen Blick zu, dann spähte er nach rechts auf den dicken Schutzwall der Bäume, der knapp zwei Meter von ihm entfernt war.

»Ich glaube, er versucht gleich auszubrechen«, sagte Garraty.

»Sie werden ihn mit Sicherheit erschießen«, sagte Baker. Seine Stimme war nur noch ein Flüstern.

»Sieht nicht so aus, als würden sie ihn beobachten«, erwiderte Pearson.

»Dann macht sie, um Gottes willen, nicht darauf aufmerksam!«, sagte McVries wütend. »Ihr seid solche Blödmänner! Himmel!«

Während der nächsten zehn Minuten sagte keiner von ihnen etwas Sinnvolles. Sie taten so, als ob sie sich unterhielten, und behielten dabei Percy im Auge, der die Soldaten beobachtete und im Geist die kurze Entfernung zum dichten Wald berechnete.

»So viel Mumm hat er nicht«, murmelte Pearson schließlich, doch bevor noch jemand darauf antworten konnte, fing Percy langsam an, auf den Wald zuzugehen. Erst zwei Schritte, dann drei. Einer noch, höchstens zwei, dann hätte er ihn erreicht. Seine jeansbekleideten Beine bewegten sich ohne Eile, das sonnengebleichte, blonde Haar wurde von einem leichten Windstoß zerzaust. Er hätte ein Pfadfinder sein können, der in den Wald ging, um Vögel zu beobachten.

Er erhielt keine Verwarnung. Er hatte das Recht darauf verwirkt, als sein rechter Fuß über den Rand des Seitenstreifens getreten war. Percy hatte die Straße verlassen, und die Soldaten hatten die ganze Zeit über gewusst, was er vorhatte. Der gute alte Percy Soundso hatte niemand täuschen können. Es gab einen scharfen, sauberen Knall, und Garratys Augen flogen von Percy zu dem Soldaten auf der hinteren Abdeckung des Panzerwagens. Der Mann stand da wie eine Statue mit klaren, kantigen Linien, den Gewehrkolben in die Schulter eingezogen, den Kopf leicht am Lauf entlang geneigt.

Dann fuhr sein Kopf wieder zu Percy herum. Schließlich war er die Hauptperson. Percy stand nun mit beiden Füßen in dem kleinen Grasstreifen, der in den Kiefernwald führte. Er war jetzt genauso zur Statue erstarrt wie der Soldat, der auf ihn geschossen hatte. Die beiden zusammen hätten ein gutes Motiv für Michelangelo abgegeben, dachte Garraty. Percy, völlig still unter einem blauen Frühlingshimmel, eine Hand auf die Brust gedrückt wie ein Dichter, der im Begriff stand zu deklamieren. Seine Augen waren weit aufgerissen und ekstatisch.

Blut sickerte in einem hellroten Rinnsal durch seine Finger und schimmerte im Sonnenlicht. Guter alter Percy Soundso. He, Percy, deine Mutter ruft nach dir. He, Percy, weiß deine Mutter schon, dass du draußen bist? He, Percy, was für ein blöder weibischer Name ist das eigentlich? Percy, Percy, bist du nicht süß? Verwandelt in einen strahlenden, sonnenbeschienenen Adonis, ein Kontrapunkt zu dem brutalen graubraunen Jäger? Ein, zwei, drei münzförmige Blutstropfen fielen auf Percys staubige schwarze Schuhe, und das alles passierte innerhalb von nur drei Sekunden. Garraty lief in der ganzen Zeit nicht einmal zwei Schritte, wurde auch nicht verwarnt, und – o Percy, was wird bloß deine Mutter dazu sagen? Hast du, sag's mir, hast du wirklich den *Mumm* zu sterben?

Percy hatte ihn. Er fiel nach vorn, streifte eine kleine, verkrüppelte Kiefer, drehte sich halb um die eigene Achse und landete mit dem Gesicht zum Himmel auf dem Rücken. Die Anmut, die starre Symmetrie waren verschwunden. Jetzt war er einfach nur tot.

»Lasst uns diesen Boden mit Salz bestreuen«, sagte McVries plötzlich sehr schnell. »Sodass kein Maisstängel, kein Weizenhalm hier mehr wachsen möge! Verflucht seien die Kinder dieses Bodens, und verflucht seien ihre Lenden. Verflucht seien ihre Schinken und Haxen. Gegrüßet seist du, Maria, voller Gnaden, lass uns die ganze Welt in die Luft jagen.«

McVries fing an zu lachen.

»Halt den Mund«, sagte Abraham mit rauer Stimme. »Hör auf, so zu reden.«

»Die ganze Welt ist Gott«, fuhr McVries fort und kicherte hysterisch. »Wir *gehen* auf dem Herrn, und die Fliegen da hinten *kriechen* über den Herrn, in der Tat sind die Fliegen der Herr. Gesegnet sei also die Frucht deines Leibes, Percy. Amen, halleluja und klotzige Erdnussbutter. Vater unser, der du bist in Alufolie, geheiligt werde dein Name.«

»Ich knall dir eine!«, warnte Abraham. Sein Gesicht war sehr blass. »Im Ernst, Pete!«

»Ein *Betbruder!*«, stichelte McVries und kicherte hysterisch. »O du heiliger Bimbam! Ach, du heilige *Hutschnur!*«

»Wenn du jetzt nicht den Mund hältst, knall ich dir eine!«, brüllte Abraham.

»Nein«, sagte Garraty besorgt. »Bitte, streitet euch nicht. Seid ... einfach nett zueinander.«

»Wollt ihr eine parteiische Meinung hören?«, fragte Baker aufgekratzt.

»Wer hat dich gefragt, du gottverdammter Redneck?«

»Er war schrecklich jung für einen Teilnehmer an diesem Marsch«, sagte Baker traurig. »Wenn er vierzehn war, küsse ich lächelnd ein Schwein.«

»Seine Mutter hat ihn verzogen«, sagte Abraham mit zitternder Stimme. »Das konnte man deutlich sehen.« Er blickte Garraty und Pearson flehend an. »Das konnte man doch sehen, oder?«

»Sie wird ihn jetzt nicht mehr verziehen«, sagte McVries düster.

Olson fing wieder an, die Soldaten anzubetteln. Derjenige, der Percy erschossen hatte, hatte sich hingesetzt und aß in aller Ruhe ein Sandwich. Sie gingen weiter, und es wurde acht Uhr. Als sie an einer Tankstelle vorbeikamen, die in der Sonne lag, spritzte ein Mechaniker in einem ölverschmierten Overall gerade den Boden mit einem Wasserschlauch ab.

»Ich wünschte, er würde uns auch ein bisschen absprühen«, sagte Scramm. »Ich glühe wie ein Backofen.«

»Wir glühen alle«, sagte Garraty.

»Ich dachte, in Maine würde es nie heiß werden«, sagte Pearson. Er klang müder als je zuvor. »Ich dachte, in Maine wäre es immer kühl.«

»Na ja, jetzt weißt du's besser«, sagte Garraty kurz angebunden.

»Du machst mir wirklich Spaß, Garraty«, sagte Pearson. »Weißt du das? Du bist echt komisch. Ich bin froh, dass ich dich kennengelernt habe.«

McVries lachte.

»Soll ich dir mal was sagen?«, erwiderte Garraty.

»Was?«

»Du hast Bremsspuren in der Unterhose!« Es war das Geistreichste, was ihm in der Eile einfiel.

Sie kamen wieder an einem Fernfahrerrestaurant vorbei,

vor dem drei große Sattelschlepper auf dem Parkplatz standen. Offenbar waren sie von der Straße geholt worden, um den Gehern Platz zu machen. Einer der Fernfahrer stand besorgt neben seinem Anhänger, einem riesigen Kühlwagen, und betastete die Seite, als spüre er der Kälte nach, die in der Morgensonne davonschlüpfte. Die Kellnerinnen winkten, als die Jungen vorbeitrotteten, doch der Fernfahrer blickte hoch und zeigte ihnen den Mittelfinger. Er war ein großer, stämmiger Mann, dessen roter Stiernacken aus seinem dreckigen T-Shirt herausragte.

»Also, warum macht er denn so was?«, rief Scramm. »So ein gemeiner alter Mistkerl!«

McVries lachte. »Das ist der erste ehrliche Bürger, den wir treffen, seit diese Party angefangen hat, Scramm. Mann, ich habe ihn richtig gern!«

»Wahrscheinlich hat er eine verderbliche Ladung für Montreal«, sagte Garraty. »Er kommt den ganzen Weg von Boston, und wir haben ihn von der Straße gejagt. Er hat vielleicht Angst, seinen Job zu verlieren – oder seinen Sattelschlepper, wenn er selbständiger Unternehmer ist.«

»Das ist ja wirklich schlimm für ihn!«, wieherte Collie Parker. »Schließlich wissen die Leute erst seit zwei Monaten, was heute auf dieser Straße los sein wird. Der Typ da ist nichts weiter als ein gottverdammter Hinterwäldler!«

»Du scheinst eine Menge Ahnung davon zu haben«, sagte Abraham zu Garraty.

»Ein wenig«, sagte Garraty und starrte Parker an. »Mein Vater hat einen Sattelschlepper gefahren, bevor er ... bevor er wegging. Es ist ein verdammt harter Job. Der da hinten hat vermutlich gedacht, dass er noch Zeit genug hätte, es bis zur nächsten Ausfahrt zu schaffen. Wenn es eine kürzere Strecke gäbe, wäre er bestimmt nicht hier entlanggefahren.«

»Trotzdem hätte er uns nicht den Finger zeigen müssen«,

beharrte Scramm. »Nein, das hätte er nicht tun müssen. Seine vergammelnden Tomaten sind schließlich keine Sache auf Leben und Tod wie das hier.«

»Hat dein Vater deine Mutter sitzen lassen?«, fragte McVries Garraty.

»Mein Vater wurde von den Soldaten geholt«, sagte Garraty knapp und blickte Parker herausfordernd an – und jeden anderen, der es wagen würde, den Mund aufzumachen –, doch niemand sagte etwas.

Stebbins bildete immer noch das Schlusslicht. Kaum war er an dem Restaurant vorbei, da schwang der Fernfahrer sich auch schon in die Fahrerkabine seines Brummers. Weiter vorn ertönte krachend das einzige Wort, das die Gewehre beherrschten. Ein Körper drehte sich um die eigene Achse, fiel auf die Straße und lag still. Zwei Soldaten zerrten ihn an den Straßenrand, ein dritter warf ihnen einen Leichensack vom Panzerfahrzeug herunter.

»Ich hatte einen Onkel, der von den Soldaten geholt wurde«, sagte Wyman zögernd. Garraty bemerkte, dass die Lasche von Wymans Schuh sich unter dem Schnürsenkel gelöst hatte und bei jedem Schritt obszön auf- und abklappte.

»Nur gottverdammte Idioten lassen sich von den Soldaten holen«, sagte Collie Parker vernehmlich.

Garraty sah ihn an und versuchte, wütend auf ihn zu sein, doch dann senkte er nur den Kopf und sah stumm auf die Straße hinab. Es stimmte, sein Vater war ein gottverdammter Idiot gewesen. Ein gottverdammter Säufer, der keine zwei Cent zusammenhalten konnte, egal woran er sich versuchte. Ein Mann, der nicht genug Verstand hatte, seine politische Meinung für sich zu behalten. Garraty fühlte sich alt und krank.

»Halt deine stinkende Klappe«, sagte McVries kalt.

»Willst du's mal versuchen, mich dazu zu ...«

»Nein, ich will nicht versuchen, dich dazu zu bringen. Halt einfach die Klappe, du Arschloch!«

Collie Parker ließ sich zurückfallen, bis er zwischen McVries und Garraty ging. Pearson und Abraham wichen ein Stück zur Seite. Selbst die Soldaten richteten sich in Erwartung von Schwierigkeiten etwas auf. Parker musterte Garraty mit einem langen Blick. Sein breites Gesicht war schweißüberströmt, und die Augen hatten nichts von ihrer Arroganz verloren. Dann klopfte er Garraty kurz auf den Arm.

»Ich hab manchmal ein loses Mundwerk, aber ich hab's nicht so gemeint – okay?«

Garraty nickte müde, und Parker wandte sich McVries zu. »Ich piss auf dich, Jack«, sagte er und ging wieder schneller, der Vorhut hinterher.

»Was für ein unmöglicher Scheißkerl«, sagte McVries bedrückt.

»Nicht schlimmer als Barkovitch«, sagte Abraham. »Vielleicht sogar ein bisschen besser.«

»Und außerdem, was heißt es schon, von den Soldaten geholt zu werden?«, fügte Pearson hinzu. »Es ist doch Klassen besser, als getötet zu werden, stimmt's?«

»Woher willst du das wissen?«, sagte Garraty. »Woher will einer von uns das wissen?«

Sein Vater war ein rotblonder Riese mit einer dröhnenden Stimme und einem bellenden Lachen gewesen, das in Garratys kleinen Ohren immer so geklungen hatte, als würden Berge aufbrechen. Nachdem er seinen eigenen Sattelschlepper verloren hatte, verdiente er seinen Lebensunterhalt damit, Regierungslaster aus Brunswick zu fahren. Es wäre ein gutes Leben gewesen, wenn Jim Garraty seine politischen Ansichten hätte für sich behalten können. Doch wenn du für die Regierung arbeitest, ist die Regierung sich der Tatsache, dass du lebst, doppelt bewusst und doppelt so schnell damit bei der Hand, die Soldaten loszuschicken, wenn die Dinge im Umfeld nicht ganz koscher zu sein scheinen. Und Jim Garraty hatte sich nicht besonders für den Langen Marsch begeistern können. Eines Tages hatte er ein Telegramm erhalten, und am Tag darauf erschienen die Soldaten vor der Haustür, und Jim Garraty war großtuerisch mit ihnen gegangen, und seine Frau hatte die Tür hinter ihm zugemacht, und ihr Gesicht war kalkweiß gewesen, und als Garraty seine Mutter gefragt hatte, wohin Daddy denn mit den Soldatenmännern gehen wollte, hatte sie ihn so hart ins Gesicht geschlagen, dass seine Lippe blutete, und ihn angeschnauzt, er solle den Mund halten. Seitdem hatte Garraty seinen Vater nicht wiedergesehen. Das war jetzt elf Jahre her. Es war eine saubere Beseitigung gewesen. Geruchlos, sterilisiert, pasteurisiert, sanforisiert und ohne Schuppen.

»Mein Bruder ist auch mit dem Gesetz in Konflikt geraten«, sagte Baker. »Nicht mit der Regierung, nur mit dem Gesetz. Er hat ein Auto gestohlen und ist damit von unserer Stadt bis nach Hattiesburg, Mississippi, gefahren. Hat zwei Jahre auf Bewährung gekriegt. Jetzt ist er tot.«

»Tot?« Die Stimme war eine getrocknete Schale, ätherisch. Olson hatte sich ihnen wieder angeschlossen. Sein verhärmtes Gesicht schien gar nicht mehr zu seinem Körper zu gehören.

»Er hatte einen Herzschlag«, sagte Baker. »Er war nur drei Jahre älter als ich. Ma sagte immer, er wäre ihr Kreuz, aber er ist nur das eine Mal wirklich in Schwierigkeiten geraten. Ich war schlimmer. Ich bin drei Jahre lang bei den *Night Riders* gewesen.«

Garraty sah zu ihm hinüber. Auf Bakers erschöpftem Gesicht, das sich gegen einen dämmrigen, durch die Bäume fallenden Sonnenstrahl abzeichnete, lag ein Ausdruck von Scham, aber auch von Würde.

»Das ist ein Vergehen, bei dem Soldaten eingreifen, aber das war mir egal. Ich war erst zwölf, als ich mich dem Geheimbund anschloss. Heutzutage ziehen nur noch die Kinder nachts los. Ältere Köpfe sind klügere Köpfe. Sie haben uns gesagt, wir sollten uns ranhalten, und uns den Kopf getätschelt, aber sie haben nicht riskiert, sich von den Soldaten schnappen zu lassen, sie nicht. Ich bin wieder abgesprungen, nachdem wir im Vorgarten eines Schwarzen ein Kreuz verbrannt hatten. Ich hatte eine Heidenangst, und geschämt hab ich mich auch. Wozu soll das gut sein, auf dem Rasen eines Schwarzen ein Kreuz zu verbrennen? Himmelherrgott, so was ist doch längst passé, oder? Bestimmt ist es das.« Baker schüttelte zögernd den Kopf. »Es war nicht richtig.«

In dem Augenblick hörten sie wieder Schüsse.

»Und wieder verlässt uns einer«, sagte Scramm mit verschnupfter, näselnder Stimme und wischte sich mit dem Handrücken die Nase ab.

»Vierunddreißig«, sagte Pearson und nahm einen Penny aus seiner rechten Hosentasche und steckte ihn in die linke. »Ich hab neunundneunzig Pennys dabei. Jedes Mal wenn einer die rote Karte bekommt, stecke ich einen in die andere Tasche. Und wenn ...«

»Das ist ja ekelhaft«, sagte Olson. Seine gequälten Augen starrten Pearson hasserfüllt an. »Ist das deine Totenuhr? Wo sind deine Voodoopuppen?«

Pearson sagte nichts, sondern starrte verlegen auf das brachliegende Feld, an dem sie gerade vorbeigingen. Schließlich murmelte er: »Ich hatte eigentlich nichts davon sagen wollen. Es sollte mir nur Glück bringen, sonst nichts.«

»Es ist schäbig!«, krächzte Olson. »Es ist *schmutzig!* Es ist ...«

»Ach, hör doch auf,«, sagte Abraham. »Hör auf, mir auf die Nerven zu gehen!«

Garraty sah auf seine Uhr. Zwanzig nach acht. Noch vierzig Minuten, bis das Essen kam. Er stellte sich vor, wie herrlich es sein müsste, in eines der kleinen Restaurants am Straßenrand zu gehen, den Hintern ganz sanft auf einen der gepolsterten Barhocker niederzulassen, die Füße auf die untere Stange zu stellen – Gott, allein diese Erleichterung! – und ein Steak mit gebratenen Zwiebeln und Pommes frites und als Nachtisch ein großes Vanilleeis mit Erdbeersauce zu bestellen. Oder vielleicht eine große Portion Spaghetti mit Fleischklößen mit italienischem Weißbrot und in Butter schwimmenden Erbsen als Beilage. Und Milch. Einen ganzen Krug Milch. Zum Teufel mit den Tuben und den Feldflaschen mit destilliertem Wasser. Milch und feste Nahrung und ein Platz, an dem man in Ruhe sitzen und alles essen könnte. Wäre das nicht wunderbar?

Vor ihnen hatte sich eine fünfköpfige Familie – Mutter, Vater, Tochter, Sohn und die weißhaarige Großmutter – unter einer großen Ulme verteilt und nahm ihr Frühstück zu sich, das, soweit er sehen konnte, aus Sandwiches und heißem Kakao bestand. Sie winkten den Gehern fröhlich zu.

»Das sind ja Irre«, murmelte Garraty.

»Wie bitte?«, fragte McVries.

»Ich möchte mich auch hinsetzen und etwas essen. Sieh dir bloß diese Leute an. Bescheuerte Schweine!«

»Du würdest es genauso machen«, sagte McVries und winkte der Familie, wobei er sich ein besonders strahlendes Lächeln für die Großmutter aufhob, die zurückwinkte, während sie auf etwas kaute – nun ja, eher mummelte –, was wie ein Sandwich mit Eiersalat aussah.

»Verdammt noch mal, nein. Ich würde nicht so dasitzen und essen, während eine Horde verhungernder …«

»Wohl kaum verhungernd, Ray. Es fühlt sich nur so an.«

»Na gut, dann eben *hungriger …«*

»Der Geist ist stärker als der Körper«, sagte McVries

beschwörend. »Der Geist ist stärker als der Körper, mein Sohn.« Sein Sprechgesang wurde zu einer schmierigen W.C.-Fields-Imitation.

»Zum Teufel mit dir, du willst es ja bloß nicht zugeben. Diese Leute da sind Tiere. Sie sind hergekommen, um das Gehirn von jemand auf die Straße fließen zu sehen. Sie könnten sogar bald deines sehen.«

»Darum geht es nicht«, sagte McVries ruhig. »Hast du mir nicht selbst erzählt, dass du einmal zum Marsch gegangen bist, als du noch ein Junge warst?«

»Ja, da habe ich es noch nicht besser gewusst!«

»Und deswegen war es wohl ganz in Ordnung, was?« McVries stieß ein kurzes, hässlich klingendes Lachen aus. »Natürlich sind sie Tiere. Glaubst du, du hast da soeben eine neue Weisheit entdeckt? Manchmal frage ich mich, wie naiv du eigentlich bist, Ray. Die französischen Herren und Damen haben miteinander gevögelt, nachdem die Guillotine ihr Tagwerk vollbracht hatte. Die alten Römer haben sich während der Gladiatorenkämpfe gepimpert. Das ist Unterhaltung, Garraty, und absolut nichts Neues.« Er lachte wieder, und Garraty starrte ihn fasziniert an.

»Weiter«, sagte jemand hinter ihnen. »Du bist erst beim zweiten Base, McVries. Willst du es nicht mit dem dritten versuchen?«

Garraty brauchte sich nicht umzudrehen. Es war natürlich Stebbins. Der schlanke Buddha. Seine Füße trugen ihn automatisch weiter, aber er spürte undeutlich, dass sie sich geschwollen und schlüpfrig anfühlten, als würden sie sich langsam mit Eiter füllen.

»Tod regt den Appetit an«, fuhr McVries fort. »Was war das denn mit Gribble und den Mädchen? Sie wollten wissen, wie es sich anfühlt, mit einem Todgeweihten zu vögeln. Mal etwas völlig anderes, etwas völlig Neues erleben. Ich weiß nicht, ob Gribble etwas davon hatte, aber ihnen hat es sicher viel gebracht. Und so ist das mit jedem. Egal, ob sie essen oder trinken oder auf dem Klo hocken, sie mögen es lieber, sie schmecken und fühlen es intensiver, wenn sie dabei einem Todgeweihten zusehen.

Aber auch das ist nicht das Entscheidende an dieser kleinen Expedition, Garraty. Das Entscheidende ist, dass sie die Klügeren sind. *Sie* werden nicht den Löwen vorgeworfen. *Sie* taumeln nicht kraftlos diese Straße entlang und müssen auch nicht hoffen, scheißen zu können, ohne zwei Verwarnungen zu kassieren. Du bist dumm, Garraty. Du und ich und Pearson und Barkovitch und Stebbins, wir sind alle dumm. Scramm ist dumm, weil er glaubt, er versteht, aber er versteht nichts. Olson ist dumm, weil er viel zu spät verstanden hat. Sie sind Tiere, das ist richtig. Aber warum bist du dir so gottverdammt sicher, dass uns das zu Menschen macht?«

Er schwieg, völlig außer Atem geraten.

»Siehst du?«, sagte er. »Du hast mich ganz schön in Fahrt gebracht. Predigt 342 aus einer Serie von sechstausend und so weiter und so fort. Hat meine Lebenszeit um fünf Stunden oder mehr verkürzt.«

»Aber warum machst du es dann?«, fragte Garraty. »Wenn du so viel weißt, wenn du dir so sicher bist, warum machst du es dann mit?«

»Aus dem gleichen Grund, aus dem wir alle es tun«, sagte Stebbins. Er lächelte freundlich, beinah zärtlich. Seine Lippen waren von der Sonne ein bisschen ausgedörrt, aber abgesehen davon war sein Gesicht immer noch faltenlos und anscheinend unbesiegbar. »Wir wollen sterben, deshalb tun wir es. Warum sonst, Garraty? Warum sonst?«

Kapitel 8

»Drei-sechs-neun, die Gans trinkt Wein
Der Affe kaut Tabak in der Straßenbahn allein
Die Straßenbahn ruckt
Der Affe hat sich verschluckt
Und sie rudern alle in den Himmel hinein ...«

Kindervers

Ray Garraty schnallte sich den neuen Nahrungsgürtel eng um die Hüfte und nahm sich fest vor, mindestens bis um halb zehn absolut nichts davon zu essen. Der Vorsatz würde schwer zu halten sein, sein Magen knurrte und grollte. Um ihn herum feierten die Geher geradezu zwanghaft das Ende der ersten vierundzwanzig Stunden auf der Straße.

Scramm lächelte ihm, den Mund voller Streichkäse, zu und sagte etwas Freundliches, aber Unverständliches. Baker leerte ein Glas Oliven – echte Oliven –, die er sich mit der Regelmäßigkeit eines Maschinengewehrs in den Mund warf. Pearson stopfte sich haushoch mit Thunfischpaste beladene Cracker in den Mund, und McVries verzehrte genüsslich eine Tube Hühnerpaste. Er hielt die Augenlider dabei halb geschlossen, als hätte er entweder starke Schmerzen oder befinde sich auf dem Gipfel der Freuden.

Zwischen halb neun und neun waren noch zwei weitere Jungen ausgeschieden; einer von ihnen war der Wayne gewesen, den der Tankwart weit hinten besonders angefeuert hatte. Aber sie hatten neunundneunzig Meilen geschafft und nur sechsunddreißig Leute verloren. Ist das nicht wundervoll?, dachte Garraty und spürte, wie ihm das Wasser im Munde zusammenlief, als McVries den Rest Hühnerkonzentrat aus der Tube saugte und die leere Tube wegwarf. Großartig! Ich hoffe, sie fallen alle sofort tot um!

Ein Teenager in weiten Jeans rannte mit einer Hausfrau mittleren Alters um die Wette nach McVries' leerer Tube, die jetzt aufgehört hatte, ein nützlicher Gegenstand zu sein, und ihre neue Karriere als begehrtes Souvenir begann. Die Hausfrau war zwar näher dran, aber der Junge war schneller und schlug sie um eine halbe Länge. »Danke!«, rief er McVries zu und hielt die zusammengerollte, ausgequetschte Tube in die Höhe. Dann rannte er, seine Beute immer noch durch die Luft schwenkend, zu seinen Freunden zurück. Die Hausfrau blickte ihm mit säuerlicher Miene nach.

»Willst du nichts essen?«, fragte McVries Garraty.

»Ich will noch etwas warten.«

»Worauf?«

»Auf halb zehn.«

McVries musterte ihn nachdenklich. »Die alte Nummer mit der Selbstdisziplin?«

Garraty zuckte in Erwartung des nächsten sarkastischen Schlages die Achseln, aber McVries sah ihn nur an.

»Weißt du was?«, sagte er schließlich.

»Was?«

»Wenn ich einen Dollar hätte ... *nur* einen Dollar, wohlgemerkt ... ich glaube, ich würde ihn auf dich setzen, Garraty. Ich glaube, du hast gute Aussichten, diese Sache hier zu gewinnen.«

Garraty lachte verlegen. »Willst du mich mit einem Fluch belegen?«

»Fluch?«

»Ja, mit einem Fluch. Als würdest du beim Baseball dem

Pitcher erzählen, dass er ein komplettes Spiel ohne Hits werfen wird.«

»Kann sein«, sagte McVries und streckte seine Hände vor sich aus. Sie zitterten leicht. McVries runzelte die Stirn und sah sie mit zerstreuter Konzentration an. Es lag etwas Wahnsinniges in diesem Blick. »Ich hoffe, dass Barkovitch es nicht mehr lange macht«, sagte er.

»Pete?«

»Was ist?«

»Wenn du das Ganze noch mal machen müsstest ... wenn du vorher wüsstest, dass du so weit kommen würdest und dann immer noch weitergehen könntest ... würdest du es noch einmal tun?«

McVries nahm die Hände herunter und starrte ihn an. »Machst du Witze? Das kannst du nicht ernst meinen.«

»Doch, ich meine es ernst.«

»Ray, ich glaube, ich würde es auch dann nicht noch mal machen, wenn der Major mir seine Pistole an den Hintern halten würde. Das hier grenzt an Selbstmord, nur dass ein regulärer Selbstmord wesentlich schneller geht.«

»Das ist wahr«, sagte Olson neben ihnen. »Wie wahr.« Er lächelte ein ausgezehrtes Konzentrationslager-Lächeln, bei dem Garratys Magen sich zusammenzog.

Zehn Minuten später gingen sie unter einem riesigen, quer über die Straße gespannten rot-weißen Transparent hindurch, das ihnen verkündete: 100 MEILEN!! DIE HANDELSKAMMER JEFFERSON PLANTATION GRATULIERT DEN DIESJÄHRIGEN »JAHRHUNDERTKLUB«-GEHERN!!

»Ich habe eine Stelle, wo sie ihren Jahrhundertklub reinstecken können«, sagte Collie Parker. »Sie ist lang und braun, und niemals scheint dort die Sonne rein.«

Plötzlich waren die kleinen halbwüchsigen Kiefern- und Fichtenbestände verschwunden, die die Straße stellenweise umsäumt hatten, verborgen hinter der ersten wirklich großen Menschenmenge, die sie zu sehen bekamen. Ein riesiges Jubelgeschrei erhob sich, gefolgt von einem weiteren und noch einem Jubel. Es klang wie eine gegen Felsen schlagende Brandung. Blitzlichter flammten auf, und Beamte der State Police hielten die Menschenmassen von der Straße zurück, die auf beiden Seiten mit leuchtend orangefarbenen Nylonseilen abgesperrt war. Ein Polizist kämpfte mit einem schreienden kleinen Jungen. Der Junge hatte ein schmutziges Gesicht und eine Rotznase. In der einen Hand hielt er ein kleines Segelflugzeug, in der anderen ein Autogrammheft.

»Herrje!«, brüllte Baker. »Seht euch das an! Seht euch bloß das mal an!«

Collie Parker lächelte und winkte der Menge zu, doch erst als Garraty in seine Nähe kam, hörte er ihn in seinem mittelwestlichen Dialekt vor sich hin fluchen: »Freut mich, euch zu sehen, ihr gottverdammter Narrenhaufen!« Lächeln und Winken. »Wie geht's dir, Mutter McCree, du gottverdammte Schlampe. Dein Gesicht und mein Arsch – nicht zu unterscheiden. Hallo, wie geht's, wie steht's?«

Garraty schlug die Hand vor den Mund und fing an hysterisch zu kichern. Ein Mann in der ersten Reihe schwenkte ein schlampig beschriebenes Schild mit Scramms Namen drauf in der Hand. Sein Hosenstall stand offen. In der Reihe dahinter wurde eine fette Frau in einem lächerlich gelben Spielanzug von drei Collegestudenten eingezwängt, die Bier tranken. Zwischen Steinen zerstoßenes Dickerchen, dachte er und musste noch heftiger lachen.

Du kriegst einen hysterischen Anfall, o mein Gott, reiß dich zusammen, denk an Gribble ... und reiß ... reiß dich ... reiß ...

Aber es ließ sich nicht aufhalten. Das Gelächter brach stürmisch aus ihm heraus, bis sein Magen sich verkrampfte und er gebeugt über die Straße schlich. Jemand schrie ihn an, brüllte über das Getöse der Menge hinweg: »Ray! *Ray!* Was ist los mit dir? Alles in Ordnung?« Es war McVries.

»Sie sind komisch!« Er weinte jetzt fast vor Lachen. »Pete, Pete. Sie sind so komisch. Sie sind einfach ... einfach nur ... so unglaublich *komisch!*«

Ein kleines Mädchen mit harten Gesichtszügen saß in seinem schmutzigen Sommerkleid schmollend auf dem Boden und runzelte die Stirn. Als sie an ihr vorbeigingen, zog sie eine schreckliche Grimasse. Garraty brach fast zusammen vor Lachen und erhielt eine Verwarnung. Es war seltsam – trotz des ganzen Lärms konnte er die Warnungen deutlich hören.

Ich könnte sterben, dachte er. Ich könnte lachend sterben, war das nicht der Brüller?

Collie Parker lächelte immer noch fröhlich und winkte und fluchte auf die Zuschauer und die Reporter, und das schien von allem das Komischste zu sein. Garraty fiel auf die Knie und wurde wieder verwarnt. Er lachte jetzt in kurzen, heftigen Anfällen, mehr erlaubte seine ausgepumpte Lunge nicht.

»Er wird gleich kotzen!«, rief ein Zuschauer voller Begeisterung. »Sieh ihn dir an, Alice, er wird gleich kotzen!«

»Garraty! Um Himmels willen, Garraty!«, schrie McVries. Er legte ihm einen Arm um den Rücken und hakte die andere Hand unter seine Achsel. Es gelang ihm, ihn wieder auf die Füße zu ziehen, und Garraty stolperte vorwärts.

»O mein Gott«, keuchte er. »O Herr im Himmel, sie bringen mich noch um. Ich ... ich kann nicht ...« Und wieder brach er in ungezügeltes Gekicher aus. Seine Knie knickten ein. McVries zog ihn wieder hoch, wobei Garratys Hemdkragen einriss. Beide wurden verwarnt. Meine letzte Warnung, dachte Garraty benommen. Ich bin auf dem besten Weg, mir die berühmte Farm anzusehen. Tut mir leid, Jan, ich ...

»Na los, du Blödmann, ich kann dich nicht tragen!«, fauchte McVries ihn an.

»Ich kann nicht mehr«, keuchte Garraty. »Ich kriege keine Luft mehr. Ich ...«

McVries schlug ihm zweimal kurz hintereinander ins Gesicht, mit der Handfläche auf die rechte, mit dem Handrücken auf die linke Wange. Dann ging er rasch weg, ohne sich noch einmal umzublicken.

Das Lachen war nun vorbei, aber sein Bauch fühlte sich an, als wäre er mit Gelee gefüllt, und seine Lunge war völlig ausgepumpt und schien sich auch nicht wieder füllen zu wollen. Taumelnd schwankte er über die Straße und bemühte sich, Luft zu holen. Vor seinen Augen tanzten dunkle Flecke, und ihm war undeutlich bewusst, dass er sich kurz vor einer Ohnmacht befand. Ein Fuß stolperte über den anderen, er fiel fast, behielt aber doch das Gleichgewicht.

Wenn ich falle, bin ich tot. Dann stehe ich nie wieder auf.

Sie beobachteten ihn. Die Menge beobachtete ihn. Der Jubel war zu einem unterdrückten, beinah erotischen Gemurmel abgestorben. Sie warteten darauf, dass er fiel.

Er ging weiter und konzentrierte sich ausschließlich darauf, einen Fuß vor den anderen zu setzen. In der achten Klasse hatte er einmal eine Kurzgeschichte von einem Mann namens Ray Bradbury gelesen, in der es um die Zuschauermengen ging, die sich stets bei tödlichen Unfällen versammelten. Bradbury hatte darüber geschrieben, dass diese Mengen immer dasselbe Gesicht hätten, dass sie immer schon vorher zu wissen schien, ob die Verletzten den Unfall überleben würden oder nicht. Ich werde noch ein bisschen länger leben, rief Garraty der Menge im Stillen zu. Ich werde leben. Ich werde noch ein bisschen länger leben.

Er zwang sich, seine Füße im Takt dieser Sätze zu heben,

die sich in seinem Kopf bildeten. Alles andere blendete er aus, sogar Jan. Er war sich weder der Hitze bewusst noch Collie Parkers oder Freaky D'Allessios. Er spürte nicht einmal mehr den dumpfen Schmerz in seinen Füßen und die starre Spannung seiner Kniesehnen. Ein einziger Gedanke dröhnte in seinem Gehirn wie eine große Kesselpauke. Wie ein Herzschlag. *Noch ein bisschen länger leben. Noch ein bisschen länger leben. Noch ein bisschen länger leben.* Bis die Worte selbst allmählich sinnlos wurden und nichts mehr bedeuteten.

Es waren Gewehrschüsse, die ihn herausrissen.

In der seltsam gedrückten Stille klangen sie schockierend laut. Er hörte jemand schreien. Jetzt weißt du Bescheid, dachte er. Du lebst lange genug, um die Schüsse zu hören, gerade lange genug, um dich selbst schreien zu hören –

Aber in dem Augenblick trat er mit einem Fuß gegen einen kleinen Stein, und es tat weh, und er war es nicht, den es erwischt hatte, es war Nummer 64, ein netter, freundlich lächelnder Junge namens Frank Morgan. Sie schleiften Frank Morgan von der Straße. Seine Brille, die sich hartnäckig hinter dem einen Ohr verklemmt hatte, hüpfte über den Asphalt. Das linke Glas war zersplittert.

»Ich bin nicht tot«, sagte er benommen. Ein Schock überspülte ihn wie eine warme blaue Welle, die drohte, seine Beine wieder in Wasser zu verwandeln.

»Ja, aber du solltest es sein«, sagte McVries.

»Und du hast ihn gerettet«, sagte Olson. Es klang wie ein Fluch. »Warum hast du das getan? *Warum hast du das getan?*« Seine Augen glänzten wie blank geputzte Türknöpfe. »Wenn ich könnte, würde ich dich umbringen. Ich hasse dich. Du wirst sterben, McVries. Wart's nur ab. Gott wird dich erschlagen für das, was du getan hast. Gott wird dich erschlagen, sodass du mausetot bist!« Seine Stimme war matt und leer. Garraty konnte förmlich riechen, dass er schon das Leichentuch trug. Er schlug die Hände vor den Mund und stöhnte. In Wahrheit hatten sie alle schon den Leichentuchgeruch an sich.

»Ich scheiß auf dich«, sagte McVries ruhig. »Ich habe bloß meine Schulden bezahlt, mehr nicht.« Er sah Garraty an. »Jetzt sind wir quitt, Mann. Das ist das Ende, okay?« Damit ging er ohne Eile fort und war bald nur noch eines der bunten Hemden, die sich knapp zwanzig Meter weiter vorn bewegten.

Garraty kam allmählich wieder zu Atem, doch hatte er noch lange das Gefühl, er bekäme gleich Seitenstiche ... bis es schließlich verschwand. McVries hatte ihm das Leben gerettet. Er war hysterisch geworden, hatte einen Lachkrampf bekommen, und McVries hatte ihn vor dem Ende bewahrt. Wir sind quitt, Mann. Das ist das Ende, okay? In Ordnung.

»Gott wird ihn bestrafen«, plärrte Hank Olson weiter, als wollte er sich dieser außerirdischen, tödlichen Rechtfertigung selbst versichern. »Gott wird ihn dafür erschlagen.«

»Halt's Maul, sonst erschlage ich dich!«, sagte Abraham.

Es wurde immer heißer, und überall brachen kleinliche Streitereien aus wie Buschfeuer. Als sie aus der Reichweite der Fernsehkameras und Mikrofone herauskamen, verlief die riesige Menschenmenge sich etwas, aber sie verschwand nicht, ja, sie löste sich nicht einmal in einzelne Gruppen auf. Sie war nun einmal gekommen, und sie blieb. Die Menschen, aus denen sie sich zusammensetzte, verschmolzen zu einem einheitlichen, anonymen Massengesicht, einer gierigen, nichtssagenden Visage, die sich Meile für Meile wiederholte. Sie bevölkerten die Treppen vor den Häusern, die Vorgärten, Zufahrten, Picknickplätze, Tankstellen – wo die Besitzer Eintritt verlangten – und die Bürgersteige und Parkplätze der nächsten Stadt, durch die sie kamen. Sie klatschten und schnatterten und jubelten und blieben sich im Wesentlichen immer gleich. Sie verschlangen Wyman förmlich mit den Augen, als er sich hinsetzte, um seinen Darm zu entleeren. Ob Männer, Frauen oder Kinder, das Massengesicht änderte sich nie, und Garraty fand es mit der Zeit langweilig.

Er hätte sich gern bei McVries bedankt, bezweifelte aber irgendwie, dass McVries seinen Dank annehmen würde. Er sah ihn vorn direkt hinter Barkovitch gehen und angespannt in dessen Nacken starren.

Es wurde halb zehn und später. Die Menge schien die drückende Hitze noch zu verstärken. Garraty knöpfte sich das Hemd bis zum Hosengürtel auf und fragte sich, ob Freaky D'Allessio wohl vorher geahnt hatte, dass er sterben würde. Aber vermutlich hätte das so oder so nicht viel für ihn verändert.

Die Straße stieg wieder steil an, und die Menge blieb vorübergehend etwas zurück, als sie zu klettern anfingen. Sie liefen über eine Bahnlinie, die von Osten nach Westen führte und deren vier Geleise auf ihrem Schotterbett flimmerten. Von oben, wo sie eine Holzbrücke überquerten, konnte Garraty vor sich einen weiteren Waldgürtel und den bebauten, fast vorstädtischen Bereich sehen, den sie gerade rechts und links hatten liegen lassen.

Ein kühler Windhauch strich über seine verschwitzte Haut und ließ ihn erschauern. Scramm musste heftig niesen.

»He, ich kriege eine Erkältung«, rief er angewidert.

»Das wird dir den Saft aus den Knochen ziehen«, sagte Pearson. »Das ist eine gemeine Sache.«

»Ich muss bloß härter arbeiten«, sagte Scramm.

»Mann, du musst ja aus Stahl sein«, sagte Pearson. »Ich glaube, wenn ich eine Erkältung bekäme, würde ich mich einfach auf die Seite legen und sterben. So wenig Energie habe ich noch übrig.«

»Dann leg dich auf die Seite, und stirb!«, rief Barkovitch nach hinten. »Spar etwas Energie!«

»Halt's Maul, und geh weiter, Killer«, sagte McVries sofort.

Barkovitch drehte sich zu ihm um. »Geh mir aus dem Rücken, McVries ! Lauf woanders!«

»Das ist eine freie Straße. Ich laufe, wo es mir passt!«

Barkovitch räusperte sich, spuckte aus und kümmerte sich nicht weiter um ihn.

Garraty öffnete eine seiner Konzentrattuben und strich sich Käse auf einen Cracker. Beim ersten Bissen knurrte sein Magen fürchterlich, und er musste sich zusammenreißen, nicht alles auf einmal hinunterzuschlingen. Er quetschte eine Tube Roastbeef in seinen Mund aus und schluckte es ganz langsam runter. Dann spülte er mit Wasser nach und beschloss, erst mal wieder aufzuhören.

Sie gingen an einem Holzlager vorbei. Die Waldarbeiter waren auf Holzstapel geklettert, wo ihre Silhouetten sich scharf gegen den Himmel abhoben, und winkten. Dann traten sie wieder in den Wald, und die Stille traf sie schlagartig. Aber natürlich war es nicht still. Die Marschierenden unterhielten sich miteinander, das Panzerfahrzeug brummte gleichmäßig, jemand ließ einen fahren, jemand lachte, und hinter Garraty stöhnte jemand leise und hoffnungslos vor sich hin. Die Straßenränder waren immer noch mit Zuschauern bevölkert, doch die große Jahrhundertklub-Menge war verschwunden. Im Vergleich dazu war es richtig still. Vögel zwitscherten in den hohen Baumkronen, und eine kleine Brise seufzte wie eine verlorene Seele in den Zweigen und machte die Hitze für ein, zwei Augenblicke lang erträglicher. Ein Eichhörnchen erstarrte mit buschig erhobenem Schwanz auf einem Ast. Es hielt eine Nuss in seinen rattenähnlichen Pfoten und richtete seine aufmerksamen Knopfaugen auf sie. Plötzlich schnatterte es ihnen etwas zu und eilte dann in die höheren Regionen davon, um dort zu verschwinden. In weiter Ferne summte ein Flugzeug wie eine gigantische Fliege.

Garraty hatte den Eindruck, dass die anderen ihn absichtlich mieden. McVries lief immer noch hinter Barkovitch. Pearson und Baker unterhielten sich übers Schachspielen. Abraham aß geräuschvoll und wischte sich die Hände an seinem Hemd ab. Scramm hatte einen Stofffetzen aus seinem T-Shirt gerissen und benutzte ihn als Taschentuch. Collie Parker tauschte mit Wyman Mädchenadressen aus. Und Olson ... aber er mochte Olson, der sie alle zu Mitschuldigen an seinem eigenen nahenden Tod machen wollte, nicht einmal ansehen.

Deshalb ließ er sich ganz vorsichtig, die drei Warnungen immer im Gedächtnis, zurückfallen, bis er Stebbins erreicht hatte. Stebbins' lila Hose war inzwischen verstaubt, und unter den Achseln seines Flanellhemdes zeigten sich große Schweißflecken. Was immer er sein mochte, Superman war er nicht. Er blickte einen Augenblick lang zu ihm hoch, eine unausgesprochene Frage auf dem schmalen Gesicht, doch sofort senkte er wieder den Kopf. Sein oberster Halswirbel trat deutlich am Rücken hervor.

»Wieso sind hier nicht mehr Leute?«, fragte Garraty zögernd. »Zuschauer, meine ich.«

Einen Augenblick lang schien es so, als wollte Stebbins ihm nicht antworten. Schließlich blickte er wieder auf, schob sich das Haar aus der Stirn und sagte: »Sie werden schon noch kommen. Wart's nur ab, sie werden in Dreierreihen auf den Dächern sitzen, um dich zu sehen.«

»Aber jemand hat mir erzählt, die Leute würden Milliarden von Dollars auf den Marsch wetten. Man sollte doch annehmen, dass sie in Dreierreihen die gesamte Straße entlang stehen würden. Und dass das Fernsehen alles mitfilmen ...«

»Man hält sie davon ab.«

»Wieso?«

»Warum fragst du mich das?«

»Weil du es *weißt*«, antwortete Garraty ärgerlich.

»Warum glaubst du das?«

»Himmel, manchmal erinnerst du mich an die Raupe aus *Alice im Wunderland«,* sagte Garraty. »Unterhältst du dich nie einfach nur so?«

»Wie lange würdest du es aushalten, dass die Leute von beiden Seiten auf dich einbrüllen? Allein der Körpergeruch würde schon reichen, dich nach einer Weile in den Wahnsinn zu treiben. Es wäre so, als müsste man dreihundert Meilen am Silvesterabend über den Times Square laufen.«

»Aber sie *lassen* sie doch zusehen – oder nicht? Jemand hat gesagt, von Oldtown ab wäre es nur noch eine einzige, riesige Menge.«

»Ich bin sowieso nicht die Raupe«, sagte Stebbins mit einem kleinen, geheimnisvollen Lächeln. »Ich bin eher der Typ des weißen Kaninchens, findest du nicht? Nur dass ich meine goldene Uhr zu Hause gelassen habe und mich niemand zum Tee eingeladen hat. Wenigstens hat das meines Wissens noch niemand getan. Vielleicht sollte ich mir das wünschen, wenn ich gewinne. Wenn sie mich fragen, was ich gern als Preis hätte, sage ich einfach: ›Ich möchte gern von irgendjemand zum Tee eingeladen werden.«

»Himmelherrgott!«

Stebbins versuchte ein breiteres Lächeln, aber es blieb eine Übung im Lippenverziehen. »Ja, in Oldtown geht der Tumult los. Aber bis dahin denkt man nicht an solch banale Dinge wie Körpergeruch. Von Augusta ab wird der gesamte Marsch im Fernsehen übertragen. Schließlich ist er der Nation liebster Zeitvertreib.«

»Und warum nicht schon hier?«

»Zu früh«, sagte Stebbins. »Zu früh.«

Hinter der nächsten Kurve donnerten wieder die Gewehre los und scheuchten einen Fasan mit aufgeregten Flügelschlägen aus dem Unterholz hoch. Als Stebbins und Garraty um die Kurve kamen, wurde der Leichensack schon verschlossen. Schnelle Arbeit. Er konnte nicht mehr sehen, wer es gewesen war.

»Man erreicht einen gewissen Punkt, an dem die Menge einem nichts mehr bedeutet«, sagte Stebbins. »Weder als Ansporn noch als Belästigung. Sie ist dann für einen einfach nicht mehr vorhanden. Einem Mann auf dem Schafott geht es genauso, glaube ich. Man buddelt sich so tief ein, dass man sie nicht mehr wahrnimmt.«

»Ich glaube, das verstehe ich«, sagte Garraty zögernd.

»Wenn du das wirklich verstehen würdest, hättest du da hinten nicht einen Anfall gekriegt und deinen Freund gebraucht, um dir das Leben zu retten. Aber du wirst es noch verstehen.«

»Ich frage mich, wie tief du dich verbuddelst.«

»Und wie tief bist du drin, Garraty?«

»Ich weiß es nicht.«

»Auch das ist etwas, was du noch herausfinden wirst. Die unausgeloteten Tiefen von Ray Garraty ausloten. Klingt fast wie eine Reisereklame, nicht wahr? Du buddelst, bis du aufs Grundgestein stößt. Dann buddelst du dich *in* das Grundgestein, und schließlich erreichst du den wahren Grund. Dann bist du am Ende. Das ist jedenfalls meine Theorie. Jetzt lass mich deine hören.«

Garraty antwortete nicht. Im Augenblick hatte er keine Theorie.

Der Marsch ging weiter, und die Sonne brannte weiterhin auf sie herab. Sie stand jetzt genau über der Schneise, die die Straße durch den Wald gezogen hatte, und ihre Schatten sahen wie stämmige Zwerge aus. Gegen zehn Uhr verschwand einer der Soldaten in der hinteren Luke des

Panzerfahrzeugs und tauchte einen Augenblick später mit einer langen Stange wieder auf, deren oberes Drittel mit Segeltuch umwickelt war. Er schloss die Luke und steckte die Stange in den Schlitz. Dann langte er unter das Tuch und fummelte an etwas, vermutlich einer Sperre, herum. Einen Augenblick später breitete sich ein großer, graubrauner Sonnenschirm aus, der den größten Teil des Fahrzeugs überdeckte. So saßen er und die beiden anderen diensttuenden Soldaten gemütlich mit untergeschlagenen Beinen im Schatten des tristen Armeeschirms.

»Ihr verkommenen Schweine!«, schrie jemand. »Mein Preis wird eure öffentliche Kastration sein!«

Die Soldaten schienen von dieser Drohung nicht sonderlich beeindruckt. Sie ließen ihre leeren Blicke weiterhin über die Gruppe streifen und betätigten ab und zu die Computerkonsole.

»Sie werden es wohl an ihren Frauen auslassen, wenn alles vorbei ist«, sagte Garraty.

»Oh, ich bin mir sicher, dass sie das tun«, sagte Stebbins und lachte.

Garraty hatte vorerst keine Lust mehr, mit Stebbins zu reden. In seiner Nähe fühlte er sich unwohl. Er konnte ihn nur in kleinen Dosen ertragen. Deshalb ging er wieder schneller und überließ Stebbins sich selbst. 10.02 Uhr. In dreiundzwanzig Minuten konnte er eine seiner Warnungen vergessen, doch im Moment lief er immer noch mit dreien. Allerdings beunruhigte ihn das nicht so stark, wie er angenommen hatte. Er spürte immer noch eine unerschütterliche, blinde Sicherheit, dass dieser Organismus Ray Garraty nicht sterben könne. Die anderen ja, aber sie waren ja auch nur Statisten im Film seines Lebens. Doch Ray Garraty, der Star des Dauerhits *Die Ray-Garraty-Story* starb nicht. Vielleicht würde er mit der Zeit sowohl emotional als auch intellektuell einsehen müssen, dass diese Vorstellung irreal sei – vielleicht wäre das die endgültige Tiefe, von der Stebbins gesprochen hatte, aber das war ein unangenehmer, unwillkommener Gedanke.

Ohne es zu merken, hatte er gut zwei Drittel der Gruppe überholt und ging jetzt hinter McVries. Sie bildeten zu dritt eine von Erschöpfung gezeichnete Congareihe: Barkovitch voran, immer noch bemüht, großspurig auszusehen, doch der Lack war an den Ecken schon abgeblättert; dann McVries, der den Kopf hängen ließ, die Hände halb zu Fäusten geballt hatte und den linken Fuß jetzt ein bisschen schonte; und am Schluss der Schlange der Star der *Ray-Garraty-Story* persönlich. Und wie er wohl aussehe, fragte er sich.

Als er sich mit der Hand über die Wange strich, hörte er ein kratzendes Geräusch, das seine Bartstoppeln erzeugten. Wahrscheinlich sah er auch nicht mehr ganz so flott aus.

Er erhöhte das Tempo noch ein wenig und schob sich neben McVries, der kurz aufblickte und dann wieder auf Barkovitchs Rücken starrte. Seine Augen waren dunkel, und man konnte nicht erkennen, was er dachte.

Sie erstiegen eine kurze, steile, erbarmungslos in der Hitze liegende Anhöhe und überquerten oben wieder eine Brücke. Fünfzehn Minuten vergingen, zwanzig, ohne dass McVries ein Wort sagte. Garraty räusperte sich zweimal, sagte aber auch nichts. Je länger man schwieg, desto schwerer wurde es, das Schweigen zu brechen, dachte er. Vielleicht war McVries schon sauer, dass er ihm das Leben gerettet hatte. Vielleicht hatte er es längst bereut. Bei dem Gedanken zog Garratys Magen sich schmerzhaft zusammen. Es war alles hoffnungslos und dumm und sinnlos, vor allem das, so gottverdammt sinnlos, dass es wirklich erbärmlich war. Er öffnete den Mund, um McVries das zu sagen, doch bevor er dazu kam, sprach McVries.

»Es ist alles in Ordnung.« Beim Klang seiner Stimme

zuckte Barkovitch zusammen, und McVries fügte hinzu: »Für dich nicht, Killer. Für dich ist gar nichts in Ordnung. Lauf weiter.«

»Leck mich!«, knurrte Barkovitch.

»Ich glaube, ich hab dich in Schwierigkeiten gebracht«, sagte Garraty leise.

»Ich hab dir ja gesagt: Gerechtigkeit muss sein, gleich ist gleich und quitt ist quitt«, sagte McVries gelassen. »Ich werde es nicht noch einmal machen. Ich hoffe, dass dir das klar ist.«

»Ist klar«, sagte Garraty. »Ich wollte bloß …«

»Tut mir nicht weh!«, schrie jemand. »Bitte, tut mir nicht weh!«

Es war ein rothaariger Junge, der sich sein kariertes Oberhemd um die Hüfte gebunden hatte. Er war mitten auf der Straße stehen geblieben und weinte. Er bekam seine erste Verwarnung und rannte plötzlich auf den Panzerwagen los. Die Tränen hinterließen kleine Rinnsale auf seinen staubigen Wangen, und sein Haar leuchtete feuerrot in der Sonne. »Nicht … ich kann nicht mehr … bitte … meine Mutter … ich kann nicht … tut mir … nicht mehr … meine Füße …« Er versuchte, an der Seite des Fahrzeugs hinaufzuklettern, aber einer der Soldaten schlug ihm mit dem Gewehrkolben auf die Finger. Er schrie auf und ließ sich fallen.

Und plötzlich kreischte er in einem hohen, so unglaublich dünnen Ton los, dass ein Glas davon zersprungen wäre:

»Meine Füüüüüüüüüüüüüüüüüüüüüüüüüüüüü …«

»Mein Gott«, murmelte Garraty. »Warum hört er damit nicht auf?« Der Schrei ging immer weiter.

»Ich bezweifle, dass er das kann«, sagte McVries trocken. »Die Hinterräder sind ihm über die Beine gefahren.«

Garraty sah genau hin, und ihm wurde übel. Kein Wunder, dass der rothaarige Junge nach seinen Füßen schrie. Sie waren zerquetscht worden.

»Warnung! Zweite Warnung für Nummer 38!«

»... *üüüüüüüüüüüüüüüüüüüüüüüüüüüüüüüüüüüü* ...«

»Ich möchte nach Hause«, sagte jemand mit ganz ruhiger Stimme hinter Garraty. »O Gott, sehne ich mich nach Hause!«

Einen Augenblick später wurde das Gesicht des rothaarigen Jungen weggeschossen.

»Ich treffe meine Freundin in Freeport«, sagte Garraty schnell. »Ich werde keine Warnung haben, und ich werde sie küssen, mein Gott, wie ich sie vermisse, mein Gott, *Himmel,* hast du seine *Beine* gesehen, Pete? Und sie haben ihn trotzdem verwarnt, so als würden sie davon ausgehen, dass er noch einmal aufstehen und *weitergehen* würde ...«

»Und wieder ging einer über den Jordan, o Herr, o Herr«, sang Barkovitch.

»Halt's Maul, Killer«, sagte McVries geistesabwesend. »Ist sie schön, Ray? Deine Freundin?«

»Ja, sie ist wunderschön, und ich liebe sie.«

McVries lächelte. »Wirst du sie heiraten?«

»Yeah«, plapperte Garraty. »Wir werden Mr. und Mrs. Norman Normal sein und vier Kinder und einen Collie haben, seine *Beine,* das waren gar keine *Beine* mehr, sie sind ihm drübergefahren, so was dürfen sie nicht machen, sie können ihn doch nicht einfach überfahren, das ist gegen die Vorschrift, das sollte jemand melden, jemand muss ...«

»Willst du zwei Jungen und zwei Mädchen haben?«

»Yeah, yeah, sie ist wunderschön, und ich wünschte nur, ich hätte nicht ...«

»Und der erste Junge wird Ray junior heißen, und der Hund wird einen Napf mit seinem Namen drauf haben, nicht wahr?«

Garraty hob langsam den Kopf wie ein Boxer, den soeben ein schwerer Schlag getroffen hat. »Sag mal, willst du mich auf den Arm nehmen oder was?«

»Nein«, rief Barkovitch. »Er *scheißt* auf dich, dass du's ja nicht vergisst. Aber keine Sorge, ich werde für dich auf seinem Grab tanzen.« Er lachte kurz auf.

»Sei still, Killer!«, sagte McVries. »Ich scheiße dich nicht an, Ray. Komm, lass uns von dem Killer hier weggehen.«

»Schieb's dir in den Arsch!«, rief Barkovitch ihnen nach.

»Dein Mädchen, Jan. Liebt sie dich?«

»Ich glaube ja«, sagte Garraty.

McVries schüttelte langsam den Kopf. »Weißt du was? Dieser ganze romantische Bockmist ... der ist wahr. Jedenfalls ist er für manche Leute eine kurze Zeit lang wahr. Für mich war das so. Ich hab gefühlt wie du, Ray.« Er sah Garraty an. »Willst du immer noch etwas über die Narbe wissen?«

»Ja.«

»Warum?« Er sah zwar Garraty fragend an, aber seine plötzlich nackten Augen schienen eher seine eigenen Motive erforschen zu wollen.

»Ich möchte dir helfen«, sagte Garraty.

McVries blickte auf seinen linken Fuß hinunter. »Tut weh. Ich kann nicht mehr richtig mit den Zehen wackeln. Mein Hals ist ganz steif, und meine Nieren tun weh. Mein Mädchen hat sich als gemeines Biest herausgestellt. Ich habe mich auf diesen beschissenen Marsch eingelassen wie die Männer früher auf die Fremdenlegion. Mit den Worten des großen Rock-and-Roll-Dichters: Ich schenkte ihr mein Herz, sie riss es entzwei, wen kümmert's 'nen Scheiß.«

Garraty sagte nichts. Es war 10.30 Uhr, und Freeport war noch weit.

»Sie hieß Priscilla«, fuhr McVries fort. »Du hältst dich für romantisch? Ich sage dir, ich hatte den Kitsch erfunden, mit zweitem Vornamen hieß ich Junimond. Ich hab ihr die Fingerspitzen geküsst und bin sogar so weit gegangen, ihr hinter dem Haus ihrer Eltern Keats vorzulesen, wenn der

Wind richtig stand. Ihr Vater hat nämlich Kühe gehalten, und der Gestank von Kuhfladen verträgt sich, um es milde auszudrücken, nicht besonders mit den Werken von John Keats. Vielleicht hätte ich ihr Swinburne vorlesen sollen, wenn der Wind nicht richtig stand.« McVries lachte.

»Du betrügst dich um deine Gefühle«, sagte Garraty.

»He, du bist derjenige, der sich was vormacht, Ray, womit ich nicht sagen will, dass es drauf ankäme. Du denkst doch bloß an die große Romanze, nicht an die vielen Male, die du allein nach Hause gegangen bist und dich selbst befriedigt hast, nachdem du ihr Liebesworte in die rosafarbene Ohrmuschel geflüstert hattest.«

»Du machst dir auf deine Weise was vor, ich auf meine.«

McVries schien ihn nicht gehört zu haben. »Diese Dinge – es lohnt sich kaum, darüber zu reden«, sagte er nachdenklich. »J. D. Salinger ... John Knowles ... sogar James Kirkwood und dieser Typ Don Bredes – sie haben einem die Zeit des Heranwachsens gründlich verdorben, Garraty. Als Sechzehnjähriger kannst du heutzutage nicht mehr über die Qualen der Jugendliebe reden, ohne dich gleich wie ein beschissener Ron Howard mit einem Ständer anzuhören.«

McVries lachte ein bisschen hysterisch, und Garraty hatte keine Ahnung, wovon er redete. Er war sich seiner Liebe zu Jan sicher, daran gab es überhaupt keine Zweifel. Ihre Füße schlurften über den Asphalt, und Garraty spürte, dass sein rechter Absatz wackelte. Bald würden die Nägel sich lösen, und er würde den Absatz wie ein Stück abgestorbene Haut abstreifen. Hinter ihnen bekam Scramm plötzlich einen Hustenkrampf. Es war der Marsch, der ihm auf der Seele lag, nicht dieser merkwürdige Scheiß über die romantische Jugendliebe.

»Aber das hat ja nichts mit der Geschichte zu tun«, sagte McVries, als ob er seine Gedanken gelesen hätte. »Zur Narbe. Es war im letzten Sommer. Wir wollten beide von zu Hause weg, weg von den Eltern und dem Gestank von all der Kuhscheiße, damit die große Romanze endlich so richtig aufblühen konnte. Wir hatten beide einen Job in einer Pyjamafabrik in New Jersey gefunden. Wie findest du das, Garraty, in einer Pyjamafabrik in New Jersey?

Wir fanden getrennte Wohnungen in Newark. Prächtige Stadt, dieses Newark. An bestimmten Tagen kannst du dort die gesamte Kuhscheiße von New Jersey riechen. Unsere Eltern haben sich zuerst ein bisschen dagegen gesperrt, aber bei getrennten Wohnungen und guten Sommerjobs haben sie sich nicht allzu sehr gesperrt. Ich wohnte mit zwei weiteren Typen zusammen, Pris mit drei anderen Mädchen. Wir fuhren am dritten Juli mit meinem Wagen los und hielten einmal gegen drei Uhr nachmittags in einem Motel, um das Problem der Jungfernschaft loszuwerden. Ich kam mir wie ein richtiger Schurke vor. Sie wollte wirklich nicht vögeln, aber sie wollte mir einen Gefallen tun. Es war im Motel Shady Nook, und als wir fertig waren, spülte ich den Pariser in der Shady-Nook-Toilette hinunter und mir selbst den Mund mit Wasser aus einem Shady-Nook-Pappbecher aus. Es war alles sehr romantisch, einfach himmlisch.

Dann weiter nach Newark, die Kuhscheiße riechen und sich ganz sicher sein, dass es diesmal *andere* Kuhscheiße ist. Ich setzte Pris vor ihrer Wohnung ab und fuhr weiter zu meiner eigenen. Am Montag haben wir dann in der Schlafanzugfabrik angefangen. Es war nicht wie in den Filmen, Garraty. Ich stank nur noch nach Rohfaser, mein Vorarbeiter war ein Scheißkerl, und während der Mittagspausen haben wir mit unseren Sackhaken nach den Ratten geworfen, die sich unter den Stoffballen herumtrieben. Aber mir hat das nichts ausgemacht, denn es war ja Liebe. Verstehst du? Es war Liebe.«

Er spuckte in den trockenen Staub, trank einen Schluck

aus der Feldflasche und rief nach einer neuen. Sie stiegen jetzt einen langen, kurvigen Hügel hinauf, und er sprach mit kurzen, heftigen Atemzügen.

»Pris arbeitete im Erdgeschoss, dem Schaufenster für all die blöden Touristen, die nichts Besseres zu tun hatten, als sich durch die Fabrik führen zu lassen, in der ihre Schlafanzüge hergestellt wurden. Es war ganz nett da unten. Hübsche, pastellfarbene Wände, moderne Maschinen, Klimaanlage. Pris nähte von sieben bis drei Uhr Knöpfe an. Wenn man bedenkt, dass im ganzen Land Männer herumlaufen, deren Pyjamajacken von Priscillas Knöpfen zusammengehalten werden. Das könnte sogar das kälteste Herz erwärmen.

Ich hab im vierten Stock gearbeitet. Ich war ein Einsacker. Siehst du, im Keller wurde die Rohfaser gefärbt und dann durch ein Warmluftrohr in den vierten Stock hinaufgeblasen. Sie klingelten mit einer Glocke, wenn eine Ladung fertig war, und ich öffnete dann meinen Kasten und fand eine Masse von losen Stofffasern in allen Regenbogenfarben vor. Ich gabelte sie mit meiner Stoffgabel auf und stopfte sie in Zweihundertpfundsäcke, die ich dann mit einem Hebezug auf einen großen Stapel von Zweizentnersäcken für die Sortiermaschine hievte. Die Maschine trennte die Farben, die Webmaschine verwob die Fasern zu Stoff, ein paar Kerle zerschnitten ihn und nähten Pyjamas daraus, und ganz unten im hübschen pastellfarbenen Erdgeschoss saß Priscilla und nähte die Knöpfe an, während die dämlichen Touristen sie und die anderen Mädchen durch diese Glaswand beobachteten ... genauso, wie die Leute uns jetzt beobachten. Drücke ich mich verständlich aus, Garraty?«

»Die Narbe«, erinnerte Garraty ihn.

»Ich schweife immer wieder davon ab, nicht wahr?« McVries rieb sich den Schweiß von der Stirn und knöpfte sein Hemd auf, während sie die Anhöhe attackierten. Vor ihnen streckte sich das Waldstück bis zum Horizont aus, in den ein paar Berggipfel ragten. Es sah so aus, als passten der Himmel und die zackigen Berge wie Teile eines Puzzlespieles ineinander. Vielleicht zehn Meilen entfernt, beinah im Hitzedunst verschwommen, hob sich ein Wachturm der Feuerwehr aus dem Grün hervor. Die Straße wand sich wie eine dahingleitende graue Schlange durchs Gelände.

»Zu Anfang war alles ein Segen und eine Freude, Keats total. Ich hab noch dreimal mit ihr gevögelt, im Autokino, während der Gestank nach der Kuhscheiße von der nächsten Weide durch die Autofenster drang. Ich kriegte die rohen Stofffasern nicht aus meinen Haaren heraus, egal, wie oft ich sie wusch, aber schlimmer war, dass sie sich langsam von mir distanzierte. Ich liebte sie über alles, wirklich, ich wusste das, aber es gab keine Möglichkeit mehr, es ihr so zu sagen, dass sie es auch verstand. Ich konnte es auch nicht in sie hineinvögeln. Die ganze Zeit war da dieser Gestank nach Kuhscheiße.

Das Problem bei der Sache bestand darin, Garraty, dass wir in der Fabrik im Akkord arbeiteten. Das heißt, unsere Löhne waren lausig, aber wir kriegten für alles, was wir über ein bestimmtes Minimum hinaus schafften, Prozente. Ich war kein guter Einsacker. Ich schaffte so um die dreiundzwanzig Säcke pro Tag, aber die Norm lag bei dreißig. Das machte mich bei den anderen Jungs nicht gerade beliebt, weil ich ihnen den Akkord versaute. Harlan unten in der Färberei brachte keinen Akkord zustande, weil ich sein Rohr mit meinem vollen Kasten verstopfte. Ralph an der Sortiermaschine verdiente keinen Akkordlohn, weil ich ihm nicht genug Säcke rüberschob. Es war nicht gerade angenehm. Ich meine, sie sorgten dafür, dass es nicht gerade angenehm war, verstehst du?«

»Yeah«, sagte Garraty. Er rieb sich mit dem Handrücken über den Hals und wischte die Hand an der Hose ab. Sie hinterließ dunkle Flecken.

»In der Zwischenzeit nähte Pris unten fleißig Knöpfe an. Abends redete sie oft stundenlang über ihre Freundinnen, und es war immer dasselbe. Wie viel die eine verdiente. Wie viel die andere verdiente. Und vor allem wie viel sie selbst verdiente. Und das war nicht wenig. So fand ich also heraus, was für ein Spaß es ist, mit dem Mädchen zu konkurrieren, das man heiraten will. Ich kam am Wochenende mit einem Scheck über 64,40 Dollar nach Hause und schmierte mir Salbe auf die Blasen an meinen Händen. Sie verdiente um die neunzig Dollar die Woche und brachte sie aufs Konto, so schnell sie zur Bank rennen konnte. Und als ich ihr vorschlug, irgendwohin zu gehen und getrennt zu bezahlen, machte sie ein Gesicht, als hätte ich ihr einen Ritualmord vorgeschlagen.

Nach einer Weile hörte ich auf, mit ihr zu vögeln. Ich würde gern sagen, wir hörten auf, miteinander ins Bett zu gehen, das klingt netter, aber wir hatten kein Bett, in das wir gehen konnten. In meiner Bude lungerten immer so an die sechzehn Jungen herum und tranken Bier, und auch in ihrer Wohnung waren immer Leute zu Besuch – das sagte sie jedenfalls. Noch ein Motelzimmer konnte ich mir einfach nicht leisten, und ich wollte *dabei* bestimmt keine getrennte Bezahlung vorschlagen, also blieb es beim Vögeln auf den Rücksitzen im Autokino. Ich merkte, dass es sie langsam anekelte. Weil ich das wusste und weil ich anfing, sie zu hassen, obwohl ich sie immer noch liebte, fragte ich sie, ob sie mich heiraten wolle. Gleich dort. Sie wand sich hin und her und versuchte, mich vom Thema abzubringen, aber ich zwang sie, es mir klipp und klar zu sagen, ja oder nein.«

»Und sie sagte nein?«

»Natürlich hat sie nein gesagt. ›Pete, wir können es uns noch nicht leisten. Was würde meine Mutter dazu sagen? Wir müssen noch warten, Pete.‹ Pete dies und Pete das, und im Grunde ging's die ganze Zeit bloß um ihr Geld, das sie mit dem Knopfannähen verdiente.«

»Nun ja, es war verdammt unfair von dir, sie zu fragen.«

»Klar war es unfair!«, sagte McVries aufgebracht. »Das wusste ich. Ich wollte, dass sie sich wie eine geldgierige, selbstsüchtige Ziege fühlte, weil sie mir das Gefühl gab, ein Versager zu sein.«

Seine Hand wanderte zur Narbe hoch.

»Sie hatte es gar nicht nötig, mir dieses Gefühl zu geben, ich war tatsächlich ein Versager. Ich hatte nichts, das für mich sprach, abgesehen von meinem Schwanz, den ich in sie hineinstecken konnte, und sie gestattete mir nicht einmal dieses Gefühl der Männlichkeit, indem sie das Reinstecken verweigerte.«

Hinter ihnen donnerten die Gewehre los.

»Olson?«, fragte McVries.

»Nein, er ist immer noch hinten.«

»Oh ...«

»Die Narbe«, erinnerte Garraty ihn.

»Ach, warum lässt du mich nicht in Ruhe?«

»Du hast mir das Leben gerettet.«

»Scheiße.«

»Die Narbe.«

»Ich habe mich mit den anderen geschlagen«, sagte McVries schließlich nach einer langen Pause. »Vor allem mit Ralph, dem Kerl an der Sortiermaschine. Er hat mir zwei blaue Augen verpasst und mir klargemacht, dass er mir auch noch beide Arme brechen würde, wenn ich nicht verschwände. Ich holte also mein Geld ab, und am gleichen Abend erzählte ich Pris, dass ich gekündigt hatte. Sie konnte ja selbst sehen, wie sie mich zugerichtet hatten. Sie sagte, es sei vermutlich das Beste. Ich erzählte ihr, dass ich jetzt nach Hause fahren würde, und fragte, ob sie mitkommen wolle. Sie antwortete, sie könne nicht. Ich sagte, sie sei doch bloß eine Sklavin ihrer dämlichen Knöpfe, und ich wünschte, dass ich sie nie im Leben gesehen hätte. Ich war so voll Gift, Garraty, dass ich sie eine Idiotin nannte, eine blöde Ziege, die nichts anderes im Kopf hätte als ihr blödes Sparbuch, das sie immer in der Handtasche mit sich herumtrug. Es war nicht fair, aber ein Körnchen Wahrheit war wohl doch daran. Genug. Wir waren in ihrem Zimmer. Es war das erste Mal, dass ihre Freundinnen ausgegangen waren, während ich dort war. Sie waren im Kino. Ich versuchte, mit ihr ins Bett zu gehen, und da hat sie mir mit ihrem Brieföffner die Wange aufgeschlitzt. Es war ein Scherzbrieföffner, den ihr eine Freundin aus England geschickt hatte. Paddington Bär war auf dem Griff. Sie hat mir das Gesicht aufgeschnitten, als ob ich versucht hätte, sie zu vergewaltigen. Als wäre ich verseucht und könnte sie infizieren. Verstehst du, was ich meine, Ray?«

»Ja, ich verstehe, was du meinst«, sagte Garraty. Weiter vorn wurde ein weißer Kombiwagen mit der Aufschrift WHGH NACHRICHTENTEAM von der Straße geholt. Als sie näher kamen, fing ein Mann mit beginnender Glatze in einem eleganten Anzug an, sie mit einer großen Filmkamera aufzunehmen. Pearson, Abraham und Jensen griffen sich gleichzeitig mit der linken Hand an den Hosenschritt und drehten ihm mit der rechten eine Nase. Die tanzgruppenartige Präzision dieser kleinen Trotzhandlung verwirrte Garraty.

»Ich habe geweint«, sagte McVries. »Ich habe geweint wie ein Baby. Ich fiel auf die Knie, ergriff den Saum ihres Rocks und bat sie, mir zu vergeben, und die ganze Zeit floss das Blut auf den Boden. Eigentlich war es eine widerliche Szene, Garraty. Sie schnappte nach Luft und rannte ins Badezimmer. Ich hörte, wie sie sich dort übergeben musste. Als sie zurückkam, brachte sie mir ein Handtuch für mein Gesicht mit. Sie weinte und sagte, dass sie mich nie wiedersehen wolle. Und dann fragte sie mich, warum ich ihr das angetan, warum ich sie so verletzt hätte. Dazu hätte ich kein Recht, sagte sie. Ich stehe da, Ray, die Wange völlig blutig und aufgeschnitten, und sie fragt *mich,* warum ich *sie* verletzt habe!«

»Yeah.«

»Ich bin mit dem Handtuch an der Wange weggegangen. Sie musste mit zwölf Stichen genäht werden, und das ist die Geschichte von der berühmten Narbe. Bist du nun zufrieden?«

»Hast du sie seitdem wiedergesehen?«

»Nein«, sagte McVries. »Und ich habe auch kein Verlangen danach. Sie kommt mir heute ganz klein vor, ganz weit weg. An diesem Punkt meines Lebens ist Priscilla nichts weiter als ein Schatten am Horizont. Ich habe mir die große Liebe nur eingebildet, Ray. Irgendetwas ... vielleicht ihre Mutter, die war eine Säuferin ... irgendetwas hat sie total auf Geld fixiert. Sie war ein echter Geizkragen. Distanz verleiht Perspektive, sagt man. Gestern Morgen war Priscilla noch sehr wichtig für mich, heute bedeutet sie mir nichts mehr. Ich dachte, es würde mir wehtun, dir diese Geschichte zu erzählen, aber es hat nicht wehgetan. Außerdem bezweifle ich, ob der ganze Mist wirklich etwas damit zu tun hat, dass ich jetzt hier bin. Er hat nur eine gute Entschuldigung abgegeben.«

»Wie meinst du das?«

»Warum bist du hier, Garraty?«

»Ich weiß es nicht.« Seine Stimme war mechanisch, wie die einer Puppe. Freaky D'Allessio war nicht fähig gewesen, den anfliegenden Ball aufzufangen – seine Augen waren unregelmäßig, sodass er nicht räumlich sehen konnte –, und der Ball hatte ihn an der Stirn getroffen und ihn mit dem Brandzeichen der Nähte versehen. Und später (oder war es davor gewesen ... seine Erinnerungen waren ihm etwas durcheinandergeraten) hatte er seinem besten Freund Jimmy den Lauf eines Luftgewehrs gegen den Mund geschlagen. Vielleicht hatte er eine Narbe wie McVries. Jimmy. Jimmy und er hatten zusammen Doktor gespielt.

»Du weißt es nicht«, sagte McVries. »Du wirst hier sterben, und du weißt nicht, warum.«

»Es ist unwichtig, wenn man tot ist.«

»Mag sein, aber es gibt etwas, was du unbedingt wissen musst, Ray, damit das alles nicht völlig sinnlos ist.«

»Und das wäre?«

»Na, dass man dich übers Ohr gehauen hat. Willst du sagen, du hättest das wirklich nicht gewusst, Ray? Wirklich nicht?«

Kapitel 9

»Sehr gut, Northwestern, und hier ist Ihre Zehn-Punkte-Knobelfrage.«

Allen Ludden
College Bowl

Um ein Uhr machte Garraty wieder Inventur.

Einhundertfünfzehn Meilen waren sie jetzt gegangen. Noch fünfundvierzig Meilen bis Oldtown, hundertfünfundzwanzig bis Augusta, der Hauptstadt des Staats, und hundertfünfzig Meilen bis Freeport (oder mehr ... er befürchtete, dass mehr als fünfundzwanzig Meilen zwischen Augusta und Freeport lagen), wahrscheinlich noch zweihundertdreißig Meilen bis zur Grenze von New Hampshire. Und das Gerücht besagte, dass dieser Lange Marsch mit Sicherheit so weit gehen würde.

Schon eine lange Zeit – neunzig Minuten oder so – hatte niemand mehr die rote Karte bekommen. Sie liefen, lauschten mit halbem Ohr auf die Jubelrufe am Straßenrand und starrten Meile für Meile in den eintönigen Kiefernwald. Garraty entdeckte neue Schmerzensstiche in seiner linken Wade, die sich zu dem gleichmäßigen, steifen Pochen in seinen Beinen und der beständigen, dumpfen Agonie seiner Füße gesellten.

Um die Mittagszeit, als die Hitze ihren Höhepunkt erreicht hatte, hatten die Gewehre sich wieder vernehmen lassen. Ein Junge namens Tressler, Nummer 92, hatte einen Sonnenstich und wurde, ohnmächtig auf der Straße liegend, erschossen. Ein anderer Junge erlitt einen Schüttelkrampf und bekam die rote Karte, während er zuckend auf der Straße lag und hässliche Geräusche um seine verschluckte Zunge herum ausstieß. Aaronson, Nummer 1, hatte in beiden Füßen Krämpfe und stand wie eine Statue, das Gesicht mit überdehntem Hals zur Sonne emporgehoben, auf der weißen Mittellinie, als die Schüsse ihn trafen. Und um fünf vor eins war ein weiterer Junge, den Garraty nicht kannte, mit einem Sonnenstich zusammengebrochen.

Und das war mein Auftritt, dachte Garraty, während er um die zuckende, murmelnde Gestalt auf der Straße, auf die die Gewehre gerichtet wurden, herumging und die glitzernden Schweißperlen im Haar des erschöpften, bald nicht mehr lebenden Jungen betrachtete. Das war mein Auftritt, kann ich jetzt gehen?

Die Gewehre ertönten, und eine kleine Gruppe von Schuljungen, die im schmalen Schattenstreifen eines Pfadfinderzeltes saßen, applaudierte kurz.

»Ich wünschte, der Major würde vorbeikommen«, sagte Baker bockig. »Ich will den Major sehen!«

»Wozu?«, fragte Abraham mechanisch. Er war während der letzten Stunden hagerer geworden. Seine Augen lagen tiefer in ihren Höhlen, und der bläuliche Anflug eines Bartes beschattete sein Gesicht.

»Damit ich auf ihn pissen kann«, sagte Baker.

»Entspann dich«, sagte Garraty. »Entspann dich einfach.« Er hatte seine drei Warnungen abgegolten.

»Entspann *du* dich doch«, sagte Baker. »Und sieh zu, was es dir bringt.«

»Du hast kein Recht, den Major zu hassen. Er hat dich nicht *gezwungen* mitzugehen.«

»*Mich gezwungen?* Mich GEZWUNGEN? Nein, er TÖTET *mich nur!*«

»Das ist immer noch kein Grund …«

»Halt den Mund!«, sagte Baker knapp, und Garraty schwieg. Er wischte sich mit der Hand über den Nacken und spähte in den weißlich blauen Himmel hinauf. Sein Schatten war ein deformiertes, gedrängtes Bündel direkt unter seinen Füßen. Er griff zu seiner dritten Feldflasche an diesem Vormittag und trank sie leer.

Baker sagte: »Es tut mir leid. Ich wollte dich nicht anschreien. Meine Füße …«

»Klar«, sagte Garraty.

»Wir werden alle so«, sagte Baker. »Manchmal denke ich, dass ist das Schlimmste an der Sache.«

Garraty schloss die Augen. Er war sehr schläfrig.

»Wisst ihr, was ich gern täte?«, fragte Pearson. Er lief zwischen Garraty und Baker.

»Den Major anpissen«, sagte Garraty. »Jeder will den Major anpissen. Wenn er wieder vorbeikommt, sollten wir ihn einkreisen, zu Boden ziehen, unsere Reißverschlüsse aufziehen und ihn in einer gelben Flut …«

»Nein, das ist es nicht.« Pearson taumelte wie ein Mann im letzten bewussten Stadium der Trunkenheit. Sein Kopf rollte ihm in Halbkreisen in den Nacken, und seine Augenlider flatterten wie eine spastische Fensterjalousie auf und zu. »Es hat nichts mit dem Major zu tun. Ich möchte ins nächste Feld gehen, mich hinlegen und die Augen schließen. Einfach da im Weizen auf dem Rücken liegen und …«

»In Maine wird kein Weizen angebaut«, sagte Garraty. »Das ist Heu.«

»Dann eben im Heu. Und ein Gedicht entwerfen. Während ich einschlafe.«

Garraty untersuchte seinen neuen Futtergürtel, fand aber in den meisten Taschen nichts mehr. Schließlich entdeckte er noch eine Packung Salzkräcker, die er mit Wasser hinunterspülte. »Ich komme mir vor wie ein Sieb«, sagte er. »Ich trinke das Wasser, und zwei Minuten später tritt es wieder aus meiner Haut heraus.«

Die Gewehre ertönten wieder, und eine weitere Gestalt brach ohne Anmut wie ein müder Kastenteufel zusammen.

»Füdfuddvierzig«, sagte Scramm, der sich zu ihnen gesellte. »Wedd das so weitergeht, kobben wir dicht bal bis Portladd.«

»Du klingst aber gar nicht gut«, sagte Pearson, und man konnte einen ganz vorsichtigen Anflug von Optimismus in seiner Stimme hören.

»Ja, eid Glück, dass ich so eide gute Kodstitutiod habe«, sagte Scramm fröhlich. »Ich glaube, ich hab jetzt auch Fieber.«

»Mein Gott, wie kannst du bloß damit weitergehen?«, fragte Abraham mit beinah religiöser Ehrfurcht.

»Das fragst du *bich?*«, erwiderte Scramm durch seine verstopfte Nase. »Sieh dir bal *ded* ad! Wie bringt er es fertig weiterzugehed? Das böchte ich gerd wissed!« Er deutete mit seinem Daumen auf Olson.

Olson hatte seit zwei Stunden nicht mehr gesprochen. Er hatte auch seine Feldflasche nicht benutzt, und gierige Blicke streiften immer wieder seinen unberührten Nahrungsgürtel. Seine obsidiandunklen Augen waren starr nach vorn gerichtet. Seine Wangen waren von einem Zweitagesbart gesprenkelt, was seinem Gesicht etwas Krankes, Listiges verlieh. Selbst sein Haar, das am Hinterkopf zerzaust war und ihm vorn in die Stirn hing, trug zu dem allgemeinen Eindruck von makabrer Schaurigkeit bei. Auf seinen pergamenttrockenen Lippen hatten sich Blasen gebildet. Seine Zunge hing wie eine tote Schlange in einer Höhle aus seinem Mund heraus. Die gesunde rosa Farbe war verschwunden. Sie hatte ein schmutziges Grau angenommen und war zudem noch mit Straßenstaub bedeckt.

Er ist so weit, dachte Garraty, ganz sicher ist er das. Er ist da, wo wir, wenn Stebbins recht hat, alle ankommen werden, falls wir lang genug dabeibleiben. Wie tief hat er sich in sich selbst eingegraben? Ein paar Faden? Meilen? Lichtjahre? Wie tief und wie dunkel? Und die Antwort kam von selbst: Zu tief, um noch hinauszusehen. Er versteckt sich dort in der Dunkelheit, und sie ist zu tief, um noch irgendetwas zu sehen.

»Olson?«, rief er leise. »Olson?«

Olson antwortete nicht. Nichts bewegte sich, außer seinen Füßen.

»Ich wünschte, er würde wenigstens seine Zunge reinnehmen«, flüsterte Pearson nervös.

Der Marsch ging weiter.

Der Wald wich ein wenig zurück, und sie kamen wieder durch einen kleinen Ort, der an der Straße lag. Die Bürgersteige waren von fröhlich winkenden Zuschauern bevölkert, die vornehmlich Garraty-Schilder schwenkten. Dann schloss der Wald sie wieder ein, aber selbst er konnte die Schaulustigen nun nicht mehr zurückhalten. Sie standen jetzt überall auf dem weichen Seitenstreifen, hübsche Mädchen in Shorts und luftigen Oberteilen. Jungen in kurzen Basketballhosen und Muscle-Shirts.

Ein Feiertag für die Schwulen, dachte Garraty.

Er konnte sich nicht länger wünschen, dass er nicht hier wäre; er war zu müde und abgestumpft für Rückblicke dieser Art. Was geschehen war, war geschehen. Nichts auf der Welt würde es wieder ändern. Er nahm an, dass es ihm mit der Zeit sogar zu anstrengend werden würde, mit den anderen zu reden. Wenn er sich doch nur in sich selbst verstecken und wie ein kleines Kind unter der Bettdecke zusammenrollen könnte, ohne irgendwelche Sorgen zu kennen! Dann wäre alles viel einfacher.

Er hatte lange darüber nachgedacht, was McVries zu ihm

gesagt hatte. Waren sie wirklich alle beschwindelt worden, angeschmiert? Nein, das konnte nicht sein, sagte er hartnäckig zu sich selbst. Einer von ihnen war nicht angeschmiert worden. Einer von ihnen würde alle anderen anschmieren … stimmte das etwa nicht?

Er leckte sich über die trockenen Lippen und trank einen Schluck Wasser.

Kurz darauf kamen sie an einem kleinen grünen Straßenschild vorbei, auf dem stand, dass der Maine Turnpike noch vierundvierzig Meilen entfernt sei.

»Na bitte«, sagte er zu niemand im Besonderen. »Nur noch vierundvierzig Meilen bis Oldtown.«

Keiner antwortete ihm, und er überlegte gerade, ob er einen kleinen Spaziergang nach vorn zu McVries einlegen sollte, da hörte er vorn an der nächsten Kreuzung eine Frau schreien. Der Verkehr war abgesperrt worden, und die Menge drückte massiv gegen die Barrieren und die Polizisten, die sie mit aller Kraft zurückhielten. Sie winkten mit ihren Händen, Schildern und Sonnenmilchfläschchen.

Die Frau, die geschrien hatte, war hochgewachsen und hatte ein rotes Gesicht. Sie warf sich gegen einen der hüfthohen Sägeböcke, der als Barriere diente, fiel mit ihm vornüber und zog ein ganzes Stück des gelben Absperrungsbands hinter sich her. Sie kratzte und kämpfte und schrie die Beamten an, die sie festhielten. Die Männer ächzten unter der Anstrengung.

Ich kenne sie, dachte Garraty. Kenne ich sie nicht?

Das blaue Taschentuch. Die angriffslustigen, funkelnden Augen. Selbst das blaue Marinekleid mit dem schiefen Saum. Das kam ihm alles bekannt vor. Die Schreie der Frau wurden dünner, und sie kratzte einem Polizisten, der sie zu halten versuchte, mit ihrer herumwirbelnden Hand die Wange auf. Garraty konnte die blutigen Streifen deutlich sehen.

Er ging im Abstand von drei Metern an ihr vorbei und erinnerte sich plötzlich, wo er sie schon gesehen hatte – natürlich, das war Percys Mama. Percy, der versucht hatte, sich in die Büsche zu schlagen und stattdessen direkt in die andere Welt geschlagen worden war.

»Ich will meinen Jungen!«, brüllte sie. »Ich will meinen Jungen!«

Die Menge jubelte ihr begeistert und unvoreingenommen zu. Ein kleiner Junge, der hinter ihr stand, spuckte ihr ans Bein und sauste dann schnell davon.

Jan, dachte Garraty, ich komme zu dir, Jan. Scheiß auf den ganzen Mist hier, ich schwöre bei Gott, ich komme. Doch in dem Punkt hatte McVries recht gehabt, Jan hatte nicht gewollt, dass er den Marsch mitmachte. Sie hatte geweint und gebettelt, dass er es sich anders überlegen sollte. Sie könnten doch warten, und sie wollte ihn nicht verlieren. Bitte, Ray, mach keinen Fehler, der Lange Marsch ist reiner Mord ...

Sie hatten auf einer Bank neben dem Musikpavillon gesessen – einen Monat war das jetzt her, April, und er hatte den Arm um sie gelegt. Sie hatte das Parfüm benutzt, das er ihr zum Geburtstag geschenkt hatte, und es kam ihm so vor, als nehme es bei ihr einen geheimen, dunklen Mädchenduft an. Sinnlich und berauschend. Ich muss gehen, hatte er zu ihr gesagt. Ich muss gehen, verstehst du nicht, ich muss.

Ray, du hast keine Ahnung, worauf du dich da einlässt. Bitte, Ray, geh nicht. Ich liebe dich.

Na ja, dachte er jetzt, als er die Straße entlanglief, sie hat recht gehabt. Ich hatte wirklich keine Ahnung, worauf ich mich da einließ.

Aber ich verstehe es auch jetzt noch nicht. Das ist der Wahnsinn daran. Der helle Wahnsinn.

»Garraty?«

Er zuckte vor Schreck zusammen und hob den Kopf. Er war wieder halb eingeschlafen. Es war McVries, der neben ihm ging.

»Wie fühlst du dich?«

»Fühlen?«, sagte Garraty vorsichtig. »Ganz gut, glaube ich. Ja, ich glaube, ich bin ganz in Ordnung.«

»Barkovitch ist angeknackst«, sagte McVries mit stiller Freude. »Ich bin mir ganz sicher. Er redet mit sich selbst, und er humpelt.«

»Du humpelst auch«, sagte Garraty. »Genauso wie Pearson. Genau wie ich.«

»Mir tut bloß der Fuß weh. Aber Barkovitch ... Er reibt sich immer wieder das eine Bein. Ich glaube, er hat eine Muskelzerrung.«

»Warum hasst du ihn so sehr? Warum nicht Collie Parker? Oder Olson? Oder uns alle?«

»Weil Barkovitch weiß, was er tut.«

»Du meinst, er spielt, um zu gewinnen?«

»Du hast keine Ahnung, was ich meine, Ray.«

»Ich frage mich, ob du es selbst weißt«, sagte Garraty. »Klar, er ist ein Scheißkerl. Vielleicht muss man ein Scheißkerl sein, um zu gewinnen.«

»Die Guten werden die Letzten sein?«

»Teufel, woher soll ich das wissen?«

Sie kamen an einer mit Schindeln bedeckten Schule vorbei, die nur aus einem Klassenzimmer bestand. Die Kinder waren draußen auf dem Spielplatz und winkten. Einige Jungen standen wie Wachmänner oben auf dem Klettergerüst und erinnerten Garraty an die Waldarbeiter in dem Holzlager.

»Garraty!«, schrie einer von ihnen. »Ray Garraty! Garra-*tiii!*« Ein kleiner Junge mit einem Wuschelkopf hüpfte auf dem obersten Gerüstbalken auf und ab und winkte ihm mit beiden Armen. Garraty winkte halbherzig zurück.

Plötzlich drehte der Junge eine Rolle, hing mit den Kniekehlen kopfunter an der Stange und winkte immer noch. Garraty war erleichtert, als der Junge und der Spielplatz außer Sicht waren. Das letzte Ereignis war ein wenig zu anstrengend gewesen, um länger darüber nachzudenken.

Pearson gesellte sich zu ihnen. »Ich habe nachgedacht.«

»Spar deine Kräfte«, sagte McVries.

»Das ist schwach, Mann. Ausgesprochen schwach.«

»Worüber hast du denn nachgedacht?«, fragte Garraty.

»Wie hart die Sache für den zweitletzten sein wird.«

»Wieso hart?«, fragte McVries.

»Na ja ...« Pearson rieb sich müde die Augen, kniff sie zusammen und betrachtete eine zerborstene Kiefer, die vor einiger Zeit vom Blitz getroffen worden war. »Stellt euch mal vor, jeden anderen überlebt zu haben, absolut *jeden*, bis auf den Letzten. Dafür sollte es einen Extrapreis geben, finde ich.«

»Und was?«, fragte McVries nüchtern.

»Ich weiß nicht.«

»Wie wär's mit seinem Leben?«, schlug Garraty vor.

»Wer würde schon dafür laufen?«

»Vielleicht niemand, bevor der Marsch angefangen hat. Aber im Augenblick wäre ich damit zufrieden. Zum Teufel mit dem Preis. Zum Teufel mit der Erfüllung meiner Herzenswünsche. Wie ist es mit dir?«

Pearson dachte lange darüber nach. »Ich sehe einfach keinen Sinn darin«, sagte er schließlich entschuldigend.

»Sag du's ihm, Pete.«

»Was soll ich ihm sagen? Er hat recht. Entweder den ganzen Kuchen oder gar keinen!«

»Ihr seid verrückt«, sagte Garraty nicht ganz überzeugt. Ihm war heiß, er war furchtbar müde, und hinter den Augen spürte er die leisen Anfänge von Kopfschmerzen. Vielleicht fängt so der Sonnenstich an, dachte er. Vielleicht wäre das auch die beste Art, um zu sterben. Einfach in einer träumerischen, halb bewussten Zeitlupenbewegung in die Knie gehen und nie wieder aufwachen.

»Klar«, sagte McVries liebenswürdig. »Wir sind alle verrückt, sonst wären wir nicht hier. Ich dachte, das hätten wir schon vor langer Zeit ausdiskutiert. Wir wollen sterben, Ray. Hast du das immer noch nicht in deinen dicken Schädel hineingekriegt? Sieh dir Olson an. Ein Totenkopf auf einer Stange. Sag du mir, dass er nicht sterben möchte. Das kannst du nicht. Der zweite Platz? Es ist schon schlimm genug, dass überhaupt einer von uns um seine wirkliche Absicht betrogen wird.«

»Ich habe von diesen komischen Psychogeschichten keine Ahnung«, sagte Pearson abschließend. »Ich finde nur, dass niemand als Zweitletzter aus dieser Sache hervorgehen sollte.«

Garraty brach in Lachen aus. »Du bist bescheuert«, sagte er.

McVries lachte mit. »Jetzt fängst du langsam an, es auf meine Art zu sehen. Noch ein bisschen mehr Sonne, sodass dein Gehirn noch etwas besser durchkocht, und wir machen noch einen echten Gläubigen aus dir.«

Der Marsch ging weiter.

Die Sonne schien jetzt genau auf dem Dachfirst der Welt zu stehen. Das Thermometer erreichte sechsundzwanzig Grad – einer der Jungen hatte ein Taschenthermometer bei sich –, und einige brütende Minuten lang schien die Säule auf siebenundzwanzig hochklettern zu wollen. Siebenundzwanzig, dachte Garraty. Siebenundzwanzig. Nicht besonders heiß. Im Juli stieg das Quecksilber zehn Grad höher. Siebenundzwanzig. Genau die richtige Temperatur, um sich im Garten unter die große Ulme zu setzen und einen Hühnersalat auf einem grünen Salatblatt zu verspeisen. Siebenundzwanzig. Gerade richtig, um im nächsten

Stück des Royal River einen Bauchplatscher zu machen, o Herr im Himmel, wäre das nicht ein herrliches Gefühl? Das Wasser war an der Oberfläche ganz warm, aber unten an deinen Füßen war es kalt, und du konntest fühlen, wie die Strömung ganz leicht an dir zog. Es gab Blutegel unter den Steinen, aber wenn du kein Angsthase warst, konntest du sie von den Beinen absammeln. So viel Wasser, das deine Haut kühlte, deine Haare, deinen Unterleib. Bei der Vorstellung fing sein erhitzter Körper zu zittern an. Siebenundzwanzig. Das war genau richtig, um sich bis auf die Badehose auszuziehen und sich mit einem guten Buch in die Hängematte im Garten zu verkrümeln. Und vielleicht darüber einzudösen. Einmal hatte er Jan zu sich in die Hängematte gezogen. Sie hatten geschaukelt und geschmust, bis sein Schwanz sich wie ein langer heißer Stein an seinem Unterleib angefühlt hatte. Es hatte ihr offenbar nichts ausgemacht. Siebenundzwanzig. Herrgott in einem Chevrolet, siebenundzwanzig Grad.

Siebenundzwanzig. Siebenundzwanzigsiebenundzwanzigsiebenundzwanzig. Es so lange sagen, bis es unsinnig wurde, bis es wegging.

»Bir ist doch die im Lebed so heiß gewesed«, sagte Scramm durch seine verstopfte Nase. Sein breites Gesicht war knallrot und schweißüberströmt. Er hatte sein T-Shirt ausgezogen und seinen zottigen Oberkörper entblößt. Der Schweiß rann an ihm herunter wie kleine Bäche bei der Frühjahrsschmelze.

»Du solltest dir lieber wieder das Hemd anziehen«, sagte Baker. »Wenn die Sonne untergeht, wird dir kalt, und dann bist du erst recht in Schwierigkeiten.«

»Diese gottverdabte Erkältung«, sagte Scramm. »Ich verbredde doch.«

»Es wird regnen«, sagte Baker. Seine Augen suchten den leeren Himmel ab. »Es muss einfach regnen.«

»Verdammte Scheiße, es muss überhaupt nichts«, sagte Collie Parker. »Ich habe noch nie solch einen beschissenen Staat erlebt.«

»Wenn er dir nicht gefällt, dann geh doch nach Hause«, sagte Garraty und kicherte töricht.

»Leck mich!«

Garraty zwang sich dazu, nur ein bisschen aus seiner Feldflasche zu trinken. Er wollte keine Bauchkrämpfe bekommen. Das wäre eine mörderische Art, dabei draufzugehen. Er hatte einmal Wasserkrämpfe gehabt, und das reichte. Damals hatte er seinen Nachbarn, den Elwells, beim Heueinfahren geholfen. Auf dem Scheunenboden war es stickig heiß gewesen, und sie hatten die sechzig Pfund schweren Ballen in einer Arbeitskette hinaufgeworfen. Garraty hatte den taktischen Fehler begangen, drei Becher von dem eiskalten Wasser hinunterzukippen, das Mrs. Elwell ihnen herausgebracht hatte. Plötzlich hatte er betäubende Schmerzen in seiner Brust, seinem Bauch und im Kopf gespürt, war in dem losen Heu ausgerutscht und wie ein Sack durch die Luke auf den Lastwagen hinuntergefallen. Mr. Elwell hatte ihn mit seinen hornigen Arbeitshänden am Bauch festgehalten, während er sich über den Rand des Hängers hinweg übergeben und sich vor Scham und Schmerzen ganz schwach gefühlt hatte. Sie hatten ihn nach Hause geschickt, einen Jungen, der einen seiner ersten Männlichkeitstests in den Sand gesetzt hatte, Ausschlag vom Heu auf den Armen und Spreu im Haar. Er war zu Fuß nach Hause gegangen, und die Sonne hatte wie ein Zehn-Pfund-Hammer auf seinen verbrannten Nacken eingeschlagen.

Er zitterte heftig, und sein Körper brach für einen Augenblick in Hitzepöckchen aus. Der Kopfschmerz pochte Übelkeit erregend hinter seinen Augen … wie einfach wäre es, jetzt das Seil loszulassen.

Er blickte kurz zu Olson hinüber. Olson war immer noch da. Seine Zunge nahm langsam eine schwärzliche Farbe an. Sein Gesicht war schmutzig, und seine Augen starrten blind geradeaus. Ich bin nicht so wie er. Lieber Gott, nicht so wie er. Bitte, ich möchte nicht so ausscheiden wie Olson.

»Das wird uns allen die Kraft rauben«, sagte Baker düster. »Wir schaffen es nie bis New Hampshire. Darauf würde ich Geld setzen.«

»Vor zwei Jahren hatten sie Schneeregen«, sagte Abraham. »*Sie* haben es bis über die Grenze geschafft. Jedenfalls vier von ihnen.«

»Yeah, aber das ist auch was anderes«, sagte Jensen. »Wenn einem kalt ist, braucht man nur ein bisschen schneller zu gehen, um sich wieder aufzuwärmen. Wenn einem zu heiß ist, geht man langsamer ... und wird kaltgemacht. Was will man machen?«

»Es gibt keine Gerechtigkeit«, sagte Collie Parker wütend. »Warum können wir diesen gottverdammten Marsch nicht in Illinois abhalten? Da ist der Boden wenigstens flach.«

»Ich bag Baine«, sagte Scramm. »Warub fluchst du so viel, Parker?«

»Warum musst du dir so viel Rotz aus der Nase wischen?«, fragte Parker zurück. »Weil ich nun mal so bin, darum. Hast du was dagegen?«

Garraty sah auf seine Uhr, aber sie war um 1.16 Uhr stehen geblieben. Er hatte vergessen, sie aufzuziehen. »Weiß jemand, wie spät es ist?«, fragte er.

»Lass mich sehen.« Pearson blickte mit zusammengekniffenen Augen auf seine Armbanduhr. »Genau eine halbe Stunde nach einem Arschloch, Garraty.«

Alle lachten. »Nun mach schon«, sagte er. »Meine Uhr ist stehen geblieben.«

Pearson sah noch mal hin. »Es ist zwei Minuten nach zwei.« Er blickte zum Himmel hoch. »Die Sonne wird noch lange nicht untergehen.«

Die Sonne stand unheilvoll über dem Waldrand. Ihre Strahlen waren noch nicht schräg genug, um wenigstens ein bisschen Schatten auf die Straße zu werfen, und es würde bis dahin noch eine oder zwei Stunden dauern. Garraty glaubte, ganz weit im Süden ein paar purpurfarbene Flecken am Himmel zu entdecken, die Gewitterwolken oder auch nur Wunschdenken sein konnten.

Abraham und Collie Parker unterhielten sich lustlos über die Vorteile von Doppelvergasern. Auch sonst schien niemand großes Interesse an einer Unterhaltung zu haben, also marschierte Garraty allein am Straßenrand und winkte gelegentlich jemand zu, machte sich in der Regel aber nicht die Mühe.

Die Teilnehmer liefen jetzt nicht mehr so verstreut wie vorher; die Vorhut war wieder zu sehen: zwei große, braun gebrannte Jungen mit schwarzen, um die Hüften gebundenen Lederjacken. Das Gerücht lautete, dass die beiden ein Pärchen wären, aber Garraty glaubte das genauso wie er glaubte, dass der Mond aus grünem Käse besteht. Sie wirkten überhaupt nicht weibisch, und sie machten einen ganz netten Eindruck ... nicht dass eines dieser beiden Dinge viel damit zu tun gehabt hätte, ob sie nun schwul waren oder nicht, nahm er an. Außerdem ging es ihn gar nichts an, wenn sie es doch waren. Aber ...

Barkovitch ging hinter den Lederjungen, gefolgt von McVries, der ihm wieder konzentriert auf den Rücken starrte. Die gelbe Regenkappe wippte immer noch in Barkovitchs Gesäßtasche, und er wirkte ganz und gar nicht angeknackst auf Garraty. Im Gegenteil, dachte er mit einem schmerzlichen Stich, McVries war derjenige, der ziemlich erledigt aussah.

Hinter McVries und Barkovitch befand sich ein zusammengewürfelter Haufen, dessen Zusammensetzung sich im Lauf des Marsches immer wieder verändert hatte. Zwischen alten und neuen Mitgliedern herrschte ein ständiges Kommen und Gehen. Dahinter lief noch eine kleinere Gruppe, und dann kamen Scramm, Pearson, Baker, Abraham, Parker und Jensen. Seine Gruppe. Nach dem Start waren es noch mehr gewesen, aber jetzt konnte er sich kaum noch an ihre Namen erinnern.

Es folgten noch zwei Gruppen hinter ihnen, und in diesem ganzen Wirrwarr liefen, wie Pfeffer und Salz verstreut, die Einzelgänger. Ein paar von ihnen waren wie Olson in sich zurückgezogen und katatonisch, andere schienen wie Stebbins ihre eigene Gesellschaft vorzuziehen. Und fast alle trugen sie jenen angespannten, ängstlichen Ausdruck in ihr Gesicht gestempelt. Garraty kannte diesen Gesichtsausdruck inzwischen sehr gut.

Die Gewehre wurden wieder angelegt und zielten auf einen der Einzelgänger, mit denen er sich gerade beschäftigte. Es war ein kleiner, untersetzter Junge in einer abgetragenen grünen Seidenweste. Garraty kam es so vor, als hätte er seine letzte Warnung vor einer halben Stunde bekommen. Er warf einen kurzen, entsetzten Blick auf die Gewehre und ging etwas schneller. Sie hatten, zumindest im Moment, ihr furchtbares Interesse an ihm verloren.

Auf einmal spürte Garraty, dass seine Laune sich auf unerklärliche Weise hob. Sie konnten nicht weiter als vierzig Meilen von Oldtown und damit von der Zivilisation entfernt sein – wenn man eine Fabrik-, Schuh- und Kanu-Stadt Zivilisation nennen wollte. Sie würden irgendwann spät in der Nacht dort ankommen und damit endlich die Autobahn erreichen. Im Vergleich zu jetzt würde das Gehen auf der Autobahn ein glattes Dahinsegeln sein. Dort konnte man, wenn man Lust hatte, mit bloßen Füßen auf dem Gras des Mittelstreifens laufen. Den kalten Tau an den Sohlen spüren. Herr im Himmel, das wäre wunderbar. Er wischte sich mit dem Unterarm über die Augenbrauen. Vielleicht war am Ende doch alles gar nicht so schlimm. Die purpurfarbenen Flecken am Himmel waren etwas näher gekommen, und es handelte sich eindeutig um Gewitterwolken.

Die Gewehre gingen los, und er zuckte nicht einmal zusammen. Der Junge in der grünen Seidenweste hatte die rote Karte bekommen, und er starrte in die Sonne. Vielleicht war auch der Tod gar nicht so schlimm. Schließlich musste ihm früher oder später jeder, sogar der Major, ins Gesicht sehen. Wer beschwindelte hier also wen, wenn man die Dinge genauer betrachtete? Er nahm sich vor, mit McVries darüber zu sprechen, wenn er ihn das nächste Mal traf.

Zunächst legte er ein bisschen Tempo zu und beschloss, dem nächsten hübschen Mädchen, das er entdeckte, zuzuwinken. Doch bevor ein hübsches Mädchen kam, kam der kleine Italiener.

Er war die Karikatur eines Italieners, ein kleiner Kerl mit einem zerbeulten Filzhut und pechschwarzem, an den Enden hochgezwirbeltem Schnurrbart. Er stand neben einem alten Kombiwagen, dessen hintere Ladeklappe heruntergelassen war, winkte und grinste mit unglaublich weißen, unglaublich geraden Zähnen.

Die Ladefläche seines Kombiwagens war mit einer Isoliermatte ausgelegt, auf der sich ein Berg aus zerstoßenem Eis erhob, und durch das Eis hindurch schimmerten an Dutzenden von Stellen keilförmige Wassermelonenstücke, die aussahen wie ein breites pinkfarbenes Pfefferminzgrinsen.

Garratys Magen überschlug sich zweimal, genau wie ein Turmspringer bei einem doppelten Salto. Auf dem Kombiwagen war ein Schild angebracht: DOM L'ANTIO HAT DIE TEILNEHMER DES MARSCHES INS HERZ GESCHLOSSEN – WASSERMELONEN GRATIS!!!

Mehrere Jungen, darunter auch Abraham und Collie Parker, trotteten gemächlich auf den Seitenstreifen zu. Alle wurden verwarnt. Zwar gingen sie schneller als vier Meilen pro Stunde, aber sie gingen in die falsche Richtung. Dom L'Antio sah sie kommen und lachte – ein erfrischend fröhlicher und unkomplizierter Klang. Er klatschte in die Hände, grub sie ins Eis und zog sie voll pinkfarben grinsenden Wassermelonen wieder hervor. Garratys Mund zog sich vor Verlangen zusammen. Aber sie werden es ihm nicht erlauben, dachte er. Genauso wenig, wie sie dem Getränkeverkäufer erlaubt hatten, ihnen Limonade auszugeben. Und dann: Aber, o Gott, es würde so gut schmecken. Wäre es denn wirklich zu viel verlangt, wenn sie nur dies eine Mal die Leine etwas lockerer ließen? Außerdem, wo hatte er zu dieser Jahreszeit die Wassermelonen her?

Die abtrünnigen Geher bewegten sich jetzt außerhalb der Absperrungsleine, die kleine Zuschauergruppe, die sich um Dom L'Antio versammelt hatte, gebärdete sich wie verrückt vor Freude, zweite Verwarnungen wurden ausgeteilt, und plötzlich tauchten wie aus dem Nichts drei State Trooper auf, um Dom L'Antio zurückzuhalten. Seine Stimme erhob sich laut und deutlich über den Lärm.

»Was soll heißen? Was soll heißen, isch kann nischt? Das sind mein Melonen, du blöde Cop! Isch will sie verschenke. Isch werd sie verschenke! He, was glaubst du? Lass meine Wagen in Ruh, du Vollidiot!«

Einer der Trooper griff nach den Wassermelonenstücken, die Dom in seiner Hand hielt, ein anderer wand sich um ihn herum und knallte die Ladeklappe seines Kombis zu.

»Ihr Scheißkerle!«, schrie Garraty so laut, wie er konnte. Der Schrei zerschnitt die Mittagshitze wie ein Glasspeer, und einer der Trooper drehte sich verblüfft und beinah beschämt um.

»Ihr stinkenden Scheißkerle!«, schrie Garraty weiter. »Ich wünschte, eure Mütter hätten euch alle abgetrieben, ihr stinkenden *Hurensöhne!*«

»Gib's ihnen, Garraty!«, rief jemand anderes, und es war Barkovitch, wie ein Honigkuchenpferd grinsend und die Fäuste gegen die Polizisten schüttelnd. »Gib's ihnen ...«

Aber jetzt schrien sie alle, und die State Trooper waren nicht so abgebrüht wie die Soldaten beim Langen Marsch, die handverlesen aus der Nationalgarde kamen. Ihre Gesichter wurden rot und verlegen. Trotzdem schoben sie Dom L'Antio mit seinen frischen, rosa Melonen so schnell, wie sie konnten, vom Seitenstreifen weg.

Dom hatte sein Englisch plötzlich vergessen oder aufgegeben; jedenfalls stieß er saftige italienische Flüche aus. Die Zuschauer pfiffen und buhten die State Trooper aus. Eine Frau mit einem Strohschlapphut warf ein Transistorradio nach einem von ihnen. Es traf ihn am Kopf, und seine Dienstmütze fiel herunter. Garraty bedauerte den Trooper, aber er hörte nicht auf, sie lauthals zu beschimpfen. Er schien gar nicht anders zu können. Wie war ihm bloß das Wort »Hurensöhne« eingefallen? Er hatte nicht geglaubt, dass irgendjemand so ein Wort außerhalb von Büchern benutzte.

Gerade als es so aussah, als ob Dom L'Antio endgültig aus ihrem Gesichtsfeld entfernt würde, riss der kleine Italiener sich los und rannte auf sie zu. Die Menge teilte sich auf magische Weise vor ihm und schloss sich – oder versuchte es zumindest – vor den Polizisten. Einer der Trooper attackierte ihn im Sprung, bekam ihn um die Knie zu fassen und warf ihn zu Boden. Im letzten Augenblick ließ Dom seine wunderschön grinsenden Melonenstücke in hohem Bogen durch die Luft fliegen.

»DOM L'ANTIO LIEBT EUCH ALLE!«, rief er.

Die Menge jubelte hysterisch. Dom landete mit dem Gesicht im Dreck, und seine Hände wurden ihm im Nu mit Handschellen auf dem Rücken zusammengebunden. Die Melonenstücke wirbelten bogenförmig durch die klare Luft, und Garraty hob laut lachend seine Arme in die Höhe und schüttelte triumphierend die Fäuste, als er sah, wie Abraham eines davon mit nonchalanter Geschicklichkeit auffing.

Andere Geher wurden zum dritten Mal verwarnt, als sie stehen blieben, um die Stücke aufzusammeln, aber erstaunlicherweise wurde niemand erschossen. Fünf – nein, sechs, sah Garraty – der Jungen hatten ein Stück Melone erwischt. Der Rest jubelte ihnen zu oder fluchte auf die Soldaten, in deren unbeweglichen Gesichtern sie nun doch unterdrückten Ärger zu erkennen glaubten.

»Ich liebe alle!«, rief Abraham. Sein lachendes Gesicht war mit rosafarbenem Wassermelonensaft verschmiert. Er spuckte drei braune Kerne in die Luft.

»Gottverdammt!«, sagte Collie Parker glücklich. »Ich will verdammt sein, wenn das hier nicht verdammt super ist!« Er grub das Gesicht in sein Melonenstück, knabberte hungrig daran und brach es plötzlich in zwei Hälften. Die eine Hälfte warf er zu Garraty hinüber, der sie vor Überraschung fast in den Staub fallen ließ. »Da hast du auch was, Hinterwäldler!«, rief er. »Sag ja nicht, ich hätte dir nie was zukommen lassen, du gottverdammter Bauer!«

Garraty lachte. »Fick dich doch selber!« Die Melone war kalt, herrlich kalt. Etwas Saft geriet ihm in die Nase, etwas lief ihm am Kinn hinunter und o süßer Himmel in die Kehle, lief ihm die Kehle hinab.

Er aß nur die Hälfte. »He, Pete!«, rief er und warf ihm das restliche Stück zu.

McVries fing es mit einer eleganten Rückhand auf, die

einen guten Baseballspieler im College und vielleicht auch einen Spieler der Major League ausmachte.

Garraty blickte sich um und spürte plötzlich eine überschwängliche Freude. Sein Herz klopfte wild, und am liebsten wäre er auf den Händen im Kreis gelaufen. Fast alle hatten ein Stück Melone abbekommen, auch wenn es nur ein Same mit einem daran hängenden rosa Fleischfetzen gewesen war.

Stebbins bildete wie üblich eine Ausnahme. Er blickte auf die Straße und hatte nichts in den Händen, kein Lächeln auf dem Gesicht.

Scheiß auf ihn, dachte Garraty. Doch die Freude war ihm ein wenig verdorben, und seine Füße wurden wieder schwer. Er wusste, es lag nicht daran, dass Stebbins nichts abbekommen hatte oder dass er nichts wollte. Stebbins brauchte es nicht.

14.30. Sie waren einhunderteinundzwanzig Meilen gegangen. Die Gewitterwolken kamen näher. Eine kleine Brise erhob sich und kühlte Garratys erhitzte Haut. Es wird bald wieder regnen, dachte er. Gut.

Die Zuschauer am Straßenrand rollten ihre Picknickdecken zusammen, liefen davonwirbelnden Papierstücken hinterher und packten ihre Körbe ein. Der Sturm brauste lässig auf sie zu, die Temperatur sank schlagartig, und es war, als wäre es plötzlich Herbst geworden. Garraty knöpfte sich schnell das Hemd zu.

»Jetzt geht's wieder los«, sagte er zu Scramm. »Du ziehst dir lieber wieder dein Hemd an.«

»Willst du bich auf den Arb dehben?« Scramm grinste. »Das ist das Beste, was bir ded gadzed Tag passiert ist.«

»Das wird ein echtes Unwetter!«, rief Parker vergnügt.

Sie befanden sich auf einer leicht abwärts geneigten Hochebene und sahen den Regenvorhang, der aus den purpurfarbenen Wolken auf den Wald niederprasselte, auf sie zukommen. Der Himmel über ihnen hatte eine giftig gelbe Farbe angenommen. Ein Tornadohimmel, dachte Garraty. Wäre das nicht eine irre Sache? Was würden sie tun, wenn ein Tornado über die Straße gebraust käme und sie alle in einer wirbelnden Wolke aus Staub, flatterndem Schuhleder und herumsausenden Wassermelonenkernen in das Land Oz entführte?

Er lachte. Der Wind riss ihm das Lachen aus dem Mund.

»McVries!«

McVries änderte seinen Kurs, um ihn zu treffen. Er beugte sich gegen den Wind, der seine Kleidung vorn an seinen Leib presste und sie hinten aufbauschte. Sein schwarzes Haar und die weiße, in sein gebräuntes Gesicht gezeichnete Narbe verliehen ihm das Aussehen eines leicht verrückten, wettergegerbten Hochseekapitäns auf seiner Kommandobrücke.

»Was ist?«, bellte er.

»Ist in den Regeln eigentlich ein Fall von höherer Gewalt berücksichtigt?«

McVries dachte nach. »Nein, ich glaube nicht.« Er knöpfte sich die Jacke zu.

»Was passiert, wenn wir vom Blitz getroffen werden?«

McVries warf den Kopf zurück und lachte meckernd. »Dann sind wir tot!«

Garraty schnaubte verächtlich und ging weg. Einige von den andern blickten ängstlich zum Himmel hoch. Das würde kein kleiner Schauer wie der werden, der sie gestern Nachmittag erfrischt hatte. Was hatte Parker noch gesagt? Ein Unwetter. Ja, das würde mit Sicherheit ein Unwetter werden.

Eine Baseballkappe wirbelte ihm zwischen die Beine. Er blickte über die Schulter zurück und sah einen kleinen Jungen, der ihr sehnsüchtig nachblickte. Scramm fing die Kappe ein und versuchte, sie ihm zuzuwerfen, doch der Wind erfasste sie sofort und trug sie in einem Bumerangbogen in die Bäume hoch, wo sie sich in den sturmgepeitschten Ästen verfing.

Donner polterte los. Ein bläulich weißer Blitz zerriss den Horizont. Das angenehme Windsäuseln in den Kiefern hatte sich in hundert wahnsinnig heulende und johlende Geister verwandelt.

Die Gewehre knackten. Im tosenden Sturm klangen sie wie kleine Spielzeugpistolen. In der Vorahnung, dass es Olson jetzt endlich erwischt hätte, fuhr Garratys Kopf herum, aber Olson war immer noch da. Seine am Körper flatternden Kleider ließen erkennen, wie ungeheuer schnell er an Gewicht eingebüßt hatte. Er hatte seine Jacke verloren, und seine Arme ragten knochig und dünn wie Bleistifte aus den kurzen Hemdsärmeln hervor.

Es war ein anderer, der von der Straße gezogen wurde. Sein erschöpftes, totes Gesicht wirkte ganz klein unter der windzerzausten Haarmähne.

»Wenn das Rückenwind wäre, könnten wir um halb fünf in Oldtown sein«, sagte Barkovitch vergnügt. Er hatte sich die Regenkappe tief über die Ohren gezogen, und sein kantiges Gesicht war fröhlich und vom Wahnsinn gezeichnet. Garraty verstand plötzlich. Er ermahnte sich, es nachher McVries zu sagen. Barkovitch hatte den Verstand verloren.

Ein paar Minuten später hörte der Sturm plötzlich auf. Der Donner erstickte zu einem leichten Grummeln. Sofort fiel die Hitze wieder über sie her, diesmal feucht und nach der rauschenden Kälte des Windes fast unerträglich.

»Was ist denn jetzt los?«, brüllte Parker. »Garraty! Versagt dieser gottverdammte Staat sogar bei seinen Gewittern?«

»Ich glaube, du bekommst, was du dir wünschst«, sagte Garraty. »Allerdings weiß ich nicht, ob du es auch wirklich willst, wenn du es bekommst.«

»Juhu! Raymond! Raymond Garraty!«

Garratys Kopf fuhr hoch. Einen grauenhaften Moment lang glaubte er, es wäre seine Mutter, und Visionen von Percy tanzten durch seinen Kopf. Aber es war nur eine ältliche Dame mit einem zuckersüßen Gesicht, das unter einer *Vogue* hervorspähte, die sie als Regenhut benutzte.

»Alte Schachtel«, murmelte Art Baker an seiner Seite.

»Ich finde, sie sieht ganz nett aus. Kennst du sie?«

»Ich kenne den Typ«, sagte Baker hasserfüllt. »Sie sieht genau wie meine Tante Hattie aus. Sie ist immer auf Beerdigungen gegangen und hat mit demselben Lächeln dem Klagen und Jammern der Trauernden zugehört. Wie eine Katze, die einer Maus auflauert.«

»Vielleicht ist sie die Mutter des Majors«, sagte Garraty. Es sollte ein Witz sein, aber er kam nicht an. Bakers Gesicht wirkte in dem faden Licht des bewegten Himmels blass und ausgezehrt.

»Tante Hattie hatte neun Kinder. Neun, Garraty. Und vier hat sie mit demselben Lächeln beerdigt. Ihre eigenen Kinder. Es gibt wohl Leute, die andere gern sterben sehen. Ich verstehe das nicht – du etwa?«

»Nein«, sagte Garraty. Baker machte ihn unruhig. Der Donner rollte wieder über den Himmel. »Ist sie jetzt tot, deine Tante Hattie?«

»Nein.« Baker blickte prüfend zu den Wolken hinauf. »Sie ist zu Hause. Wahrscheinlich sitzt sie gerade in ihrem Schaukelstuhl auf der Veranda; sie kann nämlich nicht mehr gehen. Sie sitzt einfach da, schaukelt und hört sich die Nachrichten im Radio an. Und sie lächelt jedes Mal, wenn sie eine neue Todesnachricht hört.« Er rieb sich mit den Handflächen die Ellbogen. »Hast du jemals gesehen, dass eine Katze ihre Jungen auffrisst, Garraty?«

Garraty antwortete nicht. Er spürte eine elektrische Spannung in der Luft, die etwas mit dem Sturm zu tun hatte, der über ihnen lauerte, aber es war noch etwas mehr. Er konnte nicht feststellen, was es war. Als er mit den Augen zwinkerte, glaubte er, die ungleichen Augen von Freaky D'Allessio sehen zu können, die ihn aus der Dunkelheit beobachteten.

Schließlich fragte er Baker: »Informiert sich eigentlich jeder in deiner Familie so genau über das Sterben?«

Baker lächelte schwach. »Nun ja, ich habe mir schon überlegt, in ein paar Jahren die Ausbildung zum Bestattungsunternehmer zu machen. Ein gutes Geschäft. Bestattungsunternehmer verdienen sogar während einer Depression ihr Brot.«

»Ich habe mir immer gedacht, ich werde mal in die Urinalherstellung gehen«, sagte Garraty. »Verträge mit Kinos und Bowlingbahnen und so weiter abschließen. Todsichere Sache. Was meinst du, wie viele Fabriken für Urinale gibt es wohl in diesem Land?«

»Ich glaube, ich will nicht mehr Beerdigungsunternehmer werden«, sagte Baker. »Aber das ist nicht so wichtig.«

Ein gewaltiger Blitz jagte über den Himmel. Ihm folgte ein gigantischer Donnerschlag, und der Wind lebte in ruckartigen Böen wieder auf. Die Wolken rasten wie wahnsinnig gewordene Korsaren durch ein pechschwarzes Albtraummeer über den Himmel.

»Es geht wieder los«, sagte Garraty. »Es geht wieder los, Art.«

»Einige Leute sagen, es wäre ihnen egal«, sagte Baker auf einmal. »›Ich will nur etwas Einfaches, wenn ich mal gehe, Don.‹ Das sagen sie dann zu ihm. Zu meinem Onkel. Aber den meisten ist die Sache sehr wichtig. Das hat er mir jedenfalls erzählt. Sie sagen zwar: ›Ein einfacher Kiefernsarg reicht mir schon.‹ Aber am Ende bekommen sie doch einen großen … mit Zinkeinsatz, wenn sie es sich leisten können. Viele schreiben sogar die Modellnummer in ihrem Testament fest.«

»Warum?«, fragte Garraty.

»Da unten, wo ich zu Hause bin, wollen die meisten Leute in einem Mausoleum bestattet werden. Über dem Boden. Sie wollen nicht unter der Erde liegen, weil der Grundwasserspiegel bei uns so hoch ist. In der Feuchtigkeit verrotten die Särge schneller. Aber wenn man über der Erde bestattet ist, muss man sich vor den Ratten in Acht nehmen. Dicke Louisianasumpfratten. Friedhofsratten. Sie würden sich in null Komma nix durch die Kiefernsärge nagen.«

Der Wind zerrte mit unsichtbaren Händen an ihnen. Garraty hoffte, dass das Gewitter endlich käme. Es war wie auf einem irrsinnigen Karussell. Egal, mit wem man sich unterhielt, immer kam man wieder auf dieses verdammte Thema zu sprechen.

»Ich wäre ja verrückt, wenn ich das täte«, sagte Garraty. »Fünfzehnhundert Dollar oder so was hinlegen, nur damit mich nach meinem Tod die Ratten nicht zu fassen kriegen!«

»Ich weiß nicht«, sagte Baker mit halb geschlossenen, schläfrigen Augen. »Sie fressen zuerst die weichen Teile. Das ist es, was mir Sorgen macht. Ich könnte zusehen, wie sie ein kleines Loch in meinen Sarg nagen, es breiter machen und sich schließlich durchwinden. Und dann stürzen sie sich direkt auf meine Augen, als wären es Brombeeren. Sie würden sie aufessen, und danach wäre ich ein Teil von dieser Ratte. Hab ich nicht recht?«

»Ich weiß es nicht«, sagte Garraty matt.

»Nein danke. Ich würde jederzeit einen Sarg mit Zinkeinsatz nehmen.«

»Obwohl du ihn ja nur einmal brauchen wirst«, sagte Garraty mit einem entsetzten Kichern.

»Das ist wahr«, stimmte Baker feierlich zu.

Wieder schoss ein gegabelter, beinah rosafarbener Blitz über den Himmel, und die Luft roch nach Ozon. Einen Augenblick später brach das Gewitter los. Diesmal war es kein Regen, sondern Hagel.

Innerhalb von fünf Sekunden wurden sie von einer Unmenge Hagelkörner überschüttet, die so groß wie kleine Kieselsteine waren. Mehrere Jungen schrien laut auf, und Garraty schirmte mit einer Hand seine Augen ab. Der Wind wurde zu einem kreischenden Sturm, Hagelkörner krachten und prasselten auf die Straße, auf Körper und Gesichter.

Jensen geriet total in Panik und rannte, die Hände über den Augen und mit den Füßen übereinander stolpernd, im Kreis herum. Schließlich rutschte er den Abhang hinunter, und die Soldaten schossen gut ein halbes Dutzend Kugeln durch den undurchsichtigen Hagelvorhang, bis sie sich sicher sein konnten. Auf Wiedersehen, Jensen, dachte Garraty. Tut mir leid, Mann.

Dann mischte Regen sich unter den Hagel, schoss ihnen auf dem Hügel, den sie gerade hochstiegen, entgegen und schmolz die Körner, die verstreut um ihre Füße lagen. Ein weiterer Hagelschauer brach über sie herein, gefolgt von Regen und wieder Hagel. Doch dann beruhigte das Wetter sich wieder etwas, bis es nur noch gleichmäßig regnete und ab und zu laut donnerte.

»Gottverdammt!«, brüllte Parker und kam auf Garraty zu. Sein Gesicht war mit roten Flecken bedeckt, und er sah aus wie eine ertrunkene Wasserratte. »Garraty, das hier ist ohne jeden Zweifel …«

»… yeah, der beschissenste Staat von allen einundfünfzig«, beendete Garraty den Satz. »Weich deinen Kopf ein.«

Parker beugte den Kopf in den Nacken, öffnete den Mund und ließ den kalten Regen hineinplätschern. »Das tue ich! Gottverdammt noch mal, das tue ich!«

Garraty beugte sich gegen den Wind und holte McVries ein. »Wie findest du das?«, fragte er.

McVries umklammerte sich selbst und zitterte. »Du kannst nicht gewinnen. Jetzt wünschte ich, die Sonne wäre wieder draußen.«

»Es wird nicht lange dauern«, sagte Garraty, aber da täuschte er sich. Um vier Uhr nachmittags regnete es immer noch.

Kapitel 10

»Wisst ihr, warum man mich Graf Zahl nennt? Weil ich gern zähle! Ha-ha-ha!«

Graf Zahl
Sesamstraße

Es gab an diesem Abend keinen Sonnenuntergang, als sie in ihre zweite Nacht auf der Straße hineinwanderten. Der heftige Regen war gegen halb fünf in ein leichtes, kaltes Nieseln übergegangen, das fast bis acht Uhr anhielt. Dann brachen die Wolken allmählich auf, und es waren ein paar kalt strahlende Sterne zu sehen.

Garraty machte sich in seinen feuchten Kleidern ganz klein und brauchte keine Wetteransage, um zu wissen, aus welcher Richtung der Wind blies. Er sprang launisch nach allen Seiten und hatte die milde Wärme, die sie bis jetzt noch begleitet hatte, wie einen alten Teppich unter ihnen weggezogen.

Vielleicht gaben die Zuschauer ein bisschen Wärme ab. Strahlungswärme oder so. Immer mehr hatten sich am Straßenrand eingefunden. Sie standen wegen der Kälte dicht zusammengedrängt und jubelten nicht mehr. Sie guckten bloß zu, wie die Geher vorbeigingen, und eilten dann wieder nach Hause oder zum nächsten Aussichtspunkt. Falls sie gekommen waren, um Blut zu sehen, wurden ihre Erwartungen enttäuscht. Seit Jensen hatten sie nur zwei Teilnehmer verloren, beides junge Burschen, die einfach in

Ohnmacht gefallen waren. Jetzt war genau die Hälfte ausgeschieden. Nein … eigentlich mehr als die Hälfte. Fünfzig weg, und neunundvierzig waren noch zu besiegen.

Garraty ging allein. Ihm war zu kalt, als dass er hätte schläfrig werden können. Er presste die Lippen zusammen, damit sie nicht so zitterten. Olson war immer noch bei ihnen; es waren halbherzige Wetten abgeschlossen worden, ob Olson wohl der fünfzigste sein würde, der die rote Karte bekäme. Der Halbzeitjunge. Aber er war es nicht. Dieses traurige Schicksal ereilte die Nummer 13, Roger Fenum. Gute, alte Unglückszahl. Garraty fing langsam an zu glauben, dass Olson endlos weitergehen würde. Vielleicht so lange, bis er verhungerte. Er hatte sich sicher an einem Ort vergraben, an dem er keine Schmerzen mehr spürte. In gewisser Weise, dachte Garraty, wäre es eine Art poetischer Gerechtigkeit, wenn Olson gewinnen würde. Er konnte schon die Schlagzeile sehen: DIESJÄHRIGER MARSCH VON EINEM TOTEN GEWONNEN!

Garratys Zehen waren taub. Er rieb sie gegen die Ledernähte seiner Schuhe und konnte sie nicht mehr fühlen. Die wirklichen Schmerzen kamen jetzt nicht mehr von den Sohlen, sondern aus dem Spann. Jedes Mal wenn er auftrat, spürte er einen scharfen, bohrenden Stich, der ihm wie ein Messer bis in die Waden fuhr. Es erinnerte ihn an eine Geschichte, die seine Mutter ihm vorgelesen hatte, als er noch klein war. Es ging um ein Meermädchen, das eine Menschenfrau werden wollte. Das Problem war nur, dass sie einen Schwanz hatte, aber eine gute Fee oder so jemand hatte ihr gesagt, dass sie Beine bekommen könne, wenn sie es wirklich wolle. Doch jeder Schritt, den sie an Land tun würde, würde so wehtun, als liefe sie auf Messern. Wenn sie es jetzt immer noch wolle, könne sie die Beine gern kriegen. Und das Mädchen sagte ja, in Ordnung, und das war der Lange Marsch. Um es kurz zu sagen …

»Warnung! Warnung für Nummer 47!«

»Ja, ja, ich höre euch ja!«, rief Garraty ärgerlich und ging schneller.

Der Wald hatte sich gelichtet. Der nördliche Teil des Staates lag jetzt endgültig hinter ihnen. Sie waren noch durch zwei ruhige Provinzstädtchen gekommen, die von der Straße in zwei Hälften geschnitten wurden, und wieder hatte eine Menge von Zuschauern auf den Bürgersteigen gestanden. Doch die Leute waren kaum mehr als Schatten in dem diffusen, regenverhangenen Licht der Straßenlampen gewesen.

Niemand machte sich die Mühe zu winken. Dazu war es wohl zu kalt. Zu kalt und zu dunkel und, lieber Gott, jetzt musste er wieder eine Verwarnung ablaufen, und wenn das nicht eine echte Gemeinheit war, dann wusste er es auch nicht.

Seine Füße wurden von selbst wieder langsamer, und er zwang sich, schneller zu gehen. Irgendwo ziemlich weit vorn sagte Barkovitch etwas in die Dunkelheit und ließ gleich darauf sein unangenehmes Lachen vernehmen. Er konnte McVries deutlich antworten hören: »Halt's Maul, Killer!« Barkovitch sagte zu McVries, er solle zur Hölle fahren, und diesmal schien er sich über ihn wirklich aufzuregen. Garraty lächelte müde.

Er war fast bis ans Ende der Gruppe zurückgefallen und machte sich nur zögernd klar, dass er sich wieder auf Stebbins zubewegte. Irgendetwas an Stebbins faszinierte ihn, doch er wollte nicht so genau darüber nachdenken, was es war. Es wurde langsam Zeit, das ganze Nachdenken aufzugeben. Es führte zu nichts. Und das war wieder eine echte Gemeinheit.

Vorn tauchte ein riesiger Lichtpfeil in der Dunkelheit auf, der wie das Symbol eines bösen Geistes wirkte. Plötzlich fing eine Blaskapelle einen Militärmarsch zu spielen an. Dem Klang nach musste es eine große Kapelle sein. Er hörte laute Jubelrufe. Die Luft war voller schwebender Teilchen, und einen verrückten Augenblick lang glaubte er, es hätte angefangen zu schneien, aber es war Konfetti. Sie kamen auf eine größere Straße, die rechtwinklig zu ihrer eigenen verlief, und ein weiteres Autobahnschild informierte sie, dass Oldtown nur noch sechzehn Meilen entfernt war. Garraty spürte eine Spur von freudiger Erwartung, vielleicht sogar Stolz. Hinter Oldtown kannte er die Strecke. Er hätte sie in seiner Handfläche aufzeichnen können.

»Vielleicht bist du jetzt im Vorteil. Ich glaub's zwar nicht, aber vielleicht bist du es.«

Garraty zuckte zusammen. Es war, als hätte Stebbins den Deckel von seinem Gehirn gehoben und hineingespäht.

»Was?«

»Es ist doch deine Heimat, oder?«

»Hier oben noch nicht. Ich bin noch nie nördlicher als Greenbush gewesen, außer als wir zur Grenze gefahren sind. Aber da haben wir einen anderen Weg genommen.« Sie ließen die Blaskapelle mit ihren feucht im Regen glänzenden Tuben und Klarinetten hinter sich.

»Aber wir kommen doch durch deine Heimatstadt, oder nicht?«

»Nein, wir kommen nur dicht dran vorbei.«

Stebbins grunzte. Garraty sah auf seine Füße hinunter und stellte überrascht fest, dass Stebbins seine Tennisschuhe gegen ein Paar weiche Mokassins ausgetauscht hatte. Die Tennisschuhe hatte er in sein Flanellhemd gesteckt.

»Ich spare mir die Tennisschuhe auf«, sagte Stebbins. »Für alle Fälle. Aber ich glaube, die Mokassins werden bis zum Ende halten.«

»Oh.«

Sie kamen an einem Sendeturm vorbei, der wie ein Skelett auf einem verlassenen Feld stand. Auf seiner Spitze pulsierte ein rotes Licht mit der Regelmäßigkeit eines Herzschlags.

»Freust du dich darauf, deine Angehörigen zu sehen?«

»Ja, das tue ich«, sagte Garraty.

»Und was geschieht danach?«

»Danach?« Garraty zuckte die Achseln. »Ich werde weitermarschieren, denke ich. Es sei denn, ihr seid alle so rücksichtsvoll, vorher zu sterben.«

»Oh, das nehme ich nicht an«, sagte Stebbins mit einem distanzierten Lächeln. »Bist du dir sicher, dass du hinterher nicht völlig fertig bist? Nachdem du sie gesehen hast?«

»Mann, für mich ist überhaupt nichts sicher«, sagte Garraty. »Ich hab nicht viel gewusst, als ich hiermit angefangen habe, und jetzt weiß ich noch weniger.«

»Glaubst du, dass du eine Chance hast?«

»Auch das weiß ich nicht. Ich weiß nicht einmal, warum ich eigentlich mit dir rede. Es ist, als redete ich mit einer Rauchwolke.«

Weit vorn heulten Polizeisirenen in die Nacht.

»Jemand ist da vorn, wo der Polizeigürtel dünner wird, durch die Absperrung gebrochen«, sagte Stebbins. »Die Einheimischen werden unruhig, Garraty. Denk bloß an all die Leute, die dir da vorn sorgfältig den Weg bereiten.«

»Dir auch.«

»Ja, mir auch«, stimmte Stebbins zu und sagte dann lange Zeit nichts mehr. Der Kragen seines Flanellhemdes flatterte locker um seinen Hals. »Es ist schon erstaunlich, wie der Geist den Körper beherrscht«, sagte er schließlich. »Es ist erstaunlich, wie er die Kontrolle übernehmen und dem Körper Vorschriften machen kann. Eine durchschnittliche Hausfrau geht vielleicht sechzehn Meilen pro Tag, vom Kühlschrank zum Herd, von der Wäscheleine zum Bügelbrett. Am Abend ist sie so weit, dass sie gern die Füße hochlegen möchte, aber sie ist nicht erschöpft. Ein Vertreter geht vielleicht zwanzig Meilen. Ein Junge, der für die Footballmannschaft seiner Highschool trainiert, läuft fünfundzwanzig bis achtundzwanzig Meilen … ich meine an einem Tag vom Aufstehen bis zum Zubettgehen. Sie werden alle müde, aber keiner von ihnen ist erschöpft.«

»Yeah.«

»Aber angenommen, jemand sagt der Hausfrau, dass sie sechzehn Meilen zurücklegen muss, bevor sie ihr Abendessen haben kann.«

Garraty nickte. »Sie wäre erschöpft anstatt müde.«

Stebbins antwortete nicht. Garraty hatte das seltsame Gefühl, dass er ihn enttäuscht hatte.

»Nun ja … stimmt das nicht?«

»Glaubst du nicht, sie würde zusehen, dass sie die sechzehn Meilen schon bis zum Mittagessen hereinholt, damit sie nachmittags die Schuhe abstreifen und sich die Seifenopern im Fernsehen angucken kann? Ich schon. Bist du müde, Garraty?«

»Yeah«, sagte Garraty kurz. »Ich bin müde.«

»Erschöpft?«

»Na ja, nicht weit davon entfernt.«

»Nein, du bist noch nicht erschöpft, Garraty.« Er zeigte mit dem Daumen auf Olsons Silhouette. »Das ist erschöpft. Er ist jetzt fast am Ende.«

Garraty beobachtete Olson fasziniert. Fast erwartete er, dass er auf Stebbins' Stichwort hin zusammenbrechen würde. »Worauf willst du hinaus?«

»Frag deinen Freund aus dem Süden, Art Baker. Ein Maultier hat keine Lust zu pflügen, aber es hat Lust auf Karotten. Also hängt man ihm eine Karotte vor die Nase. Ohne Karotten wäre es von der Arbeit erschöpft. Aber ein Maultier mit Karotten vor der Nase arbeitet lange und ist dabei nur müde. Kapiert?«

»Nein.«

Stebbins lächelte wieder. »Du wirst es noch kapieren. Sieh dir Olson an. Er hat seinen Appetit auf Karotten verloren. Er weiß es zwar noch nicht, aber es ist so. Behalte ihn immer im Auge, Garraty. Du kannst eine Menge von ihm lernen.«

Garraty sah Stebbins aufmerksam an, unsicher, ob er ihn noch ernst nehmen sollte. Stebbins lachte laut heraus. Es war ein volles, herzliches Lachen, das die anderen aufrüttelte, und einige Jungen drehten den Kopf nach ihnen um. »Geh hin. Rede mit ihm, Garraty. Und wenn er nicht mit dir reden will, dann geh ganz nahe heran und sieh ihn dir genau an. Es ist nie zu spät, um etwas zu lernen.«

Garraty schluckte trocken. »Würdest du sagen, dass die Lektion sehr wichtig ist?«

Stebbins hörte auf zu lachen und packte ihn fest am Handgelenk. »Vielleicht die wichtigste, die du je lernen wirst. Das Geheimnis des Lebens über den Tod. Dreh diese Gleichung um, und du kannst es dir leisten zu sterben, Garraty. Dann kannst du dein Leben wie ein Alkoholiker auf der Sauftour verbringen.«

Stebbins ließ seine Hand los. Garraty massierte sich langsam das Gelenk. Stebbins hatte ihn offensichtlich wieder entlassen. Unsicher ließ er ihn allein und ging auf Olson zu.

Er hatte das Gefühl, als würde er durch einen unsichtbaren Draht zu ihm hingezogen. Er hatte ihn um vier Uhr am Nachmittag zum letzten Mal gesehen. Jetzt versuchte er, sein Gesicht zu ergründen.

Vor langer Zeit hatte er einmal eine angstvolle, schlaflose Nacht verbracht, weil er einen Film gesehen hatte – wer hatte noch die Hauptrolle gespielt? Es war Robert Mitchum gewesen, nicht wahr? Er hatte einen unerbittlichen Erweckungspriester in den Südstaaten gespielt, der gleichzeitig ein zwanghafter Mörder war. Olsons Silhouette hatte jetzt ein bisschen Ähnlichkeit mit ihm. Sein Körper schien durch die Gewichtsabnahme länger geworden zu sein. Seine Haut war aufgrund des Wassermangels schuppig geworden. Seine Augen waren tief in die dunklen Höhlen eingesunken, und das Haar flatterte wirr wie windzerzauste Maisfäden um seinen Kopf.

Im Grunde ist er nur noch ein Roboter, nichts weiter als ein Automat. Kann da drinnen immer noch ein Olson stecken? Nein, der ist fort. Ich bin mir ziemlich sicher, dass es den Olson, der mit uns im Gras gesessen und über den Jungen gescherzt hat, der gleich auf der Startlinie erstarrt war und seine rote Karte bekommen hatte, schon lange nicht mehr gibt. Das hier ist eine tote Form aus Lehm.

»Olson?«, flüsterte er.

Olson ging weiter. Er war ein trottendes Geisterhaus auf zwei Beinen. Olson hatte sich beschmutzt. Olson roch schlecht.

»Olson, kannst du sprechen?«

Olson schleppte sich vorwärts. Sein Gesicht war starr in der Dunkelheit, aber er *bewegte* sich. Ja, er *bewegte* sich. Irgendetwas war in ihm noch am Leben, etwas tickte noch da drinnen, aber –

Etwas, ja, da war *etwas,* aber was?

Sie stiegen wieder einen Hügel hinauf. Garratys Atem wurde kürzer und kürzer, bis er nur noch wie ein Hund hechelte. Aus seinen feuchten Kleidern stiegen kleine Dampfwolken hoch. Unter ihnen lag ein großer Fluss wie eine silberne Schlange in der Dunkelheit. Das muss der Stillwater sein, dachte er. Er fließt nahe an Oldtown vorbei. Vereinzelte, halbherzige Jubelrufe, aber nicht sehr viele. Weit vorn sah er, gemütlich in die Flussbiegung eingebettet – vielleicht war es doch der Penobscot –, ein Nest von Lichtern liegen. Oldtown. Die beiden kleineren Lichtnester auf der anderen Flussseite mussten Milford und Bradley sein. Oldtown. Sie hatten es endlich geschafft.

»Olson«, sagte er. »Das da vorn ist Oldtown. Die Lichter da gehören zu Oldtown. Wir haben es geschafft, mein Junge.«

Olson antwortete nicht. Und jetzt fiel ihm plötzlich ein, was ihn die ganze Zeit so irritiert hatte. Es war eigentlich keine wichtige Beobachtung. Olson erinnerte ihn einfach an den Fliegenden Holländer, der immer noch weitersegelte, nachdem seine ganze Mannschaft verschwunden war.

Sie gingen den Hügel schnell hinunter, kamen durch eine S-Kurve und überquerten eine Brücke, die dem kleinen Hinweisschild nach den Meadow Brook überspannte. Auf der anderen Seite stand wieder ein Schild:

STARKE STEIGUNG
LASTWAGEN BITTE HERUNTERSCHALTEN

Mehrere Jungen stöhnten.

Es war in der Tat eine starke Steigung. Sie schien über ihnen in die Höhe zu gehen wie eine Rodelbahn. Sie war nicht lang. Trotz der Dunkelheit konnte man den Gipfel sehen. Aber es war schon steil, sehr steil.

Sie fingen an zu klettern.

Garraty lehnte sich gegen den Hang und spürte fast sofort, wie er die Kontrolle über seine Atmung verlor. Wenn ich oben bin, hechle ich wie ein Hund, dachte er … und dann: wenn ich überhaupt oben *ankomme.* Seine Beine erhoben ein Protestgeschrei. Der Schmerz begann in den Oberschenkeln und arbeitete sich in die Waden vor. Seine Beine brüllten ihn an, dass sie diese Scheiße nun nicht länger mitmachen würden.

Doch, das werdet ihr, erklärte Garraty ihnen. Oder ihr müsst sterben.

Das ist uns egal, antworteten seine Beine ihm. Es ist uns egal, ob wir sterben, sterben, sterben.

Die Muskeln wurden plötzlich weich, schmolzen wie

Wackelpudding in der Sonne. Sie zitterten fast hilflos. Sie zuckten unkontrolliert wie schlecht geführte Marionetten.

Links und rechts von ihm wurden Warnungen ausgeteilt, und ihm war klar, dass er bald genug selbst eine kriegen würde. Er fixierte seinen Blick auf Olson und zwang sich, mit ihm Schritt zu halten. Ja, sie würden diesen Killerhügel gemeinsam bezwingen, und dann würde er Olson dazu bringen, ihm sein Geheimnis zu verraten. Danach wäre alles in Ordnung. Dann brauchte er sich keine Gedanken mehr über Stebbins zu machen oder über McVries, Jan, seinen Vater, nein, nicht einmal über Freaky D'Allessio, der sich den Kopf an einer Steinmauer neben der U.S. 1 eingeschlagen hatte, sodass er nur noch wie ein Klumpen Klebstoff aussah.

Wie weit waren sie? Dreißig Meter? Fünfzehn? Wie weit?

Er keuchte jetzt.

Die ersten Schüsse fielen. Er hörte einen schrillen Schrei, der von weiteren Schüssen erstickt wurde. Kurz vor der Hügelkuppe erwischte es noch einen. Garraty konnte in der Dunkelheit nichts sehen. Sein gequälter Puls hämmerte in seinen Schläfen. Er merkte, dass es ihm scheißegal war, wer diesmal hatte dran glauben müssen. Das spielte keine Rolle. Nur der Schmerz spielte eine Rolle, der reißende Schmerz in der Lunge und den Beinen.

Der Hügel rundete sich, wurde flach und rundete sich noch ein wenig zum Abstieg. Der Abstieg auf der anderen Seite verlief flacher, sodass man wieder zu Atem kommen konnte. Nur das Wackelpuddinggefühl in den Muskeln wollte nicht weggehen. Meine Beine brechen zusammen, dachte Garraty gelassen. Sie werden mich niemals bis nach Freeport tragen. Ich glaube nicht einmal, dass sie es bis Oldtown schaffen. Ich sterbe, glaube ich.

Ein rhythmisch schlagendes Geräusch erfüllte allmählich die Nacht. Es klang wild und orgiastisch. Eine Stimme, nein, viele Stimmen, die wieder und wieder das eine Wort sangen:

Garraty! Garraty! GARRATY! GARRATY! GARRATY!

Das musste Gottes Stimme sein oder die seines Vaters. Er war gekommen, um die Beine unter ihm wegzusäbeln, bevor er das Geheimnis in Erfahrung bringen konnte, das Geheimnis, das Geheimnis, wie …

Wie Donnergetöse: *GARRATY! GARRATY! GARRATY!*

Es war nicht sein Vater, und es war auch nicht Gott. Die gesamte Schülerschaft der Oldtown High School schien sich hier versammelt zu haben und rief einstimmig seinen Namen. Als sie sein müdes, ausgezehrtes Gesicht erkannten, löste der Sprechgesang sich in ein wildes Jubelgeschrei auf. Die Cheerleaders ließen ihre Pompons fliegen. Die Jungen pfiffen schrill und küssten die Mädchen. Garraty winkte, lächelte, nickte kurz und verkroch sich schüchtern hinter Olson.

»Olson«, flüsterte er. »He, Olson!«

In Olsons Augen flackerte ein winziges Licht auf. Ein schwacher Lebensfunke wie bei einem kaputten Starter in einem klapprigen Automobil, wenn man ihn einmal betätigte.

»Sag mir, wie, Olson«, flüsterte er. »Sag mir, was ich tun soll.«

Die Jungen und Mädchen von der Highschool (bin ich wirklich mal zur Highschool gegangen?, fragte sich Garraty, oder war das nur ein Traum?) waren jetzt hinter ihnen und kreischten immer noch verzückt.

Olsons Augen bewegten sich ruckartig in ihren Höhlen, als wären sie vor langer Zeit eingerostet und benötigten jetzt etwas Öl. Sein Mund öffnete sich mit einem fast hörbaren dumpfen Geräusch.

»Ja, gut«, flüsterte Garraty eifrig. »Rede. Rede mit mir, Olson. Sag's mir. Sag's mir.«

»Ah«, sagte Olson. »Ah. Ah.«

Garraty kam noch näher. Er legte Olson die Hand auf die Schulter und atmete eine Wolke aus Schweiß, Mundgeruch und Urin ein.

»Bitte«, sagte Garraty. »Streng dich an.«

»Ga. Go. Gott. Gottes Garten …«

»Gottes Garten?«, wiederholte Garraty zweifelnd. »Was ist mit Gottes Garten, Olson?«

»Er ist – voll – Unkraut«, sagte Olson traurig. Sein Kopf fiel ihm auf die Brust. »Ich.«

Garraty sagte nichts. Er konnte nicht. Sie stiegen einen neuen Hügel hinauf, und er keuchte schon wieder. Olson schien dabei nicht außer Atem zu geraten.

»Ich – möchte nicht – sterben«, beendete Olson den Satz.

Garratys Augen waren an der verschatteten Ruine festgelötet, die Olsons Gesicht gewesen war. Olson drehte ihm steif seinen Körper zu.

»Ah?« Sein rollender Kopf hob sich langsam. »Ga. Ga. Garraty?«

»Ja, ich bin's.«

»Wie spät ist es?«

Garraty hatte seine Uhr vor einiger Zeit wieder aufgezogen und neu gestellt. Gott mochte wissen, warum. »Es ist Viertel vor neun.«

»Nicht. Nicht später?« Sein zerrüttetes Greisengesicht zeigte leichte Überraschung.

»Olson …« Er rüttelte Olson sanft an der Schulter, und sein ganzer Körper schien dabei wie eine Schilderbrücke im Sturm zu zittern. »Was ist der Sinn des Ganzen?« Plötzlich kicherte Garraty wie wahnsinnig. »Was ist der Sinn des Ganzen, Alfie?«

Olson blickte Garraty verschmitzt an.

»Garraty«, flüsterte er. Sein Atem roch wie ein Abflussrohr.

»Was?«

»Wie spät ist es?«

»Verdammt noch mal!«, schrie Garraty ihn an und drehte schnell den Kopf herum, aber Stebbins blickte auf die Straße. Sollte er sich über ihn lustig machen, so konnte er es in der Dunkelheit nicht sehen.

»Garraty.«

»Was ist?«, fragte er etwas ruhiger.

»Je..., Jesus wird dich retten.«

Olson hob den Kopf jetzt ganz und fing an, die Straße zu verlassen. Er ging genau auf das Halbkettenfahrzeug zu.

»Warnung! Warnung für Nummer 70!«

Olson zögerte nicht einen Moment lang. Er strahlte eine hinfällige Würde aus. Das Geschnatter der Menge legte sich. Sie beobachteten ihn mit weit aufgerissenen Augen.

Olson blieb nicht stehen. Als er den weichen Seitenstreifen erreichte, legte er die Hände an das Panzerfahrzeug und begann unter Schmerzen, daran hochzuklettern.

»Olson!«, rief Abraham verblüfft. »He, das ist Hank Olson!«

Die Soldaten hoben in völliger Harmonie ihre vier Gewehre. Olson griff nach dem Lauf des nächsten Gewehres und riss es dem Soldaten aus der Hand, als wäre es ein Eis am Stiel. Es flog scheppernd in die Menge, die kreischend davor zurückwich, als wäre es eine lebendige Viper.

Eines der anderen drei Gewehre ging los. Garraty konnte das Mündungsfeuer deutlich erkennen. Er sah auch das zerfetzte Loch in Olsons Hemd, als die Kugel, die durch seinen Leib gefahren war, am Rücken wieder heraustrat.

Olson ließ sich nicht aufhalten. Er hatte jetzt das Oberdeck des Panzerwagens erreicht und griff nach dem Lauf der Waffe, die gerade auf ihn geschossen hatte. Gerade als der nächste Schuss losging, riss er sie in die Höhe.

»Schnapp sie dir!«, schrie McVries grimmig von vorn. »Schnapp sie dir, Olson! Bring sie um! Bring sie um!«

Die beiden übrigen Gewehre schossen gleichzeitig, und Olson flog durch die Wucht der schwerkalibrigen Geschosse vom Panzerfahrzeug. Er landete mit ausgestreckten Armen und Beinen auf dem Rücken und sah aus wie ein Gekreuzigter. Die eine Seite seines Bauches war eine schwarze, zerfetzte Ruine. Die Soldaten pumpten drei weitere Kugeln hinein. Derjenige, den Olson entwaffnet hatte, hatte mühelos einen weiteren Karabiner aus dem Innern des Fahrzeugs hervorgeholt.

Olson setzte sich auf. Er presste die Hände gegen seinen Bauch und betrachtete die auf dem Panzerwagen postierten Soldaten ruhig. Sie blickten ebenso ruhig zurück.

»Ihr Schweinehunde!«, schluchzte McVries. »Ihr verdammten Schweinehunde!«

Olson stand langsam auf. Eine neue Salve legte ihn wieder auf den Rücken.

Garraty hörte ein Geräusch hinter sich. Er musste nicht hinschauen, um zu wissen, dass es Stebbins war. Stebbins lachte leise vor sich hin.

Olson setzte sich wieder auf. Die Gewehrläufe zielten immer noch auf ihn, aber die Soldaten schossen nicht. Ihre Schattengestalten auf dem Panzerwagen drückten beinah Neugier aus.

Langsam und bedächtig, mit den Armen seinen Bauch umschlingend, kam Olson auf die Füße. Er schnüffelte in der Luft, als wollte er die Richtung erkunden, wandte sich schwerfällig den Gehern zu und taumelte auf die Straße.

»Macht dem ein Ende!«, schrie eine heisere Stimme entsetzt. »Um Gottes willen, so erlöst ihn doch endlich!«

Die blauen Schläuche seiner Gedärme rutschten langsam durch Olsons Finger. Sie fielen wie Würste aus seinem Unterleib und baumelten obszön in der Luft. Er blieb stehen und beugte sich vor, um sie wieder hereinzuholen (*herein-*

zuholen, dachte Garraty außer sich vor Verwunderung und Entsetzen), und erbrach einen riesigen Klumpen Blut und Galle auf die Straße. Tief vornübergebeugt stolperte er weiter. Sein Gesicht war völlig ruhig.

»O mein Gott«, sagte Abraham und drehte sich mit den Händen vor dem Mund zu Garraty um. Sein Gesicht war käseweiß, und seine Augen traten aus ihren Höhlen hervor. Sie blickten verzweifelt vor Angst und Abscheu. »O mein Gott, Ray! Was für eine widerliche Gemeinheit! O Gott!« Abraham übergab sich. Das Erbrochene spritzte durch seine Finger hindurch.

Nun ja, dem alten Abe ist sein Essen aus dem Gesicht gefallen, dachte Garraty ungerührt. Das ist aber keine Art, Hinweis 13 zu befolgen, Abe.

»Sie haben ihn in den Bauch geschossen«, sagte Stebbins hinter ihm. »Das machen sie absichtlich. Sie wollen damit alle anderen davon abbringen, die alte Nummer vom Angriff der Leichten Brigade zu probieren.«

»Lass mich in Ruhe!«, fauchte Garraty ihn an. »Oder ich schlag dir die Rübe ein!«

Stebbins ließ sich rasch wieder zurückfallen.

»Warnung! Warnung für Nummer 88!«

Stebbins' Gelächter drang leise an seine Ohren.

Olson fiel auf die Knie. Sein Kopf hing tief zwischen seinen Armen, die er auf der Straße aufgestützt hatte.

Eines der Gewehre brüllte los. Die Kugel riss den Asphalt neben seiner linken Hand auf und sauste heulend in die Nacht. Er versuchte nochmals, langsam und träge auf die Füße zu kommen. Die spielen mit ihm, dachte Garraty böse. Diese ganze Sache muss furchtbar langweilig für sie sein, deshalb spielen sie mit Olson. Na, macht es Spaß, Jungs? Amüsiert Olson euch gut?

Garraty fing an zu weinen. Er rannte zu Olson hinüber, ließ sich neben ihm auf die Knie fallen und presste seinen heißen, müden Kopf an seine Brust. Er heulte in sein schmutziges, übelriechendes Haar.

»Warnung! Warnung für Nummer 47!«

»Warnung! Warnung für Nummer 61!«

McVries zerrte an ihm. Schon wieder McVries. »Steh auf, Ray, steh auf. Du kannst ihm nicht helfen. Um Gottes willen, steh auf!«

»Es ist nicht *fair!*« Garraty weinte. Er hatte einen verschmierten Streifen von Olsons Blut auf der Wange. »Es ist einfach nicht fair!«

»Ich weiß. Nun mach schon. Komm mit.«

Garraty stand auf. McVries und er eilten mit raschen Schritten zur Gruppe zurück, ohne den Blick von Olson zu lassen, der immer noch auf der Straße kniete. Jetzt stand er auf. Seine Füße befanden sich genau auf der weißen Mittellinie. Er hob beide Hände in den Himmel. Die Zuschauermenge stöhnte leise.

»ICH HABE ALLES *FALSCH* GEMACHT!«, rief er mit zitternder Stimme, fiel um und war tot.

Die Soldaten pumpten noch zwei Kugeln in seine Leiche und zogen ihn dann eilig von der Straße.

»Ja, das war das.«

Gut zehn Minuten liefen sie schweigend nebeneinander her, und Garraty empfand schon allein McVries' Anwesenheit als tröstlich. »Ich fange langsam an, so etwas wie einen Sinn darin zu sehen, Pete«, sagte er schließlich. »Es gibt da ein Muster. Es ist nicht völlig sinnlos.«

»Yeah? Verlass dich nicht drauf.«

»Er hat mit mir gesprochen, Pete. Er war nicht tot, bevor sie ihn erschossen haben. Er war am *Leben.*« Es kam ihm jetzt so vor, als wäre dies die wichtigste Erkenntnis aus seiner Begegnung mit Olson. Er wiederholte es. »Er war am *Leben!*«

»Ich finde nicht, dass das einen großen Unterschied

macht«, sagte McVries und seufzte müde. »Er ist nur eine Nummer. Eine gezählte Leiche. Nummer dreiundfünfzig. Das heißt, dass wir dem Ende ein Stück näher gekommen sind, aber mehr hat es nicht zu bedeuten.«

»Das glaubst du doch nicht wirklich?«

»Sag du mir nicht, was ich glaube oder nicht glaube!«, sagte McVries ärgerlich. »Kannst du es nicht einfach auf sich beruhen lassen?«

»Ich schätze, wir sind jetzt dreizehn Meilen vor Oldtown«, sagte Garraty.

»Na super!«

»Weißt du, wie es Scramm geht?«

»Ich bin nicht sein Arzt. Kümmere dich doch selbst um ihn.«

»Was zum Teufel nagt an dir?«

McVries lachte wie wild. »Wir laufen hier, wir laufen hier, und du fragst mich, was an mir *nagt*! Ich mache mir Sorgen um die Einkommensteuer für das nächste Jahr, das nagt an mir! Ich mache mir Sorgen um den Getreidepreis in South Dakota, das nagt an mir! Olson, ihm sind die *Gedärme* rausgefallen, Garraty, am Ende ist er noch weitergelaufen, und ihm sind die *Gedärme rausgefallen,* und das nagt an mir, das *nagt* an mir …« Er hörte abrupt auf, und Garraty sah, wie er darum kämpfte, sich nicht zu übergeben. Plötzlich sagte McVries: »Scramm geht es schlecht.«

»Schlecht?«

»Ja. Collie Parker hat ihm die Stirn gefühlt. Er sagt, dass er innerlich verbrennt. Er redet im Fieber. Von seiner Frau und Phoenix und Flagstaff und dann ganz wildes Zeug über die Hopis und die Navajos und Kachina-Puppen … es ist schwer zu verstehen.«

»Wie lange kann er noch gehen?«

»Wer kann das wissen? Es ist immer noch möglich, dass

er uns alle überlebt. Er ist stark wie ein Büffel, und er strengt sich unheimlich an. Gott, bin ich müde.«

»Und was ist mit Barkovitch?«

»Dem geht langsam ein Licht auf. Er hat kapiert, dass viele von uns froh wären, wenn es ihn endlich erwischen würde. Aber er hat beschlossen, wenigstens mich zu überleben, der gemeine kleine Scheißer. Es gefällt ihm nicht, wie ich auf ihm herumhacke. Bescheuerte Sache, ich weiß.« Er stieß wieder sein wildes Lachen aus. Garraty gefiel der Klang gar nicht. »Aber er hat Angst gekriegt. Er schreit nicht mehr so viel herum, sondern konzentriert seine Kraft auf die Beine.«

»Das geht uns allen so.«

»Ja. Wir sind bald in Oldtown, nicht wahr? Dreizehn Meilen?«

»Richtig.«

»Darf ich dir etwas sagen, Garraty?«

»Klar. Ich nehm es mit ins Grab.«

»Ich glaube, das ist wahr.«

Jemand aus der ersten Zuschauerreihe ließ einen Knallfrosch los, und McVries und Garraty zuckten vor Schreck zusammen. Einige Frauen kreischten. Ein stämmiger Mann hinter der Absperrungsleine sagte »Gottverdammt!« durch einen Mund voll Popcorn.

»Der Grund, warum das alles so schrecklich ist, liegt darin, dass es so trivial ist«, sagte McVries. »Verstehst du mich? Wir haben uns und unsere Seelen für Trivialitäten verkauft. Olson war trivial. Er war auch großartig, aber das eine schließt das andere nicht unbedingt aus. Er war großartig und trivial. Egal, wie man es betrachtet, er ist wie ein Käfer unter einem Mikroskop gestorben.«

»Du bist genauso schlimm wie Stebbins«, sagte Garraty vorwurfsvoll.

»Ich wünschte, Priscilla hätte mich getötet«, sagte McVries. »Das wäre wenigstens nicht so ...«

»… trivial gewesen«, schloss Garraty.

»Genau. Ich finde …«

»Hör mal, ich würde gern ein bisschen dösen, wenn ich kann. Macht es dir was aus?«

»Nein, tut mir leid«, sagte McVries steif. Er war beleidigt.

»Nein, *mir* tut es leid«, entgegnete Garraty. »Nimm es dir nicht zu Herzen. Es ist nur …«

»… trivial«, sagte McVries und stieß zum dritten Mal sein wildes Lachen aus. Dann ging er weg. Garraty wünschte sich – nicht zum ersten Mal –, dass er keine Freundschaften geschlossen hätte. Es würde alles nur noch viel schwerer machen. Es war jetzt schon schwer genug.

Er spürte einen trägen Druck in seinem Darm. Bald würde er ihn entleeren müssen. Bei dem Gedanken knirschte er innerlich mit den Zähnen. Die Leute würden mit Fingern auf ihn zeigen und ihn auslachen. Er würde seine Scheiße wie ein Hundebastard auf die Straße fallen lassen, und danach würden die Leute sie mit ihren Papierservietten einsammeln und als Souvenir in Flaschen aufbewahren. Es schien unmöglich, dass Menschen so etwas tun konnten, aber er wusste, dass es geschah.

Olson und seine herausfallenden Gedärme.

McVries und Priscilla und die Pyjamafabrik.

Scramm, der vor Fieber glühte.

Abraham … Wie viel bieten Sie für diesen Zylinderhut, wertes Publikum?

Garraty ließ den Kopf sinken und döste ein. Der Marsch ging weiter.

Über Berg und Tal, über Zäune und Hecken. Über Bäche und Flüsse, und wenn's vorbei ist, kannst du mich wecken. Garraty kicherte in den dämmrigen Winkeln seines Geistes. Seine Füße schlugen gegen das Straßenpflaster, und der lockere Absatz löste sich noch mehr und klapperte wie ein alter Fensterladen an einem verfallenen Haus.

Ich denke, also bin ich. Das erste Jahr Lateinunterricht. Alte Klänge einer toten Sprache. Ich bin der Herr Pastor und predige euch was vor, und wenn ich nicht mehr weiter kann, dann fang ich wieder von vorn an.

Ich *existiere,* also bin ich.

Wieder ging ein Knallfrosch los. Er hörte Pfiffe und Schreie. Das Panzerfahrzeug rumorte und tuckerte weiter. Garraty lauschte auf den Klang seiner Nummer, falls er eine Warnung bekommen sollte, und döste noch tiefer ein.

Daddy, ich war nicht froh darüber, dass du gehen musstest, aber ich habe dich nie wirklich vermisst, als du weg warst. Tut mir leid. Aber das ist nicht der Grund, warum ich hier bin. Ich hab auch keinen unbewussten Trieb, mich zu töten, tut mir leid, Stebbins. Tut mir leid, aber –

Gewehrschüsse weckten ihn, und wieder hörte er den vertrauten postsackartigen Klang, als ein weiterer Körper auf die Straße plumpste. Die Menge schrie ihr Entsetzen und ihre Begeisterung heraus.

»Garraty!«, kreischte eine Frau. »Ray *Garraty!*« Ihre Stimme war schrill und hysterisch. »Wir *denken* an dich, Junge! *Wir denken an dich, Ray!*«

Ihre Stimme drang deutlich durch die Menge, und die Leute reckten die Hälse und wandten die Köpfe, um Maines Stolz besser sehen zu können. Er hörte vereinzelte Buhrufe, die aber gleich vom fröhlichen Johlen unterdrückt wurden.

Die Menge nahm den Sprechgesang wieder auf. Garraty hörte seinen Namen so oft, dass er langsam zu einzelnen Silben und Buchstaben zerfiel, bis er seine Bedeutung verloren und nichts mehr mit ihm zu tun hatte.

Er winkte kurz und döste wieder ein.

Kapitel 11

»Kommt schon, ihr Arschlöcher!
Wollt ihr ewig leben?«

Unbekannter Oberfeldwebel
aus dem Ersten Weltkrieg

Sie erreichten Oldtown um Mitternacht. Nachdem sie zwei Autobahnzubringer überquert hatten und auf die Route 2 eingebogen waren, gingen sie durch die Stadtmitte.

Für Ray Garraty war das ganze Ereignis ein verschwommener, im Halbschlaf durchlebter Albtraum. Der Jubel wurde lauter und lauter, bis er sogar das Denken unmöglich machte. Große Halogenbogenlampen verwandelten die Nacht in einen flimmernden, schattenlosen Tag. In ihrem seltsamen orangefarbenen Licht wirkten sogar die freundlichsten Gesichter wie dem Grab entstiegene Fratzen. Aus den Fenstern der ersten und zweiten Stockwerke rieselten Konfetti, Zeitungsfetzen, zerschnittene Telefonbuchseiten und lange Toilettenpapierschlangen auf sie herab. Es war wie eine in die Provinz verlegte New Yorker Konfettiparade.

In Oldtown starb niemand. Das gelbe Licht der Bogenlampen verblasste allmählich, und die Zuschauer wurden weniger, als sie zu Beginn des neuen Tages am Stillwater River entlanggingen. Sie schrieben jetzt den 3. Mai. Der faulige Gestank der Papierfabriken stach ihnen in die Nase. Es war ein ätzender Geruch nach Chemikalien, Holzrauch und dem verseuchten Fluss, der den kommenden Magenkrebs ankündigte. Sie sahen konische Sägemehlhaufen, die höher als die Gebäude in der Innenstadt waren. Riesige Haufen von zerstampftem Holz ragten wie Monolithe in den Himmel. Garraty döste und träumte seine undeutlichen Wunschträume von Erleichterung und Erlösung, bis ihm jemand – nach einer Ewigkeit, wie es schien – in die Rippen stieß. Es war McVries.

»Wassislos?«

»Wir kommen jetzt auf die Autobahn«, sagte McVries. Er war ganz aufgeregt. »Es heißt, dass sie eine ganze Scheißgarde von Soldaten auf der Auffahrtsrampe postiert haben. Wir bekommen einen Salut aus vierhundert Gewehren!«

»Und die vierhundert ritten in das Tal des Todes«, murmelte Garraty und rieb sich den Schlaf aus den Augen. »Ich hab heut Nacht schon zu viele Salutschüsse aus drei Gewehren gehört. Nicht interessiert. Lass mich weiterschlafen.«

»Darum geht's nicht. Wenn *sie* fertig sind, werden wir *ihnen* einen Salut verpassen.«

»Aha?«

»Yeah. Ein Sechsundvierzig-Mann-Furzgeräusch.«

Garraty lächelte schwach. Es war ein steifes, ungewohntes Gefühl auf den Lippen. »Stimmt das?«

»Mit Sicherheit! Na ja ... ein Vierzig-Mann-Furzgeräusch. Ein paar von den Jungs sind schon ziemlich hinüber.«

Olsons Bild tauchte kurz vor Garratys Augen auf, der menschliche Fliegende Holländer.

»Na gut, ich mach mit.«

»Dann komm zu uns nach vorn.«

Garraty ging ein bisschen schneller. McVries und er schlossen sich dichter an Pearson, Abraham, Baker und Scramm an. Die beiden Lederjungen hatten den Abstand ihrer Vorhut weiter verkürzt.

»Ist Barkovitch auch dabei?«, fragte Garraty.

McVries schnaubte verächtlich. »Er hält es für die größte Idee seit der Erfindung des Klopapiers.«

Garraty schlug die Arme um seinen Leib, um sich gegen die Kälte zu schützen, und lachte traurig. »Ich wette, der hat eine ganz gemeine Art, einen Furz zu blasen.«

Sie gingen inzwischen parallel zur Autobahn. Die steile Böschung erhob sich zu ihrer Rechten, und über ihren Köpfen leuchteten wieder riesige Bogenlampen, diesmal fahl und käseweiß. Etwa eine halbe Meile weiter vorn bog die Auffahrtsrampe von der Straße ab und wand sich in einem großen Bogen zur Autobahn hinauf.

»Achtung, wir kommen«, sagte McVries.

»Cathy!«, rief Scramm so plötzlich, dass Garraty zusammenfuhr. »Ich habe noch nicht aufgegeben, Cathy!« Er blickte Garraty mit seinen blanken, fiebrig glänzenden Augen an, schien ihn aber nicht zu erkennen. Seine Wangen waren gerötet, die Lippen spröd und von Fieberblasen aufgebrochen.

»Ihm geht es nicht so gut«, sagte Baker entschuldigend, als ob er diesen Ausbruch verursacht hätte. »Wir haben ihm immer wieder einen Schluck Wasser gegeben und ihm auch ein bisschen über den Kopf geschüttet, aber jetzt ist seine Feldflasche fast leer. Und wenn er eine neue möchte, muss er selbst danach rufen. So lauten die Regeln.«

»Scramm«, sagte Garraty.

»Wer ist da?« Scramms Augen rollten unkontrolliert in ihren Höhlen.

»Ich bin's. Garraty.«

»Oh. Hast du Cathy gesehen?«

»Nein«, sagte Garraty verlegen. »Ich ...«

»Achtung, wir kommen«, sagte McVries. Der Jubel der Menge wurde wieder lauter, und aus der Dunkelheit tauchte geisterhaft ein grünes Hinweisschild auf: INTERSTATE 95 AUGUSTA PORTLAND PORTSMOUTH RICHTUNG SÜDEN.

»Das gilt uns«, flüsterte Abraham. »Gott helfe uns auf dem Weg nach Süden.«

Die Auffahrtsrampe wand sich unter ihren Füßen nach oben, und sie traten in den Schein der ersten Bogenlampen. Der neue Straßenbelag fühlte sich viel glatter an, und Garraty empfand wieder das inzwischen vertraute An- und Abschwellen seiner freudigen Erregung.

Die Soldaten des Fahnenträgerkommandos hatten die Zuschauer an beiden Seiten der spiralförmigen Rampe zurückgedrängt. Sie standen ruhig da und hielten die Gewehre schräg vor dem Körper. Ihre Galauniformen leuchteten prachtvoll; ihre eigenen Soldaten auf dem verstaubten Panzerfahrzeug wirkten dagegen richtig schäbig.

Es war, als tauchte man plötzlich aus einer tosenden Meeresbrandung auf und in die Stille der klaren Luft hinein. Im Augenblick waren nur noch ihre Schritte und ihre schnellen, heftigen Atemzüge zu hören. Die Rampe schien kein Ende zu nehmen, und den ganzen Weg entlang standen die Soldaten in ihren scharlachroten Uniformen und hielten die Gewehre für den Salut in Bereitschaft.

Und dann dröhnte die elektronisch verstärkte Stimme des Majors durch die Nacht: »Prä-sen-tiert das *Ge-wehr!*«

Hände klatschten an die Waffen.

»Fertig zum *Sa-lut!*«

Die Gewehre wurden an die Schultern gehoben, die Läufe in einem stählernen Bogen zum Himmel gerichtet. Die Jungen schlossen sich in Erwartung des todbringenden Knalls unwillkürlich enger zusammen – sie waren inzwischen darauf konditioniert.

»Feuer!«

Vierhundert Gewehre in der Nacht, fantastisch, ohrenbetäubend. Garraty bezwang seinen Drang, sich die Ohren zuzuhalten.

»Feuer!«

Und wieder der beißende, korditschwere Pulvergeruch. In welchem Buch schossen sie über eine Wasseroberfläche, um die Leiche eines Ertrunkenen nach oben zu holen?

»Mein Kopf«, stöhnte Scramm. »O Gott, tut mir der Kopf weh!«

»Feuer!«

Die Gewehre explodierten zum dritten und letzten Mal.

Sofort drehte McVries sich um und ging rückwärts. Sein Gesicht wurde von der Anstrengung, die ihn das Rufen kostete, puterrot. »Prä-sen-tiert das *Ge-wehr!*«

Vierzig Zungen wölbten sich auf vierzig Lippen.

»Fertig zum Sa-*lut!*«

Garraty saugte die Luft tief in die Lunge und bemühte sich, sie dort zu halten.

»Feuer!«

Es war wirklich armselig. Eine schwache, erbärmliche Äußerung ihres Trotzes in der großen Dunkelheit. Es wurde nicht wiederholt. Die hölzernen Gesichter des Fahnenträgerkommandos veränderten sich nicht, aber es schien trotzdem so, dass sie in ihrer Haltung unterschwellig ihren Vorwurf ausdrückten.

»Ach, scheiße!«, sagte McVries, drehte sich um und eilte mit gesenktem Kopf vorwärts.

Die Straße wurde eben, sie befanden sich auf der Autobahn. Garraty erhaschte einen kurzen Blick auf den Jeep des Majors, der nach Süden davonraste, ein kurzes Aufblitzen des kalten, fahlen Lichtes auf seinen Brillengläsern, und dann schloss die Menge sie wieder ein. Allerdings kam sie jetzt nicht mehr so nahe heran. Die Autobahn war vierspurig, sogar fünfspurig, wenn man den grasbewachsenen Mittelstreifen dazurechnete.

Garraty strebte gleich auf diesen Mittelstreifen zu und ging auf dem dichten, kurz geschnittenen Gras. Der Tau sickerte durch seine rissigen Schuhe und kühlte seine Knöchel. Jemand wurde verwarnt. Die Autobahn streckte sich flach und monoton vor ihnen aus, vier dunkle Betonstreifen, die durch die grüne Linie in der Mitte getrennt und doch wieder durch das weiße Licht der Bogenlampen über ihren Köpfen miteinander verbunden wurden. Ihre Schatten waren lang und scharf kontrastiert, als würden sie von einem vollen Sommermond auf die Straße geworfen.

Garraty schraubte seine Feldflasche auf, nahm einen tiefen Schluck, schraubte sie zu und fing wieder an zu dösen. Noch achtzig, vielleicht sogar vierundachtzig Meilen bis Augusta. Das feuchte Gras an den Knöcheln tat so gut ...

Er stolperte, fiel beinah hin, und wachte mit einem Ruck auf. Da hatte doch so ein verdammter Idiot den Mittelstreifen mit Kiefern bepflanzt! Natürlich wusste er, dass die Kiefer der offizielle Baum des Staates war, aber ging das nicht ein bisschen zu weit? Wie konnten sie von ihm erwarten, dass er auf dem Gras lief, wenn sie –

Aber das erwarteten sie ja gar nicht.

Garraty wechselte auf die linke Fahrspur, die von den meisten Jungen benutzt wurde. An der Orono-Auffahrt waren zwei weitere Panzerfahrzeuge auf die Autobahn gerumpelt, um alle restlichen sechsundvierzig Geher genau zu überwachen. Sie rechneten nicht damit, dass du auf dem Gras gingst. Wieder einmal angeschmiert, Garraty, alter Freund. Nichts Wichtiges, nur eine weitere kleine Enttäuschung. Eigentlich trivial. Es ist nur ... Wage es nicht noch einmal, dir etwas zu wünschen. Und verlass dich vor allem auf gar nichts mehr. Die Türen schließen sich langsam. Eine nach der anderen. Ja, sie schließen sich, Garraty.

»Heute Nacht werden sie wegsterben«, sagte er. »Sie werden sterben wie die Fliegen.«

»Damit würde ich nicht rechnen«, sagte Collie Parker. Er klang jetzt doch müde und abgespannt – endlich gedämpft.

»Warum nicht?«

»Es ist so, als würde man eine Schachtel Cracker durch ein Sieb schütteln, Garraty. Die Krümel fallen ziemlich schnell durch. Dann brechen die kleinen Stücke auseinander und fallen ebenfalls durch. Aber die großen Cracker …« Parker lächelte, und seine mit Speichel befeuchteten Zähne blitzten in der Dunkelheit auf. »… die *ganzen* Cracker gehen nur Krümel für Krümel kaputt.«

»Aber es liegt noch eine lange Strecke vor uns … immer noch …«

»Ich will immer noch leben«, sagte Parker grob. »Und das willst du auch. Mach mir nichts vor, Garraty. Du und dieser McVries , ihr könnt zusammen herumspazieren und euch über euch selbst und das gesamte Universum lustig machen, was soll's? Das ist doch alles nur ein Haufen eingebildeter Blödsinn. Aber es vertreibt euch die Zeit. Mir musst du nichts vormachen, Garraty, dahinter steckt nur euer Wille zu überleben. Und das gilt auch für die anderen. Sie werden langsam sterben. Sie werden nur Stück für Stück sterben. Es mag mich vielleicht erwischen, aber im Augenblick habe ich das Gefühl, dass ich noch bis New Orleans marschieren werde, bevor ich vor diesen Bettnässern in ihrem Kinderwagen auf die Knie falle.«

»Wirklich?« Eine Welle von Verzweiflung spülte über ihn hinweg. »Meinst du das ernst?«

»Yeah, das meine ich ernst. Immer mit der Ruhe, Garraty. Wir haben noch eine lange Strecke vor uns.« Damit wandte er sich ab und schloss zu den beiden Lederjungen, Mike und Joe, auf, die die Gruppe immer noch anführten. Garraty ließ den Kopf sinken und döste wieder ein.

Seine Gedanken trennten sich von seinem Körper. Sein Gesicht glich einer großen, unsichtbaren Kamera voll von unbelichtetem Filmmaterial, die alles und jedes aufnahm. Der Film spulte sich locker und reibungslos und vor allem schmerzlos ab. Er sah seinen Vater vor sich, der in riesigen, grünen Gummistiefeln von ihm wegging. Dann dachte er an Jimmy Owens, er hatte Jimmy mit dem Lauf seines Luftgewehres vor den Mund geschlagen, und ja, er hatte es absichtlich getan, denn es war Jimmys Idee gewesen, die Kleider auszuziehen und sich an allen Stellen zu berühren, war Jimmys Idee gewesen, es war Jimmys Idee gewesen. Das Gewehr war in einem glitzernden Bogen durch die Luft gefahren, in einem glitzernden *gezielten* Bogen, das spritzende Blut (»Tut mir leid Jim oh Herrgott du brauchst ein Pflaster«) an Jimmys Kinn, und er hatte ihm ins Haus geholfen … und Jimmy hatte gebrüllt … gebrüllt wie am Spieß.

Garraty blickte benommen hoch. Trotz der Kälte schwitzte er ein bisschen. Jemand hatte gebrüllt. Die Gewehre waren auf eine kleine, beinah korpulente Gestalt gerichtet. Sie sah aus wie Barkovitch. Die Gewehre feuerten einstimmig los, und die kleine, beinah korpulente Gestalt flog wie ein schlaffer Wäschesack quer über zwei Fahrspuren. Das pickelige Mondgesicht gehörte nicht zu Barkovitch. Garraty fand, dass es ausgeruht und friedlich aussah.

Plötzlich fragte er sich, ob es nicht für sie alle besser wäre, wenn sie schon tot wären, doch sofort scheute er vor diesem Gedanken zurück. Aber war es denn nicht wahr? Ja, es war nicht von der Hand zu weisen. Die Schmerzen in seinen Füßen würden sich verdoppeln, ja verdreifachen, bevor das Ende in Sicht war; sie schienen jetzt schon unerträglich. Und dabei waren sie nicht einmal das Schlimmste. Es war der Tod, dieser sie ständig begleitende Tod, der Aasgeruch, der sich in seiner Nase festgesetzt hatte. Das ununterbrochene Jubelgeschrei der Menge bildete einen beständigen Hintergrund seiner Gedanken. Der Lärm lullte ihn ein. Er fing wieder an zu dösen, und diesmal tauchte Jans Bild vor ihm auf. Er hatte sie eine Weile völlig vergessen. Auf gewisse Weise, dachte er zusammenhanglos, ist es sogar besser, zu dösen anstatt zu schlafen. Die Schmerzen in seinen Beinen und Füßen schienen zu jemand andres zu gehören, jemand, der nur ganz lose mit ihm in Verbindung stand. Mit nur geringer Anstrengung konnte er seine Gedanken in die richtigen Bahnen lenken, sodass sie für ihn arbeiteten.

Er baute sich ganz langsam ihr Bild zusammen. Ihre kleinen Füße. Die stämmigen, aber vollkommen weiblichen Beine – schmale Waden, die sich allmählich zu vollen, standfesten Oberschenkeln weiteten. Ihre enge Taille und die vollen, stolzen Brüste. Die intelligenten, gerundeten Linien in ihrem Gesicht. Ihr langes, blondes Haar. Hurenhaar, hatte er sich manchmal aus unerfindlichem Grund gedacht. Einmal hatte er es ihr gesagt – es war ihm einfach so herausgerutscht, und er hatte schon befürchtet, dass sie böse auf ihn wäre, aber sie hatte überhaupt nicht darauf geantwortet. Da hatte er angenommen, dass sie sich insgeheim darüber gefreut hatte ...

Diesmal weckte ihn der stetige, widerwillige Druck in seinem Darm auf. Er musste die Zähne zusammenbeißen, um im vorgeschriebenen Tempo weiterzugehen, bis das Gefühl vorbei war. Die Leuchtziffern auf seiner Uhr zeigten an, dass es beinah eins war.

O bitte, lieber Gott, lass mich nicht vor all diesen Leuten kacken müssen. Bitte, Gott, ich gebe Dir die Hälfte von allem, was ich kriege, wenn ich hier gewinne, aber, bitte, verschaffe mir eine Verstopfung. Bitte. Bitte. Bit...

Wieder zog sich sein Darm zusammen, diesmal heftig und schmerzvoll, und machte ihn vielleicht so darauf aufmerksam, dass sein Körper trotz seines geschundenen Zustands noch ziemlich gesund war. Er hielt mit zusammengekniffenen Lippen durch, bis er aus dem gnadenlosen, grellen Licht der nächsten Bogenlampe gekommen war. Nervös schnallte er seinen Gürtel auf, zögerte, zog eine Grimasse und schob dann langsam die Hose hinunter, eine Hand schützend vor seine Genitalien haltend. Er hockte sich hin. Seine Kniegelenke knackten, als würden sie explodieren. Die Muskeln in seinen Schenkeln und Waden protestierten schreiend gegen diese Misshandlung und drohten zu verkrampfen, als sie gegen ihren Willen in diese ungewohnte Haltung gezwungen wurden.

»Warnung! Warnung für Nummer 47!«

»John! He, Johnny, sieh dir mal diesen armen Teufel da drüben an!«

Ausgestreckte Zeigefinger, die er sich in der Dunkelheit eher einbildete, als sie wirklich zu sehen. Blitzlichter flammten auf, und Garraty drehte unglücklich den Kopf weg. Nichts konnte schlimmer sein als das. Nichts.

Er fiel beinah auf den Rücken, konnte sich jedoch mit einem Arm abstützen.

Eine schrille, kindische Mädchenstimme: »Ich *sehe* es! Ich sehe sein *Ding!*«

Baker lief, ohne hinzusehen, an ihm vorbei.

Einen entsetzlichen Augenblick lang fürchtete er schon, es wäre alles umsonst – ein falscher Alarm – gewesen, doch dann war es in Ordnung. Er konnte sein Geschäft verrichten. Mit einem halb gegrunzten Seufzer erhob er sich wieder und stolperte halb rennend, halb gehend auf die Straße. Unterwegs machte er seine Hose wieder zu. Da hatte er also ein Stück von sich zurückgelassen, das jetzt dampfend und von tausend Leuten gierig beäugt in der Dunkelheit lag. Packt's doch ein! Stellt es euch auf den Kaminsims! Die Scheiße von einem Mann, dessen Leben hier auf dem Spiel steht! *Hier ist es, Betty, ich hatte dir doch gesagt, dass wir etwas Besonderes in unserem Spielzimmer aufbewahren …*

gleich da oben über der Stereoanlage. Er wurde zwanzig Minuten später erschossen ...

Er holte McVries ein und lief schweigend, mit gesenktem Kopf, neben ihm her.

»Schlimm?«, fragte McVries mit unverhohlener Bewunderung.

»Sehr schlimm«, sagte Garraty und stieß einen zitternden, erleichterten Seufzer aus. »Ich wusste doch, dass ich etwas vergessen hatte.«

»Was?«

»Ich habe mein Klopapier zu Hause liegen lassen.«

McVries lachte. »Wie sagte meine Großmutter immer so schön? Wenn du keinen Lappen hast, musst du eben mehr mit dem Hintern wackeln.«

Garraty platzte los vor Lachen. Es war ein klares, herzliches Lachen ohne eine Spur von Hysterie. Er fühlte sich leichter, gelöster. Was immer noch auf sie zukommen mochte, das würde er nicht noch einmal durchmachen müssen.

»Bravo, du hast es geschafft«, sagte Baker und schloss sich ihnen an.

»Jesus«, sagte Garraty überrascht. »Warum schickt ihr mir nicht alle eine Gratulationskarte oder so was?«

»Es ist wirklich kein Spaß, wenn alle Leute einen dabei anglotzen«, sagte Baker sachlich. »Hört mal, ich habe gerade was Neues erfahren. Ich weiß aber nicht, ob ich das glauben soll. Das heißt, ich weiß nicht, ob ich das glauben will.«

»Worum geht's?«, fragte Garraty.

»Joe und Mike. Die beiden Lederjackentypen, die jeder hier für schwul hält. Sie sind Hopis. Ich glaube, das hat Scramm uns die ganze Zeit sagen wollen, und wir haben's einfach nicht kapiert. Aber ... seht ihr ... ich habe gehört, dass sie Brüder sind.«

Garraty fiel der Unterkiefer herunter.

»Ich bin vorgelaufen und hab sie mir einmal genau angesehen«, fuhr Baker fort. »Und ich will einen Besen fressen, wenn sie nicht wie Brüder aussehen.«

»Das ist pervers«, sagte McVries wütend. »Das ist verdammt pervers! Man sollte ihre Familie dafür erschießen, dass sie so etwas zugelassen hat!«

»Kennst du irgendwelche Indianer?«, fragte Baker ihn ruhig.

»Nur ein paar aus Passaic«, sagte McVries. Er klang immer noch wütend.

»Bei uns zu Hause gibt es ein Seminolenreservat«, sagte Baker. »Es ist gleich hinter der Staatsgrenze. Das sind komische Leute. Sie empfinden solche Dinge wie Verantwortung nicht in derselben Weise, wie wir es tun. Sie sind stolz, und sie sind arm. Ich glaube, das ist bei den Hopis genauso wie bei den Seminolen. Und sie wissen zu sterben.«

»Das macht es alles nicht besser«, sagte McVries.

»Sie kommen aus New Mexico«, sagte Baker.

»Es ist wie eine Abtreibung«, sagte McVries abschließend, und Garraty war geneigt, ihm zuzustimmen.

Überall lebten vor und hinter ihnen Gespräche auf. Zum Teil lag es an dem Lärm, den die Menge erzeugte, aber Garraty vermutete, dass der Hauptgrund dafür die Eintönigkeit der Autobahn war. Die Hügel stiegen nur noch flach und ganz allmählich an. Sie waren kaum mehr als Hügel zu erkennen. Einige Jungen dösten und schnarchten sporadisch. Sie schienen ihre Gürtel enger geschnallt und sich für die mörderische, vor ihnen liegende Anstrengung gewappnet zu haben, die sie kaum verstehen konnten. Die kleinen Freundschaftsgruppen lösten sich zu Dreier- oder Zweiergemeinschaften oder zu einsamen Inseln auf.

Die Menge kannte keine Müdigkeit. Ununterbrochen jubelte sie mit derselben heiseren Stimme und schwenkte unleserliche Plakate. Garratys Name wurde mit eintöniger

Penetranz immer wieder gerufen, aber es gab auch aus anderen Staaten angereiste Fanklubs, die Barkovitchs oder Pearsons oder Wymans Namen brüllten. Andere Namen tauchten auf und flogen mit einer solchen Geschwindigkeit an ihnen vorbei, dass sie schnell wieder vergessen wurden.

Feuerwerkskörper explodierten und schossen in den Nachthimmel. Jemand hatte ein Feuerrad angezündet, und die Menge stob kreischend auseinander, als es zischend und kreiselnd sein violettes Licht auf den Kiesboden neben der Standspur ausspie. Es gab noch mehr herausragende Figuren in der Menge. Einen Mann mit einem elektronisch verstärkten Megafon zum Beispiel, der abwechselnd Garraty pries und für sich selbst als Wahlkandidaten des zweiten Bezirks Reklame machte. Oder eine dicke Frau mit einer großen Krähe, die sie in einem kleinen Käfig hielt, welchen sie eifersüchtig an ihren riesigen Busen drückte. Eine Menschenpyramide von Collegestudenten, die alle ein Sweatshirt der University of New Hampshire trugen. Und ein hohlwangiger, zahnloser alter Mann in einem Uncle-Sam-Anzug, der ein großes Schild vor sich hielt: WIR HABEN DEN PANAMAKANAL AN DIE KOMMUNISTISCHEN NIGGER VERSCHENKT. Aber sonst war die Menge so stumpf und eintönig wie die Autobahn.

Garraty nickte ab und zu wieder ein, und die Bilder, die ihm durch den Kopf wanderten, befassten sich abwechselnd mit seiner Liebe und seinem Entsetzen. In einem dieser Träume hörte er eine leise, raunende Stimme, die ihn immer wieder fragte: *Bist du ein Mann mit Erfahrung? Bist du ein Mann mit Erfahrung? Bist du ein Mann mit Erfahrung?*, und er konnte nicht erkennen, ob es Stebbins' Stimme oder die des Majors war.

Kapitel 12

»Ich lief auf die Straße, die Straße war dreckig.
Ich stieß mir den Zeh an, und der Zeh wurde fleckig.
Seid ihr alle da?«

Kindervers beim Versteckenspielen

Irgendwie war es wieder Morgen und neun Uhr geworden.

Ray Garraty bog den Kopf so weit in den Nacken, dass sein Hals knackte, und goss sich den Rest Wasser aus der Feldflasche über das Gesicht. Es war gerade warm genug geworden, dass man seine Atemwolken nicht mehr sehen konnte, und das Wasser war eiskalt. Es vertrieb die konstante Schläfrigkeit etwas.

Er musterte seine Reisegefährten. McVries hatte jetzt kräftige Bartstoppeln am Kinn, die genauso schwarz wie seine Haare waren. Collie Parker war zwar hagerer geworden, aber er wirkte so zäh wie eh und je. Baker war nur noch ein Geist. Scramms Gesicht war nicht mehr so rot, aber er hustete dauernd – und es war ein tiefer, röchelnder Husten, der ihn an seine Kindheit erinnerte. Als er fünf Jahre alt war, hatte er eine Lungenentzündung gehabt.

Die Nacht war in einer traumverhangenen Folge von bizarren Ortsnamen auf den reflektierenden Straßenschildern vorbeigegangen. Veazie. Bangor. Hermon. Hampden. Winterport. Die Soldaten hatten nur zwei von ihnen erschossen, und Garraty fing an, die Wahrheit von Collie Parkers Crackertheorie zu akzeptieren.

Und nun war das helle Tageslicht zurückgekehrt. Sie hatten sich wieder zu kleinen, schützenden Gruppen zusammengefunden und machten sich über ihre Bärte lustig. Aber es fielen keine Witze über ihre Füße ... niemals über die Füße. Garraty hatte in der Nacht gespürt, dass ihm mehrere kleine Blasen an der rechten Ferse aufgeplatzt waren, aber die weiche, saugfähige Socke hatte das wunde Fleisch ein wenig geschützt. Gerade liefen sie wieder an einem Schild vorbei: AUGUSTA 48 PORTLAND 117.

»Das ist weiter, als du gesagt hast«, sagte Pearson vorwurfsvoll zu ihm. Er war schrecklich mager geworden, und seine Haare hingen in leblosen Strähnen auf seine Wangen herunter.

»Ich bin keine wandelnde Straßenkarte«, sagte Garraty.

»Trotzdem ... es ist dein Staat.«

»Schlimm.«

»Yeah, nehme ich an.« Es war jedoch keine Bösartigkeit in Pearsons Stimme. »Mannomann, ich würde so was nie wieder tun, in hunderttausend Jahren nicht.«

»Du solltest so lange leben.«

»Yeah.« Pearson wurde plötzlich kleinlaut. »Ich habe darüber nachgedacht. Wenn ich so müde werde, dass ich nicht mehr weitergehen kann, werde ich dort hinüberrennen und in der Menge untertauchen. Sie werden es nicht wagen, auf sie zu schießen. Vielleicht kann ich ihnen entkommen.«

»Es wird wie ein Sprung aufs Trampolin sein«, sagte Garraty. »Sie werden dich sofort auf die Straße zurückstoßen, damit sie dich bluten sehen. Erinnerst du dich nicht an Percy?«

»Percy hat nicht nachgedacht. Er hat einfach bloß versucht, in den Wald abzuhauen. Das hat ihm das Genick gebrochen.« Er blickte Garraty neugierig an. »Bist du gar nicht müde, Ray?«

»Scheiße, nein.« Garraty schwang mit vorgetäuschter

Grandezza seine dünnen Arme. »Siehst du nicht, dass ich regelrecht schwebe?«

»Mir geht's schlecht«, sagte Pearson und leckte sich über die Lippen. »Ich hab schon Schwierigkeiten damit, klar zu denken. Meine Beine fühlen sich so an, als ob sie von unten bis oben mit Harpunen …«

McVries trat von hinten an sie heran. »Scramm stirbt«, sagte er unverblümt.

»Was?«, sagten Garraty und Pearson einstimmig.

»Er hat Lungenentzündung«, sagte McVries.

Garraty nickte. »Ich habe so was befürchtet.«

»Man kann seinen Atem fünf Meter weit hören. Klingt so, als würde jemand den Golfstrom hindurchpumpen. Wenn es heute wieder heiß wird, wird er einfach ausbrennen.«

»Armer Kerl«, sagte Pearson, und die Erleichterung in seiner Stimme war ebenso unbewusst wie auch unverkennbar. »Ich glaube, er hätte uns alle in die Tasche stecken können. Und er ist verheiratet. Was wird seine Frau nun machen?«

»Was *kann* sie machen?«, fragte Garraty.

Sie waren in die Nähe der Menge geraten und achteten kaum auf die Hände, die sich nach ihnen ausstreckten, um sie zu berühren – man lernte schnell, Abstand zu halten, nachdem die Fingernägel ein- oder zweimal die Haut am Arm aufgekratzt hatten. Ein kleiner Junge quengelte, dass er nach Hause gehen wollte.

»Ich hab mit allen gesprochen«, sagte McVries. »Na ja, mit fast allen. Ich finde, dass der Gewinner etwas für sie tun sollte.«

»Und was?«, fragte Garraty.

»Das müssen Scramms Frau und der Gewinner untereinander ausmachen. Und wenn der Scheißkerl kneift, kommen wir alle als Gespenster zurück und verfolgen ihn.«

»In Ordnung«, sagte Pearson. »Was ist dabei schon zu verlieren?«

»Ray?«

»Klar. Sicher. Hast du schon mit Gary Barkovitch gesprochen?«

»Mit dem Arsch? Der würde ja nicht einmal seine Mutter künstlich beatmen, wenn sie am Ertrinken wäre.«

»Ich werd mit ihm reden«, sagte Garraty.

»Das wird nichts nützen.«

»Egal. Ich werd's gleich versuchen.«

»Ray, dann sprich doch auch gleich mit Stebbins. Du scheinst der Einzige zu sein, mit dem er redet.«

Garraty grunzte. »Ich kann dir schon im Voraus sagen, was er antworten wird.«

»Nein?«

»Er wird sagen, warum. Und wenn er fertig ist, weiß ich überhaupt nicht mehr, worum's geht.«

»Na gut, dann lass ihn aus.«

»Kann ich nicht.« Garraty marschierte auf Barkovitchs kleine, eingefallene Gestalt zu. »Er ist schließlich der Einzige, der immer noch glaubt, dass er gewinnen wird.«

Barkovitch döste vor sich hin. Mit den beinah geschlossenen Augen und dem weichen Bartflaum auf den Wangen sah er wie ein abgenutzter und ziemlich misshandelter Teddybär aus. Seine Regenkappe hatte er entweder verloren oder weggeworfen.

»Barkovitch.«

Barkovitch fuhr zusammen. »Wasslos? Wersda? Garraty?«

»Ja. Hör mal zu, Scramm stirbt.«

»Wer? Ah, richtig, der große Ochse da drüben. Gut für ihn.«

»Er hat Lungenentzündung und wird es wahrscheinlich nicht mehr bis zum Mittag machen.«

Barkovitch wandte langsam den Kopf und sah Garraty mit seinen glänzenden, schwarzen Knopfaugen an. Ja, heute Morgen sah er eindeutig wie der Teddybär eines zerstörerisch veranlagten Kindes aus. »Sieh mal an, was für ein ernstes Gesicht du vor dir herträgst, Garraty. Was hast du auf dem Herzen?«

»Falls du es noch nicht weißt, er ist verheiratet und ...«

Barkovitchs Augen weiteten sich, bis sie in Gefahr schienen herauszufallen. *»Verheiratet? VERHEIRATET? WILLST DU MIR WIRKLICH SAGEN, DASS DIESER HOLZKOPF ...«*

»Halt's Maul, du Arschloch, er kann dich doch hören!«

»Das ist mir so was von scheißegal! Er ist wahnsinnig!« Barkovitch drehte sich, außer sich vor Wut, zu Scramm um. *»WOFÜR HAST DU DAS HIER EIGENTLICH GEHALTEN? EINE PARTIE GIN-ROMMÉ?«*, brüllte er aus vollem Hals. Scramm sah mit trübem Blick zu ihm herüber und hob halbherzig winkend die Hand. Offenbar hielt er Barkovitch für einen Zuschauer. Abraham, der dicht neben ihm lief, zeigte Barkovitch den Finger. Barkovitch gab das Zeichen unverzüglich zurück und drehte sich dann wieder zu Garraty um. Plötzlich lächelte er.

»Ach, du liebe Güte«, sagte er. »Es steht dir deutlich ins dumme Hinterwäldlergesicht geschrieben, Garraty. Ihr lasst jetzt für die Frau des Sterbenden den Hut rumgehen, nicht wahr? Ist das nicht süß?«

»Du machst wohl nicht mit, was?«, sagte Garraty steif. »Okay.« Er wandte sich ab, um wegzugehen.

Barkovitchs Mundwinkel zitterten. Er fasste Garraty am Ärmel. »Moment mal, Moment mal. Hab ich etwa nein gesagt? Hast du gehört, dass ich nein gesagt habe?«

»Nein ...«

»Na also, das habe ich auch nicht.« Sein Lächeln kehrte zurück, aber jetzt lag eine Spur Verzweiflung darin. Seine Großspurigkeit war verschwunden. »Hör mal, ich hab bei euch Jungs einen schlechten Start gehabt. Es war nicht meine Absicht. Scheiße, ich bin eigentlich ein ganz netter Kerl, wenn man mich näher kennt. Aber ich fange es immer wieder falsch an. Zu Hause hatte ich auch nicht viele Freunde. In der Schule, meine ich. Himmel, ich weiß auch nicht, woran das liegt. Ich bin wirklich ein ganz netter Kerl, wenn man mich näher kennt, mindestens so nett wie jeder andere, aber ich scheine die Leute immer auf dem falschen Fuß zu erwischen. Ich meine, ein Mann muss doch ein paar Freunde haben, wenn er eine Sache wie die hier durchzieht. Es ist nicht gut, allein zu sein, nicht wahr? Herrgott, Garraty, du hast es doch mitgekriegt. Dieser Kerl, dieser Rank, er hat angefangen, Garraty. Er wollte mir den Arsch aufreißen. Immer haben die Kerle versucht, mir den Arsch aufzureißen. In der Schule habe ich ein Schnappmesser bei mir getragen, weil sie mich immer angemacht haben. Dieser Rank, ich wollte nicht, dass er dabei *draufgeht,* das war überhaupt nicht meine Absicht. Ich will sagen, es war nicht meine Schuld. Ihr habt ja bloß das Ende der Geschichte mitgekriegt, nicht, wie er … mich angemacht hat, weißt du …« Barkovitch wurde immer leiser.

»Ja, ich glaube schon«, sagte Garraty und kam sich dabei wie ein Heuchler vor. Barkovitch mochte ja die Geschichte für sich selbst neu schreiben, aber er konnte sich noch zu deutlich an den Vorfall mit Rank erinnern. »Also, was hast du vor? Willst du bei der Sache mitmachen oder nicht?«

»Doch, klar.« Barkovitchs Hand griff noch fester nach seinem Ärmel und zog daran, als wäre er die Notbremse in einem Autobus. »Ich werde ihr so viel Geld schicken, dass sie den Rest ihres Lebens in Saus und Braus verbringen kann. Ich wollte dir nur sagen … wollte nur, dass du einsiehst … ein Mann muss ein paar Freunde haben … ein Mann braucht eine Clique, weißt du? Wer stirbt schon gern ungeliebt, wenn es so weit ist? Das ist jedenfalls meine Meinung. Ich ... ich ...«

»Klar, natürlich.« Garraty ließ sich langsam wieder zurückfallen. Er kam sich feige vor, weil er Barkovitch auf der einen Seite immer noch hasste, er ihm andererseits aber auch leidtat. »Vielen Dank.« Dieser Anflug von Menschlichkeit bei Barkovitch machte ihm Angst. Er wusste nicht, warum.

Er beeilte sich zu sehr auf dem Rückweg, kassierte eine Warnung und verbrachte die nächsten zehn Minuten damit, sich langsam zu Stebbins zurückzuarbeiten.

»Ray Garraty«, sagte Stebbins. »Ich wünsche dir einen schönen dritten Mai.«

Garraty nickte bedächtig. »Das wünsche ich dir auch.«

»Ich hab gerade meine Zehen gezählt«, sagte Stebbins freundlich. »Sie sind eine fantastische Gesellschaft, das Ergebnis läuft immer auf dasselbe hinaus. Was hast du auf dem Herzen?«

Garraty erzählte die Geschichte von Scramm und seiner Frau zum zweiten Mal, und als er halb damit fertig war, bekam noch ein Junge die rote Karte (HELL'S ANGELS AUF RÄDERN stand auf dem Rücken seiner abgenutzten Jeansjacke), was die ganze Sache ziemlich sinnlos und abgeschmackt erscheinen ließ. Als er fertig war, wartete er nervös darauf, dass Stebbins die Idee auseinandernehmen würde.

»Warum nicht?«, antwortete Stebbins liebenswürdig und blickte lächelnd zu Garraty auf. Die Müdigkeit hatte endlich auch in seinem Gesicht Spuren hinterlassen.

»Das hört sich so an, als ob du nicht viel zu verlieren hättest«, sagte Garraty.

»Ja, stimmt«, sagte Stebbins fröhlich. »Im Grunde hat keiner von uns was zu verlieren. Das macht es auch so leicht, etwas zu geben.«

Garraty sah Stebbins deprimiert an. Es lag so viel Wahrheit in dem, was er sagte. Es ließ ihre Geste Scramm gegenüber kleinlich aussehen.

»Versteh mich nicht falsch, Garraty, alter Knabe. Ich bin ein bisschen komisch, aber ich bin nicht gemein. Wenn ich durchs Zurückhalten meines Versprechens erreichen könnte, dass Scramm etwas schneller abkratzen würde, täte ich es. Aber das kann ich nicht. Ich weiß es nicht sicher, aber ich wette mit dir, dass es bei jedem Marsch solch einen armen Hund wie Scramm gibt und dass sich auch bei jedem Marsch Leute für eine solche Geste finden; und ich wette weiterhin, Garraty, dass es jedes Mal so um diese Zeit herum passiert, wenn die alten Ängste vor der Realität und vor dem Sterben allmählich den Teilnehmern bewusst werden. Früher, vor dem großen Wechsel und der Nationalgarde, als es noch Millionäre gab, da haben sie Stiftungen eingerichtet und Bibliotheken gebaut und all solchen Mist. Jeder wünscht sich ein Bollwerk gegen die Sterblichkeit, Garraty. Einige Leute können sich vormachen, dass sie es in ihren Kindern finden würden. Aber keine von diesen armen, verlorenen Seelen …« Stebbins deutete mit seinem mageren Arm auf die Geher und lachte, aber Garraty fand, dass es traurig klang. »… wird jemals die Chance haben, Kinder zu hinterlassen.« Er blinzelte Garraty zu. »Hab ich dich schockiert?«

»Ich … ich glaube nicht.«

»Du und dein Freund McVries, ihr beide stecht aus dieser kunterbunten Mannschaft hervor. Ich verstehe nicht, wie ihr hier hereingeraten seid. Aber ich würde wetten, dass die Gründe dafür tiefer liegen, als du glaubst. Du hast mich letzte Nacht ernst genommen, nicht wahr? Wegen Olson?«

»Ich glaube schon«, sagte Garraty langsam.

Stebbins lachte erfreut. »Du hast dich auf den Arm nehmen lassen, Ray. Olson hatte keine Geheimnisse.«

»Ich hatte gestern Nacht nicht den Eindruck, dass du Spaß gemacht hast.«

»O doch, das habe ich.«

Garraty lächelte angespannt. »Weißt du, was ich glaube? Ich glaube, du hast etwas gewusst, und jetzt willst du es bloß verleugnen. Vielleicht hast du Schiss gekriegt.«

Stebbins' Blick verdüsterte sich. »Halt es, wie du willst, Garraty, es ist deine Beerdigung. Und jetzt wär's gut, wenn du wieder verschwinden würdest. Mein Versprechen habe ich dir gegeben.«

»Du versuchst, mich zu täuschen. Vielleicht ist das dein Problem. Du möchtest gern glauben, dass dieses Spiel manipuliert sei. Aber vielleicht ist es ein völlig faires Spiel. Macht dir das Angst, Stebbins?«

»Hau ab.«

»Na komm, gib's zu.«

»Ich gebe gar nichts zu, außer dass du ein Narr bist. Na los, rede dir ein, dass das hier ein faires Spiel sei.« Seine Wangen hatten sich leicht gerötet. »Jedes Spiel sieht fair aus, wenn alle Teilnehmer gleichermaßen betrogen werden.«

»Du liegst ja völlig daneben«, sagte Garraty, aber seine Stimme klang nicht mehr überzeugt. Stebbins lächelte kurz und blickte wieder auf seine Füße hinunter.

Sie kletterten aus einer lang gezogenen, geschwungenen Talsenke heraus, und Garraty brach der Schweiß aus, als er nach vorn eilte, wo McVries, Pearson, Abraham, Baker und Scramm eine Gruppe bildeten – oder, genauer gesagt, die anderen bildeten eine Gruppe um Scramm. Sie sahen aus wie besorgte Sekundanten, die sich um einen angeschlagenen Boxkämpfer versammelten.

»Wie geht es ihm?«, fragte Garraty.

»Warum fragst du sie?«, wollte Scramm wissen. Seine heisere Stimme war kaum mehr ein Flüstern. Das Fieber war gesunken, und sein Gesicht sah immer noch bleich und wächsern aus.

»Gut, dann frage ich dich.«

»Ach, nicht so schlecht«, sagte Scramm und hustete. Es klang wie ein unter Wasser ausgestoßenes Gurgeln. »Mir geht's nicht so schlecht. Ich finde es nett von euch, was ihr für Cathy tut. Ein Mann möchte sich lieber selbst um seine Familie kümmern, aber ich glaube, es wäre falsch von mir, auf meinem Stolz zu beharren. So, wie die Dinge jetzt stehen.«

»Red nicht so viel«, sagte Pearson. »Du machst dich ganz kaputt.«

»Wo ist der Unterschied? Ob ich nun jetzt sterbe oder später, wo ist der Unterschied?« Scramm sah sie mit trüben Augen an und schüttelte langsam den Kopf. »Warum musste ich bloß krank werden? Ich lag so gut. Ich war eindeutig der Favorit. Selbst wenn ich müde bin, laufe ich gern, sehe mir die Leute an, genieße die frische Luft … warum? War es Gott? Hat Gott mir das angetan?«

»Ich weiß es nicht«, sagte Abraham.

Garraty spürte wieder, dass die Faszination des Todes ihn überkam, und fand es abstoßend. Er versuchte sie abzuschütteln. Es war nicht fair. Nicht bei einem Freund.

»Wie spät ist es?«, fragte Scramm plötzlich und erinnerte ihn damit unheimlich an Olson.

»Zehn nach zehn«, sagte Baker.

»Wir sind jetzt bald zweihundert Meilen auf der Straße«, fügte McVries hinzu.

»Meine Füße sind noch nicht müde«, sagte Scramm. »Das ist doch etwas.«

Ein kleiner Junge am Straßenrand schrie aus vollem Hals. Seine Stimme übertönte den ständigen Geräuschpegel der Zuschauermenge allein durch ihre Schrillheit. »He, Ma! Sieh dir den großen Kerl da drüben an! Sieh mal, dieser Elch, Ma! He, Ma! Sieh doch mal!«

Garraty ließ den Blick über die Menge schweifen und entdeckte den Kleinen in der ersten Reihe. Er trug ein T-Shirt mit Randy dem Roboter und guckte mit riesigen Augen über ein angebissenes Käsesandwich hinweg. Scramm winkte ihm zu.

»Kinder sind nett«, sagte er. »Ach ja, ich hoffe, dass Cathy einen Jungen bekommt. Ein Mädchen wäre in Ordnung, aber ihr wisst ja ... ein Junge ... gibt den Namen weiter. Nicht dass Scramm so ein großartiger Name wäre!« Er lachte, und Garraty dachte daran, was Stebbins über Bollwerke gegen die Sterblichkeit gesagt hatte.

Ein rotwangiger Junge in einem locker hängenden, blauen Pullover ließ sich nach hinten zurückfallen und brachte ihnen die Nachricht, dass Mike, der von Mike und Joe, den beiden Lederjungen, ganz plötzlich Magenkrämpfe bekommen habe.

Scramm wischte sich mit der Hand über die Stirn. Sein gewaltiger Brustkorb hob und senkte sich in einem schweren Hustenanfall, aber er schaffte es weiterzugehen. »Die beiden kommen aus meiner Gegend«, keuchte er. »Wir hätten zusammen hochfahren können, wenn wir uns gekannt hätten. Sie sind Hopis.«

»Ja, das hast du uns erzählt«, sagte Pearson.

Scramm sah ihn verwirrt an. »Habe ich das? Na ja, ist ja auch egal. Sieht so aus, als ob ich die Reise nun doch nicht allein machen muss. Ich frage mich ...«

Sein Gesicht nahm auf einmal einen entschlossenen Ausdruck an. Er beschleunigte seine Schritte. Dann zögerte er noch mal und drehte sich zu ihnen um. Er wirkte jetzt seltsam ruhig und zufrieden. Garraty beobachtete ihn fasziniert. Er konnte nicht anders.

»Ich glaube nicht, dass ich euch wiedersehen werde, Jungs.« Seine Stimme drückte nichts als schlichte Würde aus. »Macht's gut.«

McVries war der Erste, der ihm antwortete. »Mach's gut, Mann«, sagte er heiser. »Gute Reise.«

»Yeah, viel Glück«, sagte Pearson und sah zur Seite.

Abraham versuchte, etwas zu sagen, aber er konnte nicht. Mit zitternden Lippen wandte er sein blasses Gesicht ab.

»Nimm's leicht«, sagte Baker. Sein Gesicht war feierlich.

»Mach's gut«, murmelte Garraty mit steifen Lippen. »Mach's gut, Scramm. Gute Reise und gute Erholung.«

»Erholung?« Scramm lächelte leicht. »Vielleicht fängt der richtige Marsch jetzt erst an.«

Er lief nach vorn, bis er Mike und Joe mit ihren gelassenen Gesichtern und ihren abgewetzten Lederjacken eingeholt hatte. Mike hatte sich noch nicht von den Krämpfen unterkriegen lassen. Er ging aufrecht, hatte aber beide Hände an den Unterleib gepresst. Sein Tempo blieb konstant.

Scramm sprach mit ihnen.

Alle blickten nach vorn. Die Konferenz der drei schien sehr lange zu dauern.

»Was zum Teufel hecken die aus?«, flüsterte Pearson nervös.

Dann war die Unterredung beendet. Scramm marschierte ihnen eine gute Strecke voraus. Selbst auf diese Entfernung konnte Garraty das heisere Bellen seines Hustens hören. Die Soldaten beobachteten alle drei aufmerksam. Joe legte seinem Bruder die Hand auf die Schulter und drückte sie fest. Die beiden sahen sich in die Augen. Garraty konnte keinen Gefühlsausdruck auf ihren bronzenen Gesichtern entdecken. Dann beeilte Mike sich etwas, bis er Scramm eingeholt hatte.

Einen Augenblick später drehten Scramm und Mike sich abrupt zur Seite und marschierten auf die Zuschauer zu. Die Menge, die den scharfen Todesgeruch an ihnen wahrnahm, schrie auf und rannte auseinander, als ob die beiden die Pest hätten.

Garraty sah zu Pearson hinüber, der die Lippen zusammenpresste.

Die beiden wurden verwarnt. Als sie die Absperrungslinie erreicht hatten, drehten sie sich abermals um und blickten dem Panzerfahrzeug entgegen. Ihre Mittelfinger stachen in einer gleichzeitigen Bewegung in die Luft.

»Ich hab deine Mutter gefickt, und sie war prima!«, rief Scramm.

Mike brüllte etwas in seiner eigenen Sprache.

Die Geher brachen plötzlich in ungeheuren Jubel aus, und Garraty spürte Tränen hinter seinen Lidern. Die Menge schwieg. Die Stelle hinter Scramm und Mike war leer und verlassen. Sie bekamen ihre zweite Warnung und setzten sich mit untergeschlagenen Beinen auf den Boden. Dann fingen sie an, sich in aller Ruhe zu unterhalten. Das war schon gottverdammt seltsam, dachte Garraty, als er an ihnen vorbeiging, denn Mike und Scramm schienen nicht in der gleichen Sprache zu reden.

Er blickte nicht zurück. Keiner der Gruppe drehte sich nach ihnen um, nicht einmal, als es vorbei war.

»Der Gewinner sollte lieber sein Versprechen halten«, sagte McVries plötzlich. »Das sollte er wirklich tun.«

Die anderen schwiegen.

Kapitel 13

»Joanie Greenblum, *kommen Sie da herunter!*«

Johnny Olsen
The New Price Is Right

Zwei Uhr nachmittags.

»Du schummelst, du Arsch!«, rief Abraham.

»Ich schummle nicht«, sagte Baker ruhig. »Du schuldest mir jetzt einen Dollar vierzig, du Trottel!«

»Betrügern gebe ich nichts!« Abraham umklammerte das Zehn-Cent-Stück, das er gerade in die Luft geworfen hatte, fest mit der Hand.

»Und ich spiele normalerweise nicht mit Leuten, die mich so nennen«, sagte Baker grimmig, doch dann lächelte er. »In deinem Fall werd ich eine Ausnahme machen, Abe. Du hast so eine gewinnende Art an dir, dass ich gar nicht anders kann.«

»Halt's Maul und wirf!«, brummte Abraham.

»Oh, rede bitte nicht in diesem Ton mit mir«, sagte Baker kläglich und verdrehte die Augen. »Sonst falle ich in Ohnmacht und sterbe.« Garraty lachte.

Abraham schnaubte verächtlich, warf seine Münze hoch, fing sie wieder auf und klatschte sie auf sein Handgelenk. »Du bist dran.«

»Okay.« Baker warf sein Zehn-Cent-Stück höher, fing es etwas geschickter auf und ließ es – Garraty war sicher – in seiner Handfläche auf dem Rand stehen.

»Diesmal zeigst du zuerst«, sagte Baker.

»O nein. Ich hab letztes Mal zuerst gezeigt.«

»Scheiße, Abe, ich habe davor dreimal hintereinander zuerst gezeigt! Vielleicht bist du derjenige, der hier mogelt.«

Abraham murmelte vor sich hin, überlegte einen Augenblick lang und nahm die Hand weg, um seine Münze zu zeigen. Die Zahlseite war nach oben gekehrt, sodass der von Lorbeerblättern umkränzte Potomac River zu sehen war. Baker lüftete seine Hand, spähte darunter und lächelte. Sein Zehn-Cent-Stück zeigte ebenfalls Zahl. »Jetzt schuldest du mir einen Dollar *fünfzig*.«

»Mein *Gott*, musst du mich für blöd halten!«, polterte Abraham los. »Du hältst mich für einen richtigen Idioten, nicht wahr? Na komm schon, gib's zu! Ich bin das Landei, das du über den Tisch ziehen kannst, nicht wahr?«

Baker schien nachzudenken.

»Na los, sag's schon!«, brüllte Abraham. »Ich kann das vertragen!«

»Jetzt, wo du es sagst«, erwiderte Baker. »Ob du ein Landei bist oder nicht – diese Frage hat sich mir bisher nicht gestellt. Dass du ein Idiot bist, hat sich inzwischen herauskristallisiert. Was nun das Über-den-Tisch-Ziehen betrifft ...« Er legte Abraham die Hand auf die Schulter. »... das, mein Freund, steht völlig außer Zweifel.«

»Na los«, sagte Abraham schlau. »Doppelt oder nichts um die ganze Summe. Und diesmal zeigst du als Erster.«

Baker überlegte. Er sah Garraty fragend an. »Würdest du das tun?«

»Würde ich was tun?« Garraty war der Unterhaltung nicht mehr gefolgt. Sein linkes Bein fühlte sich auf einmal ganz komisch an.

»Würdest du mit diesem Kerl hier doppelt oder nichts spielen?«

»Warum nicht? Schließlich ist er zu dumm, um *dich* zu betrügen.«

»Garraty, ich dachte, du wärst mein Freund«, sagte Abraham kühl.

»Okay, ein Dollar fünfzig, doppelt oder nichts«, sagte Baker, und in dem Augenblick fuhr Garraty ein monströser Schmerz durchs Bein. Alle Qualen, die er in den letzten dreißig Stunden ausgehalten hatte, waren nichts dagegen.

»Mein Bein! Mein Bein! Mein Bein!«, schrie er los, unfähig, sich zu beherrschen.

»O Herrgott, Garraty!«, konnte Baker gerade noch überrascht ausrufen, dann waren sie schon an ihm vorbei. Es schien, dass sie jetzt alle an ihm vorbeigingen, während er mit einem verkrampften, marmorharten Bein dastand, und ihn allein zurückließen.

»Warnung! Warnung für Nummer 47!«

Keine Panik. Wenn du jetzt in Panik gerätst, ist die Sache für dich gelaufen.

Er setzte sich auf den Boden, das Bein wie ein Holzstück vor sich ausgestreckt, und fing an, die Wade zu massieren. Er versuchte, sie zu kneten, aber ebenso gut hätte er Elfenbein kneten können.

»Garraty?« Es war McVries. Es klang, als hätte er Angst – aber das war sicher nur Einbildung? »Was hast du? Einen Wadenkrampf?«

»Ja, ich glaube. Geh weiter. Ich komme schon zurecht.«

Zeit. Die Zeit raste jetzt gegen ihn. Gleichzeitig kam es ihm so vor, als wären die anderen kriechend langsam geworden. Wie die Zeitlupenwiederholung einer knappen Szene am ersten Base. McVries hob ganz langsam seine Füße, zeigte erst einen Absatz, dann den anderen, ein kurzes Aufblitzen der abgetretenen Nägel, ein kurzer Blick auf das rissige, hauchdünne Schuhleder. Barkovitch zog gemächlich an ihm vorbei, ein dünnes Lächeln auf den Lippen, und auf die Zuschauermenge senkte sich ein gespanntes Schweigen. Es breitete sich wie große Strandwellen in beide Richtungen von der Stelle aus, an der er sich hingesetzt hatte. Meine zweite Warnung, dachte Garraty, meine zweite Warnung ist im Anmarsch. Nun mach schon, Bein; na los, du verdammtes Bein, ich will nicht erschossen werden. Streng dich an, gib mir eine Chance.

»Warnung! Zweite Warnung für Nummer 47!«

Yeah, ich weiß, denkt ihr, ich kann nicht zählen? Denkt ihr, ich sitze hier in der Sonne, um braun zu werden?

Das Bewusstsein seines nahenden Todes, so unbestreitbar und wirklich wie eine Fotografie, drang in seine Gedanken ein und versuchte, ihn zu überwältigen. Versuchte, ihn zu lähmen. Mit verzweifelter Kaltblütigkeit schaltete er es ab. Sein Bein war ein einziger, entsetzlicher Schmerz, aber in seiner angespannten Konzentration spürte er es kaum. Noch eine Minute. Nein, jetzt nur noch fünfzig Sekunden, nein, fünfundvierzig, sie rinnen mir davon, meine Zeit läuft mir weg.

Mit unbeteiligtem, beinah forschendem Gesichtsausdruck grub er seine Finger in die steifen Stränge und Knoten seiner Muskeln. Er knetete, massierte, beugte das Bein. Und er sprach ununterbrochen mit ihm. Na komm schon, los, nicht nachlassen, du verdammtes Ding. Jetzt taten ihm die Finger weh, aber auch das spürte er kaum. Stebbins kam an ihm vorbei und murmelte etwas. Garraty konnte nicht verstehen, was er sagte. Es hätte »Viel Glück« heißen können. Dann saß er allein auf der unterbrochenen weißen Linie zwischen Fahr- und Überholspur.

Alle waren jetzt gegangen. Der Jahrmarkt hatte die Stadt verlassen. Sie hatten ihre Zelte abgebrochen und waren weitergezogen, und auf dem leeren Platz saß nur noch der kleine Garraty und betrachtete die zertretenen Zigarettenstummel, das zerknüllte Bonbonpapier und die weggeworfenen, billigen Lospreise.

Alle waren gegangen, bis auf einen großen, blonden Soldaten mit einem jungen, beinah hübschen Gesicht. Er trug die silberne Stoppuhr in der einen und das Gewehr in der anderen Hand. In seiner Haltung lag keine Gnade.

»Warnung! Warnung für Nummer 47! Dritte Warnung!«

Der Muskel dachte nicht daran, sich zu entkrampfen. Er würde sterben. Nach allem, was er durchgemacht, nach all den Qualen, die er auf sich genommen hatte, würde er jetzt schlicht und einfach sterben.

Er ließ sein Bein los und sah dem Soldaten ruhig ins Gesicht. Er fragte sich, wer wohl gewinnen würde. Er fragte sich, ob McVries Barkovitch überleben würde. Er fragte sich, wie sich so eine Kugel im Kopf wohl anfühlen würde. Wäre sofort alles schwarz oder würde er noch spüren, wie seine Gedanken zerstört wurden?

Die wenigen letzten Sekunden zerrannen.

Der Krampf löste sich. Das Blut floss in den Muskel zurück, und das Bein kribbelte, als würde es mit tausend Nadeln gestochen. Das Fleisch wurde warm. Der blonde Soldat mit dem hübschen Gesicht steckte die Stoppuhr weg. Seine Lippen bewegten sich, als er lautlos die letzten Sekunden abzählte.

Aber ich kann nicht aufstehen, dachte Garraty. Es ist zu schön, einfach hier zu sitzen. Einfach hier zu sitzen und das Telefon klingeln zu lassen. Zum Teufel damit, warum habe ich den Hörer nicht danebengelegt?

Er ließ den Kopf zurückfallen. Der Soldat blickte von oben auf ihn herab, und es sah so aus, als ob er am Ende eines dunklen Tunnels stünde oder über einen Brunnenrand hinunterspähte. In einer Zeitlupenbewegung nahm er das Gewehr in beide Hände. Der rechte Zeigefinger berührte den Abzug, krümmte sich, und der Kolben wanderte ganz allmählich nach oben. Die linke Hand lag ruhig am Lauf. Ein Ehering blitzte in der Sonne auf. Alles ging langsam vor sich. So langsam. Bleibt – bleibt einfach einen Moment lang dran.

So, dachte Garraty.

So ist es also. Das Sterben.

Der rechte Daumen des Soldaten drückte mit äußerster Langsamkeit den Sicherungshebel hinunter. Hinter ihm standen drei dürre Frauengestalten, drei verrückte Schwestern, bleibt noch dran. Bleibt einfach noch eine Minute dran, ich hab hier was zu sterben. Sonnenschein, Schatten, blauer Himmel. Wolken, die über den Highway rasen. Von Stebbins war nur noch der Rücken zu sehen. Nur das blaue Flanellhemd mit einem Schweißflecken zwischen den Schulterblättern. Tschüs, Stebbins.

Geräusche hämmerten auf ihn ein. Er hatte keine Ahnung, ob sie nur Einbildung waren oder ob er überempfindlich geworden war. Oder aber es war der Tod, der seine Hand nach ihm ausstreckte. Der Sicherungshebel knackte wie ein zerbrechender Zweig. Die Luft, die er durch die Zähne einsog, rauschte wie in einem Windkanal. Sein Herzschlag war ein Trommelwirbel. Ein hohes Summen tönte in seinem Kopf, nicht in den Ohren, sondern zwischen ihnen. Es stieg höher und höher, und plötzlich war er sich sicher, dass er seine Gehirnströme hören konnte …

Er rappelte sich hoch und kam mit einem steifen, schmerzenden Sprung auf die Beine. Schreiend. Er warf sich in einen schnellen, gleitenden Trab, und seine Füße fühlten sich an, als wären sie aus Federn gemacht. Der Zeigefinger des Soldaten krümmte sich fester um den Abzug, und der Knöchel wurde weiß. Der Soldat blickte auf den kleinen Computer an seinem Handgelenk, der mit einem kleinen, ausgeklügelten Radarsystem ausgestattet war. Garraty hatte darüber einmal einen Artikel im *Popular Mechanic* gelesen. Sie konnten darauf die Geschwindigkeit jedes einzelnen Gehers bis auf vier Stellen hinter dem Komma exakt ablesen.

Der Finger des Soldaten lockerte sich wieder.

Garraty hörte auf zu rennen und marschierte mit schnellen Schritten weiter. Sein Mund war knochentrocken, und sein Herz schlug ihm bis zum Hals. Unregelmäßige, weiße Blitze zuckten vor seinen Augen, und einen schwachen Moment lang war er sich sicher, dass er gleich ohnmächtig würde. Es ging vorüber. Seine Füße waren wütend, dass er ihnen die wohlverdiente Ruhe verweigerte, und schrien ihren Protest heraus. Er biss die Zähne zusammen und ertrug die Schmerzen. Der Wadenmuskel seines linken Beines zuckte immer noch besorgniserregend, doch er musste nicht humpeln. Bis jetzt noch nicht.

Er blickte auf die Uhr. Siebzehn Minuten nach zwei. In der folgenden Stunde würden ihn nur zwei Sekunden vom Tod trennen.

»Na, wieder unter den Lebenden?«, sagte Stebbins, als er ihn einholte.

»Klar«, antwortete er kurz und spürte eine heftige Abneigung. Sie wären auch weitergelaufen, wenn der Soldat ihn erschossen hätte. Sie hätten keine Träne um ihn vergossen. Er war nur ein Name und eine Nummer, die in den offiziellen Bericht eingetragen wurden – GARRATY, RAYMOND, NR. 47, NACH 218 MEILEN ELIMINIERT. Und Stoff für eine rührselige Geschichte, die ein paar Tage lang die Zeitungen des Staates beschäftigte: GARRATY TOT, »MAINES STOLZ« WURDE DAS 61. OPFER.

»Ich hoffe, dass ich gewinne!«, sagte er mürrisch.

»Glaubst du, du schaffst es?«

Garraty dachte an das Gesicht des blonden Soldaten. Es hatte ungefähr so viel Gefühl wie ein Teller Kartoffeln ausgestrahlt.

»Ich bezweifle es«, antwortete er. »Ich habe jetzt schon drei Strikes gegen mich laufen. Das heißt, dass man draußen ist, nicht wahr?«

»Sagen wir, den letzten Ball hast du knapp gestreift«, sagte Stebbins und blickte wieder auf seine Füße hinunter.

Garraty ließ ihn allein. Der Zwei-Sekunden-Spielraum lag ihm schwer auf der Seele. Jetzt würde es keine Warnung mehr geben. Es war nicht einmal Zeit genug, dass jemand ihm sagen konnte: »Beeile dich lieber ein bisschen, Garraty, sonst bist du dran.«

Er holte McVries ein, der sich nach ihm umdrehte. »Ich dachte schon, du wärst draußen, Junge.«

»Ich auch.«

»So nahe?«

»Um die zwei Sekunden, glaube ich.«

McVries stieß einen leisen Pfiff aus. »Im Augenblick würde ich nicht gern in deiner Haut stecken. Wie geht's dem Bein?«

»Besser. Hör mal, ich kann jetzt nicht reden. Ich werde für eine Weile nach vorn gehen.«

»Harkness hat das nicht viel geholfen.«

Garraty schüttelte den Kopf. »Ich muss sichergehen, dass ich das Tempo anführe.«

»In Ordnung. Möchtest du Gesellschaft?«

»Wenn du genug Kraft dafür hast.«

McVries lachte. »Ich habe die Zeit, wenn du das Geld hast, Schätzchen.«

»Dann komm. Beeilen wir uns, solange ich noch Luft genug habe.«

Garraty zog das Tempo an, bis seine Beine rebellierten. McVries und er kamen schnell durch die Hauptgruppe. Zwischen dem Jungen, der als zweiter lief – ein schlaksiger, böse blickender Kerl namens Harald Quince – und dem Überlebenden der beiden Lederjungen, Joe, befand sich ein großer Zwischenraum. Joes Gesicht war wirklich unglaublich braun, als sie ihn aus der Nähe sahen. Er hielt die Augen starr auf den Horizont gerichtet, und seine Züge waren völlig ausdruckslos. Die vielen Reißverschlüsse an seiner Lederjacke klimperten wie eine leise, aus weiter Ferne klingende Musik.

»Hallo, Joe«, sagte McVries , und Garraty hatte plötzlich eine hysterische Lust »Wie geht's dir so?« hinzuzufügen.

»Hallo«, sagte Joe knapp.

Sie gingen an ihm vorbei, und danach gehörte die Straße ihnen. Ein breites, zweispuriges Betonband voll Ölflecken, das von dem Grasstreifen in der Mitte unterbrochen und an beiden Seiten von einer Menschenmauer eingerahmt wurde.

»Vorwärts, immer vorwärts«, sagte McVries. »Christliche Soldaten ziehen in den Krieg. Schon mal davon gehört, Ray?«

»Wie spät ist es?«

McVries sah auf seine Uhr. »Zwanzig nach zwei. Hör mal, Ray, wenn du die ganze Zeit ...«

»Gott, ist das alles? Ich dachte ...« Angst schnürte ihm die Kehle zu; ein dicker, schmieriger Kloß saß in seinem Hals. Er würde es nicht schaffen. Der Spielraum war einfach zu knapp.

»Hör mal, wenn du immer nur an die Zeit denken willst, dann drehst du bald durch und rennst in die Menge, und dann erschießen sie dich wie einen Hund. Sie erschießen dich, während dir die Zunge aus dem Hals hängt und die Spucke am Kinn herunterläuft. Versuch doch, es einfach zu vergessen.«

»Ich kann nicht.« Angst und Wut stauten sich in ihm auf, und er fühlte sich schwach und krank. »Olson ... Scramm ... Sie sind gestorben. Davidson ist gestorben. Und ich kann auch sterben, Pete. Jetzt glaube ich es. Der Tod sitzt mir regelrecht im Nacken!«

»Denk an dein Mädchen, Jan, oder wie heißt sie? Oder an deine Mutter oder dein gottverdammtes Kätzchen. Oder denk an gar nichts. Heb einfach die Füße hoch und setz sie wieder auf die Straße. Konzentriere dich ganz aufs Gehen.«

Garraty kämpfte um seine Selbstbeherrschung und hatte vielleicht ein bisschen Erfolg damit. Unkoordiniert blieb er dennoch. Seine Füße gehorchten den Befehlen, die sein Kopf ihnen erteilte, nicht mehr widerspruchslos, sie schienen alt und klapprig, und der Schmerz flackerte in ihnen wie eine kaputte Glühbirne.

»Der macht es nicht mehr lange«, sagte eine Frau aus der ersten Reihe deutlich hörbar.

»Deine Titten machen es nicht mehr lange!«, schnauzte Garraty sie an, und die Menge jubelte ihm zu.

»Die sind verkorkst«, murmelte Garraty. »Sie sind wirklich verkorkst. Pervers. Wie spät ist es, McVries?«

»Was hast du als Erstes gemacht, als du deinen Bestätigungsbrief empfangen hast?«, fragte McVries geduldig. »Was hast du gemacht, als du gewusst hast, dass du wirklich dabei bist?«

Garraty runzelte die Augenbrauen, wischte sich mit dem Unterarm über die Stirn und ließ seine Gedanken endlich einmal von der fürchterlichen Vorstellung seines blitzartigen Endes abschweifen.

»Ich war allein zu Hause«, sagte er. »Meine Mutter ist berufstätig. Es war an einem Freitagnachmittag. Ich fand den Brief im Kasten. Er hatte einen Stempel aus Wilmington, Delaware, deshalb wusste ich sofort, dass er es sein musste. Aber ich war mir eigentlich sicher, dass ich entweder die medizinische Untersuchung oder den Intelligenztest verhauen hatte. Oder beide. Ich musste ihn zweimal lesen. Ich hatte keinen Freudenausbruch oder so was, aber ich fühlte mich geschmeichelt. Ich war sehr zufrieden damit. Und zuversichtlich. Meine Füße haben damals nicht wehgetan, und mein Rücken hat sich noch nicht so angefühlt, als ob jemand eine Harke mit einem zerbrochenen Griff reingeschoben hätte. Ich war einer von einer Million. Damals war ich noch nicht so klug, zu begreifen, dass das auch auf die fette Frau im Zirkus zutrifft.«

Er schwieg einen Augenblick lang und atmete tief ein, als rieche er die frische Luft der ersten Apriltage wieder.

»Ich konnte keinen Rückzieher machen. Es wussten zu viele Leute davon, die das Geschehen mitverfolgten. Ich glaube, das geht fast jedem so. Auf diese Art kriegen sie ihre Wetten zustande. Ich ließ den 15. April, das erste Absagedatum, verstreichen, und am nächsten Abend veranstalteten sie als Anerkennung ein großes Dinner für mich im Rathaus. Alle meine Freunde waren da, und nach dem Nachtisch fingen sie alle an zu brüllen: Eine Rede! Eine Rede! Also bin ich aufgestanden, habe auf meine Hände heruntergeschaut und ihnen vorgemurmelt, dass ich mein Bestes geben würde, wenn man mich aufnehmen würde, und alle haben applaudiert wie verrückt. Es war, als hätte ich die verdammte Rede von Gettysburg gehalten, wenn du verstehst, was ich meine.«

»Ja, das kenne ich«, sagte McVries und lachte – aber seine Augen blickten düster.

Hinter ihnen donnerten plötzlich die Gewehre los. Garraty zuckte vor Schreck zusammen und wäre beinah steif vor Angst stehen geblieben, doch er schaffte es weiterzugehen. Diesmal war es blinder Instinkt, dachte er. Und was passiert das nächste Mal?

»Verdammter Scheiß«, sagte McVries leise. »Das war Joe.«

»Wie spät ist es?«, fragte Garraty wieder, doch bevor McVries antworten konnte, fiel ihm ein, dass er ja selbst eine Uhr hatte. Es war 2.38 Uhr. Himmel! Der Zwei-Sekunden-Spielraum lag ihm wie eine eiserne Hantel auf den Schultern.

»Hat niemand versucht, es dir auszureden?«, fragte McVries weiter. Sie liefen jetzt ein großes Stück vor der Hauptgruppe, bestimmt mehr als hundert Meter vor Harold Quince. Ein Soldat war abgeordnet worden, um sie zu überwachen. Garraty war froh, dass es nicht der blonde Kerl war. »Hat niemand versucht, dich zu überreden, wenigstens den 31. April als letzten Absagetermin in Anspruch zu nehmen?«

»Zuerst nicht. Meine Mutter und Jan und Dr. Patterson – der spezielle Freund meiner Mutter, weißt du, er geht schon mindestens fünf Jahre mit ihr – haben es zu Anfang etwas heruntergespielt. Sie waren geschmeichelt und stolz auf mich, weil die meisten Jungen über zwölf in diesem Land die Tests mitmachen, aber nur einer von fünfzig durchkommt. Aber dann sind es immer noch Tausende von Jungen, und sie brauchen bloß zweihundert – hundert für den Marsch und hundert für die Nachrücker. Man braucht keine besonderen Fähigkeiten, um ausgewählt zu werden, das weißt du.«

»Ja, ich weiß. Sie ziehen die Namen wie Lose aus dieser beschissenen Trommel. Großes Fernsehspektakel.« McVries' Stimme krächzte ein bisschen.

»Genau. Der Major zieht zweihundert Namen, aber das ist auch alles, was sie bekannt geben. Du weißt nicht, ob du ein Geher bist oder nur auf die Warteliste kommst.«

»Und du wirst auch bis zum letzten Absagetag nicht benachrichtigt«, bestätigte McVries mit einer Miene, als ob dieser letzte Absagetag schon Jahre und nicht bloß vier Tage zurückläge. »Ja, ja, sie lassen sich nicht gern in die Karten gucken.«

Jemand aus der Zuschauermenge hatte einen Strauß Luftballons steigen lassen, die sich in einem roten, blauen, grünen und gelben Farbbogen am Himmel verteilten. Der beständige Südwind trieb sie leicht und locker vor sich her.

»Das stimmt wohl«, sagte Garraty. »Wir saßen vor dem Fernseher, als der Major die Namen gezogen hat. Ich war die Nummer dreiundsiebzig aus der Trommel. Ich bin glatt vom Stuhl gefallen, weil ich es einfach nicht glauben konnte.«

»Nein, nein, es kann nicht sein, dass *du* es bist«, stimmte McVries zu. »So was passiert immer nur den anderen.«

»Genau das ist das Gefühl. Und da fingen sie alle an, auf mich einzureden. Es war gar nicht mehr so wie beim ersten Absagetermin mit dem großen Festessen und den Reden und dem Himmel voller Geigen. Jan ...«

Er unterbrach sich. Aber warum nicht? Er hatte ja auch sonst alles erzählt. Und es war schließlich egal. Entweder er oder McVries würden längst tot sein, wenn das hier vorbei war. Wahrscheinlich sogar beide. »Jan hat mir gesagt, dass sie jederzeit überall hin mit mir gehen würde, wann immer ich es wollte, wenn ich nur die letzte Gelegenheit am 31. April ergreifen und absagen würde. Ich hab ihr geantwortet, dass ich mir dann wie ein Feigling, wie ein Drückeberger vorkommen würde, und da ist sie sauer auf mich geworden und hat gemeint, das sei immer noch besser, als sich tot zu fühlen. Und dann hat sie geweint und mich angefleht.« Garraty blickte zu McVries hoch. »Ich weiß auch nicht, warum, sie hätte mich um alles andere bitten können, und ich hätte versucht, es ihr zu erfüllen. Aber das hier ... ich konnte es nicht. Es war, als hätte ich plötzlich einen Stein in der Kehle. Nach einer Weile begriff sie, dass ich nicht einfach sagen konnte, ja, in Ordnung, ich wähle die 800er-Nummer und sage ab. Ich glaube, sie hat es allmählich verstanden. Vielleicht so gut wie ich, was ja nun nicht besonders toll war – ist.

Und dann hat Dr. Patterson sich eingeschaltet. Er ist Diagnostiker und hat eine heimtückische Art von Logik. ›Hör zu, Ray‹, hat er zu mir gesagt. ›Rechnet man die Hauptgruppe und die Warteliste zusammen, dann stehen deine

Überlebenschancen eins zu fünfzig. Das kannst du deiner Mutter nicht antun, Ray.‹ Ich habe höflich mit ihm diskutiert, solang ich konnte, doch schließlich habe ich ihm gesagt, er solle abhauen. Ich habe ihm klargemacht, dass seine Chancen, meine Mutter zu heiraten, noch viel geringer wären, dass ich aber noch nicht bemerkt hätte, dass er deswegen aufgeben wolle.«

Garraty fuhr sich mit beiden Händen durch die strohigen Haare. Er hatte die zwei bedrohlichen Sekunden vergessen.

»Gott, ist der wütend geworden! Er hat getobt und mir gesagt, ich solle nur so weitermachen, wenn ich meiner Mutter das Herz brechen wolle. Ich sei so gefühllos wie ein ... wie ein Holzbock, ja, ich glaube, das war's. So gefühllos wie ein Holzbock. Muss wohl ein Ausdruck in seiner Familie oder so was sein, keine Ahnung. Und dann hat er mich noch gefragt, was es für ein Gefühl sei, meiner Mutter und einem so netten Mädchen wie Janice so etwas anzutun. Darauf habe ich nur noch mit meiner eigenen unwiderlegbaren Logik gekontert.«

»So, hast du das«, sagte McVries lächelnd. »Und was war das?«

»Ich habe ihm gesagt, er solle mein Zimmer verlassen, oder ich würde ihm eins überbraten.«

»Und deine Mutter?«

»Die hat überhaupt nicht viel dazu gesagt. Ich glaube, sie hat es nicht ganz begriffen. Der Preis – alles, was man sich wünscht für den Rest seines Lebens – hat sie wohl ein bisschen geblendet. Ich hatte einen Bruder, Jeff. Er ist an Lungenentzündung gestorben, als ich sechs war, und – es ist grausam – aber ich glaube, wir wären nicht gut miteinander ausgekommen, wenn er gelebt hätte. Jedenfalls ... ich nehme an, sie hat sich deswegen eingebildet, dass ich jederzeit noch aussteigen könne, wenn ich als Geher drankommen sollte. ›Der Major ist ein netter Mann‹, hat sie gesagt. ›Ich bin mir sicher, dass er dich gehen lässt, wenn er die Umstände kennt.‹ Aber sie exekutieren diejenigen, die sich vor dem Langen Marsch zu drücken versuchen, genauso schnell wie diejenigen, die etwas dagegen sagen. Und dann habe ich den Anruf erhalten und gewusst, dass ich ein Geher war. Ich war auserwählt.«

»Ich nicht.«

»Nein?«

»Nein. Zwölf der ursprünglichen Geher haben noch den 31. April als Absagetermin genutzt. Und ich war Nummer 12 auf der Warteliste. Ich habe den Anruf erst kurz nach elf Uhr nachts gekriegt. Vor vier Tagen.«

»O Gott! Tatsächlich?«

»Ja, so spät.«

»Macht dich das nicht ... bitter?«

McVries zuckte nur die Achseln.

Garraty sah auf seine Uhr. Es war 3.02 Uhr. Es würde alles gut werden. Sein Schatten, der in der Nachmittagssonne immer länger wurde, schien sich jetzt mit etwas mehr Zuversicht zu bewegen. Es war ein angenehm frischer Frühlingstag. Sein Bein schien wieder in Ordnung zu sein.

»Denkst du immer noch daran, dich einfach so auf die Straße zu setzen?«, fragte er McVries. »Du hast die meisten schon überlebt. Es sind jetzt einundsechzig.«

»Ich glaube nicht, dass es etwas ausmacht, wie viele man überlebt hat. Es kommt der Augenblick, da einen einfach der Wille verlässt. Was ich denke, ist egal, verstehst du? Ich hatte früher viel Spaß daran, Ölfarbe auf eine Leinwand zu schmieren. Ich war auch gar nicht mal so schlecht. Und dann, eines Tages – bingo. Es ist nicht allmählich eingeschlafen, sondern hat ganz abrupt aufgehört. Bingo. Urplötzlich hatte ich kein Bedürfnis mehr, auch nur eine Minute weiterzumalen. Eines Abends bin ich mit dem Gefühl ins Bett gegangen, gern zu malen, und am anderen Morgen war es verschwunden.«

»Am Leben zu bleiben kann man wohl kaum ein Hobby nennen.«

»Da bin ich mir nicht so sicher. Was ist mit den Sporttauchern? Oder den Großwildjägern? Den Bergsteigern oder, wenn du willst, mit den schwachsinnigen Fabrikarbeitern, deren Vorstellung von einem schönen Zeitvertreib es ist, sich jeden Samstagabend auf eine Schlägerei einzulassen? All diese Aktivitäten reduzieren das Am-Leben-Bleiben auf ein Hobby. Es gehört zum Spiel.«

Garraty schwieg.

»Leg lieber ein bisschen zu«, sagte McVries freundlich. »Wir werden langsamer, und das kann ich nicht zulassen.«

Garraty legte zu.

»Mein Dad ist Mitinhaber eines Autokinos«, sagte McVries. »Er besitzt die Hälfte. Er wollte mich fesseln, knebeln und in den Keller werfen, damit ich nicht herkommen könnte. Soldaten hin oder her, das war ihm egal.«

»Und was hast du getan? Ihn weich gemacht?«

»Dafür hatte ich keine Zeit mehr. Als der Anruf kam, blieben mir nur noch zehn Stunden. Sie haben eine Sondermaschine für uns eingesetzt und einen Mietwagen auf dem Flughafen Presque Isle bereitgestellt. Er tobte und raste durchs Zimmer, und ich habe einfach nur dagesessen und genickt und ja, ja gesagt, und dann hat es auch schon an die Tür geklopft. Meine Mutter hat aufgemacht, und da standen zwei der größten, bösartigsten Soldaten, die du je gesehen hast, auf der Veranda. Mann, die waren so hässlich, dass man glauben konnte, die Uhren würden bei ihrem Anblick stehen bleiben. Mein Dad hat sie nur einmal angesehen und zu mir gesagt: ›Petie, du gehst am besten nach oben und holst deinen Pfadfinderrucksack.‹« McVries ließ seinen Rucksack an seinen Schultern auf und ab hüpfen und lachte bei der Erinnerung. »Und ehe wir uns versahen, saßen wir auch schon im Flugzeug. Sogar meine kleine Schwester Katrina. Sie ist erst vier. Wir sind um drei Uhr morgens gelandet und dann gleich zur Grenze gefahren. Ich glaube, Katrina war die Einzige von uns, die wirklich etwas kapiert hatte. Sie sagte andauernd: ›Petie geht jetzt auf ein Abenteuer.‹« McVries wedelte ungeschickt mit den Händen. »Sie sind jetzt in einem Motel in Presque Isle. Sie wollten nicht nach Hause, ehe die ganze Sache vorbei ist. Egal, wie sie ausgeht.«

Garraty sah wieder auf seine Uhr. Es war 3.20 Uhr.

»Ich danke dir«, sagte er.

»Dass ich dir wieder mal das Leben gerettet habe?« McVries lachte fröhlich.

»Genau dafür.«

»Bist du dir sicher, dass ich dir damit einen Gefallen getan habe?«

»Das weiß ich nicht.« Garraty dachte einen Augenblick lang nach. »Aber ich sage dir eins: Es wird für mich nie mehr dasselbe sein. Die Sache mit der Zeitbeschränkung. Selbst wenn du keine Verwarnung hast, liegen nur zwei Minuten zwischen deinem Leben und einem Platz auf dem Friedhof. Das ist nicht viel.«

Wie auf ein Stichwort knallten die Gewehre. Der getroffene Geher stieß ein hohes Gurren aus wie ein Truthahn, der plötzlich von einem Bauern gepackt worden war, der sich geräuschlos genähert hatte. Die Menge stöhnte leise auf. Es konnte ein Ausdruck ihres Schreckens, aber ebenso gut ihrer freudigen, beinah sexuellen Erregung sein.

»Das ist überhaupt nichts«, pflichtete McVries ihm bei.

Sie liefen weiter, und die Schatten wurden immer länger.

Bei den Zuschauern tauchten warme Jacken auf, als hätte ein Magier sie aus seinem Zylinder hervorgezaubert. Einmal atmete Garraty eine aromatische Wolke Pfeifenrauch ein, die eine verborgene, bittersüße Erinnerung an seinen Vater heraufbeschwor. Kurz darauf entkam ein Schoßhündchen dem losen Griff seines Besitzers und rannte kläffend und mit schleifender, roter Plastikleine auf die Straße. Seine rosa Zunge hechelte, und an seinen Lefzen hingen Schaumflocken, als es wie betrunken versuchte, seinen Stummelschwanz zu fangen. Dann kam es Pearson betrunken in die Quere und wurde erschossen. Pearson fluchte auf den Soldaten, der es getan hatte. Die Wucht der großkalibrigen Kugel fegte es über die Straße, und es landete zitternd und mit verdrehten Augen direkt vor den Zuschauern. Niemand schien daran interessiert, es aufzuheben. Ein kleiner Junge mogelte sich an einem Polizisten vorbei, lief auf die linke Fahrspur und fing plötzlich an zu heulen. Einer der Soldaten schritt auf ihn zu, und seine Mutter stieß einen schrillen Schrei aus. Garraty glaubte eine Schocksekunde lang, dass der Soldat ihn wie den Hund erschießen würde, doch der Mann hob ihn nur mit unbeteiligtem Gesicht auf und trug ihn zur Menge zurück.

Um 6.00 Uhr berührte die Sonne den Horizont und färbte den westlichen Himmel rot. Die Leute stellten ihre Kragen hoch, stampften mit den Füßen und rieben sich die Hände.

Collie Parker ließ wieder einmal seine gewohnte Klage über das beschissene Wetter in Maine hören.

Um Viertel vor neun sind wir in Augusta, dachte Garraty. Und von dort ist es nur noch ein Katzensprung nach Freeport. Plötzlich war er wieder deprimiert. Und danach? Du hast nur zwei Minuten, um sie zu sehen, wenn sie dir nicht in der Menge verloren geht – was Gott verhüten möge. Und was dann? Klappst du dann zusammen?

Und dann überkam ihn die Gewissheit, dass Jan und seine Mutter sowieso nicht da sein würden. Er würde sicher nur die Jungen zu sehen kriegen, mit denen er zur Schule gegangen war. Sie würden nur darauf scharf sein, den selbstmörderischen Freak zu sehen, den sie unwissentlich in ihrer Mitte aufgezogen hatten. Und der Damenwohlfahrtsausschuss. Der würde bestimmt da sein. Noch zwei Abende bevor der Marsch losgegangen war, hatten die Damen einen Tee für ihn veranstaltet. In jener antiken Zeit.

»Lass uns wieder zurückgehen«, sagte McVries. »Wir lassen uns ganz langsam zurückfallen. Mal sehen, was Baker macht. Wir können zusammen nach Augusta hineinmarschieren, die ursprünglichen drei Musketiere. Was hältst du davon, Garraty?«

»In Ordnung«, sagte Garraty. Es war ein guter Vorschlag.

Sie ließen sich Stück für Stück zurückfallen, bis sie dem düster vor sich hinblickenden Harold Quince wieder die Führung überlassen konnten. Sie wussten, dass sie wieder bei ihren Freunden angekommen waren, als sie plötzlich Abrahams heisere Stimme aus der Dämmerung hörten: »Na, habt ihr endlich beschlossen, zurückzukommen und euch wieder unter das gemeine Volk zu mischen?«

»Mein Gott, er sieht ihm wirklich ähnlich!«, rief McVries aus und starrte auf Abrahams müdes Gesicht mit dem drei Tage alten Bart. »Besonders in dieser Beleuchtung.«

»Siebenundachtzig Jahre ist es her«, deklamierte Abraham, und einen unheimlichen Augenblick lang schien es, als ob ein Geist in den Siebzehnjährigen gefahren wäre. »Da zogen unsere Väter aus, um diesen Kontinent ... ach, scheiße, ich hab den Rest vergessen. Wir mussten das in der achten Klasse auswendig lernen, wenn wir in Geschichte eine Eins haben wollten.«

»Das Gesicht eines Gründungsvaters und die Mentalität eines syphilitischen Esels«, sagte McVries traurig. »Abraham, wie bist du bloß in dieses Durcheinander geraten?«

»Durch reine Prahlerei«, sagte Abraham prompt. Er wollte die Geschichte gerade erzählen, als die Gewehre ihn unterbrachen. Wieder hörten sie das vertraute Postsackplumpsen.

»Das war Gallant«, sagte Baker zurückblickend. »Er war eigentlich schon den ganzen Tag tot.«

»Durch reine Prahlerei«, wiederholte Garraty nachdenklich und lachte.

»Ja.« Abraham hob eine Hand an die Wange und rieb sich den tiefen, dunklen Ring unterm Auge. »Ihr kennt doch alle den Aufsatz, den wir schreiben mussten?«

Sie nickten. Der Aufsatz mit dem Thema *Warum hältst du dich für qualifiziert, an dem langen Marsch teilzunehmen?* gehörte zu den Standardaufgaben des Intelligenztests. Garraty spürte eine warme Flüssigkeit an seiner rechten Ferse und fragte sich, ob es wohl Blut, Schweiß oder Eiter oder alles drei zusammen war. Aber er hatte keine Schmerzen, obwohl die Socke inzwischen durchgescheuert war.

»Also, das war so«, sagte Abraham. »Ich fühlte mich eigentlich für gar nichts besonders qualifiziert. Ich habe die Prüfungen nur aus einer Augenblickslaune heraus gemacht. Ich war auf dem Weg ins Kino und kam zufällig an der Turnhalle vorbei, in der der Test stattfand. Du brauchst ja nur deine Arbeitserlaubnis zu zeigen, und schon lassen sie dich rein. Und rein zufällig hatte ich meinen Ausweis an diesem Tag gerade bei mir. Wenn ich ihn nicht dabeigehabt hätte, hätte ich mir bestimmt nicht die Mühe gemacht, nach Hause zu gehen und ihn zu holen. Ich wäre einfach ins Kino gegangen und wäre jetzt nicht hier, um in so fröhlicher Gesellschaft zu sterben.«

Sie dachten schweigend über die letzte Bemerkung nach.

»Ich habe meinen Körper untersuchen lassen und die Sachfragen schnell hinter mich gebracht, und auf einmal sehe ich drei leere Seiten vor mir und darüber die Aufschrift: ›Bitte beantworten Sie diese Frage so objektiv und aufrichtig wie möglich. Verwenden Sie dafür nicht mehr als 1500 Wörter.‹ Ach, du heiliger Strohsack, habe ich mir gedacht. Bis jetzt war das Ganze ja mehr ein Spaß, auch wenn die Fragen ziemlich bescheuert waren.«

»Yeah, wie oft hast du Stuhlgang?«, sagte Baker trocken. »Hast du je Schnupftabak genommen?«

»Yeah, yeah, so ein Zeug. Die blöde Frage mit dem Schnupftabak hatte ich völlig vergessen. Ich hab mir die Fragen einfach durchgelesen und meinen Senf hingeschrieben, ihr wisst schon, und auf einmal komme ich zu diesem Aufsatz, warum ich mich für den Marsch qualifiziert fühle. Da ist mir überhaupt nichts eingefallen. Schließlich ist so ein Mistkerl in einem Armeemantel durch die Reihen spaziert und hat gesagt: ›Ihr habt noch fünf Minuten. Bitte langsam fertig werden.‹ Also habe ich einfach hingeschrieben: ›Ich fühle mich für die Teilnahme am Marsch qualifiziert, weil ich ein nutzloser Hurensohn bin und die Welt ohne mich sicher besser dran wäre – es sei denn, ich gewinne den Preis und werde reich, sodass ich mir für jedes Zimmer meiner Filla einen Van Go kaufen und mir sechzig erstklassige Hurren bestellen kann und danach niemand mehr belästigen werde.‹ Ich habe noch eine Minute darüber nachgedacht und dann in Klammern dazugesetzt: ›Ich würde all meinen sechzig erstklassigen Hurren auch eine Altersrente aussetzen.‹ Ich dachte mir, das würde sie so richtig auf die Palme bringen. Und einen Monat später – ich hatte das Ganze längst vergessen – kommt ein Brief, in dem steht, dass ich mich qualifiziert habe. Ich war nahe dran, mir in die Jeans zu machen.«

»Und du hast die Sache trotzdem durchgezogen?«, fragte Collie Parker.

»Yeah, das ist schwer zu erklären. Es war nämlich so, dass alle das für den ganz großen Gag hielten. Meine Freundin wollte sich den Brief fotokopieren und unten beim Shirt Shack sich ein T-Shirt daraus machen lassen.

Als fände sie, dass ich den größten Streich des Jahrhunderts an Land abgezogen hätte. Und so war's mit allen. Sie schüttelten mir alle die Hand, und irgendjemand sagte ständig so was wie: ›He, Abe, da hast du den Major mal richtig in die Eier gekniffen, was?‹ Es war so komisch, ich konnte einfach nicht damit aufhören. Ich sag's euch …« Abraham lächelte traurig. »… es war ein echter Brüller. Jeder glaubte, dass ich dem Major bis zum Ende richtig in die Eier kneifen würde. Was ich ja auch gemacht habe. Und dann bin ich eines Morgens aufgewacht und war dabei. Ich war Nummer 16 aus der Trommel, fürs Protokoll. Also hat sich am Ende rausgestellt, dass der Major *mich* in die Eier gekniffen hat.«

Ein schwacher freudiger Jubel erhob sich unter den Gehern, und Garraty blickte kurz hoch. Über ihnen hing ein großes beleuchtetes Straßenschild: AUGUSTA 10.

»Du könntest wohl noch lachend sterben, was?«, sagte Collie.

Abraham sah ihn lange an. »Der Gründungsvater findet das nicht amüsant«, sagte er mit Grabesstimme.

Kapitel 14

»Und denken Sie daran, wenn Sie Ihre Hände
gebrauchen
oder mit irgendeinem Teil Ihres Körpers
gestikulieren
oder einen Teil des Wortes aussprechen, vertun Sie
Ihre Chance auf die zehntausend Dollar.
Schreiben Sie es nur auf. Viel Glück.«

Dick Clark
The Ten Thousand Dollar Pyramid

Sie waren sich alle ziemlich einig gewesen, dass sie kaum noch Platz für große Emotionen in sich hätten. Aber offensichtlich war es nicht so, dachte Garraty müde, als sie in der schreienden Dunkelheit auf der U.S. 202 marschierten. Augusta lag schon eine Meile hinter ihnen. Er fühlte sich wie eine misshandelte Gitarre, die einem gefühllosen Musiker in die Hände gefallen war. Sie war nicht zerbrochen, aber völlig verstimmt, disharmonisch, chaotisch.

Augusta war ganz anders als Oldtown gewesen. Oldtown war ein nachgemachtes provinzielles New York gewesen. Augusta dagegen war eine neue Stadt, in die die Leute einmal im Jahr fuhren, um ganz groß zu feiern, eine Stadt voll von auf der Straße tanzenden Betrunkenen, bunten Vögeln und total Verrückten.

Sie hatten Augusta gehört und Augusta gesehen, lange bevor sie Augusta erreicht hatten. Garraty sah immer wieder das Bild einer heftig auf einen fernen Strand brandenden Flut vor Augen. Schon fünf Meilen vor der Stadt hatten sie die Menge gehört. Die Lichter bestrahlten den Himmel in einem unnatürlich gedämpften Farbton, der beängstigend und irgendwie apokalyptisch wirkte. Garraty fühlte sich an die Bilder vom deutschen Blitzkrieg an der amerikanischen Ostküste während des Zweiten Weltkriegs erinnert, die er in seinem Geschichtsbuch gesehen hatte.

Sie hatten sich ängstlich angeguckt und waren immer näher zusammengerückt, wie kleine Jungen bei einem schweren Gewitter oder eine Rinderherde im Schneesturm. Der anschwellende Lärm der Menge barg etwas Rohes, Wütendes. Ein Hunger, der sie betäubte. Garraty hatte plötzlich eine lebhafte, angsteinflößende Vision von der Menge als einem riesigen Spinnengott, der auf scharlachroten spindeldürren Beinen über die Stadt hinwegkrabbelte und sie alle bei lebendigem Leib verschlang.

Die Stadt selbst war verschluckt, erwürgt und begraben worden. Es gab buchstäblich kein Augusta mehr, und es waren auch keine dicken Hausfrauen oder hübschen Mädchen oder pompöse Männer oder kleine Kinder in nassen Höschen mehr zu sehen, die mit ihrer Zuckerwatte winkten. Es gab auch keinen eifrigen Italiener mehr, der ihnen Wassermelonenstücke zuwarf. Es gab nur noch die Menge, eine hässliche Kreatur ohne Körper, ohne Kopf, ohne Verstand. Sie war nichts weiter als ein großes Auge und eine ungeheuerliche Stimme. Und es überraschte ihn nicht mehr, dass sie Gott und Mammon zugleich war. Er fühlte es, und er wusste, dass die anderen es ebenso fühlten. Es war, als liefen sie zwischen zwei gigantischen Strommasten und spürten das Kribbeln der Elektroschocks, sodass ihnen die Haare zu Berge standen, die Zungen im Mund zitterten und die Augen in ihren feuchten Höhlen knisterten und Blitze abschossen. Die Menge wollte befriedigt werden. Die

Menge wollte angebetet und gefürchtet sein. Letzten Endes verlangte die Menge ihr Opfer.

Sie pflügten sich durch knöcheltiefe Konfettihaufen. In einem papiernen Schneegestöber aus Magazinseiten verloren sie sich wiederholt aus den Augen. Garraty schnappte sich einen dieser Fetzen aus der dunklen und dröhnenden Luft und sah sich einer Charles-Atlas-Body-Building-Werbung gegenüber. Er griff nach einem weiteren Papierstreifen und fand sich mit John Travolta konfrontiert.

Und als die Aufregung ihren Höhepunkt erreichte, als sie auf den Gipfel des ersten Hügels der U.S. 202 stapften und die übervölkerte Autobahn hinter sich und die überschwemmte, untergegangene Stadt zu ihren Füßen liegen sahen, teilten zwei grellweiße Scheinwerfer die Nacht, und der Major erschien. Wie eine Fata Morgana fuhr er in seinem Jeep vor ihnen her. In steifer Haltung, als hätte er einen Besen verschluckt, grüßte er die Menge und schien von dem gigantischen Getöse um ihn herum auf unglaubliche, fantastische Weise unbeeindruckt.

Und die Geher? Die Saiten waren nicht gerissen, aber arg verstimmt. Sie hatten laut gerufen und geschrien, die Siebenunddreißig, die noch übrig waren, aber ihre Stimmen waren heiser und völlig wirkungslos. Die Menge konnte gar nicht wissen, dass sie mitschrien, aber sie schien es zu merken. Irgendwie schien sie zu begreifen, dass der Kreislauf aus Todesangst und Todessehnsucht sich für dieses Jahr wieder einmal geschlossen hatte, und sie geriet total aus dem Häuschen und steigerte sich zu immer heftigeren Ausbrüchen. Garraty spürte stechende Schmerzen in seiner linken Brusthälfte und konnte trotzdem nicht aufhören zu jubeln. Dabei wusste er, dass er sich am Rand der Katastrophe bewegte.

Ein verschlagen dreinblickender Junge namens Milligan rettete sie alle, indem er plötzlich in die Knie sank und mit geschlossenen Augen die Hände gegen die Schläfen presste, als wollte er sein Gehirn festhalten. Er rutschte aus und fiel nach vorn auf die Nase. Die Nasenspitze rieb sich auf dem groben Asphalt auf wie weiche Kreide auf einer rauen Tafel. Es ist erstaunlich, dachte Garraty noch, der arme Junge schleift sich die Nase auf der Straße ab – dann erhielt Milligan seinen Gnadenschuss. Danach jubelten die Geher nicht mehr mit. Garraty hatte fürchterliche Angst, denn die Stiche in seiner Brust wollten einfach nicht wieder weggehen. Er versprach sich, dass dies das letzte Mal gewesen sein sollte, dass er sich so verrückt gebärdete.

»Wir kommen deinem Mädchen immer näher, was?«, fragte Collie Parker ihn. Er war noch nicht schwach, aber doch erheblich weicher geworden. Garraty fand ihn jetzt ganz in Ordnung.

»Noch ungefähr fünfzig Meilen. Vielleicht auch sechzig. Mehr oder weniger.«

»Du bist ein Glückspilz, Garraty«, sagte Parker wehmütig.

»Bin ich das?« Er war überrascht und drehte sich um, um festzustellen, ob Parker ihn auslachte. Parker war nicht nach Lachen zumute.

»Du wirst deine Freundin und deine Mutter zu sehen kriegen. Und wen zum Teufel werde ich bis zum Ende sehen? Nur diese Schweine da!« Er streckte seinen Mittelfinger in die Luft und hielt ihn der Menge entgegen, die dies als Gruß auffasste und verzückt losschrie. »Ich hab Heimweh«, sagte er. »Und Angst.« Und plötzlich brüllte er los: *»Schweine! Ihr Schweine!«* Sie jubelten lauter als zuvor.

»Ich hab auch Angst. Und Heimweh. Ich … ich meine, *wir* …« Er suchte nach den richtigen Worten. »Wir sind alle viel zu weit von zu Hause weg. Die Straße trennt uns davon. Ich werde sie vielleicht sehen, aber ich werde sie wohl nicht berühren können.«

»In den Regeln heißt es ...«

»Ich weiß, was in den Regeln steht. Körperkontakt mit wem ich will, solange ich dabei die Straße nicht verlasse. Aber das ist nicht dasselbe. Es bleibt eine Mauer zwischen uns.«

»Du hast verdammt leicht reden. Du wirst sie trotzdem sehen.«

»Vielleicht macht das alles nur noch schlimmer«, sagte McVries. Er hatte sich ihnen still von hinten genähert. Sie kamen an die Winthrop-Kreuzung, die durch gelbe Warnleuchten abgesichert war. Garraty beobachtete den aufblinkenden Lichtschimmer auf der Straße, als sie die Kreuzung hinter sich gelassen hatten. Er erinnerte ihn an ein ängstliches, gelbes Auge, das nervös die Lider auf- und zuklappte.

»Ihr seid alle verrückt«, sagte Parker liebenswürdig. »Ich verdrücke mich lieber.« Er beschleunigte seine Schritte und war bald darauf zwischen den blinkenden Schatten verschwunden.

»Er glaubt, dass wir beide was miteinander haben«, sagte McVries amüsiert.

»Er glaubt *was?*« Garratys Kopf war in die Höhe gefahren.

»Er ist kein schlechter Kerl«, sagte McVries nachdenklich und warf Garraty dann einen belustigten Blick zu. »Vielleicht hat er sogar ein bisschen recht. Vielleicht habe ich dir deshalb deinen Arsch gerettet. Vielleicht bin ich wirklich schwul und scharf auf dich.«

»Mit meinem Gesicht? Ich dachte immer, ihr Perversen steht auf den fügsamen Typ.« Trotzdem fühlte er sich auf einmal unbehaglich.

Plötzlich sagte McVries: »Würdest du mir erlauben, dir einen herunterzuholen?« Es war wie ein Schock.

Garraty saugte die Luft zischend durch die Zähne. »Was, zum Teufel ...«

»Ach, hör doch auf«, sagte McVries ärgerlich. »Diese ganze Selbstgerechtigkeit führt doch zu nichts. Ich werde es dir nicht einmal leichter machen, indem ich dir sage, ob ich einen Scherz gemacht habe oder nicht. Was sagst du nun?«

Garratys Kehle war plötzlich wie ausgetrocknet. Die Sache war nämlich die, dass er sich danach sehnte, berührt zu werden. Schwul oder nicht schwul, das machte nun, da sie alle damit beschäftigt waren, zu sterben, auch nichts mehr aus. Was ihm etwas ausmachte, war McVries. Er wollte nicht, dass McVries ihn berührte. Nicht auf diese Weise.

»Na ja, ich meine, da du mir das Leben gerettet hast ...« Er ließ den Satz in der Luft hängen.

McVries lachte. »Ich soll mir wohl wie ein Schwein vorkommen, weil du mir etwas schuldest und ich dich ausnutzen kann. Ist es so?«

»Mach, was du willst«, sagte Garraty kurz. »Aber hör auf, mit mir zu spielen.«

»Heißt das ja?«

»Mach, was du willst!«, schrie Garraty. Pearson, der in letzter Zeit nur noch hypnotisiert auf seine Füße gestarrt hatte, fuhr erschrocken hoch. »Was immer du, verdammt noch mal, willst!«, schrie Garraty.

McVries lachte wieder. »Du bist in Ordnung, Ray. Lass dich nicht irremachen.« Er schlug ihm auf die Schulter und ließ sich zurückfallen.

Garraty schaute ihm verwirrt nach. Die Sache war ihm schleierhaft.

»Er kann einfach nicht genug kriegen«, sagte Pearson müde.

»Was?«

»Schon fast zweihundertfünfzig Meilen«, stöhnte Pearson. »Meine Füße fühlen sich wie vergiftetes Blei an. Mein Rücken brennt. Und dieser verkorkste McVries hat immer noch nicht genug. Mir kommt er wie ein Verhungernder vor, der ständig Abführmittel schluckt.«

»Willst du damit sagen, dass er verletzt werden will?«

»Mein Gott, was denkst du denn? Er sollte sich ein Schild um den Hals hängen, auf dem steht: HAUT FEST AUF MICH DRAUF. Ich frag mich, was er zu kompensieren versucht.«

»Das weiß ich nicht«, sagte Garraty. Er wollte noch etwas hinzufügen, aber Pearson hörte schon nicht mehr zu. Er starrte weiter auf seine Füße hinunter, und sein erschöpftes Gesicht zeigte tiefe Angstfalten. Er hatte seine Schuhe verloren. Die schmutzigweißen Sportsocken beschrieben graue Bögen in der Dunkelheit.

Sie kamen an einem Schild vorbei, auf dem LEWISTON 32 stand, und eine Meile später spannte sich ein leuchtender Bogen aus Glühbirnen über die Straße, die GARRATY 47 verkündeten.

Garraty hätte gern gedöst, aber er konnte es nicht. Er wusste, was Pearson mit seinem Rücken gemeint hatte. Seine Wirbelsäule fühlte sich wie eine hell lodernde Flamme an, und die hinteren Beinmuskeln waren offene, brennende Wunden. Der dumpfe Schmerz in seinen Füßen war durch schärfere, gemeinere Stiche ersetzt worden, als er sie je zuvor erlebt hatte. Er spürte keinen Hunger mehr, aber er aß trotzdem ein bisschen von den Konzentraten. Die meisten Geher waren nur noch Haut und Knochen – Horrormonster aus dem Konzentrationslager. Garraty wollte nicht so wie sie werden … aber natürlich sah er auch schon so aus. Er fuhr sich mit einer Hand über die Seite und spielte auf seinen Rippen Xylofon.

»Ich habe schon lange nichts mehr von Barkovitch gehört«, sagte er laut, um Pearson aus seiner furchtbaren Konzentration zu reißen – er erinnerte ihn jetzt zu sehr an eine Reinkarnation von Olson.

»Nein. Jemand hat gesagt, dass in Augusta eins seiner Beine steif geworden ist.«

»Stimmt das?«

»Das hat man gesagt.«

Garraty hatte plötzlich das Bedürfnis, sich Barkovitch näher anzusehen, und ließ sich ein Stück zurückfallen. Im Dunkeln war es schwer, ihn zu finden, und er kassierte eine Warnung, aber dann erblickte er ihn am Ende der Gruppe. Barkovitch tippelte humpelnd am Straßenrand entlang und hatte das Gesicht in tiefe Konzentrationsfalten gelegt. Die Augen waren nur noch schmale Münzschlitze. Die Jacke hatte er verloren. Ununterbrochen redete er in einem leisen, monotonen Ton mit sich selbst.

»Hallo, Barkovitch«, sagte Garraty.

Barkovitch zuckte zusammen, stolperte und wurde verwarnt ... zum dritten Mal. »Da!«, schrie er giftig. »Sieh, was du angestellt hast! Seid ihr nun zufrieden, du und deine Busenfreunde?«

»Du siehst gar nicht gut aus«, sagte Garraty.

Barkovitch lächelte boshaft. »Das gehört alles zu meinem Plan. Erinnerst du dich noch, dass ich euch von meinem Plan erzählt habe? Ihr wolltet mir ja nicht glauben. Olson nicht, Davidson nicht und Gribble auch nicht.« Seine Stimme sank zu einem heiseren Flüstern herab, und Speichel tropfte von seinen Lippen. »Garraty, ich hab auf ihren Gräbern getanzt!«

»Tut das Bein sehr weh?«, fragte Garraty leise. »Ist es nicht schrecklich?«

»Jetzt sind nur noch fünfunddreißig übrig. Du wirst sehen, heute Nacht klappen sie alle zusammen. Bei Sonnenaufgang werden nicht mal mehr ein Dutzend da sein. Ihr werdet es schon sehen, du und deine dicken Freunde, Garraty, morgen früh seid ihr tot. Schon um *Mitternacht* seid ihr tot.«

Garraty fühlte sich plötzlich sehr stark. Er spürte, dass Barkovitch es nun nicht mehr lange machen würde. Am liebsten wäre er ohne Rücksicht auf seine kaputten Nieren, seine brennende Wirbelsäule und seine vor Schmerz schreienden Füße nach vorn gerannt, um McVries zu erzählen, dass er sein Versprechen würde halten können.

»Was wirst du dir wünschen?«, fragte Garraty laut. »Ich meine, wenn du gewinnst?«

Barkovitch grinste hämisch, als ob er auf diese Frage gewartet hätte. In dem dämmerigen Licht sah es so aus, als ob sein Gesicht von zwei Riesenhänden zusammengequetscht und zurechtgezogen würde. »Plastikfüße«, flüsterte er. »Ich werde mir Plaaastikfüße wünschen, Garraty. Ich werde mir diese hier einfach abschneiden lassen, diese Scheißdinger, die nicht mal einen Spaß vertragen. Und dann werde ich mir Plastikfüße dransetzen lassen und diese alten Dinger hier in eine Waschmaschine stecken und zugucken, wie sie sich rundherum im Kreis drehen.«

»Ich dachte, du würdest dir vielleicht Freunde wünschen«, sagte Garraty traurig. Ein berauschendes Triumphgefühl durchfuhr ihn, erstickend und spannend zugleich.

»Freunde?«

»Weil du keine hast«, sagte Garraty mitleidig. »Wir werden alle froh sein, dich sterben zu sehen. Niemand von uns wird dich vermissen, Gary. Vielleicht werde ich sogar hinter dir gehen und auf dein Gehirn spucken, nachdem sie dir den Kopf zerschossen haben. Ja, vielleicht werde ich das tun. Vielleicht werden wir alle es tun.« Es war verrückt, wahnsinnig, als ob sein Kopf plötzlich ganz leicht würde und wegflöge. Es war genauso wie damals, als er Jimmy mit dem Luftgewehr geschlagen hatte. Das Blut ... Jimmys Geschrei ... sein ganzer Kopf wurde heiß und wirr von diesem wilden, primitiven Gerechtigkeitswahn.

»Hass mich nicht«, jammerte Barkovitch. »Warum solltest du mich hassen wollen? Ich will genauso wenig sterben wie du. Was soll ich tun? Willst du, dass ich mich entschuldige? Das tue ich. Es tut mir leid! Ich … ich …«

»Wir werden alle auf dein Gehirn spucken«, fuhr Garraty aufgekratzt fort. »Willst du mich auch berühren?«

Barkovitch wurde blass und blickte ihn mit leeren, verwirrten Augen an.

»Es … es tut mir leid«, stammelte Garraty leise und beeilte sich, von Barkovitch wegzukommen. Er kam sich gemein und dreckig vor. Ich verfluche dich, McVries, dachte er. Warum? Warum nur?

Ganz plötzlich schossen die Gewehre los, und gleich darauf plumpsten zwei Körper auf die Straße. Einer davon *musste* Barkovitch sein, es ging gar nicht anders. Und diesmal war es seine Schuld. Diesmal war er der Mörder.

Und dann hörte er Barkovitch lachen. Er kicherte laut und immer hysterischer, und man konnte ihn deutlich über den Lärm der Menge hinweg hören. »Garraty! Gaaarrratiii! Ich werde auf deinem Grab tanzen, Garraty. Ich werde *taaaanzen* …«

»Halt's Maul!«, schrie Abraham ihn an. »Halt's Maul, du kleiner Arsch!«

Barkovitch hörte auf zu schreien und fing an zu schluchzen.

»Jetzt hast du's geschafft!«, rief Collie Parker vorwurfsvoll. »Jetzt hast du ihn zum Weinen gebracht, Abe, du schlimmer Junge. Er wird zu seiner Mami rennen und ihr alles erzählen.«

Barkovitch hörte nicht auf zu schluchzen. Es war ein hohles, grauenhaftes Weinen, und Garraty bekam eine Gänsehaut. Barkovitch hatte alle Hoffnung verloren.

»Will unser kleiner Hosenscheißer heim zu seiner Mami?«, rief Quince von vorn. »Oooh, Barkovitch, das ist aber so was von *gemein.*«

Lasst ihn in Ruhe, schrie eine Stimme in Garraty auf. Lasst ihn in Ruhe, ihr habt keine Ahnung, wie sehr er leidet. Aber was war das denn nun wieder für ein gemeiner, heuchlerischer Gedanke? Er wollte doch, dass Barkovitch starb. Dann sollte er es auch offen zugeben. Er wollte, dass Barkovitch zusammenbrach und abkratzte.

Und Stebbins lief vermutlich da hinten in der Dunkelheit und lachte sie alle aus.

Er eilte nach vorn und holte McVries ein, der die Straße entlangschlenderte und müßig die Menge anstarrte. Die Menge starrte gierig zurück.

»Hilf mir doch einmal, eine Entscheidung zu fällen«, forderte er Garraty auf.

»Gern. Worum geht's?«

»Wer ist hier in einem Käfig? Sie oder wir?«

Garraty lachte herzlich. »Wir sitzen alle im Käfig. Und dieser Käfig steht im Affenhaus des Majors.«

McVries lachte nicht mit. »Mit Barkovitch geht es langsam zu Ende, nicht wahr?«

»Ja, ich glaube schon.«

»Ich will es nicht mehr sehen. Es ist gemein. Und auch das ist Betrug. Man baut sich da etwas auf ... etwas, an das man sich halten kann ... und dann will man's plötzlich nicht mehr. Ist es nicht schade, dass die großen Wahrheiten am Ende doch nur Lügen sind?«

»Ich hab noch nicht viel darüber nachgedacht. Hast du bemerkt, dass es schon fast zehn Uhr ist?«

»Es ist so, als trainierte man sein ganzes Leben lang Stabhochsprung, und dann kommt man endlich zu den Olympischen Spielen und fragt sich: ›Warum zum Teufel will ich eigentlich über diese blöde Latte springen?‹«

»Yeah.«

»Es könnte einen fast wütend machen, nicht wahr?«, sagte McVries böse.

»Mir fällt es immer schwerer, mich aufzuregen«, pflichtete Garraty bei und schwieg eine Weile. Ein Gedanke beschäftigte ihn seit längerer Zeit. Baker hatte sich ihnen angeschlossen. Garraty blickte von ihm zu McVries und fragte sie dann: »Habt ihr Olsons ... habt ihr sein Haar gesehen? Bevor er erschossen wurde?«

»Was war damit?«, fragte Baker zurück.

»Es wurde grau.«

»Nein, das ist verrückt«, sagte McVries, aber seine Stimme klang plötzlich sehr ängstlich. »Nein, das muss Staub oder so was gewesen sein.«

»Es wurde grau«, sagte Garraty. »Es kommt mir so vor, als wären wir schon immer auf dieser Straße gewesen. Es war Olsons Haar ... dieses Grauwerden, das mich zuerst auf diesen Gedanken gebracht hat, aber ... vielleicht ist das hier eine ganz verrückte Art von Unsterblichkeit.« Ein deprimierender Gedanke. Furchtbar. Er starrte vor sich hin in die Dunkelheit und spürte den leichten Nachtwind in seinem Gesicht.

»Ich gehe, ich ging, ich werde gehen, ich werde gegangen sein«, sang McVries. »Soll ich es euch ins Lateinische übersetzen?«

Wir hängen in der Zeit fest, dachte Garraty.

Ihre Füße bewegten sich, aber sie taten es nicht. Die rote Zigarettenglut in der Menge, das gelegentliche Aufflackern der Blitzlichter und Wunderkerzen hätten Sterne sein können, die in ihrer seltsamen, erdnahen Konstellation die vor und hinter ihnen liegende Existenz bezeichneten, einen sich in beide Richtungen verengenden Weg, der ins Nichts führte.

»Brr«, sagte Garraty erschauernd. »Man kann hier verrückt werden.«

»Das ist wahr«, stimmte Pearson ihm zu und lachte nervös. Sie waren wieder am Fuß eines langen, kurvigen Hügels. Der Straßenbelag bestand jetzt aus grobkörnigem

Beton, und Garraty hatte das Gefühl, er könnte jeden einzelnen Stein durch die papierdünnen Sohlen seiner Schuhe spüren. Der verspielte Wind hatte ihnen Bonbonpapier, leere Popcornschachteln und anderen Abfall vor die Füße geblasen, und an manchen Stellen mussten sie sich förmlich hindurchkämpfen. Das ist nicht fair, dachte Garraty voll Selbstmitleid.

»Wie sieht die weitere Route aus?«, fragte McVries ihn mit entschuldigendem Blick.

Garraty schloss die Augen und versuchte, die Straßenkarte im Kopf nachzuzeichnen. »Ich kann mich nicht an alle kleinen Städte erinnern, aber als Nächstes kommt Lewiston. Es ist die zweitgrößte Stadt des Staates, größer als Augusta. Wir gehen auf der Hauptstraße hindurch. Früher hieß sie Lisbon Street, doch heute ist sie die Cotter Memorial Avenue, zur Erinnerung an Reggie Cotter. Das war der einzige Geher aus Maine, der je den Marsch gewonnen hat. Aber das ist schon lange her.«

»Er ist gestorben, nicht wahr?«, erinnerte Baker sich.

»Ja. Er hat in einem Auge geblutet und den Marsch halb blind beendet. Und dann stellte sich heraus, dass er ein Blutgerinnsel im Gehirn hatte. Eine Woche später ist er gestorben.« In einem schwachen Versuch, die Last dieser Vorstellung zu vertreiben, wiederholte Garraty: »Es ist schon lange her.«

Sie schwiegen eine Weile. Das Bonbonpapier knisterte unter ihren Füßen wie ein weit entfernter Waldbrand. In der Menge ging eine rote Leuchtkugel hoch. Garraty sah einen schwachen Lichtschimmer am Horizont, der vermutlich die Zwillingsstädte Lewiston und Auburn ankündigte. Sie kamen jetzt ins Land der Dussettes und Aubouchons und Lavesques, das Land des *Nous parlons français ici.* Garraty spürte plötzlich eine unheimliche Lust auf einen Kaugummi.

»Und was kommt nach Lewiston?«

»Wir gehen die Route 196 entlang und dann auf der 126 nach Freeport, wo ich meine Mutter und meine Freundin sehen werde, und da kommen wir auf die U.S. 1. Auf der bleiben wir dann bis zum Ende.«

»Der große Highway«, murmelte McVries.

»Genau.«

Die Gewehre knallten, und sie fuhren zusammen.

»Das war Barkovitch oder Quince«, sagte Pearson. »Ich kann's nicht genau sehen ... Einer läuft immer noch da vorn ... Es ist ...«

Barkovitch lachte laut in der Dunkelheit, ein schrilles, angsteinflößendes Geräusch. »Noch nicht, ihr Arschlöcher! Ich bin noch nicht tot! Noch *niiiiiichtttt* ...«

Seine Stimme schraubte sich höher und höher. Es klang wie eine wahnsinnig gewordene Feuersirene. Seine Hände flogen plötzlich wie aufgeregte Tauben in die Höhe, und Barkovitch riss sich selbst die Kehle auf.

»Mein *Gott!*«, schrie Pearson und übergab sich über seine Kleidung.

Sie flohen vor ihm, wichen ihm nach vorn und nach hinten aus, und Barkovitch fuhr fort, zu schreien und zu gurgeln und sich die Kehle zu zerfetzen, und lief dabei immer weiter. Sein verzerrtes Gesicht war zum Himmel emporgehoben, und sein Mund bildete ein dunkles Loch in der Finsternis.

Dann gab die Feuersirene allmählich ihren Geist auf und Barkovitch mit ihr. Er fiel zu Boden, und sie erschossen ihn, tot oder lebendig.

Garraty drehte sich um und lief weiter. Er war wie betäubt und dankbar, dass er sich nicht selbst eine Verwarnung zugezogen hatte. Auf den Gesichtern der anderen sah er eine Kopie seines eigenen Entsetzens. Barkovitch hatte seine Rolle ausgespielt. Garraty fand, dass das nichts Gutes für sie und ihre Zukunft auf dieser verdammten, dunklen Straße ahnen ließ.

»Mir geht es nicht gut«, murmelte Pearson mit flacher Stimme. Er würgte Luft aus seinem Magen hoch und krümmte sich zusammen. »Oh. Nicht besonders gut. O Gott. Mir. Geht. Es. Nicht. Besonders gut. Oh.«

McVries blickte geradeaus. »Ich glaube ... ich wünschte, ich wäre wahnsinnig«, sagte er nachdenklich.

Nur Baker sagte nichts. Und das fand Garraty höchst seltsam, denn er hatte plötzlich den Duft von Louisiana-Geißblatt in der Nase. Er konnte die Frösche in den Flussniederungen quaken hören. Das süße, einschläfernde Zirpen der Zikaden, die sich langsam durch die zähe Zypressenborke gruben, um ihren siebzehnjährigen, traumlosen Schlaf zu schlafen. Und er konnte Bakers Tante auf der Veranda sehen, die gemütlich in ihrem Schaukelstuhl saß und sich mit verträumt lächelnden Augen vor und zurück schaukelte. Die mit schläfrigem Blick auf das Rauschen und Summen und die leisen entfernten Stimmen in dem alten Philco Radio hörte, das in einen altmodischen Chippendale-Schrank aus Mahagoni eingebaut war. Sie schaukelte und schaukelte und schaukelte. Und lächelte schläfrig. Wie eine Katze, die gerade die Sahne von der Milch geschleckt hatte und jetzt satt und zufrieden war.

Kapitel 15

»Mir ist es egal, ob ihr gewinnt oder verliert, solange ihr gewinnt.«

Vince Lombardi
Ehemaliger Cheftrainer
der Green Bay Packers

Das Tageslicht kämpfte sich durch eine weiße, verstummte Nebelwelt. Garraty lief wieder allein. Er hatte nicht mehr mitgezählt, wie viele in dieser Nacht ausgeschieden waren. Vielleicht waren es fünf. Seine Füße hatten Kopfschmerzen. Fürchterliche Migränen. Er spürte den schwellenden Schmerz jedes Mal, wenn er sie mit seinem Gewicht belastete. Seine Pobacken taten weh. Seine Wirbelsäule war eine eisige Flamme. Aber am schlimmsten waren die Schmerzen in seinen Füßen. Das Blut schien in ihnen zu gerinnen und sie anschwellen zu lassen. Es machte Spaghetti *al dente* aus seinen Adern.

Und trotzdem spürte er eine steigende Erregung in seinem Bauch: Es waren nur noch dreizehn Meilen bis Freeport. Im Augenblick liefen sie durch Portland. Die Menge konnte sie durch den dichten Nebel kaum sehen, aber seit Lewiston hatte sie in ständigem, rhythmischem Singsang seinen Namen gerufen. Es war wie der Pulsschlag eines gigantischen Herzens.

Freeport und Jan, dachte er.

»Garraty?« Die Stimme war vertraut, aber verbraucht.

McVries. Durch seine Gesichtshaut schimmerten die Knochen seines Schädels hindurch. Seine Augen glänzten fiebrig. »Guten Morgen«, krächzte er. »Wir leben, um einen neuen Tag in Angriff zu nehmen.«

»Ja. Wie viele hat es gestern Nacht erwischt, McVries?«

»Sechs.« McVries holte eine Tube Schinkenpaste aus seinem Gürtel und stopfte sich den Inhalt mit den Fingern in den Mund. »Sechs seit Barkovitch.« Er steckte die Tube mit den steifen, vorsichtigen Bewegungen eines alten Mannes zurück. »Pearson ist tot.«

»Yeah?«

»Es sind nicht mehr viele von uns da, Garraty. Nur noch sechsundzwanzig.«

»Nein, das sind nicht viele.« Das Gehen im Nebel war wie ein Wandeln auf leichten Wolken aus Mottenstaub.

»Von uns sind auch nicht mehr viele da. Von den Musketieren. Du und ich, Abraham und Baker, Collie Parker und Stebbins. Wenn wir ihn dazurechnen wollen. Aber warum nicht? Warum zum Teufel nicht? Rechnen wir Stebbins also dazu, Garraty. Das macht dann sechs Musketiere und zwanzig Speerträger.«

»Glaubst du immer noch, dass ich gewinnen werde?«

»Wird es hier im Frühling immer so neblig?«

»Was soll das heißen?«

»Nein, ich glaube nicht, dass du gewinnst. Stebbins wird gewinnen, Ray. Ihn kann nichts kaputtmachen, er ist hart wie Diamant. Es heißt, dass er in Vegas jetzt neun zu eins gewettet wird, seit Scramm ausgeschieden ist. Himmel, er sieht noch fast genauso frisch wie am Anfang aus.«

Garraty nickte, als ob er dies erwartet hätte. Er fand eine Tube Rindfleischkonzentrat in seinem Gürtel und begann zu essen. Was hätte er jetzt für McVries' lang verspeistes, rohes Hackfleisch gegeben! McVries schniefte und wischte sich mit der Hand über die Nase. »Kommt es dir jetzt nicht seltsam vor? Nach alledem wieder in deiner Heimat zu sein?«

Garraty spürte die Aufregung wieder an seinen Eingeweiden nagen. »Nein«, sagte er. »Es kommt mir wie das Natürlichste auf dieser Welt vor.«

Sie gingen einen langen, flachen Berg hinunter, und McVries blickte in die weiße, nichtssagende Autokinoleinwand. »Der Nebel wird dichter.«

»Das ist kein Nebel mehr«, sagte Garraty. »Das ist Regen.«

Der Regen fiel leicht und sanft, als hätte er nicht die Absicht, bald wieder aufzuhören.

»Wo ist Baker?«

»Irgendwo da hinten«, sagte McVries.

Ohne ein Wort – Worte schienen jetzt beinah überflüssig zu sein – ließ Garraty sich zurückfallen. Die Straße führte sie vorbei an einer Verkehrsinsel, dann an dem baufälligen Porterville Rec Center mit seinen fünf Bowlingbahnen und an einem toten schwarzen Gebäude für Verkäufe aus Regierungsbeständen mit einem Schild im Fenster: MAI IST DER MONAT, IHR GESCHLECHT ZU BESTÄTIGEN.

Im Nebel verpasste Garraty Baker und fand sich plötzlich neben Stebbins wieder. Hart wie Diamant, hatte McVries gesagt. Aber dieser Diamant zeigt schon kleine Fehler, dachte er sich hinzu. Sie liefen jetzt parallel am riesigen, völlig verschmutzten Androscoggin River entlang. Am anderen Ufer stieß die Textilfabrik der Porterville Weaving Company ihre Mauern in den Nebel wie ein schmutziges, mittelalterliches Schloss.

Stebbins blickte nicht auf, aber Garraty wusste, dass er seine Gegenwart spürte. Von geradezu törichter Entschlossenheit erfüllt, Stebbins das erste Wort zu überlassen, sagte er nichts. Die Straße machte wieder eine Kurve, und sie ließen die Menge für einen Augenblick unter sich, als sie eine Brücke über den Androscoggin überquerten. Unter ihnen wälzte der Fluss sich träge und von einer käsegelben Schaumkrone bedeckt dahin.

»Und?«

»Spar dir den Atem«, sagte Garraty. »Du wirst ihn gleich brauchen.«

Sie hatten das Ende der Brücke erreicht, und die Menge war wieder bei ihnen. Die Straße führte in eine Linkskurve, und dann begann der Anstieg auf den Brickyard Hill. Er war lang, steil und mit einer Böschung versehen. Das Flusstal lag zu ihrer Linken, und auf der rechten Seite befand sich ein fast senkrechter Abhang. Die Zuschauer klammerten sich an Bäume, an Büsche und aneinander und riefen Garratys Namen. Er war mal mit einem Mädchen ausgegangen, das aus Brickyard Hill stammte. Carolyn hatte sie geheißen. Sie war jetzt verheiratet. Hatte ein Kind. Sie hätte ihn vielleicht rangelassen, aber er war jung und ziemlich dumm gewesen.

Weiter vorn stieß Parker keuchend einen geflüsterten Fluch aus, der kaum über die Menge hinweg zu hören war. Garratys Beine zitterten und drohten, wieder weich zu werden, aber das war der letzte Berg vor Freeport. Was danach kam, war egal. Wenn er zur Hölle fuhr, dann fuhr er eben zur Hölle. Endlich kamen sie oben an (Carolyn hatte hübsche Brüste, sie trug öfters Kaschmirpullover), und Stebbins wiederholte nur ein bisschen keuchend: »Und?«

Schüsse knallten, und ein Junge namens Charlie Field verabschiedete sich vom Marsch.

»Nun ja, nichts«, sagte Garraty. »Ich war auf der Suche nach Baker und habe stattdessen dich gefunden. McVries glaubt, dass du gewinnen wirst.«

»McVries ist ein Idiot«, sagte Stebbins gelassen. »Glaubst du wirklich, dass du dein Mädchen sehen wirst, Garraty? Bei all diesen Leuten?«

»Sie wird ganz vorn stehen«, sagte er. »Sie hat einen Passierschein.«

»Die Cops werden zu sehr damit beschäftigt sein, all die Leute zurückzuhalten, um sie nach vorn durchzuschleusen.«

»Das ist nicht wahr«, sagte Garraty scharf, weil Stebbins seine eigene tief sitzende Befürchtung artikuliert hatte. »Was hast du davon, mir so etwas zu sagen?«

»Im Grunde willst du doch bloß deine Mutter sehen!«

Garraty zuckte zusammen. »Was?«

»Willst du sie nicht heiraten, wenn du mal groß bist, Garraty? Die meisten kleinen Jungen wollen das.«

»Du bist ja verrückt!«

»Bin ich das?«

»Ja!«

»Warum glaubst du eigentlich, du hättest es verdient zu gewinnen, Garraty? Du bist ein zweitklassiger Intellekt, ein zweitklassiger Sportler, und deine Libido ist wahrscheinlich auch zweitklassig. Garraty, ich wette meinen Hund und alles, dass du ihn noch nie deinem Mädchen reingesteckt hast.«

»Halt deine gottverdammte Klappe!«

»Du bist noch Jungfrau, nicht wahr? Vielleicht bist du sogar ein bisschen schwul? Ein Hauch von Lavendel? Hab keine Angst, mit Papa Stebbins kannst du über alles reden.«

»Ich werde dich besiegen, und wenn ich dafür bis nach Virginia laufen muss, du blöder Arsch!« Garraty zitterte vor Wut. Er konnte sich nicht erinnern, jemals in seinem Leben so wütend gewesen zu sein.

»Schon in Ordnung«, sagte Stebbins besänftigend. »Hab schon verstanden.«

»Du – du Motherfucker, du!«

»*Das* ist ja ein interessantes Wort. Wie bist du auf *dieses* Wort gekommen?«

Einen Augenblick lang glaubte Garraty, er müsste sich jetzt auf Stebbins werfen oder auf der Stelle vor Wut in Ohnmacht fallen. Aber er tat nichts dergleichen. »Und wenn ich bis nach Virginia laufen muss!«, wiederholte er. »Und wenn ich bis nach Virginia laufen muss!«

Stebbins reckte sich auf seine Zehenspitzen und lächelte schläfrig. »*Ich* hab das Gefühl, ich kann bis nach Florida gehen, Garraty.«

Garraty stürzte von ihm weg, um Baker zu suchen. Er spürte, wie seine Wut allmählich nachließ und einer Art pochender Scham Platz machte. Er nahm an, dass Stebbins ihn für jemand hielt, den man leicht an der Nase rumführen konnte. Er nahm an, dass das stimmte.

Baker ging neben einem Jungen, den er nicht kannte. Er hielt den Kopf gesenkt, und seine Lippen bewegten sich.

»Hallo, Baker«, sagte Garraty. Baker fuhr zusammen und schüttelte sich dann wie ein Hund. »Garraty«, sagte er. »Du bist es.«

»Ja, ich bin's.«

»Ich hatte gerade einen Traum – einen schrecklich realen Traum. Wie spät ist es?«

Garraty sah auf die Uhr. »Gleich zehn vor sieben.«

»Was glaubst du, wird es den ganzen Tag regnen?«

»Ich ... *ah* ...« Garraty machte einen Satz nach vorn und verlor für einen Augenblick das Gleichgewicht. »Mein verdammter Absatz ist abgegangen«, sagte er.

»Zieh lieber beide Schuhe aus«, riet Baker ihm. »Bald werden die Nägel durchkommen. Außerdem tust du dich schwerer, wenn die Schuhe verschieden hoch sind.«

Garraty kickte den kaputten Schuh vom Fuß, und er flog in hohem Bogen bis fast an den Rand der Menge, wo er wie ein kleiner, verkrüppelter Hund liegen blieb. Die Zuschauer streckten gierig die Hände danach aus. Einer erwischte ihn, ein anderer riss ihn ihm aus der Hand, und gleich darauf gab es ein wildes Handgemenge. Sein anderer Schuh war nicht so leicht abzuschütteln, der Fuß war zu stark geschwollen. Er kniete sich nieder, erhielt seine Warnung, band ihn auf und zog ihn aus. Einen Moment lang überlegte er, ob er ihn in die Menge werfen sollte, doch dann ließ er ihn einfach auf der Straße liegen. Eine große und irrationale Welle der Verzweiflung brach über ihn herein, und er dachte: *Ich habe meine Schuhe verloren. Ich habe meine Schuhe verloren.*

Der Asphalt fühlte sich kalt an seinen Füßen an. Die zerrissenen Überreste seiner Socken waren bald klitschnass. Seine Füße sahen komisch aus, merkwürdig klumpig. Seine Verzweiflung ging in Mitleid für seine Füße über. Er schloss rasch wieder zu Baker auf, der ebenfalls ohne Schuhe lief. »Ich bin so gut wie am Ende«, sagte Baker schlicht.

»Das sind wir alle.«

»Ich fange an, mich an all die netten Dinge zu erinnern, die mir im Leben passiert sind. Das erste Mal, dass ich ein Mädchen zum Tanzen ausgeführt habe. Da war so ein großer, besoffener Kerl, der uns immer stören wollte. Ich habe ihn mit nach draußen genommen und zusammengeschlagen. Das ging nur, weil er so betrunken war. Aber das Mädchen hat mich angeguckt, als wäre ich das Größte seit der Erfindung des Verbrennungsmotors. Mein erstes Fahrrad. Und das erste Mal, dass ich *Die Frau in Weiß* von Wilkie Collins gelesen habe ... das ist mein Lieblingsbuch, wenn dich mal jemand fragen sollte, Garraty. Halb schlafend mit einer Angelleine an einem Moderloch sitzen und Tausende von Flusskrebsen herausfischen. Im Garten liegen und mit einem Popeye-Heft über dem Gesicht einschlafen. Ich muss an all diese Dinge denken, Garraty. Aber erst in letzter Zeit. Als ob ich plötzlich alt wäre und langsam senil würde.«

Der frühe Morgenregen fiel silbern vom Himmel. Selbst die Menge schien jetzt ruhiger, mehr in sich zurückgezogen. Man konnte wieder Gesichter in ihr erkennen, verschwommen, als wären sie hinter regenverhangenen Fensterscheiben. Es waren blasse Gesichter mit großen dunklen Augen, die mürrisch unter tropfenden Hüten, Schirmen und aufgeklappten Zeitungen hervorblickten. Garraty spürte einen tiefen inneren Schmerz und hätte am liebsten geweint, aber er konnte nicht. Genauso wenig, wie er Baker trösten und ihm sagen konnte, dass der Tod nicht so schlimm sei. Es mochte zwar stimmen, aber vielleicht stimmte es auch nicht.

»Ich hoffe, es wird nicht dunkel sein«, sagte Baker. »Das ist meine einzige Hoffnung. Wenn es ein ... ein Danach geben sollte, dann ist es hoffentlich nicht dunkel. Und ich hoffe, dass ich mich *erinnern* kann. Ich hasse den Gedanken, dort für immer und ewig im Dunkeln herumzugeistern und nicht zu wissen, wer ich war oder was ich hier auf der Erde gemacht habe, oder nicht einmal zu fühlen, dass ich einmal etwas anderes gewesen bin.«

Garraty wollte etwas sagen, aber die Gewehre kamen ihm zuvor. Das Tagesgeschäft hatte wieder begonnen. Die Lücke, die Parker so präzise vorhergesagt hatte, war nun fast überwunden. Bakers Lippen verzogen sich zu einem verzerrten Lächeln.

»Davor habe ich am meisten Angst. Vor diesem Geräusch. Warum haben wir das getan, Garraty? Wir müssen wahnsinnig gewesen sein.«

»Ich glaube nicht, dass wir einen guten Grund dafür hatten.«

»Wir sind nichts weiter als Mäuse in der Falle.«

Der Marsch ging weiter. Der Regen fiel weiter. Sie kamen jetzt an lauter Plätzen vorbei, die Garraty gut kannte – heruntergekommene Baracken, in denen niemand mehr wohnte, eine verlassene Schule mit nur einem Klassenzimmer, die durch ein festes Schulgebäude ersetzt worden war, Hühnerställe, aufgebockte, alte Zugmaschinen, frisch geeggte Felder. Er hatte das Gefühl, als könnte er sich an jedes einzelne Feld, an jedes Haus genau erinnern. Und jetzt zitterte er vor Aufregung. Die Straße schien unter ihm wegzufliegen. Seine Beine hatten eine neue trügerische Frische gewonnen. Aber vielleicht hatte Stebbins doch recht – vielleicht würde sie gar nicht da sein. Er musste es zumindest in Betracht ziehen und sich darauf vorbereiten.

Durch die ausgedünnten Reihen kam die Nachricht, dass ein Junge weiter vorn glaubte, er hätte eine Blinddarmentzündung.

Früher hätte sich bei so etwas sein Magen zusammengezogen, aber jetzt konnte er nur noch an Jan und Freeport denken. Die Zeiger seiner Uhr rasten mit einer teuflischen Geschwindigkeit davon, als hätten sie plötzlich ein Eigenleben. Nur noch fünf Meilen. Sie hatten die Stadtgrenze von Freeport überschritten. Irgendwo da vorn standen Jan und seine Mutter jetzt vor Woolman's Free Trade Center Market, wie sie es ausgemacht hatten.

Die Wolken lichteten sich etwas, aber der Himmel blieb bedeckt. Der Regen war in ein hartnäckiges Nieseln übergegangen. Die Straße war ein dunkler Spiegel, eine schwarze, eisglatte Oberfläche, auf der Garraty die verzerrten Züge seines Gesichts sehen konnte. Er wischte sich mit der Hand über die Stirn. Sie war heiß und fiebrig. Jan, o Jan, du musst wissen, dass ich …

Der Junge mit den Schmerzen in der Seite hieß Klingerman, Nummer 59. Er hatte angefangen zu schreien. Seine Schreie wurden bald zu einem monotonen Nebengeräusch. Garraty musste an den Marsch zurückdenken, den er – auch das war in Freeport gewesen – früher gesehen hatte. An den Jungen, der ununterbrochen und ebenso monoton

Ich kann nicht. Ich kann nicht. Ich kann nicht gesungen hatte.

Klingerman, dachte er, halt die Klappe.

Aber Klingerman ging weiter und hörte nicht auf zu schreien. Die Hände hatte er in den Bauch gestemmt. Auch die Zeiger von Garratys Uhr rasten weiter. Es war jetzt acht Uhr fünfzehn. Du wirst dort sein, nicht wahr, Jan? Ja, du wirst dort sein. In Ordnung. Ich weiß nicht mehr, was du wirklich bedeutest, aber ich weiß, dass ich noch lebe und dass ich das dringende Bedürfnis habe, dich dort zu sehen. Ich brauche vielleicht ein Zeichen von dir. Sei einfach da. Bitte, sei da.

Acht Uhr dreißig.

»Sind wir jetzt bald in dieser gottverdammten Stadt, Garraty?«, brüllte Parker.

»Was geht *dich* das an?«, höhnte McVries. »Du hast ganz bestimmt kein Mädchen, das auf dich wartet.«

»Auf mich wartet überall ein hübsches Mädchen, du Blödian«, sagte Parker. »Sie werfen einen Blick in dieses Gesicht, und schon bekommen sie feuchte Höschen.« Das Gesicht, von dem er gerade gesprochen hatte, war jetzt mager und abgezehrt, nur noch ein Schatten von dem, was es einmal gewesen war.

Acht Uhr fünfundvierzig.

»Geh langsamer, Ray«, sagte McVries, als Garraty ihn eingeholt hatte und gerade an ihm vorbeiziehen wollte. »Spar dir noch ein bisschen für heute Nacht auf.«

»Ich kann nicht. Stebbins hat gesagt, dass sie nicht da sein wird. Dass sie nicht genug Polizisten haben, um ihr den Weg frei zu machen. Ich muss es herausfinden. Ich muss sehen …«

»Ich sag ja nur, dass du es locker angehen sollst. Stebbins würde seiner Mutter einen Lysolcocktail zu trinken geben, wenn ihm das zum Sieg verhelfen würde. Hör nicht auf ihn. Sie wird da sein. Allein schon für PR-Zwecke ist es unbezahlbar.«

»Aber ...«

»Verschon mich mit deinem Aber, Ray. Geh langsamer und bleib am Leben.«

»Du kannst dir deine beschissenen Plattitüden irgendwo hinstecken!«, schrie Garraty. Dann leckte er sich über die Lippen und fuhr sich mit zitternder Hand übers Gesicht. »Es ... es tut mir leid. Das wollte ich nicht. Stebbins hat auch noch gesagt, dass ich sowieso nur meine Mutter sehen will.«

»Willst du sie denn nicht sehen?«

»Natürlich will ich sie sehen! Was zum Teufel denkst du denn? Ich – nein – ja – ich weiß es nicht. Ich hatte mal einen Freund. Er und ich – wir – wir haben unsere Sachen ausgezogen – und – und sie – sie ...«

»Garraty«, sagte McVries und streckte eine Hand aus, um seine Schulter zu berühren. Klingerman schrie jetzt sehr laut. Jemand aus der Menge fragte ihn, ob er ein Alka-Seltzer wolle. Dieser Scherz trug zur allgemeinen Erheiterung bei. »Du verlierst die Nerven, Garraty. Beruhige dich. Mach es dir nicht kaputt.«

»Lass mich in Ruhe!«, schrie Garraty. Er riss die Faust an seinen Mund und biss sich auf den Knöchel. Eine Sekunde später sagte er: »Lass mich bitte in Ruhe!«

»Gut. In Ordnung.«

McVries ließ ihn allein. Garraty hätte ihn gern zurückgerufen, aber er konnte nicht.

Und dann wurde es zum vierten Mal neun Uhr vormittags. Sie bogen nach links ab, und die Menge befand sich wieder für eine Weile unter ihnen, als sie die 295 auf einer Überführung überquerten, um dann nach Freeport hineinzuwandern. Vorn links sah er eine Eisdiele, in die Jan und er manchmal nach dem Kino gegangen waren. Sie bogen nach rechts auf die U.S. 1, die jemand vorhin den großen Highway genannt hatte. Groß oder klein, auf jeden Fall war es der letzte Highway. Die Zeiger seiner Uhr schienen ihm jetzt ins Gesicht zu springen. Die Innenstadt lag direkt vor ihnen. Woolman's war auf der rechten Seite. Er konnte das hässliche, rechteckige Gebäude mit der falschen Fassade schon sehen. Und wieder fiel eine Unmenge Konfetti auf sie herab, das durch den Regen matschig und klebrig auf der Straße liegen blieb. Die Menge wurde immer größer. Jemand hatte die Feuersirene eingeschaltet, und ihr Geheul vermischte sich mit Klingermans Schreien. Die beiden sangen ein albtraumhaftes Duett.

Garratys Nerven waren zum Zerreißen gespannt, seine Adern fühlten sich an wie Kupferdrähte. Er konnte sein Herz klopfen hören, mal im Bauch, mal in seinem Hals, mal direkt zwischen den Augen. Zweihundert Meter. Jetzt riefen sie wieder seinen Namen *(RAY-RAY-ALL-THE-WAY)*, aber er hatte noch kein bekanntes Gesicht entdeckt.

Er lief auf die rechte Seite hinüber, bis er nur noch Zentimeter von den ausgestreckten Händen der Menge entfernt war. Als ein langer muskulöser Arm tatsächlich seinen Hemdsärmel zu fassen kriegte, sprang er erschrocken zurück, als hätte er Angst, in diese Dreschmaschine hineingerissen zu werden. Die Soldaten hatten die Gewehre auf ihn gerichtet, bereit, loszuschießen, wenn er versuchen sollte, in der Menge unterzutauchen. Nur noch einhundert Meter bis zu Woolman's. Er konnte das große braune Reklameschild sehen, aber kein Zeichen von Jan oder seiner Mutter. Gott, o Gott Gott, Stebbins hatte doch recht gehabt … und selbst wenn sie hier wären, wie sollte er sie in dieser wogenden, nach ihm ausgreifenden Menschenmasse erkennen?

Ein langer, zitternder Seufzer entfuhr ihm. Er stolperte und wäre fast über seine Füße gefallen. Stebbins hatte recht. Er wollte hier aufhören, keinen Schritt weitergehen.

Die Enttäuschung, das Gefühl des Verlorenseins waren so groß, dass er zu taumeln anfing. Was sollte das Ganze? Was hatte es jetzt noch für eine Bedeutung?

Das Geheul der Sirenen, das Gekreisch der Menge, Klingermans Schreie, der fallende Regen und in allem seine armen, gehetzten Gedanken, die aufgeregt durch seinen Kopf flatterten und immer wieder blind an Mauern stießen.

Ich kann nicht weitergehen. Kann nicht. Kann nicht. Kann nicht. Aber seine Füße stolperten vorwärts. *Wo bin ich? Jan? Jan? ... JAN!*

Er sah sie. Sie winkte mit dem blauen Seidenschal, den er ihr zum Geburtstag geschenkt hatte. Regentropfen glitzerten in ihren Haaren. Seine Mutter stand in ihrem schlichten, schwarzen Mantel neben ihr. Sie wurden von der dichten Menge zusammengequetscht und hilflos hin und her geschoben. Über Jans Schulter grinste ihn das idiotische Auge einer Fernsehkamera an.

Tief in seinem Inneren schien eine große Wunde zu platzen. Die Infektion lief in einer grünen Flut aus ihm heraus. Er brach in einen tänzelnden Galopp aus; seine geschwollenen Füße mit den nassen, zerfetzten Socken klatschten auf die Straße.

»Jan! Jan!«

Er konnte den Gedanken, aber nicht die Worte hören. Die Kamera folgte ihm begeistert. Das Getöse der Menge war infernalisch. Er sah, wie ihre Lippen seinen Namen formten. Er musste zu ihr, musste sie –

Ein Arm hielt ihn zurück. Es war McVries. Ein Soldat erteilte ihnen beiden durch das unpersönliche Megafon ihre erste Warnung.

»Nicht in die Menge!« McVries hatte den Mund dicht an seinem Ohr und schrie, so laut er konnte. Ein messerscharfer Schmerz fuhr durch seinen Kopf.

»Lass mich los!«

»Ich lasse nicht zu, dass du dich umbringst, Ray!«

»Lass mich, verdammt noch mal!«

»Willst du in ihren Armen sterben? Willst du das?«

Die Zeit flog davon. Jan weinte. Er konnte Tränen auf ihren Wangen sehen. Er wand sich aus McVries' Griff frei und rannte wieder auf sie zu. Ein hartes, ärgerliches Schluchzen stieg in ihm hoch. Er wollte schlafen. In ihren Armen würde er den Schlaf finden. Er liebte sie.

Ray, ich liebe dich.

Er konnte ihr die Worte von den Lippen ablesen.

McVries blieb neben ihm. Die Fernsehkamera starrte auf sie hinab. Jetzt sah er aus den Augenwinkeln, dass seine gesamte Klasse aus der Highschool anwesend war. Sie entrollte eine riesige Fahne, auf der sein eigenes Gesicht abgebildet war. Sein Jahrbuchfoto, das sie zu Godzillagröße aufgeblasen hatten. Er grinste also auf sich selbst herunter, als er heulend auf die Menge zustolperte, um Jan zu berühren.

Ihre zweite Warnung plärrte wie Gottes Stimme durch das Megafon.

Jan ...

Sie streckte die Hand nach ihm aus. Er ergriff sie. Ihre kühle Hand. Ihre Tränen ...

Seine Mutter. Ihre ausgestreckten Hände ...

Er griff auch nach ihnen. In der einen Hand hielt er Jans, mit der anderen die Hände seiner Mutter. Er hatte sie berührt. Es war geschehen.

Es dauerte so lange, bis McVries ihm wieder den Arm um die Schultern legte. Grausamer McVries.

»Lass mich los! Lass mich los!«

»Mann, du musst sie ja wirklich hassen!«, brüllte McVries ihm ins Ohr. »Was willst du eigentlich? Dass sie mit deinem Blut an den Händen zusehen, wie du stirbst? Willst du das? Um Gottes willen, komm jetzt mit mir!«

Er wehrte sich, aber McVries war stark. Vielleicht hatte er sogar recht. Er sah Jan an und entdeckte jetzt eine besorgte Warnung in ihren geweiteten Augen. Seine Mutter machte eine wegschiebende Geste. Auf Jans Lippen las er wie eine Verdammung die Worte: *Geh weiter! Geh weiter!*

Natürlich muss ich weitergehen, dachte er dumpf. Ich bin Maines Stolz. Und in diesem Augenblick hasste er sie. Obwohl er ja eigentlich nichts anderes getan hatte, als sie und seine Mutter in der Falle zu fangen, die er sich selbst gestellt hatte.

Die dritte Warnung für McVries und ihn rollte wie Donner über den Lärm hinweg; die Menge wurde etwas ruhiger und starrte sie mit feuchten, gierigen Augen an. Panik stand jetzt in den Gesichtern von Jan und seiner Mutter. Seine Mutter schlug die Hände vors Gesicht, und die Geste erinnerte ihn an die wie aufgeregte Tauben flatternden Hände von Barkovitch, als er sich die eigene Kehle aufgerissen hatte.

»Wenn du es schon tun musst, dann mach es wenigstens erst hinter der nächsten Ecke, du blöder Scheißer!«, schrie McVries.

Er fing an zu wimmern. McVries hatte ihn wieder einmal besiegt. McVries war sehr stark. »Also gut«, sagte er, unsicher, ob McVries ihn hören konnte, und fing wieder an zu gehen. »Ist gut, ist gut, lass meine Schulter los, bevor du mir das Schlüsselbein brichst.« Er schluchzte, bekam einen Schluckauf, wischte sich mit der Hand die Nase ab.

McVries ließ ihn vorsichtig los, bereit, jederzeit wieder zuzugreifen.

Fast als wäre ihm ein nachträglicher Einfall gekommen, drehte er sich noch einmal um, aber die beiden waren wieder in der Menge verschwunden. Er nahm an, er würde diese in ihren Augen aufsteigende Panik niemals vergessen, dieses Gefühl, dass Vertrauen und Sicherheit am Ende brutal beseitigt worden waren. Er erhaschte nur noch einen kurzen Gruß des wehenden, blauen Seidenschals.

Er drehte sich nach vorn, ohne McVries anzusehen, und seine humpelnden, betrügerischen Füße trugen ihn aus der Stadt heraus.

Kapitel 16

»Jetzt fließt Blut! Liston taumelt! Clay traktiert ihn mit Schlagkombinationen! ... er trifft! Clay bringt ihn um! Clay bringt ihn um! Meine Damen und Herren, Liston liegt am Boden! Sonny Liston ist am Boden! Clay tanzt ... er winkt ... er ruft in die Zuschauermenge! Oh, meine Damen und Herren, ich weiß nicht, wie ich Ihnen diese Szene beschreiben soll!«

Rundfunkreporter/
Zweiter Clay-Liston-Kampf

Tubbins war durchgedreht.

Tubbins war ein kleiner Junge mit einer Brille und lauter Sommersprossen im Gesicht. Seine weiten Jeans hingen ihm auf der Hüfte, und er musste sie dauernd hochziehen. Er hatte bisher nicht viel gesagt, aber bevor er durchdrehte, war er ein ganz netter Kerl gewesen.

»HURE!«, brabbelte er in den Regen. Er hatte das Gesicht emporgehoben, und die Regentropfen fielen von seiner Brille auf seine Sommersprossen und rannen über seine Lippen an seinem stumpfen Kinn entlang. »DIE HURE VON BABYLON IST WIEDER UNTER UNS! SIE LIEGT AUF DER STRASSE UND SPREIZT IHRE BEINE IM SCHMUTZ DER GOSSE! ABSCHEULICH! ABSCHEULICH! NEHMT EUCH IN ACHT VOR DER HURE VON

BABYLON! VON IHREN LIPPEN TROPFT HONIG ABER IHR HERZ IST VOLL GALLE UND WERMUT …«

»Und sie hat den Tripper«, fügte Collie Parker müde hinzu. »Mein Gott, der ist ja schlimmer als Klingerman.« Er hob die Stimme. »Fall tot um, Tubby!«

»HURENBOCK UND ZUHÄLTER!«, kreischte Tubbins. »ABSCHEULICH! UNREIN!«

»Scheiß die Wand an!«, murmelte Parker. »Wenn er nicht aufhört, bring ich ihn selbst um.« Er fuhr sich mit zittrigen, knochigen Fingern über die Lippen und brauchte fast eine halbe Minute dazu, die Klammer an seinem Gürtel, mit der die Feldflasche befestigt war, zu öffnen. Als er sie endlich an den Mund führen konnte, ließ er sie beinah fallen und schüttete die Hälfte daneben. Er fing vor Schwäche an zu weinen.

Es war drei Uhr nachmittags. Portland und South Portland lagen hinter ihnen. Vor ungefähr fünfzehn Minuten waren sie unter einer nassen, schlaff im Wind hängenden Fahne durchgegangen, die verkündete, dass die Grenze zu New Hampshire nur noch 44 Meilen entfernt sei.

Nur, dachte Garraty. *Nur,* was für ein dummes, kleines Wort das doch war. Welchem Idioten war es nur eingefallen, dass sie dieses dumme, kleine Wort nötig hätten?

Er ging neben McVries, aber der war seit Freeport ziemlich einsilbig geworden. Garraty wagte kaum, mit ihm zu sprechen. Er stand schon wieder in seiner Schuld, und das beschämte ihn. Vor allem deshalb, weil er wusste, dass er McVries nun nicht mehr helfen würde, selbst wenn sich die Gelegenheit böte. Die Sache mit Jan und seiner Mutter war jetzt vorbei. Unwiderruflich und für immer. Er würde sie nie mehr wiedersehen, es sei denn, er gewann. Und jetzt wollte er unbedingt gewinnen.

Es war seltsam. Dies war das erste Mal, dass er sich wirklich wünschte, diesen Marsch zu gewinnen. Selbst am Start, als er sich noch frisch und kräftig gefühlt hatte (zu der Zeit, als die Dinosaurier noch die Erde bevölkerten), hatte er nicht bewusst gewinnen *wollen.* Da war das Ganze nur eine Herausforderung gewesen. Aber die Gewehre schossen keine kleinen roten Zettel ab, auf denen *Päng* geschrieben stand. Dies war kein Baseball und auch kein anderes Spiel, es war alles Realität.

Oder hatte er es etwa die ganze Zeit schon gewusst?

Seit er wusste, dass er gewinnen wollte, taten die Füße doppelt so weh, und wenn er tief einatmete, spürte er einen stechenden Schmerz in der Lunge. Auch bekam er immer mehr das Gefühl, dass er Fieber hätte – vielleicht hatte er sich bei Scramm angesteckt?

Er wollte also gewinnen, aber nicht einmal McVries würde es fertigbringen, ihn über diese unsichtbare Ziellinie zu tragen. Er glaubte nicht, dass er es schaffen würde. In seiner ersten Schulklasse hatte er einmal einen Buchstabierwettbewerb gewonnen, und man hatte ihn zur Bezirksausscheidung geschickt. Aber der Bezirksschiedsrichter war nicht Miss Petrie gewesen, bei der man es noch einmal versuchen durfte. Die weichherzige Miss Petrie. Er hatte dagestanden, ungläubig, tief verletzt, und war sich sicher gewesen, dass jemand sich einen Fehler erlaubt hatte. Aber es war kein Fehler, er war einfach nicht gut genug gewesen, die anderen zu schlagen. Und auch jetzt würde er nicht gut genug sein. Gut genug zwar, um die meisten zu überleben, aber nicht alle. Seine Füße hatten ihre benommene und wütende Rebellion aufgegeben, aber ihre Meuterei war nicht mehr weit entfernt.

Seit Freeport hatte es nur noch drei erwischt. Einer davon war der unglückselige Klingerman gewesen. Er wusste, was die anderen sich jetzt dachten. Jetzt waren zu viele erschossen worden, als dass man noch aufgeben könnte. Nicht, wenn nur noch zwanzig übrig waren. Sie würden jetzt weitergehen, bis ihre Körper und Gehirne von allein auseinanderfielen.

Sie gingen über eine Brücke, die einen kleinen, gemächlich fließenden Bach überspannte. Die Wasseroberfläche wurde von den Regentropfen aufgeraut. Die Gewehre dröhnten, die Menge applaudierte, und Garraty spürte ganz hinten in seinem Kopf einen störrischen Hoffnungsschimmer. Ein winziges Stückchen dem Ende näher.

»Na, hat dir dein Mädchen gut gefallen?«

Es war Abraham, der wie ein Überlebender des Marsches von Bataan aussah. Aus irgendeinem unerklärlichen Grund hatte er sowohl seine Jacke als auch sein Oberhemd weggeworfen. An seinem knochigen Brustkorb konnte man jede Rippe zählen.

»Yeah«, sagte Garraty. »Ich hoffe, ich werde sie wiedersehen.«

Abraham lächelte. »Du hoffst? Ja, ich fange auch langsam an, mich daran zu erinnern, wie man das Wort buchstabiert.« Es klang wie eine milde Drohung. »War das Tubbins?«

Garraty lauschte in die Menge. Er konnte nur noch ihr Getöse hören. »Ja, bei Gott, du hast recht. Dann hat Parker ihn wohl verhext.«

»Ich sage mir immer wieder, dass ich nichts weiter tun muss, als einen Fuß vor den anderen zu setzen«, sagte Abraham.

»Yeah.«

Abraham sah bekümmert aus. »Garraty ... Es ist scheiße, so etwas zu sagen ...«

»Was ist los?«

Abraham schwieg eine lange Weile. Er hatte feste Halbschuhe an, die in Garratys Augen fürchterlich schwer aussahen (dessen eigene Füße jetzt nackt, kalt und bis aufs rohe Fleisch abgeschürft waren). Sie schleppten sich schwer über die Straße, die sich zu drei Fahrspuren erweitert hatte. Die Menge kam jetzt nicht mehr so nahe an sie heran und war auch nicht mehr so ohrenbetäubend laut, wie sie es seit Augusta gewesen war.

Abraham blickte noch bekümmerter vor sich hin als vorher. »Es ist wirklich scheiße«, sagte er. »Ich weiß nicht, wie ich es sagen soll.«

Garraty zuckte verwirrt die Achseln. »Dann sag es einfach.«

»Na gut. Hör mal, wir haben uns auf etwas geeinigt. All die, die noch übrig sind.«

»Auf ein Scrabble vielleicht?«

»Es ist eine Art von ... von Versprechen.«

»Aha?«

»Keiner hilft einem anderen. Mach es entweder allein oder lass es bleiben.«

Garraty sah auf seine Füße hinunter. Er fragte sich, wie lange es her war, dass er Hunger hatte, und er fragte sich, wie lange es dauern würde, bis er in Ohnmacht fiel, wenn er nichts aß. Er dachte, dass Abrahams Schuhe so wie die von Stebbins aussahen – diese Schuhe konnten ihn von hier bis zur Golden Gate Bridge tragen, ohne dass auch nur ein Schnürsenkel riss ... zumindest sahen sie so aus.

»Das klingt ziemlich herzlos«, sagte er schließlich.

»Wir sind in einer ziemlich herzlosen Situation.« Abraham vermied es, ihn anzusehen.

»Hast du schon mit allen anderen darüber gesprochen?«

»Noch nicht. Mit einem Dutzend vielleicht.«

»Yeah, das ist wirklich scheiße. Man sieht, wie schwer es dir fällt, darüber zu reden.«

»Es scheint eher schwieriger zu werden als leichter.«

»Was haben sie gesagt?« Er wusste, was sie gesagt hatten; was sollten sie darauf schon sagen?

»Sie sind dafür.«

Garraty öffnete den Mund, schloss ihn aber wieder. Er blickte auf Baker, der vor ihm lief. Baker hatte seine Jacke wieder angezogen. Sie war tropfnass. Er hielt den Kopf gesenkt. Seine linke Hüfte war schief, und er humpelte bedenklich. Das Bein musste furchtbar steif sein.

»Warum hast du dein Hemd ausgezogen?«, fragte er Abraham unvermittelt.

»Meine Haut fing an zu jucken. Ich hab überall Pickel gekriegt. Das Hemd war aus Synthetik. Vielleicht bin ich gegen synthetische Stoffe allergisch oder so was – wie soll ich das wissen? Was sagst du nun, Ray?«

»Du siehst wie ein reuiger Sünder aus.«

»Was sagst du dazu? Ja oder nein?«

»Vielleicht schulde ich McVries noch was.« McVries lief zwar ganz in ihrer Nähe, aber es war nicht zu erkennen, ob er in dem Lärm der Menge etwas von ihrer Unterhaltung gehört hatte. Na los, McVries , dachte er. Sag ihm, dass ich dir nichts mehr schulde. Nun mach schon, du Schweinehund. Aber McVries sagte nichts.

»Na gut, ich mach mit«, sagte Garraty.

»Cool.«

Jetzt bin ich ein Tier. Nur noch ein dreckiges, erschöpftes, blödes Tier. Du hast es getan. Du hast es verraten.

»Wir können dich natürlich nicht davon abhalten, wenn du versuchst, jemand zu helfen. Das ist gegen die Vorschriften. Aber wir werden dich schneiden. Und du hast dann ein Versprechen gebrochen.«

»Ich werd's nicht versuchen.«

»Dasselbe gilt für jeden, der versucht, dir zu helfen.«

»Jep.«

»Es ist nicht persönlich gemeint, das weißt du, Ray. Aber wir sind nun mal so weit gekommen.«

»Friss Schwein oder stirb.«

»Genau.«

»Nichts Persönliches. Nur zurück in den Dschungel.«

Einen Augenblick lang glaubte er, Abraham wäre beleidigt, aber er holte nur tief Luft und ließ sie in einem Seufzer wieder heraus. Vielleicht war er zu müde, um verletzt zu sein. »Du hast ja gesagt. Ich werde dich darauf festnageln, Ray.«

»Vielleicht sollte ich jetzt ganz hochtrabend sagen, dass ich mein Versprechen halten werde, weil ich mich immer an mein Wort gebunden fühle«, sagte Garraty. »Aber ich will ehrlich zu dir sein. Ich will sehen, wie du die rote Karte bekommst. Je eher, desto besser.«

Abraham leckte sich über die Lippen. »Yeah.«

»Deine Schuhe sehen gut aus, Abe.«

»Yeah, aber sie sind verdammt schwer. Du kaufst sie für eine lange Strecke und musst das Gewicht dafür mit in Kauf nehmen.«

»Es gibt einfach kein Heilmittel gegen den Summertime Blues, wie Eddie Cochran ganz richtig meint, nicht wahr?«

Abraham lachte. Garraty beobachtete McVries. Sein Gesicht blieb ausdruckslos. Es war gut möglich, dass er sie gehört hatte. Vielleicht aber auch nicht. Der Regen fiel in geraden, beständigen Fäden vom Himmel herab. Er war schwerer und kälter geworden. Abrahams Haut war bleich wie ein Fischbauch. Ohne Hemd sah er mehr denn je wie ein Strafgefangener aus. Garraty fragte sich, ob niemand ihm gesagt hatte, dass er nicht die geringste Chance hätte, die kommende Nacht ohne Hemd zu überleben. Das Zwielicht schien sich jetzt schon einzustellen. McVries? Hast du uns gehört, McVries? Ich hab dich verraten. Musketiere, auf Nimmerwiedersehen.

»Ah, ich will nicht auf diese Weise sterben«, sagte Abraham. Er war am Weinen. »Nicht hier vor allen Leuten, wo sie dich anfeuern, aufzustehen und noch ein paar Meilen weiterzugehen. Es ist so verdammt sinnlos. So verdammt sinnlos! Es hat ungefähr so viel Würde wie ein mongoloider Idiot, der an seiner eigenen Zunge erstickt und sich gleichzeitig in die Hose scheißt.«

Es war Viertel nach drei gewesen, als Garraty sein Versprechen gegeben hatte, niemand mehr zu helfen. Bis sechs Uhr abends wurde nur ein Geher erschossen. Niemand sprach. Es schien eine ungute Verschwörung im Gange zu sein, das allmählich nahende Ende ihres Lebens zu ignorieren. Als ob sie sich alle vormachten, dass es einfach nicht geschehen könne. Die Gruppen – die kläglichen Überreste der Gruppen – waren völlig auseinandergebrochen. Alle hatten Abrahams Vorschlag zugestimmt. McVries hatte ja gesagt. Baker hatte zugestimmt. Und Stebbins hatte gelacht und Abraham gefragt, ob er sich in den Finger stechen solle, damit er die Abmachung mit seinem Blut unterschreiben könne.

Es wurde immer kälter. Garraty fragte sich, ob die Sonne wirklich existierte, oder ob er sie nicht bloß geträumt hätte. Auch Jan war jetzt nur noch ein Traum – ein Sommertraum von einem Sommer, der nie stattgefunden hatte.

Dafür konnte er seinen Vater jetzt immer deutlicher sehen. Seinen Vater mit dem wilden Haarschopf, den er selbst geerbt hatte, und den großen, kräftigen Fernfahrerschultern. Sein Vater hatte die Statur eines Footballspielers gehabt, und er konnte sich noch gut daran erinnern, wie er ihn hochgehoben, schwindelerregend durch die Luft geschwungen und ihm liebevoll das Haar zerzaust und ihn geküsst hatte. Ihn geliebt hatte.

Eigentlich hatte er seine Mutter in Freeport gar nicht richtig gesehen, dachte er jetzt traurig, aber sie war da gewesen – in ihrem schäbigen schwarzen Mantel, »dem feinen Mantel«, der die weißen Schneeflocken der Schuppen auf dem Kragen aufwies, die sie einfach nicht wegbekam, egal, wie oft sie sich die Haare wusch. Er hatte sie wahrscheinlich tief verletzt, indem er sie zugunsten von Jan vernachlässigt hatte. Aber vielleicht hatte er sie ja beleidigen wollen? Na ja, das war jetzt egal, es war vorbei. Jetzt zählte nur die Zukunft, die sich vor ihnen auflöste, noch bevor sie richtig gestrickt war.

Man gerät immer tiefer hinein, dachte er. Es wird niemals flacher, immer nur tiefer, bis man die Bucht plötzlich verlassen hat und in den weiten Ozean hinausschwimmt. Früher hat das alles mal ganz leicht ausgesehen. Ziemlich lustig sogar. Er hatte mit McVries darüber gesprochen. McVries hatte ihm erklärt, dass er ihn das erste Mal aus einem reinen Reflex heraus gerettet hätte. Danach, in Freeport, hätte er einem Mädchen, das er nie kennenlernen würde, ein hässliches Erlebnis ersparen wollen. Er würde ja auch Scramms schwangere Frau nie kennenlernen. Garraty hatte bei diesem Gedanken einen kleinen Stich und eine plötzliche Traurigkeit verspürt. Er hatte schon lange nicht mehr an Scramm gedacht. Er fand, dass McVries schon ziemlich erwachsen sei, wirklich. Er fragte sich, wieso *er* es eigentlich nicht geschafft hatte, erwachsen zu werden.

Der Marsch ging weiter. Städte zogen an ihnen vorbei.

Er fiel in eine melancholische, seltsam befriedigende Stimmung, aus der ihn ein paar unregelmäßige Schüsse und der heisere Aufschrei der Menge herausrissen. Er drehte sich um und war bass erstaunt, Collie Parker mit einem Gewehr in der Hand auf dem Panzerwagen stehen zu sehen.

Ein Soldat war vom Wagen gefallen und starrte mit leeren, ausdruckslosen Augen in den Himmel. Er hatte ein kreisrundes, von Pulverstaub umrandetes Loch in der Stirn.

»Ihr gottverdammten Scheißkerle!«, brüllte Parker. Die anderen Soldaten waren schnell abgesprungen. Parker blickte auf die verblüfften Geher hinunter. »Kommt rauf, Leute! Na, macht schon! Wir können …«

Die Geher einschließlich Garraty starrten ihn an, als

würde er plötzlich in einer Fremdsprache mit ihnen sprechen. In dem Augenblick hob einer der Soldaten, der mit abgesprungen war, als Parker das Fahrzeug erobert hatte, seine Waffe und schoss ihm gezielt in den Rücken.

»Parker!«, schrie McVries. Er schien der Einzige zu sein, der kapierte, was geschehen war und welche Chance sie verpasst hatten. »O nein! *Parker!*«

Parker grunzte, als ob ihm jemand mit einer gepolsterten Keule in den Rücken geschlagen hätte. Dann trat das verformte Geschoss durch die Brust aus, und Collie Parker stand aufrecht auf dem Panzerwagen, während seine Eingeweide sich über sein Khakihemd und seine Jeans ergossen. Eine Hand erstarrte in einer weit ausholenden Geste, als wäre er gerade inmitten einer wütenden Philippika unterbrochen worden.

»O Gott!«

»Verdammt!«, sagte Parker.

Er schoss mit dem Gewehr, das er dem toten Soldaten entrissen hatte, zweimal auf die Straße. Die Kugeln pfiffen als Querschläger durch die Luft, und Garraty spürte knapp vor seiner Nase einen scharfen Luftzug. In der Menge schrie jemand vor Schmerzen auf. Dann glitt das Gewehr aus Parkers Händen. Er drehte sich in beinah militärischer Haltung um seine Achse und fiel auf die Straße, wo er auf der Seite liegen blieb und wie ein überfahrener, tödlich verletzter Hund keuchte. Seine Augen funkelten. Er öffnete den Mund und kämpfte im Blutschwall um ein Schlusswort.

»Ihr. Schei. Schei. Scheiß. Schei.« Er starb mit einem bösen Blick auf sie, während sie an ihm vorbeigingen.

»Was ist passiert?«, rief Garraty laut, ohne jemand Bestimmten zu fragen. »Was ist mit ihm *passiert?*«

»Er hat sich angeschlichen«, sagte McVries. »Das ist passiert. Er muss gewusst haben, dass er es nicht schaffen würde. Er hat sich ganz leise von hinten angeschlichen und sie beim Schlafen erwischt. Sie haben nur eine Sekunde nicht aufgepasst.« McVries' Stimme wurde heiser. »Er wollte, dass wir alle zu ihm hinaufkommen, Garraty. Und ich glaube, wir hätten es schaffen können.«

»Wovon redest du?«, fragte Garraty und bekam plötzlich große Angst.

»Das weißt du nicht?«, fragte McVries. »Das *weißt* du nicht?«

»Dass wir zu ihm hinaufkommen? ... Was? ...«

»Vergiss es. Vergiss es einfach.«

McVries ließ ihn allein. Garraty bekam plötzlich einen Anfall von Schüttelfrost. Er konnte ihn nicht unterdrücken. Er wusste nicht, was McVries gemeint hatte. Er wollte es gar nicht wissen, wollte nicht einmal darüber nachdenken.

Der Marsch ging weiter.

Um neun hatte der Regen aufgehört, aber es waren keine Sterne am Himmel zu sehen. Niemand war seit Parker ausgeschieden, aber Abraham hatte ganz leise zu stöhnen angefangen. Es war jetzt sehr kalt, aber niemand bot ihm etwas zum Überziehen an. Garraty versuchte, das als eine Art poetische Gerechtigkeit zu betrachten, aber es machte ihn nur ganz krank. Auch die Schmerzen in ihm verwandelten sich langsam in eine Übelkeit, ein Gefühl des Verrottens, das sich wie ein grüner Pilz in den Höhlungen seines Körpers ausbreitete. Sein Nahrungsgürtel war noch fast unangetastet, aber er konnte nicht mehr als eine kleine Tube Thunfischkonzentrat verzehren, ohne sofort würgen zu müssen.

Baker, Abraham, McVries. Sein Freundeskreis war auf diese drei zusammengeschrumpft. Und Stebbins, wenn er denn mit jemand befreundet war. Eher ein Bekannter. Oder Halbgott. Oder Teufel. Was auch immer. Er fragte sich, wer von ihnen am nächsten Morgen noch dabei sein würde, und ob er dann noch lebte, um es feststellen zu können.

Während er über diese Dinge nachgrübelte, stieß er im Dunkeln plötzlich mit Baker zusammen. In Bakers Hand klimperte etwas.

»Was machst du da?«, fragte Garraty ihn.

»Wie?« Baker blickte verwirrt hoch.

»Was du da machst«, wiederholte Garraty geduldig.

»Ich zähle mein Kleingeld.«

»Wie viel hast du?«

Baker schüttelte die Geldstücke in seiner Faust und lächelte. »Einen Dollar und zweiundzwanzig Cent«, sagte er.

Garraty grinste. »Ein Vermögen. Was wirst du damit machen?«

Baker lächelte nicht, sondern blickte verträumt in die Dunkelheit. »Ich werde mir einen von den Großen leisten.« Sein leichter Südstaatenakzent hatte sich beträchtlich verstärkt. »Den mit Zinkeinsatz, der innen mit rosa Seide ausgeschlagen ist und ein weißes Satinkopfkissen hat.« Seine dunklen Augen glänzten. »Würde niemals drin verrotten, bis die Trompete zum Jüngsten Gericht bläst, wenn wir wieder so sind, wie wir waren. Mit unverweslichem Fleisch bekleidet.«

Garraty war entsetzt. »Baker? Bist du verrückt geworden, Baker?«

»Du kannst sie nicht besiegen. Wir waren verrückt, es zu versuchen. Du kannst diese Verdorbenheit nicht besiegen. Nicht in dieser Welt. Zinkeinsatz, das ist das Richtige, um ...«

»Wenn du dich nicht zusammenreißt, wirst du morgen früh tot sein.«

Baker nickte. Seine Haut spannte sich über seinen Wangenknochen, sodass sein Kopf wie ein Totenschädel aussah. »Das ist richtig. Ich möchte sterben. Du etwa nicht? War das nicht der Grund dafür?«

»Sei still!«, schrie Garraty. Er hatte wieder Schüttelfrost.

Die Straße stieg wieder steil an und beendete ihre Unterhaltung. Garraty stemmte sich gegen den Berg, gleichzeitig schwitzend und frierend und die ungeheuren Schmerzen im Rücken und seiner Brust ignorierend. Er erwartete, dass seine Muskeln schlicht ihren Dienst versagen würden. Er dachte über Bakers bleigefassten Sarg nach, der ihn gegen die dunklen Jahrtausende schützen sollte, und fragte sich, ob dies das Letzte sei, was er je denken würde. Er hoffte es nicht und bemühte sich um andere Vorstellungen.

Sporadisch wurden Warnungen erteilt. Die Soldaten auf dem Panzerfahrzeug waren wieder auf ihren Posten; derjenige, den Parker erschossen hatte, war unauffällig ersetzt worden. Die Menge jubelte eintönig. Garraty fragte sich, wie es wohl sein würde, in dieser staubigsten, größten Stille von allen zu liegen, hinter geschlossenen Augenlidern endlose, gedankenlose Träume zu träumen und für immer in seinen Sonntagsanzug gekleidet zu sein. Keine Sorgen um das Geld, den Erfolg, Angst, Freude, Schmerz, Trauer, Sex und Liebe mehr zu haben. Absolut nichts mehr. Keinen Vater, keine Mutter, keine Freundin, keine Geliebte. Tote waren Waisen. Keine Gesellschaft außer der Stille, dieser dem Flügelschlag einer Motte gleichenden Stille. Das Ende dieser Qualen, sich bewegen zu müssen, das Ende dieses endlosen Albtraums, immer weiter die Straßen entlanglaufen zu müssen. Die vollkommene Dunkelheit des Todes.

Wie würde das sein? Ich möchte bloß wissen, wie das sein wird.

Und plötzlich schienen seine aufgebrachten, gequälten Muskeln, der Schweiß, der ihm über das Gesicht rann, ja sogar der Schmerz selbst – plötzlich schienen sie sehr angenehm und real. Garraty bemühte sich stärker. Er kämpfte sich den Berg hinauf und musste auf dem Abstieg ununterbrochen nach Luft schnappen.

Um 11.40 Uhr kaufte Wyman sein Loch. Garraty hatte

ihn schon total vergessen, aber er hatte auch während der letzten vierundzwanzig Stunden kein Wort gesagt oder sich sonst wie bemerkbar gemacht. Sein Tod war nicht spektakulär. Er legte sich einfach auf die Straße und wurde erschossen. Und jemand flüsterte: Das war Wyman. Und ein anderer flüsterte: Das ist der Dreiundachtzigste, nicht wahr? Und das war alles.

Um Mitternacht hatten sie nur noch acht Meilen bis zur Grenze nach New Hampshire. Sie kamen an einem Autokino vorbei, einem riesigen weißen Rechteck in der Finsternis. Von der Leinwand strahlte die Botschaft: DIE DIREKTION DIESES THEATERS GRÜSST DIE DIESJÄHRIGEN GEHER! Um 0.20 fing es wieder an zu regnen, und Abraham begann zu husten – derselbe röchelnd nasse Husten, den Scramm erwischt hatte, bevor es ihn erwischt hatte. Um ein Uhr regnete es in Strömen. Garraty spürte stechende Schmerzen in seinen Augen, und sein Körper litt an einem ständigen Schüttelfrost. Der Wind blies ihnen in den Rücken.

Um Viertel nach eins versuchte Bobby Sledge, sich klammheimlich unter dem Schutz der Dunkelheit in die Menge abzusetzen. Er wurde anstandslos erschossen. Garraty fragte sich, ob es der blonde Soldat gewesen war, der ihm selbst fast die rote Karte verkauft hätte. Er wusste, dass er im Augenblick Dienst hatte; er hatte seinen blonden Schopf im dämmrigen Licht der Kinoleinwand erkannt. Und er wünschte sich von ganzem Herzen, dass er derjenige gewesen wäre, den Parker ausgeschaltet hatte.

Um zwanzig vor zwei fiel Baker hin und schlug sich den Kopf auf dem Asphalt auf. Ohne darüber nachzudenken, startete Garraty in seine Richtung. Eine Hand, immer noch stark, umklammerte seinen Arm. Es war McVries. Natürlich, wer sonst?

»Nein«, sagte er. »Keine Musketiere mehr. Und jetzt ist es ernst.«

Sie gingen weiter, ohne sich noch einmal umzublicken.

Baker erhielt seine drei Verwarnungen, und danach dehnte sich die Stille endlos aus. Garraty wartete auf das Donnern der Gewehre, und als es ausblieb, blickte er auf die Uhr. Über vier Minuten waren vergangen. Kurz darauf marschierte Baker an ihm und McVries vorbei, ohne sie anzusehen. Er hatte eine hässliche, blutende Wunde an der Stirn, aber seine Augen waren wieder klarer. Der leere, verschwommene Blick war aus ihnen verschwunden.

Kurz vor zwei Uhr schritten sie über die New-Hampshire-Grenze und mitten in das größte Getöse hinein, das sie bisher erlebt hatten. Kanonen ballerten los. Feuerwerkskörper schossen in den Himmel und erhellten die Nacht, so weit das Auge sehen konnte, mit ihrem verrückt flirrenden Licht. Miteinander wetteifernde Blaskapellen spielten martialische Melodien. Das Jubeln der Menge war wie Donner. Eine große Feuersäule über ihren Köpfen zeichnete das Gesicht des Majors nach, und Garraty musste benommen an Gott denken. Danach erschien das Gesicht des Provo-Gouverneurs von New Hampshire, der dadurch berühmt geworden war, dass er 1953 fast im Alleingang den deutschen Atomwaffenstützpunkt in Santiago gestürmt hatte. Er hatte ein Bein durch radioaktive Verseuchung verloren.

Garraty döste wieder ein. Seine Gedanken wurden unzusammenhängend. Er sah Freaky D'Allessio zusammengekrümmt in einem winzigen Sarg unter dem Schaukelstuhl von Bakers Tante liegen. Sein Körper war der einer plumpen Cheshire-Katze. Er zeigte grinsend seine Zähne, und auf der haarigen Stirn zwischen den grünen Augen war das geheilte Brandzeichen einer alten Baseballwunde zu erkennen. Die Augen beobachteten Garratys Vater, der von den Soldaten abgeführt wurde. Er hatte nur seine Unterhose an. Einer der beiden Soldaten war der Blonde. Der andere blickte kurz über seine Schulter zurück, und einen Moment lang glaubte Garraty, es wäre der Major. Doch dann erkannte er, dass es Stebbins war. Er blickte zum Schaukelstuhl zurück und sah, dass die Katze mit Freaky D'Allessios Kopf verschwunden war – bis auf das sichelförmig in der Luft unter dem Schaukelstuhl hängende Grinsen, das wie die äußere Kante eines Wassermelonenstücks –

Die Gewehre knallten wieder, Gott, diesmal schossen sie auf ihn, er spürte den Luftzug der Kugel ganz genau. Es war vorbei, alles vorbei –

Er wachte mit einem Ruck auf und rannte zwei Schritte, die einen stechenden Schmerz von seinen Sohlen bis hinauf in seinen Unterleib jagten. Dann erst erkannte er, dass sie auf jemand andres geschossen hatten, und dieser Jemand lag jetzt tot mit dem Gesicht auf der regennassen Straße.

»Gegrüßet seist du, Maria«, murmelte McVries.

»Voller Gnaden«, sagte Stebbins von hinten. Er war nach vorn gekommen, um sich den Toten genauer anzusehen, und er grinste wie die Cheshire-Katze in Garratys Traum. »Lass mich dieses Rennen gewinnen ohne Schaden!«

»Ach Gott«, sagte McVries. »Sei kein Klugscheißer.«

»Meine Scheiße ist nicht klüger als deine Scheiße«, sagte Stebbins feierlich.

McVries und Garraty lachten – ein wenig unbehaglich.

»Nun ja«, sagte Stebbins. »Vielleicht doch ein bisschen.«

»Heb sie hoch, setz sie wieder auf die Straße und halt den Mund«, sang McVries. Er fuhr sich mit zitternder Hand übers Gesicht und marschierte, die Augen stur geradeaus gerichtet, weiter. Seine Schultern waren eingesunken.

Vor drei Uhr erwischte es wieder einen – er wurde irgendwo in der Nähe von Portland erschossen, als er sich in Wind und Regen auf die Straße gekniet hatte. Abraham hustete ununterbrochen und ging in einem hoffnungslosen Fieberglanz, eine Art Todesschimmer, ein Leuchten, das Garraty an vorbeihuschende Meteoriten erinnerte.

Er würde innerlich verbrennen, anstatt einfach zu verlöschen – so knapp war es jetzt geworden.

Baker marschierte mit grimmiger Entschlossenheit weiter und versuchte, seine Warnungen loszuwerden, bevor sie ihn loswurden. Garraty konnte ihn gerade eben durch den prasselnden Regen erkennen. Er humpelte und hatte beide Hände in die Seite gestemmt.

Und McVries fiel langsam in sich zusammen. Er wusste nicht, wann es angefangen hatte; es musste in einer Sekunde passiert sein, als er nicht hingesehen hatte. Einen Augenblick lang war er noch stark gewesen (Garraty erinnerte sich noch gut an den festen Griff, mit dem McVries seinen Unterarm gepackt hatte, als Baker hingefallen war), und jetzt war er wie ein alter Mann. Es war entmutigend.

Stebbins war Stebbins geblieben. Er lief und lief und lief, wie Abrahams Schuhe. Zwar schien er das eine Bein ein wenig zu schonen, aber das konnte auch Garratys Einbildung sein.

Von den restlichen zehn hatten sich fünf in jene spezielle Unterwelt zurückgezogen, die Olson früher entdeckt hatte – einen Schritt jenseits der Schmerzen und des Verständnisses dessen, was auf sie zukam. Sie gingen wie gespenstische Schatten durch die verregnete Finsternis, und Garraty hatte keine Lust mehr, sie anzusehen. Sie waren die gehenden Toten.

Kurz vor der Morgendämmerung fielen drei gleichzeitig. Das Maul der Menge brüllte und rülpste erneut vor Begeisterung, als die Körper wie von der Axt zerteilte Holzstücke auf den Asphalt aufschlugen. Garraty fürchtete schon, das sei der Anfang einer schlimmen Kettenreaktion, die sie alle erledigen würde, aber es ging vorüber. Es endete damit, dass Abraham mit blinden Augen auf den Knien auf das Panzerfahrzeug und die Menge dahinter zukroch, ohne Verstand und voller verwirrtem Schmerz. Es waren die Augen eines im Stacheldraht gefangenen Schafs. Dann fiel er aufs Gesicht. Seine festen Halbschuhe trommelten noch sporadisch auf die nasse Straße, dann hörte auch das auf.

Kurz danach begann die wässrige Symphonie der Morgendämmerung. Der letzte Tag des Marschs kündigte sich feucht und mit bedecktem Himmel an. Der Wind heulte über die fast leere Straße wie ein Hund, der sich verlaufen hat und durch einen seltsamen und furchtbaren Ort gepeitscht wird.

Dritter Teil

Das Kaninchen

Kapitel 17

»Mutter! Mutter! Mutter! Mutter!«

Reverend Jim Jones
im Augenblick seiner Apostasie

Zum fünften und letzten Mal wurden die Konzentrate ausgegeben. Es war jetzt nur noch ein Soldat nötig, um sie unter ihnen zu verteilen. Es waren nur noch neun Geher übrig geblieben. Einige starrten die Gürtel fragend an, als ob sie so etwas noch nie gesehen hätten, und ließen sie wie glitschige Schlangen durch ihre Finger gleiten. Garraty brauchte, wie es schien, Stunden, um seine Hände dazu zu bewegen, die komplizierten Vorgänge zu bewältigen, die für das Umschnallen des Gürtels erforderlich waren. Der Gedanke ans Essen beleidigte seinen Magen, der sich schmerzhaft zusammenkrampfte.

Stebbins ging jetzt neben ihm. Mein Schutzengel, dachte er säuerlich. Als Stebbins bemerkte, dass er ihn beobachtete, grinste er breit und stopfte sich zwei mit Erdnussbutter beschmierte Cracker in den Mund. Er kaute geräuschvoll. Garraty wurde schlecht.

»Wassnlos?«, fragte Stebbins mit vollem Mund. »Verträgst du das nicht?«

»Was geht dich das an?«

Stebbins schluckte mit, wie Garraty fand, großer Anstrengung. »Nichts. Wenn du wegen Unterernährung zusammenklappst, umso besser für mich.«

»Ich glaube, wir werden es bis nach Massachusetts schaffen«, sagte McVries schwach.

Stebbins nickte. »Der erste Marsch seit siebzehn Jahren, der das tut. Sie werden alle durchdrehen.«

»Woher weißt du eigentlich so viel über den Langen Marsch?«, fragte Garraty abrupt.

Stebbins zuckte die Achseln. »Das sind allgemein zugängliche Informationen. Sie haben schließlich nichts zu verbergen – oder?«

»Was wirst du tun, wenn du gewinnst, Stebbins?«, fragte McVries.

Stebbins lachte. Sein dünnes, bärtiges Gesicht, in das die Müdigkeit tiefe Falten eingegraben hatte, wirkte im Regen wie eine Löwenfratze. »Was glaubst du wohl? Soll ich mir einen großen gelben Cadillac mit purpurfarbenem Verdeck und einen Farbfernseher mit Stereolautsprechern für jedes Zimmer im ganzen Haus kaufen?«

»Ich würde eher erwarten, dass du drei- oder vierhundert Riesen an die Stiftung zur Intensivierung der Grausamkeit an Tieren spenden würdest«, sagte McVries.

»Abraham hat wie ein Schaf ausgesehen«, sagte Garraty unvermittelt. »Wie ein Schaf, das sich in einem Stacheldraht verfangen hat. Das hab ich jedenfalls gedacht.«

Sie gingen unter einem riesigen Transparent durch, das verkündete, dass die Grenze von Massachusetts nur noch fünfzehn Meilen entfernt sei. Es lag wirklich kein großes Gebiet von New Hampshire an der U.S. 1, nur ein schmales Handtuch, das Maine von Massachusetts trennte.

»Garraty«, sagte Stebbins liebenswürdig. »Geh doch nach Hause, und treib's mit deiner Mutter.«

»Tut mir leid, das zieht bei mir nicht mehr.« Er wählte sorgfältig einen Schokoladenriegel aus seinem Gürtel und steckte ihn ganz in den Mund. Sein Magen verkrampfte sich wütend, aber er schluckte ihn trotzdem hinunter, und nach einem kurzen, heftigen Kampf in seinen Eingeweiden wusste er, dass er auch unten bleiben würde. »Ich glaube, ich kann noch einen ganzen Tag gehen, wenn ich muss«, sagte er gelassen. »Und noch zwei weitere, wenn es sein muss. Find dich damit ab, Stebbins, und gib den blöden Psychoterror auf. Er funktioniert nicht. Iss noch ein paar Cracker mit Erdnussbutter.«

Stebbins verzog den Mund – nur eine Sekunde lang, aber Garraty hatte es doch gesehen. Er hatte ihn getroffen, und plötzlich erfüllte ihn eine große Heiterkeit. Endlich wusste er, wo Stebbins empfindlich war.

»Also los, Stebbins«, sagte er fröhlich. »Sag uns, warum *du* hier bist. Angesichts der Tatsache, dass wir ja doch nicht mehr lange zusammen sein werden, kannst du es uns ruhig erzählen. Es bleibt unter uns dreien. Jetzt, wo wir wissen, dass du nicht Superman bist.«

Stebbins öffnete den Mund und brach erschreckend unvermittelt die Cracker mit Erdnussbutter wieder aus, die er gegessen hatte. Sie schienen noch fast ganz und kaum von den Verdauungssäften angetastet. Er stolperte und erhielt, erst zum dritten Mal seit Beginn des Marsches, eine Warnung.

Garraty pochte das Blut in den Schläfen. »Na, mach schon. Jetzt hast du dich übergeben, nun kannst du auch alles zugeben. Sag es uns.«

Stebbins' Gesicht war kreidebleich geworden, aber er hatte seine Fassung wiedergewonnen. »Du willst also wissen, warum ich hier bin?«

Auch McVries sah ihn jetzt neugierig an. Niemand war in ihrer Nähe. Am dichtesten war noch Baker, der am Rand der Menge entlanghumpelte und aufmerksam in dieses Massengesicht sah.

»Was willst du nun genau wissen? Warum ich hier bin oder warum ich gehe?«

»Ich will alles wissen«, sagte Garraty, und das war nur zu wahr.

»Ich bin das Kaninchen«, sagte Stebbins. Der Regen fiel gleichmäßig, tropfte von ihren Nasen und hing wie kleine Diamanten an ihren Ohrläppchen. Weiter vorn ging ein barfuß laufender Junge, dessen Füße ein blaues Netzwerk von zerplatzten Adern preisgaben, in die Knie und kroch mit dem Kopf auf den Asphalt schlagend die Straße entlang. Er versuchte ein paar Mal aufzustehen, fiel immer wieder hin und schaffte es schließlich. Er stürzte sich nach vorn. Das ist ja Pastor, dachte Garraty erstaunt. Immer noch unter uns.

»Ich bin das Kaninchen«, wiederholte Stebbins. »Du hast sie sicher schon gesehen, Garraty, diese kleinen, mechanischen Tierchen, denen die Windhunde bei den Hunderennen hinterherjagen. Egal, wie schnell die Hunde rennen, sie können das Kaninchen niemals fangen. Denn das Kaninchen ist nicht aus Fleisch und Blut, so wie sie es sind. Das Kaninchen ist bloß ein Stück Pappe auf einem Stock, mit ein paar Drähten und Zahnrädern. Früher, in England, hat man dazu echte Kaninchen genommen, aber die wurden manchmal von den Hunden gefangen. Die neue Art ist zuverlässiger. Er hat mich reingelegt.«

Stebbins starrte mit seinen blassblauen Augen in den Regen.

»Vielleicht könnte man sogar sagen ... er hat mich verzaubert. Er hat mich in ein Kaninchen verwandelt. Erinnert ihr euch an das Kaninchen in *Alice im Wunderland?* Aber vielleicht hast du recht, Garraty. Vielleicht ist es Zeit, damit aufzuhören, Kaninchen und grunzende Schweine und Schafe zu spielen und zu Menschen zu werden ... auch wenn wir nur das Niveau von Hurenböcken und den Perversen in den Theaterlogen der 42sten Straße erreichen werden.« Stebbins' Augen weiteten sich schadenfroh, und jetzt sah er Garraty und McVries direkt an. Die beiden zuckten unter seinem Blick zusammen. Stebbins war wahnsinnig. In diesem Augenblick konnte es keinen Zweifel daran geben. Stebbins war total durchgedreht.

Seine leise Stimme steigerte sich zu einem Kanzelruf.

»Ihr wollt wissen, warum ich so viel über den Langen Marsch weiß? Ich weiß alles über den Langen Marsch! Das sollte ich wohl auch! *Der Major ist mein Vater, Garraty! Er ist mein Vater!*«

Die Menge stimmte plötzlich einen unsinnigen, tosenden Jubel an, als ob sie Stebbins' Bekenntnis gehört hätte. Die Gewehre knallten, und das war der Grund für ihre Begeisterung. Sie knallten los, und Pastor rollte tot an den Straßenrand.

Garraty spürte ein Kribbeln in seinem Bauch und seinem Skrotum.

»O mein Gott«, sagte McVries. »Stimmt das?« Er leckte sich über die aufgesprungenen Lippen.

»Es ist wahr«, sagte Stebbins beinah freundlich. »Ich bin sein Bastard. Seht ihr ... ich habe geglaubt, er wüsste es nicht. Ich habe wirklich geglaubt, er wüsste nicht, dass ich sein Sohn bin. Und das war mein Fehler. Er ist ein geiler alter Schweinehund, der Major. Soweit ich weiß, hat er ein Dutzend kleiner Bastarde. Ich wollte ihn damit konfrontieren – wollte die Welt damit konfrontieren. Ratet mal, wer hier vor euch steht! Und wenn ich gewonnen hätte, hätte ich mir als Preis gewünscht, in das Haus meines Vaters aufgenommen zu werden.«

»Aber er hat alles *gewusst?*«, flüsterte McVries.

»Er hat mich zu seinem Kaninchen gemacht. Ein kleines graues Kaninchen, das die anderen Hunde schneller rennen lässt ... und weiter. Und es hat wohl geklappt. Wir werden es bis nach Massachusetts schaffen.«

»Und was nun?«, fragte Garraty.

Stebbins zuckte die Achseln. »Jetzt stellt sich am Ende doch heraus, dass dieses Kaninchen aus Fleisch und Blut ist. Ich gehe. Ich rede. Und wenn das hier nicht bald aufhört, werde ich wohl noch wie ein Reptil auf dem Bauch kriechen.«

Sie kamen unter einer Hochspannungsleitung durch. Ein paar Männer waren mit Steigeisen auf die Masten geklettert, um sich über die Menge zu erheben. Sie wirkten wie groteske Gottesanbeterinnen.

»Wie viel Uhr ist es?«, fragte Stebbins. Sein Gesicht sah aus, als ob es im Regen geschmolzen wäre. Es war Olsons Gesicht, Abrahams, Barkovitchs ... dann, wie schrecklich, Garratys eigenes Gesicht, hoffnungslos und erschöpft, eingesunken und verschrumpelt, das Gesicht einer morschen Vogelscheuche, die auf einem längst abgemähten Feld vergessen worden war.

»Es ist zwanzig vor zehn«, sagte McVries und lächelte – es war eine gespenstische Imitation seines früheren zynischen Grinsens. »Ich wünsche euch einen fröhlichen fünften Marschtag, ihr Trottel.«

Stebbins nickte. »Wird es den ganzen Tag regnen, Garraty?«

»Yeah, ich glaube schon. Es sieht jedenfalls danach aus.«

Stebbins nickte langsam. »Das glaube ich auch.«

»Na ja, dann kommt rein, damit ihr nicht im Regen steht«, sagte McVries plötzlich.

»Danke. Sehr nett.«

Sie gingen im Gleichschritt weiter, wobei jeder sich auf seine eigene Art von seinen Schmerzen gepeinigt nach vorn beugte.

Als sie die Grenze nach Massachusetts überschritten, waren sie zu siebent: Garraty, Baker, McVries, ein kämpfendes, hohläugiges Skelett namens George Fiedler, Bill Hough

(»das spricht man Haff aus«, hatte er Garraty bei früherer Gelegenheit erklärt), ein hochgewachsener, muskulöser Kerl namens Milligan, der noch gar nicht so angegriffen wirkte, und Stebbins.

Der Pomp und das Getöse von der Grenzüberschreitung verklang allmählich hinter ihnen. Der Regen fiel weiterhin eintönig vom Himmel. Der Wind heulte und zerrte mit der unerfahrenen Grausamkeit des jugendlichen Frühlings an ihnen. Er stieß den Zuschauern die Mützen von den Köpfen und jagte sie mit kurzen, heftigen Böen wie fliegende Untertassen über den verwaschenen Himmel.

Vor einiger Zeit – kurz nachdem Stebbins seine Beichte abgelegt hatte – hatte Garraty eine seltsame Leichtigkeit, ein sein ganzes Wesen erhebendes Gefühl gespürt. Seine Füße schienen sich auf einmal wieder daran zu erinnern, was sie einmal gewesen waren, und die Schmerzen in seinem Rücken und Hals hörten plötzlich auf, als ob sie betäubt worden wären. Es war, als kletterte er über die letzte, glatte Felsnase eines hohen Gipfels und käme aus den düsteren Wolken in den klaren Sonnenschein und in die dünne Höhenluft. Und von hier aus konnte man nur noch in eine Richtung gehen – nach unten. Und das in rasender Geschwindigkeit.

Das Panzerfahrzeug fuhr ein Stück voraus. Garraty beobachtete den blonden Soldaten, der auf dem hinteren Deck unter dem großen Armeeschirm hockte. Er versuchte all seine Qualen, diese ganze regentriefende Misere in den Mann des Majors hineinzuprojizieren, aber der Soldat blickte nur gleichgültig zurück.

Garraty sah zu Baker hinüber und stellte fest, dass seine Nase blutete. Das Blut lief ihm über die Wangen und tropfte an seinem Kinn herunter.

»Er wird sterben, nicht wahr?«, sagte Stebbins leise.

»Klar«, antwortete McVries. »Sie sind alle gestorben, hast du das nicht gewusst?«

Ein heftiger Windstoß klatschte ihnen den Regen ins Gesicht, und McVries stolperte. Er erhielt eine Verwarnung. Die Zuschauer jubelten unbeeindruckt weiter, der Regen schien ihnen nichts auszumachen. Wenigstens hatte es heute weniger Feuerwerkskörper gegeben. Diesem Blödsinn hatte der Regen Einhalt geboten.

Die Straße führte um eine lange, mit einer Böschung versehene Kurve, und Garratys Herz machte einen Satz. Milligan stieß ein leises »Großer Gott!« aus.

Die Straße verschwand zwischen zwei ansteigenden Hügeln. Sie war wie der Spalt zwischen zwei riesigen Brüsten, und diese Brüste waren schwarz vor Menschen. Die Leute schienen sich rechts und links von ihnen wie zwei lebendige Wälle eines riesigen dunklen Schlunds aufzutürmen.

George Fiedler erwachte plötzlich wieder zum Leben. Sein Totenschädel drehte sich langsam auf dem pfeifenstielartigen Hals. »Sie werden uns auffressen«, murmelte er. »Sie werden über uns herfallen und uns auffressen.«

»Das glaube ich nicht«, sagte Stebbins knapp. »Es ist noch nie vorgekommen, dass …«

»Sie werden uns auffressen! Uns auffressen! Unsauffressen! Auf! Auf! Auffressenauffressen …« Er drehte sich in einem großen Bogen um sich selbst und wirbelte seine Arme durch die Luft. Seine Augen glühten vor Schrecken wie die einer gefangenen Maus. Garraty fand, dass er wie ein verrückt gewordenes Videospiel aussah.

»Auffressenauffressenauffressen …«

Er schrie jetzt aus vollem Hals, aber Garraty konnte ihn trotzdem kaum hören. Der tosende Lärm von den Hügeln sauste wie Hammerschläge auf sie hernieder. Er hörte nicht mal die Schüsse, die Fiedler erledigten. Nur das wilde Geschrei aus der Kehle der Menge. Fiedler tanzte eine schlaksige, doch seltsam anmutige Rumba auf der Straße. Seine Füße stampften, sein Körper bog sich, seine Schultern zuckten. Schließlich setzte er sich, offenbar zu müde, um weiterzutanzen, mit ausgestreckten Beinen auf den Boden und starb, aufrecht sitzend, das Kinn an die Brust gepresst, wie ein müder kleiner Junge, der vom Sandmännchen beim Spielen erwischt worden war.

»Garraty«, sagte Baker. »Garraty, ich blute.« Die Hügel lagen jetzt hinter ihnen, und er konnte ihn – wenn auch nur schwer – verstehen.

»Yeah«, sagte er, und es fiel ihm schwer, sich nichts anmerken zu lassen. Irgendein Blutgefäß in Art Bakers Innerem war geplatzt. Es floss in Strömen aus seiner Nase über seine Wangen und seinen Hals, und der Hemdkragen war schon völlig durchnässt.

»Es ist nicht so schlimm, nicht wahr?«, fragte Baker. Er weinte vor Angst. Er wusste, dass es schlimm war.

»Nein, nicht sehr schlimm«, sagte Garraty.

»Der Regen fühlt sich so warm an«, sagte Baker. »Aber ich weiß, dass es nur Regen ist. Es ist doch nur Regen, nicht wahr, Garraty?«

»Richtig«, sagte Garraty gequält.

»Ich wünschte, ich hätte ein bisschen Eis, um es draufzulegen«, sagte Baker und ging weg. Garraty sah ihm nach.

Um Viertel vor elf bekam Bill Hough (»das spricht man Haff aus«) seine rote Karte, und um halb zwölf Milligan, unmittelbar nachdem das Kunstfliegerteam der Flying Deuces in sechs hell erleuchteten, blauen F-11 über sie hinweggedonnert war. Garraty hätte erwartet, dass Baker vor diesen beiden gehen würde. Aber Baker lief weiter, obwohl die obere Hälfte seines Hemdes jetzt völlig blutig war.

Jemand spielte Jazz in seinem Kopf. Dave Brubeck, Thelonious Monk, Cannonball Adderley – die verpönten Krachmacher, die jeder unter dem Tisch liegen hatte und auflegte, wenn die Partygäste laut und betrunken wurden.

Es kam ihm so vor, als ob er einst geliebt worden wäre,

als ob er einst selbst geliebt hätte, aber jetzt gab es nur noch den Jazz, den ansteigenden Trommelwirbel in seinem Kopf. Seine Mutter war nur ein mit Stroh ausgestopfter Pelzmantel und Jan nur eine Schaufensterpuppe. Das war alles vorbei. Selbst wenn er gewinnen sollte, würde es vorbei sein. Er würde nie wieder nach Hause gehen.

Er begann ein bisschen zu weinen. Die Welt verschwamm vor seinen Augen, seine Füße verhedderten sich, und er fiel hin. Der Asphalt war hart und erschreckend kalt und unglaublich erholsam. Er erhielt zwei Warnungen, bevor er sich wieder aufrappelte. Wie ein betrunkener Krebs krabbelte er über die Straße, doch dann brachte er seine Füße wieder dazu, für ihn zu arbeiten. Er ließ einen fahren – ein lang gezogenes, steriles Rasseln, das überhaupt keine Verwandtschaft mit einem aufrichtigen Furz aufzuweisen schien.

Baker taumelte im Zickzack über die Straße. McVries und Stebbins hatten die Köpfe zusammengesteckt. Garraty war sich plötzlich sehr sicher, dass sie eine Verschwörung gegen ihn ausheckten. Sie planten, ihn zu töten, so wie vor langer Zeit jemand namens Barkovitch eine gesichtslose Nummer namens Rank getötet hatte.

Er zwang sich, schneller zu gehen, und schloss zu ihnen auf. Sie machten ihm wortlos Platz. (Jetzt habt ihr aufgehört, über mich zu reden, nicht wahr? Aber ihr habt's getan. Glaubt ihr, ich wüsste das nicht? Haltet ihr mich etwa für blöd?) Doch ihre Nähe gab ihm auch Trost. Er wollte mit ihnen zusammen sein, bei ihnen bleiben, bis er starb.

Jetzt kamen sie an einem Schild vorbei, das in Garratys stumpfen, verwunderten Augen den schreienden Wahnsinn des gesamten Universums zusammenfasste, das gesamte Spottgelächter der Sphären: 49 MEILEN BIS BOSTON! LEUTE, IHR KÖNNT ES SCHAFFEN! Er hätte sich vor Lachen geschüttelt, wenn er es noch gekonnt hätte. Boston! Allein der Klang war mythisch, zu schön, um wahr zu sein.

Baker war wieder neben ihm. »Garraty?«

»Ja?«

»Sind wir drin?«

»Wie bitte?«

»Drin. Sind wir drin? Bitte, Garraty.«

Bakers Augen flehten ihn an. Er war eine Schlachthofgosse, eine Blut erzeugende Maschine.

»Ja. Wir sind drin. Wir sind drin, Art.« Er hatte keine Ahnung, wovon Baker redete.

»Ich werde jetzt sterben, Garraty.«

»Ist gut.«

»Wirst du mir einen Gefallen tun, wenn du gewinnst? Ich hab Schiss, jemand andres darum zu bitten.« Und er umfasste die leere Straße mit einer ausholenden Geste, als wären noch Dutzende von Gehern auf ihr unterwegs. Einen unheimlichen Augenblick lang fragte er sich, ob sie nicht tatsächlich alle noch da wären, ob Baker in seinem extremen Zustand die wandelnden Gespenster sehen könne.

»Jeden.«

Baker legte ihm eine Hand auf die Schulter, und Garraty fing an zu weinen. Er hatte das Gefühl, als spränge ihm das Herz aus der Brust und löste sich in Tränen auf.

Leise sagte Baker: »Zinkeinsatz.«

»Geh noch ein bisschen weiter«, sagte Garraty unter Tränen. »Geh noch ein bisschen weiter mit mir, Art.«

»Nein – ich kann nicht.«

»Na gut.«

»Vielleicht sehen wir uns ja, Mann«, sagte Baker und wischte sich zerstreut Blut aus dem Gesicht.

Garraty senkte den Kopf und schluchzte.

»Sieh nicht zu, wie sie es tun«, sagte Baker. »Bitte, versprich mir auch das.«

Garraty nickte, unfähig zu sprechen.

»Danke. Du bist mein Freund gewesen, Garraty.« Baker versuchte zu lächeln. Er streckte blind eine Hand nach ihm aus, und Garraty schüttelte sie mit beiden Händen.

»Zu einer anderen Zeit, an einem anderen Ort«, sagte Baker.

Garraty schlug die Hände vors Gesicht und lief tief vornübergebeugt weiter. Geschüttelt von Schluchzen erlebte er jetzt Qualen, die der ganze Marsch ihm nicht bereitet hatte.

Er hoffte, er würde die Schüsse nicht hören. Aber er hörte sie.

Kapitel 18

> »Ich erkläre den diesjährigen Marsch hiermit für beendet. Meine Damen und Herren – Bürger –, sehet euren Sieger!«
>
> *Der Major*

Sie waren vierzig Meilen vor Boston.

»Erzähl uns eine Geschichte, Garraty«, sagte Stebbins unvermittelt. »Erzähl uns eine Geschichte, die uns von unseren Problemen ablenkt.« Er war unglaublich gealtert; Stebbins war ein alter Mann geworden.

»Ja«, sagte McVries. Auch er sah uralt und verschrumpelt aus. »Eine Geschichte, Garraty.«

Garraty sah stumpf von einem zum anderen, konnte aber kein doppeltes Spiel in ihren Gesichtern erkennen. Sie waren nur todmüde. Er selbst war von seinem Höhenflug wieder heruntergekommen. All die hässlichen, zehrenden Schmerzen hatten ihn wieder eingeholt.

Für einen langen Augenblick schloss er die Augen. Als er sie wieder öffnete, hatte die Welt sich verdoppelt, und es dauerte eine Weile, bis er sie wieder scharf sehen konnte. »Na gut«, sagte er.

McVries klatschte dreimal feierlich in die Hände. Er ging mit drei Warnungen; Garraty hatte eine; Stebbins keine.

»Es war einmal ein ...«

»O nein! Wer will denn jetzt ein verdammtes Märchen hören?«, fragte Stebbins.

McVries kicherte ein bisschen.

»Du wirst dir anhören, was ich euch erzählen will!«, sagte Garraty giftig. »Willst du es nun hören oder nicht?«

Stebbins stolperte gegen ihn, und beide wurden verwarnt. »Ich nehm mal an, ein Märchen ist besser als gar keine Geschichte.«

»Es ist sowieso kein Märchen. Dass es in einer Welt spielt, die nicht existiert, heißt noch lange nicht, dass es ein Märchen ist. Es heißt doch nicht, dass …«

»Erzählst du sie jetzt oder nicht?«, fragte McVries bockig.

»Es war einmal ein weißer Ritter, der in die Welt hinauswanderte, um eine heilige Aufgabe zu erfüllen«, fing Garraty an. »Er verließ sein Schloss und ging durch den verzauberten Wald …«

»Ritter reiten«, widersprach Stebbins.

»Ritt durch den verzauberten Wald. Na gut, dann *ritt* er eben. Und er hatte eine Menge seltsamer Abenteuer zu bestehen. Er kämpfte mit Tausenden von Trollen und Zwergen und ganzen Rudeln von Wölfen. In Ordnung? Endlich erreichte er des Königs Schloss und bat um die Erlaubnis, Gwendolyn, die berühmte schöne Lady, zu einem Spaziergang ausführen zu dürfen.«

McVries lachte meckernd.

»Der König gab seine Zustimmung natürlich nicht, denn er glaubte, dass niemand gut genug für seine Tochter Gwen sei, die weltberühmte schöne Lady, doch die schöne Lady liebte den weißen Ritter so sehr, dass sie drohte, in den wilden Wald abzuhauen, wenn … wenn …« Er wurde plötzlich von einem Schwindel erfasst, der seinen Blick verdunkelte, und er hatte das Gefühl, in der Luft zu schwimmen. Das Dröhnen der Menge kam auf ihn zu wie das Brausen des Meeres in einem langen, kegelförmigen Tunnel. Dann ging es langsam vorüber.

Er sah sich um. McVries hatte den Kopf gesenkt und taumelte schlafend auf die Menge zu.

»He!«, schrie Garraty. »He, Pete! *Pete!*«

»Lass ihn in Ruhe«, sagte Stebbins. »Du hast dein Versprechen gegeben wie wir anderen auch.«

»Leck mich!«, sagte Garraty unmissverständlich und eilte an McVries' Seite. Er rüttelte ihn an der Schulter und weckte ihn wieder auf. McVries blickte verschlafen um sich und lächelte. »Nein, Ray. Es ist Zeit zum Hinsetzen.«

Entsetzen schlug gegen Garratys Brust. »Nein! Auf keinen Fall!«

McVries sah ihn aufmerksam an, lächelte wieder und schüttelte den Kopf. Er setzte sich mit untergeschlagenen Beinen auf die Straße. Wie ein weltmüder Mönch saß er da. Die Narbe auf seiner Wange war ein weißer Schlitz in der verregneten Dämmerung.

»Nein!«, schrie Garraty.

Er versuchte, McVries hochzuzerren, aber so mager er auch war, er war viel zu schwer für ihn. McVries sah ihn nicht einmal mehr an. Er hatte die Augen geschlossen. Und plötzlich rissen zwei Soldaten Garraty weg. Sie legten McVries die Gewehrmündungen an die Schläfen.

»Nein!«, schrie Garraty wieder. *»Mich! Mich! Erschießt mich!«*

Stattdessen gaben sie ihm eine dritte Warnung.

McVries öffnete noch einmal die Augen und lächelte. Im nächsten Augenblick war er tot.

Garraty ging, ohne zu wissen, was er tat. Ausdruckslos starrte er Stebbins an, der ihn neugierig beobachtete. Garraty erfüllte eine seltsame, brüllende Leere.

»Erzähl die Geschichte zu Ende«, sagte Stebbins. »Erzähl die Geschichte zu Ende, Garraty.«

»Nein«, sagte Garraty. »Ich glaube nicht.«

»Na gut, dann nicht«, sagte Stebbins und lächelte gewinnend. »Wenn es so etwas wie Seelen gibt, dann ist er noch in der Nähe. Du könntest ihn einholen.«

Garraty sah Stebbins ins Gesicht und sagte: »Ich werde dich in Grund und Boden stampfen.«

O Pete, dachte er. Er hatte keine Tränen mehr.

»Glaubst du?«, sagte Stebbins. »Das werden wir sehen.«

Gegen acht Uhr abends gingen sie durch Danvers, und Garraty wusste endlich Bescheid. Es war fast geschafft, weil Stebbins nicht zu besiegen war.

Ich habe zu viel Zeit damit verschwendet, darüber nachzudenken. McVries, Abraham, Baker ... sie haben nicht erst lange nachgedacht, sondern es einfach getan. Als ob es das Natürliche wäre. Und es ist natürlich. In gewisser Weise ist es das Natürlichste auf der Welt.

Er trottete mit hervorquellenden Augen vor sich hin, der Mund hing offen, der Regen spritzte hinein. Einen verschwommenen, blitzartigen Augenblick lang dachte er, er hätte jemand auf der Straße gesehen, den er kannte, ebenso gut kannte wie sich selbst, jemand, der da vorn in der Dunkelheit weinte und ihn zu sich winkte. Aber es hatte ja alles keinen Sinn. Er konnte nicht weitergehen.

Er würde es einfach Stebbins sagen. Stebbins humpelte ihm ein kleines Stück voraus. Er war jetzt völlig ausgezehrt. Garraty war sehr müde, aber er hatte keine Angst mehr. Er war ganz ruhig. Alles war in Ordnung. Er zwang sich, noch ein paar Schritte schneller zu gehen, bis er Stebbins die Hand auf die Schulter legen konnte. »Stebbins«, sagte er.

Stebbins hob langsam den Kopf und blickte ihn mit großen, schwebenden Augen an, die im Augenblick gar nichts sahen. Dann kam das Erkennen, und er streckte die Hand nach ihm aus und krallte sich an Garratys Hemd fest und zog es auf. Die Menge schrie ihre Wut über dieses Eingreifen hinaus, aber Garraty war der Einzige, der nahe genug war, um das Entsetzen in Stebbins' Augen zu sehen, das

Entsetzen und die Dunkelheit, und nur Garraty wusste, dass die Hand, die Stebbins nach ihm ausgestreckt hatte, sein letzter verzweifelter Griff nach Rettung war.

»*O Garraty!*«, rief er und fiel zu Boden.

Der Lärm, den die Menge machte, war apokalyptisch. Es war das Krachen einstürzender Berge, die Zertrümmerung der Erde. Garraty hätte leicht darunter zusammenbrechen können. Es hätte ihn getötet, wenn er es gehört hätte. Aber er hörte nur seine eigene Stimme.

»Stebbins?«, sagte er neugierig. Er beugte sich hinunter und schaffte es, Stebbins' Körper umzudrehen. Stebbins starrte ihn mit leeren Augen an, aus denen die Verzweiflung schon verschwunden war. Sein Kopf rollte willenlos auf seinem Hals.

Er legte Stebbins die hohle Hand vor den Mund. »Stebbins?«, sagte er wieder.

Doch Stebbins war tot.

Garraty verlor das Interesse an ihm. Er richtete sich auf und ging weiter. Der Jubel der Menge erfüllte jetzt die Erde. Feuerwerkskörper füllten den Himmel. Von vorn kam ein Jeep auf ihn zugerast.

Keine Autos auf der Straße, du verdammter Idiot. Das ist ein Kapitalverbrechen. Dafür kannst du erschossen werden.

Der Major stand im Jeep. Er salutierte steif. Bereit, ihm den ersten Wunsch, jeden Wunsch, irgendeinen Wunsch, den Todeswunsch zu erfüllen. Der Preis.

Hinter ihm erschossen sie den schon toten Stebbins, und jetzt war nur noch er da, allein auf der Straße, der sich auf den Jeep des Majors zubewegte, welcher quer auf der weißen Linie gehalten hatte. Der Major stieg aus und ging auf ihn zu. Sein Gesicht war freundlich und hinter der verspiegelten Sonnenbrille schwer zu erkennen.

Garraty trat zur Seite. Er war nicht allein. Die dunkle Gestalt war wieder da. Da vorn, gar nicht weit weg, winkte sie ihm. Er kannte diese Gestalt. Wenn er nur etwas näher herankäme, könnte er ihre Gesichtszüge erkennen. Wen hatte er noch nicht besiegt? War es Barkovitch? Collie Parker? Percy Soundso? Wer war es?

»GARRATY!«, schrie die Menge im Delirium. *»GARRATY, GARRATY, GARRATY!«*

War es Scramm? Gribble? Davidson?

Eine Hand auf seiner Schulter. Garraty schüttelte sie ungeduldig ab. Die dunkle Gestalt winkte ihm, winkte ihm durch den Regen zu, winkte ihn zu sich, damit er mit ihr weiterging, zu ihr kam und das Spiel weiterspielte. Und es wurde langsam Zeit, dass er losging. Er hatte noch so einen langen Weg vor sich.

Mit blinden Augen, die Hände wie ein um Almosen bittender Bettler vor sich ausgestreckt, ging Garraty auf die dunkle Gestalt zu.

Und als die Hand sich wieder auf seine Schulter legte, fand er irgendwie noch die Kraft zu rennen.

Was es bedeutet, Bachman zu sein

Das ist meine zweite Einführung zu den sogenannten Bachman-Büchern – ein Ausdruck, der (zumindest in meinen Augen) die ersten unter dem Namen Richard Bachman veröffentlichten Romane bezeichnet, die als Taschenbucherstausgaben im Signet-Verlag erschienen sind. Meine erste Einführung war nicht besonders gut; sie liest sich für mich wie ein Paradefall von Autor-Verschleierung. Aber das ist nicht erstaunlich. Als sie geschrieben wurde, war Bachmans Alter Ego (mit anderen Worten: ich) nicht in einer Stimmung, die ich als kontemplativ oder analytisch bezeichnen würde; ich fühlte mich im Grunde beraubt. Bachman war nicht als kurzfristiges Pseudonym gedacht; er sollte eigentlich ein langes Leben haben, und als mein Name im Zusammenhang mit seinem genannt wurde, war ich überrascht, aufgebracht und verärgert. Das ist kein Geisteszustand, der dem Schreiben guter Essays förderlich ist. Diesmal gelingt es mir vielleicht ein bisschen besser.

Das Wichtigste, was ich über Richard Bachman sagen kann, ist vermutlich der Umstand, dass er *real wurde*. Natürlich nicht ganz und gar (sagte er mit einem nervösen Lächeln); ich schreibe dies ja nicht in einer Art Wahnvorstellung. Es sei denn ... nun ja ... vielleicht doch. Wahnvorstellungen sind schließlich etwas, worin Romanschriftsteller ihre Leser zu bestärken versuchen, zumindest während sie das Buch aufgeschlagen vor sich haben, und der Autor ist kaum immun gegen diesen Zustand einer ... wie soll ich es nennen? Wie hört sich »gelenkte Wahnvorstellung« an?

Auf jeden Fall begann Richard Bachman seine berufliche Laufbahn nicht als Wahnvorstellung, sondern als ein Zufluchtsort, von dem aus ich einige Frühwerke veröffentlichen konnte, an denen Leser meiner Ansicht nach Gefallen finden mochten. Dann wurde er allmählich größer und lebendiger, wie es die Geschöpfe der Einbildungskraft eines Schriftstellers häufig tun. Ich fing an, mir sein Leben auf dem Bauernhof vorzustellen ... seine Frau, die wunderschöne Claudia Inez Bachman ... seine einsamen Vormittage in New Hampshire, die er damit verbringt, seine Kühe zu melken, in den Wald zu gehen und über seine Geschichten nachzudenken ... während er seine Abende schreibend verbringt, immer mit einem Glas Whiskey neben seiner Olivetti-Schreibmaschine. Ich kannte mal einen Schriftsteller, der zu sagen pflegte, der Roman oder die Geschichte, an dem oder an der er gerade schrieb, »lege einige Pfunde zu«, wenn er gut damit vorankam. Auf ganz ähnliche Weise begann mein Pseudonym, einige Pfunde zuzulegen.

Als seine Tarnung aufgeflogen war, starb Richard Bachman. In den wenigen Interviews, die ich mich aus diesem Anlass zu geben verpflichtet fühlte, machte ich mich ein bisschen lustig darüber und sagte, er wäre an Pseudonymkrebs gestorben, aber eigentlich hat ihn der Schock umgebracht: die Erfahrung, dass dich die Leute manchmal nicht in Ruhe lassen. Um es ein wenig emphatischer (aber keineswegs ungenau) zu formulieren: Bachman war die Vampirseite meiner Existenz, die vom Sonnenlicht der Enthüllung getötet wurde. Meine dadurch ausgelösten Gefühle waren verworren genug (und *fruchtbar* genug), um ein Buch entstehen zu lassen (und zwar ein Buch von Stephen King): *Stark – »The Dark Half«*. Es handelt von einem Schriftsteller, dessen Pseudonym George Stark tatsächlich zum Leben erwacht. Diesen Roman hat meine Frau immer verabscheut, vielleicht weil der Traum, ein Schriftsteller zu sein, für Thad Beaumont die Realität seiner menschlichen Existenz überwältigt; in Thads Fall schlägt wahnhaftes Denken die Rationalität vollkommen aus dem Feld, und das hat furchtbare Konsequenzen.

Dieses Problem hatte ich allerdings nicht. Wirklich nicht. Ich ließ Bachman hinter mir, und obwohl es mir leidtat, dass er sterben musste, würde ich lügen, wenn ich nicht zugäbe, dass ich auch ein wenig erleichtert war.

Die ersten vier Bachman-Bücher wurden von einem jungen Mann geschrieben, der voller Zorn und Energie und ernstlich vernarrt in die Kunst und Technik des Schreibens war. Sie wurden nicht von vornherein als Bachman-Bücher geschrieben (Bachman war schließlich noch nicht erfunden worden), aber in einem bachmanesken Geisteszustand: von einer tief sitzenden Wut erfüllt, sexuell frustriert, auf verrückte Weise gut gelaunt und von Verzweiflung zerfressen. Ben Richards, der magere, schwindsüchtige Protagonist von *Menschenjagd* (er ist ungefähr so weit von der im Film durch Arnold Schwarzenegger verkörperten Figur entfernt wie überhaupt möglich), knallt mit seinem entführten Flugzeug gegen den Wolkenkratzer von Network Games, nimmt seinen eigenen Tod in Kauf, reißt aber Hunderte (vielleicht Tausende) von leitenden Free-Vee-Angestellten mit in diesen Tod: Das ist Richard Bachmans Version von einem Happy End. Die anderen Romane Bachmans enden sogar noch trostloser. Stephen King hat stets gewusst, dass die Guten nicht immer gewinnen (siehe *Cujo, Friedhof der Kuscheltiere* und – vielleicht – *Christine*), aber er hat auch begriffen, dass sie es meistens tun. Im wirklichen Leben gewinnen die Guten jeden Tag. Um diese Siege wird meistens nicht viel Aufhebens gemacht (mit der Schlagzeile MANN KOMMT ERNEUT SICHER VON DER ARBEIT NACH HAUSE würde man nicht viele Zeitungen verkaufen), aber sie sind nichtsdestoweniger real ... und Romane sollten die Realität widerspiegeln.

Und dennoch ...

In der ersten Fassung von *Stark – »The Dark Half«* ließ ich Thad Beaumont Donald E. Westlake zitieren, einen sehr humorvollen Schriftsteller, der eine Reihe von sehr düsteren Kriminalromanen unter dem Pseudonym Richard Stark veröffentlicht hat. Als er einmal gebeten wurde, die Dichotomie zwischen Westlake und Stark zu erklären, sagte er: »Westlake-Geschichten schreibe ich an sonnigen Tagen. Wenn es regnet, bin ich Stark.« Ich glaube nicht, dass diese Sätze es bis in die letzte Version von *Stark – »The Dark Half«* geschafft haben, aber ich habe sie immer vorzüglich gefunden (und eine besondere Beziehung zu ihnen entwickelt, wie man neuerdings gern zu sagen pflegt). Bachman – eine fiktive Figur, die mit jedem unter ihrem Namen publizierten Buch realer für mich wurde – ist ein Regentage-Typ vom Scheitel bis zur Sohle.

Die Guten gewinnen meistens, Mut triumphiert in der Regel über Furcht, der Familienhund fängt sich so gut wie nie die Tollwut ein; das sind Dinge, die ich mit fünfundzwanzig wusste, und es sind Dinge, die ich jetzt noch weiß, im Alter von 25 x 2. Aber ich weiß auch etwas anderes: Es gibt einen Ort in uns, wo es praktisch die ganze Zeit regnet, die Schatten immer lang und der Wald voller Ungeheuer ist. Es ist gut, eine Stimme zu haben, in der die Schrecken eines solchen Orts artikuliert und seine geografische Lage teilweise beschrieben werden können, ohne den Sonnenschein und die Klarheit zu verleugnen, die einen derart großen Teil unseres gewöhnlichen Lebens erfüllen.

In *Der Fluch* sprach Bachman zum ersten Mal selbst – es war der erste der frühen Bachman-Romane, der seinen Namen auf der ersten Fassung trug und nicht meinen –, und es kam mir wirklich unfair vor, dass er ausgerechnet in dem

Moment, in dem er mit seiner eigenen Stimme zu sprechen begann, irrtümlich für mich gehalten wurde. Und der Eindruck, dass es sich um einen Fehler handelte, drängte sich mir einfach auf, weil Bachman allmählich zu einer Art Es für mich geworden war; er sagte jene Dinge, die ich nicht sagen konnte, und die Vorstellung, die er von sich dort draußen auf seinem Bauernhof in New Hampshire hatte – kein Bestseller-Autor, dessen Name auf einer blöden *Forbes*-Liste erscheint, von Leuten aus der Unterhaltungsindustrie mit mehr Geld auf dem Konto, als gut für sie ist, oder dessen Gesicht in der *Today*-Show auftaucht oder der Miniaturrollen in Filmen spielt –, wie er in aller Ruhe seine Bücher schreibt, gestattete ihm, auf eine Weise zu denken, wie ich nicht denken, und auf eine Weise zu sprechen, wie ich nicht sprechen konnte. Und dann kam es zu diesen Zeitungsmeldungen, in denen stand: »Bachman ist in Wirklichkeit King«, und es gab niemanden – nicht einmal mich –, der den Toten verteidigt oder auf den offensichtlichen Umstand hingewiesen hätte, dass King in Wirklichkeit auch Bachman war, zumindest eine gewisse Zeit.

Ich hielt es damals für unfair, und ich halte es heute für unfair, aber manchmal spielt dir das Leben einen kleinen Streich, das ist alles. Ich beschloss, Bachman aus meinen Gedanken und meinem Leben zu verbannen, und einige Jahre gelang mir das auch. Aber als ich einen Roman (einen Stephen-King-Roman) namens *Desperation* schrieb, tauchte Richard Bachman plötzlich wieder in meinem Leben auf. Zu der Zeit arbeitete ich auf einem Wang-Textverarbeitungssystem; die Anlage sah aus wie das Visiphon in einer alten Flash-Gordon-Folge. Angeschlossen war sie an einen unwesentlich moderneren Laserdrucker, und von Zeit zu Zeit, wenn mir eine Idee durch den Kopf schoss, schrieb ich einen Satz oder einen möglichen Titel auf ein Stück Papier und klebte es an die Seite des Druckers. Als ich ungefähr drei Viertel von *Desperation* geschrieben hatte, klebte ein Stück Papier mit einem einzigen Wort darauf am Drucker: *Regulator.* Ich hatte eine großartige Idee für einen Roman gehabt, etwas, das mit Spielsachen, Schusswaffen, Fernsehen und der Welt der Vorstädte zu tun hatte. Ich wusste nicht, ob ich ihn je schreiben würde – aus vielen dieser »Drucker-Notizen« ist nie etwas geworden –, aber es war definitiv cool, darüber nachzudenken.

Dann kam mir an einem regnerischen Tag (einem Tag ganz nach Richard Starks Geschmack) noch eine Idee, als ich den Wagen in unsere Zufahrt hineinsteuerte. Ich weiß nicht, woher sie kam; sie hatte nichts mit dem belanglosen Zeug zu tun, das mir zu dieser Zeit durch den Kopf ging. Die Idee bestand darin, die Figuren aus *Desperation* zu nehmen und sie in *Regulator* zu versetzen. In einigen Fällen, dachte ich, könnten sie dieselben Leute spielen; in anderen würden sie sich ändern; in keinem Fall würden sie dieselben Dinge tun oder auf dieselbe Weise reagieren, weil die unterschiedlichen Geschichten verschiedene Vorgehensweisen erforderlich machen würden. Es wäre so, dachte ich, als ob die Mitglieder eines Repertoire-Ensembles in zwei verschiedenen Stücken spielten.

Dann schoss mir eine noch aufregendere Idee durch den Kopf. Wenn ich das Konzept des Repertoire-Ensembles bei den Figuren benutzen konnte, dann konnte ich es genauso gut bei dem Plot anwenden – ich konnte eine ganze Menge der Elemente von *Desperation* in einer völlig neuen Anordnung arrangieren und eine Art Spiegelwelt erschaffen. Ich wusste, noch bevor ich mich daranmachte, dass viele Kritiker diese Doppelung als Trick bezeichnen würden … und damit lägen sie nicht einmal ganz falsch. Aber, so dachte ich, es könnte ein guter Trick sein. Vielleicht sogar ein erhellender Trick, einer, der die Kraft und die Vielseitigkeit einer Erzählung veranschaulicht, ihre so gut wie grenzenlose Fähigkeit, ein paar Grundelemente in zahllosen erfreulichen Variationen durchzuspielen, ihren spitzbübischen Charme.

Aber die beiden Bücher durften nicht genau gleich *klingen,* und sie durften nicht das Gleiche *bedeuten,* genauso wenig, wie ein Stück von Edward Albee und eines von William Inge gleich klingen und das Gleiche bedeuten dürfen, selbst wenn sie an aufeinanderfolgenden Abenden von den gleichen Schauspielern aufgeführt werden. Wie konnte ich eine andere Stimme erschaffen?

Zunächst dachte ich, das könnte ich nicht und es wäre am besten, die Idee dem Reuben-Goldberg-Mülleimer anzuvertrauen, den ich in meinem Hinterkopf stehen habe – der mit dem Schild INTERESSANTE, ABER UNDURCHFÜHRBARE VORHABEN. Dann fiel mir ein, dass mir die Antwort schon die ganze Zeit auf der Zunge lag: Richard Bachman konnte *Regulator* schreiben. Seine Stimme klang oberflächlich gesehen genauso wie meine, aber darunter bestand ein himmelweiter Unterschied – sagen wir, der Unterschied zwischen Sonnenschein und Regen. Und der Blick, mit dem er seine Mitmenschen bedachte, war immer von meinem verschieden, gleichzeitig lustiger und kälter (Bart Dawes in *Sprengstoff,* mein Lieblingsroman unter den frühen Bachman-Büchern, ist ein ausgezeichnetes Beispiel).

Natürlich war Bachman tot, das hatte ich ja selbst bekannt gegeben, aber der Tod ist im Grunde kein großes Problem für einen Schriftsteller – fragen Sie einfach Paul Sheldon, der Misery Chastain für Annie Wilkes wieder zum Leben erweckte, oder Arthur Conan Doyle, der Sherlock Holmes aus den Reichenbach-Fällen auftauchen ließ, als seine Fans im ganzen Britischen Weltreich ihn lautstark zurückforderten. Ohnehin ließ ich Richard Bachman nicht mehr von den Toten auferstehen; ich stellte mir lediglich eine Kiste mit vergessenen Manuskripten in seinem Keller vor, in der *Regulator* zuoberst lag. Und dann transkribierte ich das Buch, das Bachman schon geschrieben hatte.

Diese Transkription war ein bisschen zäher ... aber sie war zugleich ungeheuer erfrischend. Es war wundervoll, Bachmans Stimme wieder zu hören, und das, was ich mir davon erhofft hatte, geschah tatsächlich: Ein Buch kam zum Vorschein, das eine Art Zwilling des Buchs war, das ich unter meinem eigenen Namen geschrieben hatte (und die beiden Bücher wurden ziemlich buchstäblich direkt hintereinander geschrieben: Das King-Buch wurde genau einen Tag fertig, bevor ich mit dem Bachman-Buch begann). Sie ähneln sich nicht mehr, als King und Bachman einander ähneln. *Desperation* handelt von Gott; *Regulator* handelt vom Fernsehen. Das heißt vermutlich, dass sie beide von höheren Mächten handeln, aber sie sind gleichwohl sehr unterschiedlich.

Die Bedeutung, Bachman zu sein, lag für mich immer darin, eine gute Stimme und eine einleuchtende Perspektive zu finden, die von meiner ein wenig verschieden war. Nicht *wirklich* verschieden; ich bin nicht schizophren genug, das zu glauben. Aber ich glaube, dass es bestimmte Tricks gibt, die wir alle benutzen, um unsere Perspektive und unsere Wahrnehmung zu verändern – um uns auf eine neue Weise zu sehen, indem wir andere Sachen anziehen und uns eine neue Frisur verpassen –, und dass solche Tricks sehr nützlich sein können, eine Methode, alte Strategien, wie man sein Leben führt, das Leben wahrnimmt und schöpferisch tätig ist, mit neuem Leben zu erfüllen. Ich mache keine dieser Bemerkungen, um anzudeuten, dass ich in den Bachman-Büchern großartige Dinge vollbracht habe, und sie sollen bestimmt nicht als Argumente für eine besondere künstlerische Leistung dienen. Aber ich liebe das, was ich tue, so sehr, dass ich ungern zu einem routinierten Langweiler werde, wenn ich es verhindern kann. Bachman war für mich eine Methode, mit deren Hilfe ich versucht habe, meine Technik aufzufrischen, und die mich davor bewahrt hat, zu bequem und behäbig zu werden.

Diese frühen Bücher zeigen, wie ich hoffe, eine gewisse Entwicklung der Bachman-Persona, und ich hoffe, sie zeigen außerdem das Wesen dieser Persona. Richard Bachman, ein düsterer Charakter, verzweifelt sogar, wenn er lacht (eigentlich vor allem dann verzweifelt, wenn er lacht) – er ist kein Bursche, der ich die ganze Zeit sein möchte, selbst wenn er noch am Leben wäre ... aber es ist gut, diese Möglichkeit zu haben, dieses Fenster zur Welt, auch wenn es vielleicht polarisiert ist. Trotzdem machen meine Leser, wenn sie seine Bücher lesen, vielleicht die Entdeckung, dass Dick Bachman eine Eigenschaft mit Thad Beaumonts Alter Ego, George Stark, gemeinsam hat: Er ist kein sehr netter Typ.

Und ich frage mich, ob es irgendwelche anderen guten Manuskripte, die vollendet sind oder kurz vor der Vollendung stehen, in der Kiste gibt, die von der verwitweten Mrs. Bachman im Keller ihres Bauernhauses in New Hampshire gefunden wurde.

Manchmal frage ich mich das *wirklich*.

Stephen King
Lovell, Maine
16. April 1996

Werkverzeichnis der im Heyne Verlag von Stephen King erschienenen Titel

› Bonusmaterial

HEYNE ‹

1. Romane

Brennen muss Salem *(Salem's Lot)*
Ben Mears kehrt in seine Heimatstadt Salem's Lot zurück und begegnet einem unheimlichen Fremden: einem Vampir, der die Einwohner des Städtchens selbst in Vampire verwandelt. Mears stellt sich der Übermacht.

Dead Zone – Das Attentat *(Dead Zone)*
Johnny besitzt hellseherische Fähigkeiten. Als er einem Politiker die Hand schüttelt, hat er die Vision, dass dieser als zukünftiger US-Präsident den Dritten Weltkrieg auslösen wird. Johnny beschließt ein Attentat …

Feuerkind *(Firestarter)*
Das Mädchen Charlie kann allein mit Gedanken Feuersbrünste entfachen. Ihre Eltern verlangen von ihr, dass sie diese paranormale Fähigkeit niemals einsetzt. Aber gilt das auch, wenn das eigene Leben, das Leben der ganzen Familie bedroht wird?

Cujo *(Cujo)*
Der Bernhardiner Cujo ist der Liebling von ganz Castle Rock, einer verträumten amerikanischen Kleinstadt. Eines Tages wird er von einer Fledermaus mit einem teuflischen Virus infiziert. Die Idylle verwandelt sich fortan in eine wahre Hölle, die von einem mordgierigen vierbeinigen Monster beherrscht wird …

Christine *(Christine)*
Eine verhängnisvolle Dreiecksbeziehung: Arnie liebt seine Freundin Leigh und »Christine«, seinen 1958er Plymouth. Aber das Auto lebt. Und es ist tödlich eifersüchtig. *Verfilmt von John Carpenter.*

Friedhof der Kuscheltiere *(Pet Sematary)*
Hinter dem kleinen Tierfriedhof liegt eine verwünschte indianische Grabstätte. Ob Katze oder Mensch: Wer hier beerdigt wird, erwacht wieder zum Leben – mit tödlichen Folgen für die Hinterbliebenen. *Der weltweit erfolgreichste Horrorroman.*

Es *(It)*
In Derry, Maine, lauert das Grauen in der Kanalisation: 28 Jahre lang hat das Böse geschlummert – jetzt taucht es wieder empor und mordet Kinder. Stephen Kings Meisterwerk über die Mysterien der Kindheit und den Horror des Erwachsenseins.

Die Augen des Drachen *(The Eyes of the Dragon)*
König Roland von Delain wird ermordet, und man bezichtigt seinen Sohn und Erben Peter der Tat. Hinter dem Ränkespiel steckt der mächtige Hofzauberer Flagg. Der Kampf um den Thron beginnt ...

Sie – Misery *(Misery)*
Schriftsteller Paul will seine Serienheldin Misery sterben lassen. Nach einem Autounfall hält die »treue« Leserin Annie den verletzten Autor gefangen und zwingt ihn weiterzuschreiben. *Oscar für Kathy Bates in der Verfilmung* Misery.

Das Monstrum – Tommyknockers *(Tommyknockers)*
Haven ist eine verschlafene Kleinstadt. Bis zu dem Tag, an dem Bobbi Anderson im Wald ein seltsames Ding entdeckt, das die Bürger auf unheimliche Art verwandelt. Sie verlieren ihre Menschlichkeit. Das Grauen hält Einzug ...

Stark – The Dark Half *(The Dark Half)*

Der Schriftsteller Thad Beaumont legt sein Pseudonym George Stark ab. Doch so einfach lässt sich sein Alter Ego nicht abspeisen. George hat sich selbständig gemacht, und Thad muss gegen ihn antreten.

The Stand – Das letzte Gefecht *(The Stand)*

In einem entvölkerten Amerika versucht eine Handvoll Überlebender die Zivilisation zu retten. Ihr Gegenspieler ist der mythische Dunkle Mann, Verkörperung des absolut Bösen. In der Wüste Nevada kommt es zum Entscheidungskampf. *Eine Neuverfilmung als Kino-Vierteiler ist in Planung.*

In einer kleinen Stadt – Needful Things *(Needful Things)*

In Castle Rock eröffnet Leland Gaunt einen Laden, in dem sich jeder seine geheimsten Wünsche erfüllen kann. Er verlangt horrende Preise, und seine Machenschaften versetzen ganz Castle Rock in Angst und Schrecken.

Das Spiel – Gerald's Game *(Gerald's Game)*

Ein friedliches Landhaus in Maine wird zum Schauplatz des Schreckens. Jessie Burlingame will aus dem Sexspielchen mit ihrem Mann Gerald aussteigen. Ans Bett gefesselt, erlebt sie Gewalt und das blanke Entsetzen.

Dolores *(Dolores Claiborne)*

Die Haushälterin Dolores wird verdächtigt, ihre Arbeitgeberin umgebracht zu haben. Beim Polizeiverhör legt sie schonungslos ihre Lebensbeichte ab. *Der Psychothriller wurde mit Kathy Bates und Jennifer Jason Leigh verfilmt.*

Schlaflos – Insomnia *(Insomnia)*

Ralph schläft von Tag zu Tag weniger. Bei seinen nächtlichen Wanderungen durch Derry sieht er unheimliche Dinge, die er erst für Halluzinationen hält. Bis er in Ereignisse von kosmischer Bedeutung verstrickt ist ...

Das Bild *(Rose Madder)*

Nach 14 Jahren Ehehölle bringt Rosie Daniels endlich die Kraft auf, vor ihrem brutalen Mann zu fliehen. Aber der, ein rachelüsterner Cop, ist ihr dicht auf den Fersen …

The Green Mile *(The Green Mile)*

»The Green Mile« – so nennt sich der Todestrakt des Staatsgefängnisses Cold Mountain. John Coffey wurde zum Tode verurteilt, weil er zwei Mädchen ermordet hat. Dem Hünen wohnt aber auch eine übernatürliche Heilungskraft inne … *Vier Oscarnominierungen für die Verfilmung mit Tom Hanks.*

Desperation *(Desperation)*

Im Ort Desperation, Nevada, ist das Gewebe zwischen den Welten dünn. Bergleute sind hier versehentlich in eine andere Dimension durchgebrochen und haben damit einen schrecklichen Dämon freigesetzt ...

Sara *(Bag of Bones)*

Seit dem Tod seiner Frau bringt der Bestsellerautor Michael Noonan keine Zeile mehr aufs Papier. In seinem Sommerhaus in Maine will er die Schreibblockade überwinden. Doch auf dem Haus liegt ein Fluch. Gerät Michael in den Bann des Bösen?

Atlantis *(Hearts in Atlantis)*
Ein Episodenroman vor dem zeitgeschichtlichen Hintergrund der Sechzigerjahre und des Vietnamkriegs. Ein Epos über Verrat, Gewalt und Schrecken ... *Grundlage für die Verfilmung* Hearts of Atlantis *mit Anthony Hopkins.*

Duddits – Dreamcatcher *(Dreamcatcher)*
Vier Männer planen einen Jagdausflug in die Wälder von Maine, der schließlich in einer bizarren tödlichen Bedrohung endet. Kann ihr alter Freund Duddits mit seinen telepathischen Fähigkeiten sie aus dem nicht enden wollenden Albtraum retten?

Der Buick *(From a Buick 8)*
Eines Morgens taucht an einer Tankstelle ein alter Buick auf. Der geheimnisvolle Fahrer verschwindet, und schließlich zeigt es sich, dass der Straßenkreuzer genauso wenig ein Buick ist wie der schwarz gekleidete Fahrer ein Mensch. Der Wagen entwickelt ein ungewöhnliches Eigenleben ...

Colorado Kid *(The Colorado Kid)*
Auf einer Insel vor der Küste Maines wird eine Leiche gefunden. Hartnäckige Lokaljournalisten recherchieren den Fall, aber je mehr Spuren sie verfolgen, desto geheimnisvoller wird alles. Handelt es sich um ein schier unmögliches Verbrechen?

Puls *(Cell)*
Unheil bricht über die Welt herein. Alle, die gerade ein Handy am Ohr hatten, laufen wie ferngesteuert Amok und schlachten sich gegenseitig ab. Clayton muss schnell mit seiner Familie Kontakt aufnehmen, bevor ein anderer es per Handy tut.

Love *(Lisey's Story)*
Lisey ist seit zwei Jahren Witwe. Vor seinem Tod hat ihr Mann Scott für sie eine Spur mit Hinweisen ausgelegt, die sie immer tiefer in seine von Dämonen bevölkerte Vergangenheit führt.

Wahn *(Duma Key)*
Nach einem schrecklichen Unfall sucht Edgar Freemantle auf einer einsamen Insel Trost in der Malerei. Die Insel aber übt eine dämonische Macht aus, und bald schon entwickeln Edgars Bilder ein tödliches Eigenleben …

Die Arena – Under the Dome *(Under the Dome)*
Ein unsichtbares Kraftfeld stülpt sich wie eine Kuppel über Chester's Mill. Für die Einwohner der Kleinstadt gibt es kein Entrinnen – und je mehr die Vorräte zur Neige gehen, desto stärker tobt ein bestialischer, gesetzloser Kampf ums Überleben …

Der Anschlag *(11/22/63)*
Jake Epping gelangt durch ein Zeitportal in die Vergangenheit. Dort will er das Attentat auf John F. Kennedy verhindern. Aber je näher er seinem Ziel kommt, umso vehementer wehrt sich die Vergangenheit gegen jede Änderung.

Joyland *(Joyland)*
Auf verhängnisvolle Weise kreuzen sich in einem kleinen Vergnügungspark die Wege eines untergetauchten Mörders und eines Kindes. Und mitten im sich überschlagenden Geschehen steht ein junger, unschuldiger Student und weiß: Irgendwann ist es mit der Unschuld vorbei. Irgendwann hört jeder Spaß auf.

Doctor Sleep *(Doctor Sleep)*
Stephen King kehrt zu *Shining* zurück: Der Dreirad fahrende Danny, der im Hotel Overlook so unter seinem besessenen Vater hat leiden müssen, ist erwachsen geworden.

Mr. Mercedes *(Mr. Mercedes)* – Band 1 der Bill-Hodges-Trilogie
Ein Mercedes rast in eine Menschenmenge. Monate später droht der Massenmörder ein Inferno mit Tausenden Opfern an. Einblicke in den Geist eines besessenen Mörders bar jeglichen Gewissens. *Ausgezeichnet mit dem »Edgar Award«.*

Revival *(Revival)*
Ein bildgewaltiger, verstörender Roman über Sucht, Fanatismus und das, was jenseits des Lebens existiert. Die Geschichte schildert das Leben des mit seinen Dämonen kämpfenden Jamie Morton und steuert auf einen erschreckenden Schluss zu.

Finderlohn *(Finders Keepers)* – Band 2 der Bill-Hodges-Trilogie
Ein Junge findet die nachgelassenen Werke eines ermordeten Starautors in einem vergrabenen Koffer. Jahre später wird der Mörder aus der Haft entlassen. Sein Schatz ist verschwunden. Die Jagd beginnt. Fortsetzung von *Mr. Mercedes* mit Ex-Detective Bill Hodges.

Mind Control *(End of Watch)* – Band 3 der Bill-Hodges-Trilogie
Brady Hartsfield, der Mercedes-Killer, liegt seit Jahren im Wachkoma. Doch hinter all der Geistesabwesenheit ist er bei Bewusstsein – und besitzt tödliche neue Kräfte.

Der Outsider *(The Outsider)*
Die geschändete Leiche eines Elfjährigen im Park – der Täter ist schnell gefunden. Sein Alibi ist aber wasserdicht. Konnte er zur selben Zeit an zwei Orten sein? Die Antwort ist schrecklich.

Das Institut *(The Institute)*
Der zwölfjährige Luke wird gekidnappt und wacht im »Institut« wieder auf. Es beherbergt weitere Kinder, die wie er paranormal veranlagt sind und einem mysteriösen Zweck dienen. Noch nie konnte eines der Kinder den Menschenexperimenten entkommen.

Später *(Later)*
Der neunjährige Jamie kann mit den Geistern kürzlich Verstorbener reden, die dabei alle seine Fragen wahrheitsgemäß beantworten müssen. Als Erwachsene sich seiner Gabe bedienen, um an die Geheimnisse der Toten zu gelangen, werden unabsehbare Ereignisse losgetreten.

Billy Summers *(Billy Summers)*
Billy ist Auftragskiller. Bei seinem letzten Job steht er plötzlich selbst im Fadenkreuz. Auf der Flucht rettet er die junge Alice, Opfer einer Gruppenvergewaltigung. Billy muss sich entscheiden. Geht er den Weg der Rache oder der Gerechtigkeit?

Fairy Tale *(Fairy Tale)*
Charlie Reade hat kein leichtes Leben. Seine Mutter starb früh, und sein Vater ist Alkoholiker. Eines Tages offenbart ihm der mysteriöse Nachbar ein Geheimnis, das Charlie auf eine abenteuerliche Reise in ein fantastisches Märchenland voller Unwesen führt.

Holly *(Holly)*

Die Privatermittlerin Holly Gibney wird auf den Fall einer verschwundenen Tochter angesetzt. Die Ermittlungen führen zu weit zurückreichenden ungelösten Vermisstenfällen. Alle spielen im Umfeld eines emeritierten Ernährungswissenschaftlers.

Kein Zurück *(Never Flinch)*

Unschuld und Rache, Schuld und Sühne – Privatermittlerin Holly Gibney im Wettlauf mit zwei verrückten Tätern, die Selbstjustiz üben.

2. Kurzromane und Erzählungen

Frühling, Sommer, Herbst und Tod *(Different Seasons)*

Vier Kurzromane: *Pin-Up* erzählt von einem ungewöhnlichen Gefängnisausbruch. Verfilmt als *Die Verurteilten*. *Der Musterschüler:* Ein Junge beginnt zu morden. *Die Leiche* folgt vier Jungen bei ihren Abenteuern. Verfilmt als *Stand by Me*. *Atemtechnik:* Eine Frau will ihr Kind gebären, koste es, was es wolle.

Blut – Skeleton Crew *(Skeleton Crew)*

Stephen Kings Erzählband versammelt die Einzelbände *Im Morgengrauen*, *Der Gesang der Toten* und *Der Fornit*.

Vier nach Mitternacht *(Four Past Midnight)*

Was erlebt der aufmerksame Beobachter, wenn die Trennscheibe zwischen Wirklichkeit und Unwirklichkeit zerschellt? Stephen King gibt in den hier versammelten vier Kurzromanen – *Langoliers*, *Das heimliche Fenster, der heimliche Garten*, *Der Bibliothekspolizist* und *Zeitraffer* – einige beunruhigende Antworten.

Albträume *(Nightmares and Dreamscapes)*
Geschichten, wie nur Stephen King sie erzählen kann. Ganze Schulklassen verwandeln sich in kleine Monster, Banker entpuppen sich als Zombies, Vampire steuern Flugzeuge.

Im Kabinett des Todes *(Everything's Eventual)*
14 düstere Überraschungen, blutige und unblutige, darunter die Erzählung »Achterbahn«, ausgezeichnet mit dem O.-Henry-Preis.

Sunset *(Just After Sunset)*
Wozu der vermeintliche normale Mensch fähig ist, wenn sein Leben eine unerwartete Wendung nimmt: Stephen King zeigt uns das in dreizehn unheimlichen Geschichten.

Zwischen Nacht und Dunkel *(Full Dark, No Stars)*
Vier Kurzromane mit dem Thema Vergeltung. Es gibt Situationen, die uns eine Entscheidung abverlangen: Wie weit muss ich gehen, bis mir Gerechtigkeit widerfährt? Manchmal sehr weit ...

Basar der bösen Träume *(The Basar of Bad Dreams)*
21 neue Storys: Nicht immer blanker Horror, aber immer psychologisch packend. Es geht dabei um Themen wie Sünde und Moral, Schwäche und Schuld, das Jenseits und das Ende allen Lebens, das Allzumenschliche an den menschlichen Abgründen.

Erhebung *(Elevation)*
Scott wird immer leichter, ohne dass sein Körper sich verändert. Trotz der mysteriösen Heimsuchung setzt er alles daran, gegen himmelschreiendes Unrecht in der entzweiten Kleinstadt Castle Rock vorzugehen.

Blutige Nachrichten *(If It Bleeds)*
Die Geschichte »Blutige Nachrichten« ist eine Stand-alone-Fortsetzung von *Der Outsider.* Daneben drei weitere Kurzromane, die uns an so fürchterliche wie faszinierende Orte entführen: »Mr. Harrigans Telefon«, »Chucks Leben« und »Ratte«. Mit einem Nachwort des Autors.

Ihr wollt es dunkler *(You Like It Darker)*
12 neue Storys – über das gegenwärtige Amerika, über finstere Mächte und existenzielle Fragen. Darunter »Klapperschlangen«, eine Fortsetzung zum Horrorklassiker *Cujo*.

3. Der Dunkle Turm (Serie)

Band I: Schwarz *(The Dark Tower – Gunslinger)*
Im ersten Band von Stephen Kings epischer Fantasyserie durchstreift Roland, der letzte Revolvermann, auf der Suche nach dem mysteriösen Dunklen Turm eine sterbende Welt.

Band II: Drei *(The Dark Tower – The Drawing of the Three)*
Roland hat das Meer erreicht. Dort tun sich gleichsam aus dem Nichts drei Türen in unsere reale Welt auf und lenken seinen Blick auf drei Menschen unserer Tage, auserwählt, ihm bei der Suche nach dem Dunklen Turm zu helfen.

Band III: tot. *(The Dark Tower – The Waste Lands)*
Die sterbende Welt, die Roland auf der Suche nach dem Dunklen Turm durchquert, nimmt immer groteskere Formen und Gestalten an. Am Rande des Wahnsinns träumt Roland von dem Schlüssel, der aus dem Nichts des wüsten Landes auftaucht, um ihm die Geheimnisse des Dunklen Turms zu offenbaren.

Band IV: Glas *(The Dark Tower – Wizard and Glass)*
In *Glas* erzählt Roland erstmals aus seiner eigenen Biografie: eine tragische Geschichte von jugendlicher Liebe, Betrug, Intrigen und Mord, in der eine mysteriöse Glaskugel eine verhängnisvolle Rolle spielt.

Band V: Wolfsmond *(The Dark Tower – Wolves of the Calla)*
Mit seinen Gefährten gelangt Roland in den Ort Calla Bryn Sturgis, wo die Farmer häufig Zwillinge bekommen. Seit Generationen überfallen Wolfsreiter das Dorf und rauben jeweils einen der Zwillinge. Nun hat Andy, der Boten-Roboter, einen weiteren Überfall der Wölfe angekündigt.

Band VI: Susannah *(The Dark Tower – Song of Susannah)*
Als ein Balken des Turms einstürzt und in Mittwelt ein Erdbeben auslöst, müssen Roland und Eddie erkennen, dass ihnen die Zeit wegläuft. In ihrer Verzweiflung beschließen sie, ihren Schöpfer aufzusuchen, während Susannah in New York Rolands Sohn zur Welt bringt. Der Kreis beginnt sich zu schließen …

Band VII: Der Turm *(The Dark Tower – The Dark Tower)*
Das grandiose Finale des Zyklus um den Dunklen Turm. Sein Held Roland, der Revolvermann, und dessen Gefährten sind am Ende eines langen Weges angekommen.

Band VIII: Wind *(The Wind Through the Keyhole)*
Ein Sturm zieht auf – Stephen King kehrt nach Mittwelt zurück, in jene unheimliche Region, wo der Dunkle Turm im Zentrum aller Dinge steht. Er erzählt Märchen und Begebnisse aus Rolands Jugend. Die Rahmenhandlung ist chronologisch zwischen *Glas* und *Wolfsmond* anzusiedeln.

4. Unter dem Pseudonym Richard Bachman

Todesmarsch *(The Long Walk)*
Staatschef »Major« organisiert zur allgemeinen Belustigung einen »Todesmarsch«, einen Marathon auf Leben und Tod, an dem 100 Jugendliche teilnehmen. Nur einer kann siegen, die Überlebenschancen stehen also 1:100. Die Verlierer erwartet der Tod.

Sprengstoff *(Roadwork)*
Ein Mann blickt ohne Hoffnung auf sein verpfuschtes Leben zurück. In quälenden Albträumen und verrückten Ausbrüchen bahnt sich sein Zerstörungstrieb einen Weg nach außen …

Menschenjagd *(The Running Man)*
Ben Richards lässt sich für eine Fernsehshow gegen Honorar von professionellen Menschenjägern verfolgen. Das ganze Land ist aufgerufen, ihn zu hetzen und, wenn möglich, zu töten.

Der Fluch *(Thinner)*
Der übergewichtige Anwalt Billy Halleck überfährt eine Zigeunerin, wird dann aber vor Gericht freigesprochen. Der Vater der Toten belegt Billy mit einem Fluch: Fortan nimmt er von Tag zu Tag ab.

Regulator *(Regulators)*
Ohne Vorwarnung tauchen in der Kleinstadt Wentworth sogenannte Regulatoren auf und erschießen alles und jeden, der sich ihnen nähert. Aber das Massaker ist erst der Anfang. *Ein Parallelroman zu Stephen Kings* Desperation.

Qual *(Blaze)*
Ein großer Coup soll den geistig zurückgebliebenen Blaze aller Sorgen entledigen. Er entführt das Baby einer reichen Familie. Was wird er dem Kleinen antun? Während alle Welt ihn jagt, um den Horror zu beenden, geht in Blaze eine Verwandlung vor.

5. Kollaborationen

mit Peter Straub
Der Talisman *(The Talisman)*
Der zwölfjährige Jack Sawyer begibt sich auf eine abenteuerliche Reise, in der Idylle und Entsetzen nahe beieinanderliegen. Um seine Mutter vor dem Tod zu bewahren, muss Jack einen geheimnisvollen Talisman finden, der in einer märchenhaften Parallelwelt verborgen ist.

mit Peter Straub
Das schwarze Haus *(Black House)*
Zwanzig Jahre nach *Der Talisman* haben sich die beiden Meister ihres Faches erneut zusammengetan, um die Geschichte des damals zwölfjährigen Jack Sawyer weiterzuführen. Um einen unheimlichen Serienmörder zu stellen, muss Jack das schwarze Haus betreten – es ist der Eingang zu einer anderen Welt.

mit Owen King
Sleeping Beauties *(Sleeping Beauties)*
Sobald Frauen einschlafen, umhüllt sie am ganzen Körper ein spinnwebartiger Kokon. Wenn man sie weckt, werden sie zu barbarischen Bestien. Die mysteriöse Evie scheint immun zu sein. Ist sie eine genetische Anomalie? Oder eine Dämonin?

mit Richard Chizmar
Gwendys Wunschkasten *(Gwendy's Button Box)*
Die Stadt Castle Rock erlebt die seltsamsten Dinge, so auch die junge Gwendy. Ein mysteriöser Unbekannter schenkt ihr einen Holzkasten mit lauter Schaltern. Wozu er dient? Gwendy probiert es aus, und ihr Leben verändert sich vollends.

mit Richard Chizmar
Gwendys letzte Aufgabe *(Gwendy's Final Task)*
Der Wunschkasten ist zu Gwendy zurückgekehrt, mächtiger und zerstörerischer denn je. Sie begibt sich in geheimer Mission auf die Erdumlaufbahn. Die Aufgabe, die Welt zu retten, könnte für sie zu einer Reise ohne Rückkehr werden.

6. Sachbücher

Danse Macabre – Die Welt des Horrors *(Danse Macabre)*
Der Meister des Horrors reicht uns die Hand zum Totentanz. Das Grundlagenwerk über die Geschichte des Horrors in Literatur und Film vom Viktorianischen Zeitalter bis heute. Mit einem neuen Essay: »Über das Unheimliche«.

Das Leben und das Schreiben *(On Writing)*
Stephen Kings persönlichstes Buch. Hier gibt King Einblick in sein Leben und die Entstehung seiner Werke. Ein unverzichtbares Werk für alle angehenden Schriftsteller und für Leser, die mehr über den Autor wissen möchten.